戦後

Maurice Vaïsse, *Les relations internationales depuis 1945*

国際関係史

二極化世界から混迷の時代へ

モーリス・ヴァイス●著　細谷雄一・宮下雄一郎●監訳

慶應義塾大学出版会

Originally published in France as:
Les relations internationales depuis 1945, 15th edition, By Maurice VAÏSSE

日本語版へのまえがき

一九四五年以降の国際関係の歴史を執筆するには、まず何よりも歴史家としての厳格な姿勢、そして誠実な態度が求められる。厳格な姿勢が必要であるのは、世界中で生じた無数の出来事のなかから最も重要なものを選び出し、それを時系列的に並べていかなければならないからだ。出来事をただ羅列すればよいわけではない。激動の世界のなかで、その出来事がいかなる意味を持っているのかということを理解しなければならない。他方で、歴史を執筆する際には誠実な態度でのぞむことが求められる。なぜならばその出典となる史料や文献をそのまま受け入れるのではなく、国際関係のさまざまな側面に目を向けて、総合的に説明する必要があるからだ。

現在進行しつつある国際関係は、正確に理解することが難しい。次々と新しい事態が生じて、それまでとは異なる新しい側面が浮上する。また、国家間関係における数多くの緊張や紛争は、一度終わったかに見えても再発することがしばしばある。このような事情からも、国際関係の実情と変化を深く理解して、それを説明することは、容易なことではない。というのも、結局のところ国際関係の歴史であろうと、あるいはそれ以外の歴史であろうと、人間、あるいは地球上の人間どうしの関係を分析の対象とするからである。確かに、政府の活動や外交関係のみを語ろうとすれば、それはアナール学派が批判したように、あまりにも歴史というものを狭く捉えすぎることになる。それゆえここで「国際関係史」を描写する場合には、確かにそれは全体の一部を構成する不可欠な要素なのだが、国家間の関係を扱うだけでは十分ではないのだ。人間の集団の間の関係を論じる場合には、地理、人口、経済や金融といった要素がどのような影響を及ぼしているのかを、理解しなければならない。また、政治を動かす人々に影響を与えるような「深層の諸力（*forces profondes*）」、「集団的心性（*tendances collectives*）」、さらには「思想的潮流（*courants de pensée*）」がどのようなものであるかを、明らかにしなければならない。本書のような通史において、そのような方針を実践することは簡単ではなく、また現代という時代を扱う場合にはさらにそれは困難をともなう。確かに、歴史家が現在起こっていることを書き記すということであれば、後に誤りを書き直す必要が生じるであろう。それについては、二年おきに本書の改訂版を刊行することで、可能な限りそれらを書き改めて、客観的に論じるよう心がけている。

一九四五年以降の国際関係の歴史のなかで、日本はいかなる位置を占めていたのだろうか。フランスの視点から眺めると、第二次世界大戦後の日本の軌跡は、ドイツのそれときわめて類似している。とはいえ、フランス人の視点からすれば、当然のことながらドイツに対する関心の方が高い。それでも、戦争が終わってからの驚異的な復興を果たした日本の歴史には目を見張るものがある。原爆投下の後の廃墟に象徴されるような悲惨な戦争の後に、日本は連合国の占領と統治の下に入ることになった。日本は、戦前に持っていた領土を大幅に失い、本州、北海道、四国、九州という四島およびその附属島嶼へと、その領土が限定されることになり、さらには自衛のための実力以上の軍事力を保有することができなくなった。ヨーロッパ同様にアジアでも見られた東西対立の下で、第二次大戦の敗戦国である日本は、冷戦期にはアメリカの同盟国となり、日本の国土にある在日米軍基地によって安全が確保されるようになった。それでも勤勉な労働力によって、日本は驚異的な経済成長を遂げることができた。日本は西ドイツと同じく、軍事戦略面では役割が限定されつつも、独自の外交政策を追求することができた。日本はバンドン会議に参加してアジアの一員としての立場を堅持しながらも、ダイナミックな経済力を誇り、西洋型の民主主義を取り入れて近代化の成功例となったことで、近隣諸国とは異なる軌跡をたどってきたのだ。

一九七〇年代初頭には、中華人民共和国の台頭に象徴されるような、国際関係の新しい諸潮流に無関係ではいられなくなった。日本はアメリカより六年も先駆けて、「一つの中国」の原則を受け入れて、中国政府を承認した。

日本は、経済的な「超大国」となり、またソ連や中国の重要な貿易パートナーとなった。そして、鉄鋼、自動車、さらに電化製品のような重要な分野において輸出を拡大することで、ヨーロッパ諸国に懸念を抱かせ、そしてアメリカのパワーに挑戦しようとした。はたして日本は第三の「超大国」になったのだろうか。現在ではこの「日出づる国」は、国際経済の領域で重要な役割を担うのみならず、G７（先進七カ国）の一員でもあり、同時に国際連合の安全保障理事会の常任理事国の地位を求めるようになり、国際政治アクターとして自らの国力にふさわしい地位を要求するようになった。

一九四五年以降、アメリカとの同盟関係が日本の外交政策の基軸となってきた。ところが現在では、中国がその経済力を誇示し、さらには自国の周辺海域での領有権を主張するようになり、アメリカは日本との同盟関係に一定の距離を置くようになったようにも感じられる。日本は、このような政治的な懸念に加え、経済、社会、そして人口減少の問題にも直面することで、これまで日本が戦後保持してきた基本的な枠組みの再検討を迫られている。そして日本は平和憲法を問い直すようになってきており、防衛戦略や地域的な安全保障枠組みに関する自らの考えを示すようになった。それでもやはり、アジアで最も古い民主主義国の日本が世界の安定を維持するために確かな道のりを歩んでいくことは重要であり、また過去七〇年間の国際関係史のなかで日本における民主主義のさらなる発展は大きな足跡を残した、と私は考えている。

モーリス・ヴァイス

戦後国際関係史——二極化世界から混迷の時代へ　目次

第八章　大国のパワー・バランスの変動（二〇〇八－二〇一三年）　313

第九章　動揺する国際秩序（二〇一三年以降）　345

〈凡例〉
・本文中の原注は（　）、訳者による注は〔　〕で示した。
・原書での明らかな誤りは訂正した。
・国名・地域名・人名については慣例に従った。
・原著の参考文献一覧、および一部の図表は日本の読者層を考慮し、割愛した。

序章

国際関係論が扱う研究対象は、途方もなく広範囲にわたる。そこには国家と国家の関係という枠組みをはるかに越えて、人間によるありとあらゆる活動が含まれることになる。たとえば、観光や文化交流、そして経済活動による人の移動もそこに含まれる。あるいは、トランスナショナルな活動もまたその一例として挙げることができるだろうし、とりわけ宗教の問題はその重要なテーマとなっている。さらに、一九四五年以降には、交流やコミュニケーションの手段がグローバル化するにともなって、国際関係は驚くべき進歩を遂げた。われわれはより早く、そしてより容易に移動することができるようになった。そして一瞬にして、地球の反対側で何が起こったのかを知ることができるようになった。いうなれば、われわれは「地球村」の時代を生きているのである。

国際関係論とは、それ自体が巨大なテーマであり、その全貌を明らかにすることはとうてい不可能である。それゆえ、本書ではあくまでも、その政治的側面に焦点を当てることにしたい。アクターとして主に取り上げるのは、国家や政府間機構である。

だが、たとえ政治的側面以外のすべての側面を省いたとしても、依然としてその全体像を展望することはできない。したがって、より明確に叙述するためにも、次のように時代区分を行うことにしたい。第一期は一九四五年から一九五五年までの時期を扱い、第二期は一九五五年から一九六二年、第三期は一九六二年から一九七三年、第四期は一九七三年から一九八五年、第五期を一九八五年から一九九二年、第六期を一九九二年から二〇〇一年とし、第七期を二〇〇一年から二〇〇八年とし、第八期を二〇〇八年から二〇一三年とし、そして最後に二〇一三年以降の時代を扱う。これらにはそれぞれの時代ごとに、その時代を特徴づけるような主題がある。それは、二極化した世界の誕生と対立の構造化であり、平和共存であり、デタント（緊張緩和）であり、新冷戦であり、二極化した世界の終焉であり、そして新世界秩序の探求である。本書でなぜこのような時代区分を行ったのか、そしてなぜそのような主題を設定したのかについての説明は、それぞれの章のなかで行うことになるだろう。しかしながら、われわれが生きる時代に近い時代を扱うとなると、その対象と適切な距離をとることが難しくなる。すなわち、このように行った時代区分は、必ずしも唯一のものとはいえない。それゆえ、それに対してさまざまな異論が生じるであろう。たとえば、「冷戦」についての時期区分はその代表的なものといえる。冷戦の終焉の時期に関して、依然として論争が行われているからだ。冷戦が終わったのは、スターリンの死んだ一九五三年なのか。あるいは、平和共存が実現した一九五五年とすべきなのか。キューバ危機の一九六二年とすることもできるし、東側諸国でさまざまな奇跡的な事件が生じた一九八九年とすべきかもしれない。いうなれば、本書で選択した年代は、単なる一つの指標のようなものであり、それらは固定的な標石ではない。たとえば、デタントをめぐる動きは一九七三年に終わったわけではない。一九七五年のヘルシンキ会議において、むしろその頂点に達したのである。それでも一九七三年以降の世界を見渡せばそれはデタントといえるような状況にはなかったことも、また事実である。さらにいえば、時代区分は、世界全体に適用可能なわけではない。長い歴史のなかで、ヨーロッパ諸国が特権的に、国際関係の主体として行動してきた。そのような歴史が崩れ、非ヨーロッパ諸国もまたそこに参画するようになり、地域により異なる論理によって時代が動いていく。

このように非ヨーロッパ諸国がそこに加わることで、戦後という時代にはそれまでとは異なる特徴が見られるようになった。そして、それが新しい人類史の幕開けとなったのは、疑いがない。一六世紀以降、ヨーロッパは世界を支配し、世界を「発見」し、自らの言語、宗教、習慣を他の地域に強要してきた。こうした状況は、一九世紀には世界全体への植民地化の拡散に帰結した。一九三九年の時点で、第一次世界大戦後にいくつかのヨーロッパ諸国が衰退を自覚せざるをえなくなる一方で、依然として西洋世界がパワーを掌握していた。ところが、一九四五年以降にそのようなパワーを掌握するのは、西洋世界以外のアクターとなった。

このように、地球上の重要な問題が、必ずしもつねにヨーロッパと連関しているわけではなくなった。人口ファクターがもっとも重要な要素ではないにせよ、その統計数値は大きな示唆を与えてくれる。一九五〇年から二〇一六年の間に、世界全体の人口は二五億人から七四億人へと増加し、ヨーロッパの人口が全世界の総人口に占める割合は、二〇%から一〇%にまで下落した。それに対し、今日、アジアの総人口は約四〇億人に達し、そのうち中国が一四億人、インドが一三億人以上、パキスタンが二億人、バングラデシュが一億六〇〇〇万人、そして日本が一億二八〇〇万人を擁している。(1) 国際関係におけるヨーロッパの影響力は徐々に低下する一方で、非ヨーロッパ世界の影響力はますます強まっている。(2) グローバル化という現象によって特徴づけられる国際システムにおいて、パワー・バランスはアジアに傾斜しているのだ。さらに、一九八九年に想定されていた状況とは異なり、アメリカは自らの秩序を他国に強制することができないでいる。

そして、われわれは現在、多極化した世界の誕生を目にしており、そこでは新興国の役割がますます大きくなっている。なかでも中国の台頭が顕著である。ベルリンの壁の崩壊を祝福した、チェリストのムスティスラフ・ロストロポーヴィチによる壁の前での演奏に象徴されるような平和や安定への希望があふれる時代から、世界中で緊張と摩擦が噴出する時代へと現在移行しつつあり、それによって多くの悲劇が誕生している。「イスラーム国」が行った二〇一四年のコバニ包囲戦がその典型といえるであろう。

(1) アメリカ:三億二四〇〇万人、ブラジル:二億七〇〇〇万人、ロシア:一億四三〇〇万人。
(2) 本書第一五版は二〇一七年三月一日に内容が更新された。

第一章　二極化した世界の誕生（一九四五―一九五五年）

第二次世界大戦が終わると、戦前とまったく異なる新しい世界が誕生した。終戦直後の時期は、とりわけ国際関係の観点からすれば、人類史上の決定的な転換点となった。なぜならば、ヨーロッパの優位がその終わりを告げた一方で、超大国の時代が始まったからである。

パワー・バランスの重心は、旧世界から非ヨーロッパの世界へと移動していった。たしかに、第一次世界大戦のときからすでにこの流れは始まっていた。第二次世界大戦は、まずはヨーロッパの戦争として始まった。疲弊し、荒廃したヨーロッパが、それまでと同様の役割を担うことは不可能となった。イギリス、フランス、ドイツ、イタリアは、ヨーロッパ、そして世界の各地で優位な地位を築くことに奔走していた。このいずれの四カ国も、終戦を戦勝国として迎えようが、敗戦国として迎えようが、もはや大国の地位にとどまる見込みはなかった。新たな大国、つまり真の戦勝国はアメリカとソ連であった。一九四五年の時点で、この二カ国が世界各地に及ぼしていた影響力の分布を見れば、それは明らかであろう。アメリカは、ヨーロッパとアジアのあらゆる場所でその存在感を示し、ソ連は東欧と極東でその勢いを誇示した。地球上の大部分の人間にとって、アメリカ人とロシア人の生活様式が、モデルとなったのである。

戦前と比べた場合、国際政治におけるパワー・バランスの中心は移動し、このことは必然的に巨大な変化をもたらしていることを意味した。しかし、その変化はパワー・バランスの中心の移動にとどまらなかった。大国の規模が戦前とはけた違いのものとなったのである。ヨーロッパの大国は、その人口、面積、資源から、実際にはミドル・パワー（中級国）といえる規模へと後退した。それに対し、新たな大国は文字通り「巨大国家」となった。

そのうえ、ヨーロッパの大国はそれまでに、植民地膨張主義的な政策を追求することによって、世界レベルでの大国として発展し、経済大国となり、人口も増大していた。ところが第二次大戦によって植民地住民の間に浸透していたヨーロッパの威信が失われ、それ以前から存在していた民族解放運動に火をつけることとなった。

「ヨーロッパ協調（コンサート・オブ・ヨーロッパ）」の時代に代わり、英米ソの三大国が指導する国際体制が確立した。一九四三年以降、これら三大国はこの国際体制を強化し、ヤルタ、そしてポツダムで戦後世界の向かうべき方向性を決定した。しかし、連合国としての戦時の緊密な協力は、猜疑心に覆われた関係へと変貌し、激しい対立へと転落していった。戦争の結果誕生したのは、協調に基づく一体化された世界ではなく、二極化した世界であった。

I　失われた平和の機会（一九四五－一九四七年）

六年に及ぶ戦争を終えた戦勝諸国は、「連合国」の協調枠組みを保つことを希求し、戦争の結果生じた利害対立を克服して、国際機構の創設によって世界平和を実現しようとした。だが、新たな世界規模のヒエラルキーの誕生は、平和の到来を意味しなかった。たしかに、米ソの大同盟は、いくつかの政治的決断を協力して行っていた。しかしそれはまもなく、相互不信に取って代わられたのである。

1　新たな世界機構

世界機構の新たな枠組みは、戦間期の国際連盟の挫折を糧として構想された。ローズヴェルト大統領は、大西洋憲章（一九四一年八月一四日発表）のなかで、新たな国際秩序の原則を示すことになった。一九四二年一月一日、ワシントンで、チャーチルとローズヴェルトを含む約二〇名の政府指導者は、「連合国」が枢軸国陣営との戦争終了後まもない時期に、平和・安全保障システムを構築するという宣言を採択した。さらにモスクワ会議（一九四三年一〇月一九日－三〇日）では、英米中ソの代表が、できるだけ早く「すべての平和国家の対等な地位と主権の保全を原則としたうえで、一般的な国際機構」の創設をめざすことを宣言した。テヘラン会議（一九四三年一一月八日－一二月二日）では、三巨頭（チャーチル、ローズヴェルト、スターリン）が、この国際機構の創設に向けた動きを開始することで合意し、ダンバートン・オークス会議（一九四四年九月－一〇月）を契機とした専門家による作業によって実際の交渉を始動した。

四カ月後のヤルタ会談（一九四五年二月四日－一一日）で、チャーチル、ローズヴェルト、スターリンの三人の指導者は、ソ連の代表権問題などいくつもの厄介な問題を解決した。具体的には、この代表権問題とは、ソ連の次のような要求に端を発したものである。イギリス帝国と自治領（カナダ、オーストラリアなど）は、それ自体は全体として一つのアクターでありながら、その構成国がそれぞれ国際機構に一つの国家として加盟するのであるから、連邦共和国であるソ連からも、一五カ国の加盟が認められるべきだという主張である。結果的に、ソ連自身に加え、ウクライナ、ベラルーシ（白ロシア）の加盟に成功した。三大国は、一九四五年の四月から六月にかけて、サンフランシスコで国際連合の創設会議を開催することで一致した。

（1）　国際連合の創設

一九四五年六月二六日、五〇カ国が国連憲章に調印することにより、国際連合が誕生する。この国連憲章には、創設者たちの思惑が滲み出ていた。すなわち、実効的で、加盟国を実際に代表し、また巨大な権限を持つような機構を創設することが求められていたのだ。

ヤルタで「三大国」は、自らの優越性を維持し続けることができるような仕組みをこのような計画のなかに埋め込んでいた。国際連盟は、全会一致が原則であったために機能麻痺に陥った。そのため新たな機構は、安全保障理事会で拒否権を持つ常任理事国であるアメリカ、ソ連、イギリス、中国、フランスという大国による指導体制をとり、運営されるのが望ましいと判断されたのだ。総会は、国際社会における民主主義を象徴するはずであったが、実際には安保理の常任理事国の思惑によって大きく制約されることになる。すなわち、すべての常任理事国が結束した場合や、妥協に到達したときにのみ、機能する仕組みであった。

表1-1　国連の内部機構

安全保障理事会

安全保障理事会は、常任理事国の5カ国以外に、任期2年の非常任理事国で構成される。安全保障理事会における常任理事国と非常任理事国の数は、1946年に合計11カ国で始動し、1966年以降は15カ国に拡大した。安保理は、国際社会の平和と安全の確保に関して、主要な役割を果たすことになる。また安保理決議によって、加盟国に対して強制措置を発動することができる。票決により多数が賛成の投票をした場合には、加盟国を拘束するような決議を採択することが可能となる。

総会

総会は、国連の全加盟国の代表によって構成され（1946年1月の段階で51カ国）、安保理の非常任理事国を選出し、新規加盟国の受け入れを決定する。非常に幅広い議題を扱うものの、総会に出席し、投票した加盟国の3分の2で採択される「決議」は勧告的な効力しか持たない。安保理の勧告に基づき、総会が事務総長（事務局は国連の行政機関）を任命する。事務総長は調整の機能を持ち、政治的に重要な役割を果たすことがある。米ソ間の妥協により、ノルウェーのトリグブ・リーが初代事務総長に任命された。

国連の他の専門機関も特定の役割を果たしており、たとえばそれには信託統治理事会や経済社会理事会、ハーグにある国際司法裁判所などがある。

国連の下部に位置する専門機関としてほかにも、国際通貨基金（IMF）、国際復興開発銀行（IBRD）、食糧農業機関（FAO）、教育科学文化機関（UNESCO）などがある。

歴代事務総長

1946年2月2日−1952年11月10日：トリグブ・リー（Trygve Lie，ノルウェー）
1953年3月31日−1961年9月18日：ダグ・ハマーショルド(Dag Hammarskjöld, スウェーデン)
1961年11月3日−1971年12月31日：ウ・タント（Sithu U Thant，ビルマ）
1972年1月1日−1981年12月31日：クルト・ヴァルトハイム(Kurt Waldheim, オーストリア)
1982年1月1日−1992年1月1日：ハビエル・ペレス・デ・クエヤル（Javier Pérez de Cuellar, ペルー）
1992年1月1日−1997年1月1日：ブトロス・ブトロス・ガリ（Boutros Boutros-Ghali, エジプト）
1997年1月1日−2007年1月1日：コフィ・アナン（Kofi Annan，ガーナ）
2007年1月1日−2016年12月31日：潘《パン》基《ギ》文《ムン》（韓国）
2017年1月1日−：アントニオ・グテーレス（António Guterres，ポルトガル）

（2） 国連の機能麻痺

ところが、戦勝国の間の協力関係は崩れていき、国連は早々と機能麻痺に陥ってしまった。ソ連が当初の合意を無視してイランのアゼルバイジャン地方の占拠を続けたのである。イラン政府がこのことに抗議して安保理に訴えると、一九四六年一月一九日に英米両国がこれを支持した。

一九四六年一月一四日に創設された国連原子力委員会では、アメリカがバルーク・プランを提出した。その目的は、他国による原子爆弾の開発を阻止するために、原子力開発を国際機関の統制の下に置いて、ウラニウム鉱石を実効的に管理することであった。ソ連はこの提案を退け、原子力エネルギーの軍事利用の禁止に加え、すでに備蓄されている原子爆弾の廃棄を求めた。この問題に諜報活動に関する問題が絡んだため両国の関係は一段と悪化していき、相互不信からよりいっそう重苦しい空気に包まれていった。

（3） ヤルタ会談（一九四五年二月四日－一一日）

戦争がまだ終わっていないなか、チャーチル、ローズヴェルト、スターリンが顔を揃え、ドイツ占領問題やポーランド政府代表の問題が解決された。

ドイツ　ドイツは、三大国の軍事占領下に置かれ、連合軍各国のドイツ本土への侵攻状況に基づいて、分割されることになった。ソ連は、メクレンブルク、ポメラニア、ブランデンブルク、ザクセン＝アンハルト、テューリンゲン、そしてドイツの東部の地域を占領し、イギリスはルール地方を含めたドイツの北東地域、アメリカはドイツ南部を占領することが予定されていた。ソ連の占領区域に組み込まれたベルリンに関しては、「陸の孤島」として他の占領区域と区別され、特別な扱いを受けることになった。なお、英米両国の占領区域の一部を切り取ることを条件に、スターリンはフランスがドイツの占領に参加し、他の参加国と同等の権利を持つ大国として連合国管理理事会のメンバーになることを認めた。

ポーランド　ポーランドに関しては、親ソ的なルブリン委員会を基礎とする挙国一致内閣によって統治されることになり、

図1-1　1947年のヨーロッパ

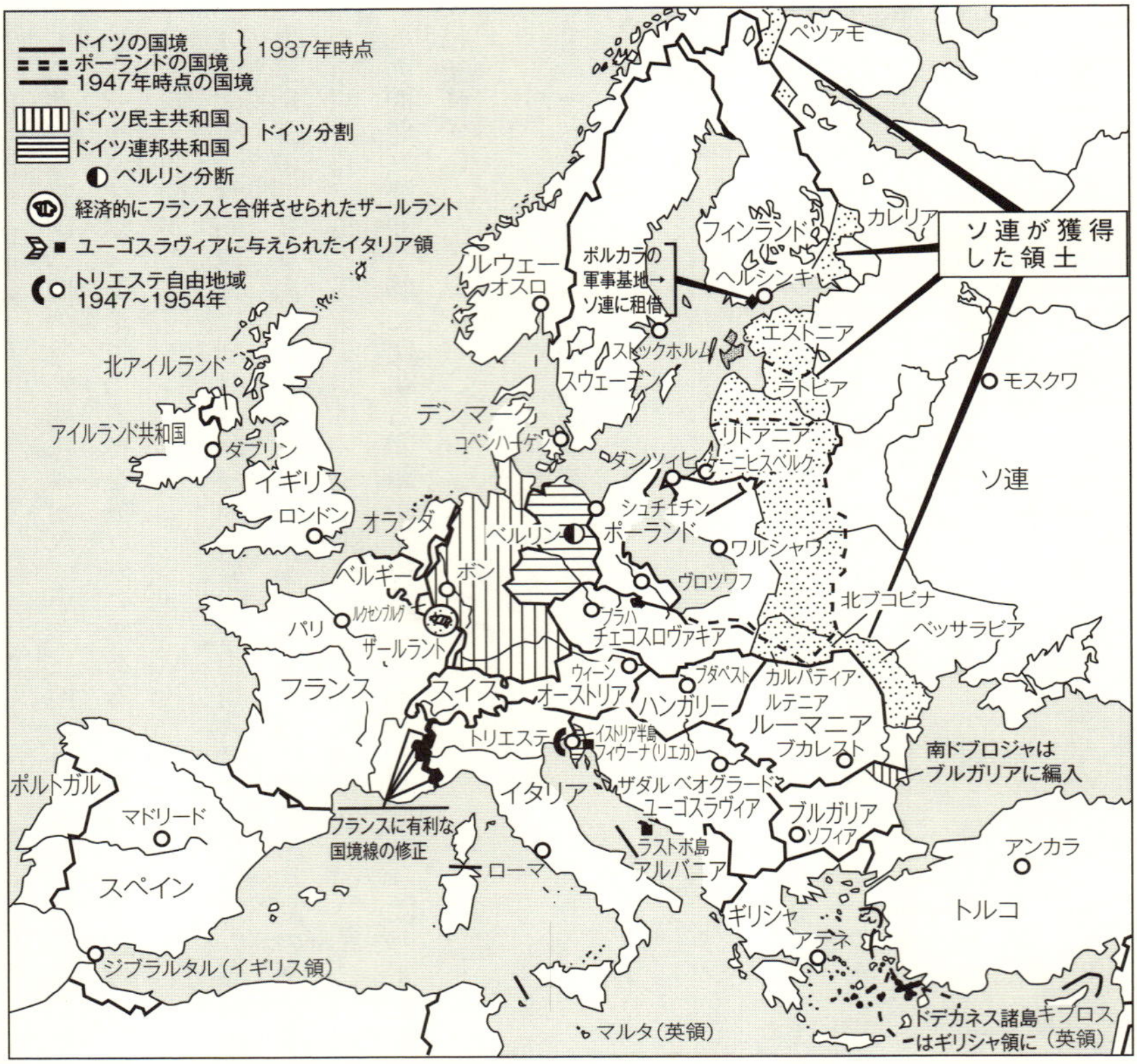

出所：Robert Aron, ***L'histoire contemporaine depuis 1945***（Paris: Larousse, 1969).

「親西側」のロンドンの亡命政府の何名かも加わることになっていた。

こうしたドイツとポーランドの問題の処理に加え、ドイツが支払うべき賠償額を決めるための賠償委員会の設立も決まった。そして、「解放ヨーロッパに関する宣言」が採択された。これによって、「三大国」政府の監督の下、解放されたヨーロッパのすべての諸国で、民主的なすべての政党が参加可能な、自由選挙が行われることになった。

ヤルタ会談は、依然として友好的な雰囲気が残っているなかで行われた。とはいえ、この会議が開かれてから数カ月が経過すると、分裂の予兆が徐々に浮かび上がってきた。

それは、一九四五年二月二七日に、ソ連が圧力をかけた結果としてルーマニアにおいて共産党単独政権が誕生したことによって始まった。続いて、ナチスの抵抗が弱まっていき、連合国の

図1-2　1939年から1945年のポーランド

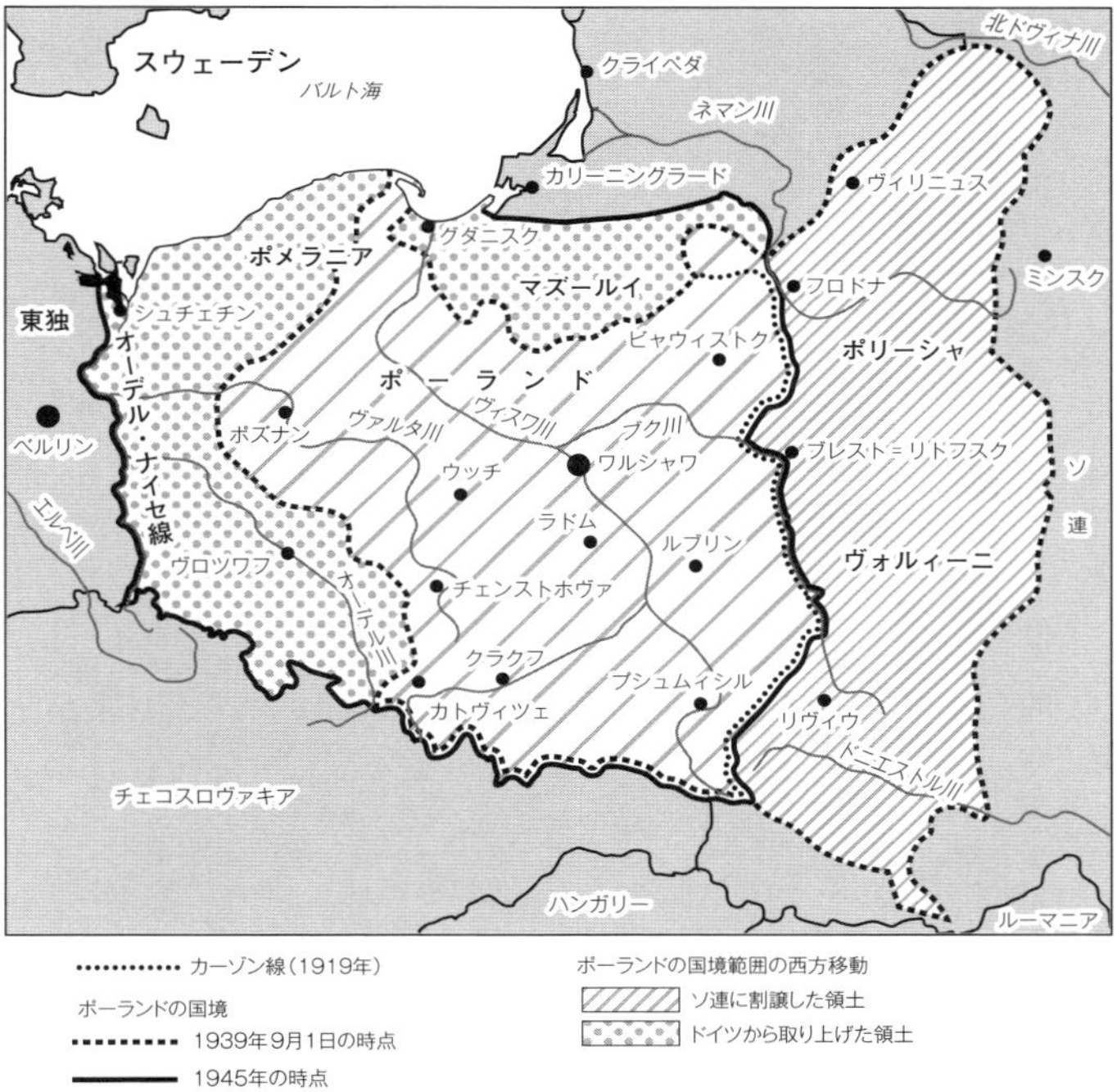

出所：*Le Monde.*

軍事指導者たちの思惑が交錯するなかで、亀裂が生じていった。三月二三日、アメリカ軍はライン川を越えると、すぐさまベルリンに一番乗りを果たすために猛進したいという衝動に駆られた。

しかしながら米軍は、「第三帝国」の首都占領の栄誉をソ連に譲り、さらにチェコスロヴァキア解放の功績も譲った。アメリカは、一方で、西部戦線ならびに一九四五年四月のアルベルト・ケッセルリンク元帥が率いるイタリア戦線においては、ドイツ軍降伏を勝ち取った。とりわけ重要だったのが、一九四五年五月七日、ヴィルヘルム・カイテル元帥によって調印された無条件降伏が、アイゼンハワー将軍のランスの司令部で実施されたときに、ソヴィエトの将軍もそこにいあわせたことである。こうして降伏の調印式を行ったにもかかわらず、スターリンは、新たにドイツの大統領となったカール・デーニッツ元帥の名において、カイテル元帥が再度無条件降伏に調印することに執着し、実際、五月九日、ベルリンのゲオルギー・ジューコフ元帥の司令部で、再び降伏文書の調印式が行われたのである。

(4) ポツダム会談(一九四五年七月一七日‐八月二日)

ヤルタ会談が終わってわずか六カ月後、連合国の「三巨頭」がポツダムで顔を揃えた。しかし世界は、この六カ月の間に大きく変わっていた。四月一二日に、ローズヴェルトが死去した。大統領の死とともに、大同盟が戦後も維持されていくだろうという想定も失われていった。後継者のトルーマンが、ソ連に対する警戒心を強めたからである。そして、ドイツの降伏と史上初の原爆実験の成功が、連合国内の状況を一変させた。状況が変化したことにより、トルーマンは対日戦を遂行するにあたりスターリンの支援が不可欠であるとは思わなくなっていた。他方、チャーチルはポツダム会談の開会には出席したものの、総選挙で労働党が勝利したことにより、新首相のクレメント・アトリーが代わりにそこに参加することになった。スターリンは、講和条約によって詳細が決まる前の段階で、東欧の政治地図の大幅な変更を強引に認めさせた。ソ連は、東プロイセンをドイツ領から切り離すことに成功したのである。さらに、カリーニングラードと名前を変えたケーニヒスベルク周辺の北部はソ連に併合され、さらに南東部はポーランドに組み込まれた。

ポーランドは、もっとも大幅な国境線の変更を強いられた。ソ連は、東部国境線として、「カーゾン線」(一九一九年に、「新ポーランド」の東部国境線の策定について交渉したイギリスの外相カーゾン卿にちなんで命名された)を受け入れることをポーランドに強要し、ウクライナとベラルーシのすべての領土をモスクワの勢力範囲内にとどめたのである。ポーランドの西部国境について、ソ連はオーデル川の東のドイツ領とナイセ川西部のドイツ領、すなわちポメラニアとシレジアをすべてポーランドに組み込むことを英米に認めさせた。西側諸国はポーランド国境を、より「西側」の主張に沿ったものに設定することを提案していたが、講和条約が調印されるまで便宜的に「オーデル・ナイセ線」を承認せざるをえなかった。ところが、ソ連は、このポーランド国境線を永続的に固定化させるために全力を注いだ。早くも八月一七日、ソ連はポーランドとの間でその国境線を変更することを目的とする合意を結んだ。その結果、ポーランドの面積は、三八万八〇〇〇㎢から三一万㎢に縮小したのである。そして、二〇〇万人以上のドイツ人が、ポーランドに併合された領域から追放された。その一方で、二〇〇万人のポーランド人が、ソ連に割譲された領土から送還された。
講和条約の準備に向けて、「三大国」は外相理事会の創設を決定した。その理事会は、国連で拒否権を行使できる五大国の代表によって組織され、数回にわたって開催された。一九四六年四月はパリで、一九四六年一一月から一二月にかけてはニューヨークで、一九四七年三月から四月にかけてモスクワで、そして一九四七年一二月にはロンドンで開催された。しかし、前向きな結論は何も生み出されることはなかった。

(5) 平和条約をめぐる諸問題

パリ会議(一九四六年七月−一〇月)が開催され、戦勝国は、ドイツの五つの衛星国(イタリア、ルーマニア、ブルガリア、ハンガリー、フィンランド)と平和条約を締結した。

イタリア イタリアに関しては、二つの厄介な問題があった。第一は、その植民地、すなわちリビア、エリトリア、そしてソマリアの帰趨に関するものであった。ソ連が、トリポリタニア(地中海沿いのリビア北西部の地方)を信託統治下に置くべきだと主張していたのに対し、イギリスはむしろ独立を主張していたため、結局、いっさいの決定を延期することになった。トリエステ(イタリア北東部の港湾都市)に関しては、ソ連の後ろ盾を得たユーゴスラヴィアとイギリスの後ろ盾を得たイタリアとの間で領有権をめぐる争いが勃発していた。トリエステの帰属をめぐり、長期にわたる外交交渉が始まったが、結局、パリ条約によって、「トリエステ自由地域」の設置が決まり、国連の管理下に置かれることとなった。しかしこれは、永続的な解決策とはいえなかった。そこで、一九四八年三月、米英仏の三カ国は、「トリエステ自由地域」をイタリアに返還するよう提案した。しかし、ソ連とユーゴスラヴィアはこれを拒否した。結果として選択されたのが、「現状維持」であった。

ルーマニア ルーマニアは、ベッサラビアとブコビナの北部をソ連に割譲する一方、ハンガリーからトランシルヴァニアを取り戻した。結果的に、ルーマニアの黒海沿岸地域の領土は縮小してしまったのである。ブルガリアは、旧来の国境線のなかに戻された。パリ条約は、ハンガリーに対しては大変厳しく、一九二〇年の国境に戻された。つまり、ハンガリーは、トランシルヴァニアをルーマニアに明け渡し、カルパティア山麓にあるルテニアはソ連に併合されたのである。さらに、スロヴァキアの南部はチェコスロヴァキアに併合され、そこに住んでいたハンガリー人は追放された。フィンランドは、四万三七〇〇㎢をソ連に明け渡し、膨大な賠償によって重い負担を強いられた。こうした東欧諸国との平和条約締結とは異なり、ドイツ、オーストリア、日本との条約締結は、当初から困難が予想されていた。

ドイツ　とりわけ、ドイツとの講和に関しては、矛盾に満ちた論争が絶え間なく繰り広げられた。一九四五年六月に決められたように、ドイツを監視下に置くことに関しては、四大国は一致していた。それは、四人の最高司令官で構成される占領管理のための最高機関の設置を意味した。この機関が置かれたベルリンは、四つの区域に分割されたうえで、連合国の管理理事会の下に置かれ、占領行政はこの理事会によって担われるようになった。こうした共同占領が機能するためには、なんといっても政治的協力が必須条件であった。ところが、占領統治の最終目標、すなわち国家社会主義の根絶と民主主義の定着は実現したものの、それ以外のほぼすべてについて意見の不一致が見られたのである。

そうした不一致は、まずドイツ占領問題をめぐり露呈した。連合軍は、ドイツを分割占領するだけではなく、結果として分断国家にしてしまった。一九四五年五月九日、スターリンはドイツ解体という構想を放棄し、英米両国に対しドイツの力を制限するよう強く求めた。英米両国はむしろ、それぞれの占領区域を経済統合することにより、諸国間の協調枠組みのなかにドイツを組み込もうとしたが（英米統合占領区域「バイゾーン」が実施されるのは一九四七年一二月一七日）、他方でフランスは、ド・ゴールが定めた政策に従い、自国の要求が満たされない限りドイツ統一に関するあらゆる構想に反対し、ザールラントの管理とルール地方の国際管理化を要求した。ヤルタ会談でその原則が合意されたとおり、占領国は対独賠償を請求することを決定し、工場の解体による現物賠償の供与を求めることにした。フランスは、賠償政策の厳密な適用を求め、とりわけルール地方の石炭にこだわった。他方で、ソ連は、自らの占領区域で大規模な接収を行い、マルクス主義的な政治体制（国有化、教育体制の非宗教化、急進的な農地改革）を占領下の地域で普及させた。その一方で、西側の三大国はこうしたソ連に対抗して、管理している占領区域で自由主義的な政治・経済システムを再興させた。このような状況が続いた結果、四大国が集《つど》う管理理事会でも、軍司令部レベルでも、無力感が漂うようになった。ナチスの戦争犯罪者を裁くために、連合軍はニュールンベルク裁判（一九四五年一一月二〇日－一九四六年一〇月一日）を設置し判決を下した（死刑一二名、禁固刑七名）。しかし、この判決が、ドイツ問題に関する連合軍の最後の共同作業となった。このようにして、「ドイツ問題」は、戦後国際政治のもっとも重要な争点となったのである。

（6） 最初の摩擦

要するに、連合国の間で信頼関係が生まれることはなかったのだ。スターリンは明らかに、ソ連の周辺に緩衝地帯を構築したがっていた。ポーランドでは、ソ連、さらにはマルクス主義の影響力によって、西側の影響力はことごとく排除されていた。そのため、ポーランド問題をめぐって、ソ連と英米両国との間に最初の深刻な摩擦が生じ、両陣営において態度の硬化が見られた。首相を退いた後のウィンストン・チャーチルは、一九四六年三月五日、ミズーリ州のフルトンで、「われわれの大陸において、バルト海のステッチンからアドリア海のトリエステに至るまで鉄のカーテンが下ろされた」と述べ、世界を脅かす脅威、すなわちソ連の専制政治を明確に批判した。もっとも、チャーチルは、ソ連が戦争を欲しているとは思わないとも付け加えた。それでも、戦争の果実を追い求め、パワーとイデオロギーの制限されることのない膨張を狙っているとして、西側諸国の結束の必要性を強調し、警告を発した。その一方で、アメリカの駐ソ代理大使ジョージ・ケナンは、自らが記した報告書のなかで、「アメリカの対ソ外交にとって第一義的重要性を持つのは、慎重に、厳正に、そして警戒して、膨張傾向のあるソ連を抑制することである」と強調したのである。

ソ連に譲歩するべきなのか。それとも、ソ連の膨張を封じ込めるべきなのか。アメリカが選んだのは後者の選択肢であった。ソ連との対決を象徴する「リガの精神」（リガはラトビアの首都）が、協調を象徴する「ヤルタの精神」に取って代わったのである。ケナンやチャールズ・ボーレンのようなソ連を専門とするアメリカの外交官は、ソ連に抑圧されていたバルト三国でロシア語を学び、ソ連に対して断固たる態度をとるべきと考えていた。

対ソ協調論から対ソ強硬論への移行は、ソ連との対話の継続に前向きであったジェームズ・バーンズ国務長官の更迭に象徴されていた。一九四七年一月九日、その後任に任命されたのが、トルーマン大統領の特使として中国に派遣されていたマーシャル元帥であった。このように終戦から数カ月で戦勝国は相互不信に陥り、新しい一つの世界を構築するという使命は達成できず失敗に終わったのである。こうした対決の場は、ヨーロッパだけではなかった。

2　中東と東アジアにおける平和の回復

(1)　中近東

中近東における平和の回復は、カイロにおける一九四五年三月のアラブ連盟の創設と、イギリスとフランスの委任統治下に置かれていた地域での脱植民地化のはじまりに象徴されるような、パン・アラブ主義の覚醒に帰結した。なお、英仏両国の間に横たわっていた対立関係も、こうした中東での動きと連動していた。終戦とともに、中近東での影響力を永遠に保ち続けたいというイギリスとフランスの希望は打ち砕かれた。フランスの場合は、ド・ゴール将軍はかつてのオスマン帝国領であり国際連盟によってフランスの信託統治領となっていたシリアとレバノンの独立を何よりも求めていた。同時にこの地域におけるフランスの経済的、文化的、戦略的な利益を確保しようとした。一九四五年五月、この両地域でフランスと現地の人々との間で紛争が生じた。その結果、イギリスが軍事介入し、フランス軍に対し事態の鎮静化を強く求めたのである。フランスは、フランスの中近東での弱体化をよいことに、イギリスがフランスを追い出し、取って代わろうとしているのではないかと疑念を抱いていた。結局、一九四六年の夏にようやく、英仏両軍とも撤退した。

エジプト　エジプトはイギリスに対し、一九三六年に締結した条約の改定を求めた。この条約はエジプトに対し独立を容認する内容のものであったが、外交権はイギリスに握られたままであったのだ。そのためエジプトは、スエズ運河からのイギリス軍の撤退、イギリスとの共同主権下にあったスーダンのエジプトへの併合を求めた。一九四六年にイギリスとエジプト間で始まった交渉は行き詰まった。同じように、イギリスとイラクとの間で行われていた交渉も行き詰まり、イラク政府はイギリスに対し戦略的な便宜をはかった一九四八年一月の条約を破棄したのである。結局、イギリスにとって、確かな同盟相手といえるのは、ヨルダンの国王アブドゥッラー一世だけとなった。イギリスは、一九四六年三月にヨルダンと有効期限を二五年とする条約を締結し、軍の駐留を認められたのである。

イラン　戦時中、イギリスとソ連によって占領されていたイランでは、石油権益をめぐる問題が関係し、外国の軍隊の撤退が難航していた。英米両軍が撤退したのに対し、ソ連軍はそこに踏みとどまり、アゼルバイジャンとクルディスタンの自治拡大要求の運動を後押しした。緊張が高まるなか、英米両国に支えられたイラン政府は分離運動を鎮圧し、ソ連軍を追いだすことに成功した。

トルコ　終戦間近の時期にドイツに対し宣戦布告したトルコは、ソ連の強い圧力にさらされていた。ソ連は、黒海とボスポラス・ダーダネルスの両海峡の航行に関しトルコに有利になるように規定した、一九三六年締結のモントルー条約の見直し、さらにトルコの対ソ外交がより「友好的なもの」になるよう求め、一九四六年八月七日、スターリンはこうした要求をトルコ政府に突きつけた。トルーマンはすぐさま艦隊をトルコに派遣して、それに対抗した。

ギリシャ　イギリスの軍事支配下に置かれたギリシャは、第二次世界大戦と、占領経験から派生した権力闘争によって、深刻な内戦に陥った。ギリシャ北部のマケドニアでは、ユーゴスラヴィアとブルガリアが分離運動を支援していた。イギリスは、一時的には国王ではなく首相による統治を認めたものの、王制を復活させるために軍事介入した。ギリシャの近隣諸国における赤軍の駐留、国境の北部における共産党政権の誕生、そして冷戦の激化によって、ギリシャの内戦は凄惨なものとなった。地中海と中近東における影響力に陰《かげ》りが見え始めるとともに、イギリスがこの地域で大国としてふるまうことは、むしろ滑稽に見えるようになった。イギリスは、それまでこの地域で保ってきた優越的な地位を放棄しなければならなくなったのである。このことは、世界におけるヨーロッパの影響力の凋落を端的に示していた。

(2)　東アジア

一九四五年八月一五日、昭和天皇の玉音放送によって日本の敗北が明らかとなった。日本が敗戦したことで、東南アジアの政治状況は大きく揺れ動いた。そもそも日本そのものが、アメリカの占領下に置かれた。中国では、毛沢東率いる共産主義勢力と、蔣介石率いる国民政府との間の内戦が激化した。

日本　日本では、連合国軍最高司令官のマッカーサー元帥が、日本を民主化するための急進的な改革を実施した。巨大な財閥を解体し、賠償問題に取り組み、占領体制の円滑化と潜在的な軍事力の解体などをめざしたのである。昭和天皇は、戦犯として連合国の法廷の場に引き出されることはなかった。それどころかむしろ天皇は、新憲法のなかでは民主主義国家の象徴として中核的な位置を占めることになった。マッカーサーが専制的な占領体制を敷いたことによって、他の連合国は日本の戦後処理をめぐる動きから遠ざけられた。カイロ会談（一九四三年）とヤルタ会談（一九四五年）での決定を受けて、日本は多くの領土を失った。中国は、満州と台湾を取り戻した。朝鮮半島は独立したものの、分断され、南北に分かれて争うことになる。樺太南部と旅順港と千島列島はソ連が領有するようになった。琉球諸島とカロリン諸島とマリアナ諸島はアメリカの管理下に置かれるようになった。

中国　中国は、平和を回復することができなかった。なぜならば、満州ではソ連が軍事行動を開始し、さらには内戦が再開したからである。一九四五年八月の中ソ友好同盟条約の締結によって、ただ単に日本の脅威に対抗するだけではなく、中華民国はソ連から満州鉄道や旅順、大連の軍港の利用に関する便宜を得ることになった。ソ連軍は対日宣戦布告後、日本の支配下にあった満州を占領し、そこに駐留することによって中国共産党の権力掌握を手助けしたのである。中国各地へと内戦はさらに拡大していった。アメリカの特使のマーシャル将軍の仲介も虚しく、蔣介石は毛沢東の勢力の力を削ごうと躍起になっていたが、アメリカのその場しのぎの政策の結果として、国民党の指導者たちは腐敗し、次第に国民からの支持を失っていき、一九四九年には共産党に敗北するに至ったのである。

（3）　連合国の不和

戦争が終わっても、多くの問題が未解決のままであった。連合国の間では、とりわけアメリカとソ連との間で戦時の同盟関係が崩壊し、互いに反目しあうようになっていた。緊張が高まっていき、二つの敵対するブロックが誕生して、ありとあらゆる分野で衝突した。アメリカに率いられたブロックと、ソ連に率いられたブロックの間の対立は、いつ全面戦争へと転化してもおかしくない状態であった。だが、第三次世界大戦は起こらなかった。それは「冷戦」となったのである。

いったい何が原因となって冷戦状態になったのか。人々は、ヤルタ会談の際の世界分割を槍玉に挙げた。実際には、すでに一九四五年二月の段階で戦争の推移が戦後に向けた政治力学を規定しており、ソ連はより有利な条件を手にしていたのだ。他方で、「解放ヨーロッパに関する宣言」によって民主主義が広まっていくと信じられていたが、現実にはそうはならなかった。そのため、ヤルタ会談での合意よりも、むしろそれが遵守されなかったことを責めるべきであろう。

歴史家の一部は、ソ連にこそ分断の責任があると主張した。たしかに、ソ連はヤルタで約束したことのすべてを守ったわけではない（とりわけ「解放ヨーロッパに関する宣言」に関してそうであった）。ソ連は膨張主義的な政策をとり、アメリカはそれに対抗せざるをえないような状況であった。他方で、一部の歴史家は、アメリカにこそ責任があると主張した。彼らは、一九四五年以降アメリカが覇権主義的な政策をとったことで、それに対抗する必要からソ連は膨張主義的な政策をとらざるをえなかったと説明したのである。

Ⅱ　冷戦（一九四七－一九五五年）

終戦から二年が経過したヨーロッパは、政治的にもイデオロギー的にも対立する二つのブロックへと分断され、中欧と北欧でいくつかの国が中立国となっていた。東欧では一九四七年以降、ソ連が強制的にソヴィエト化を推し進めた。人民民主主義諸国は、ソ連に従属させられたのである。とはいえスターリンは、ユーゴスラヴィア、フィンランド、そしてギリシャにおいて、自らの帝国の限界を認めざるをえなかった。アメリカの同盟国になることを選んだ西ヨーロッパ諸国は、マーシャル・プランのおかげで経済復興を実現し、手探り状態ながらヨーロッパ協力への道を歩み始めたのである。

1　二つのブロックの誕生

（1）アメリカの台頭

一九四七年は、明らかに転換点となった。アジアとヨーロッパのいずれにおいても、次々と問題が噴出した。内戦下の中国では、国民党の蔣介石が凋落する一方で、共産党の毛沢東が台頭した。インドシナは、一九四六年の末から植民地独立戦争に突入し、朝鮮半島の帰趨は未解決なままであった。ヨーロッパとその周辺に関しても、状況は同様であった。ソ連の直接的な脅威にさらされていたトルコでは、動揺が拡大していた。というのもソ連は、黒海の海峡とトルコ北東部の国境地帯の都市であるカルスとアルダハンに、自らの勢力圏を拡大しようとしていたからである。ギリシャでは一九四六年以降、四万人の兵力が駐留するイギリスに支えられた王党派の正統な政府に対し、共産党のゲリラ組織が敵対行動をとっていた。一九四六年の末にギリシャは、危機的な状況に陥った。なぜなら、マルコス・ヴァフィアディス将軍に率いられた共産党ゲリラは、ギリシャ北方の国境地帯に面した三カ国（ブルガリア・ユーゴスラヴィア・アルバニア）の支援を容易に得ることができたからである。ギリシャとトルコの両政府に対し軍事的および財政的援助を行っていたイギリスは、もはや単独では東地中海の混乱を収拾することができないことを悟った。その一方で、イギリスは、エジプト、キプロス、イラク、ヨルダン、パレスチナで占領統治を続けていた。一九四七年二月二四日、イギリスの駐米大使は国務省に向けて、ギリシャに駐留しているイギリス軍がまもなく撤退すると報告した。いまだイギリスの委任統治下にあったパレスチナでは、自らの国家を創設したいユダヤ人と近隣のアラブ諸国に支えられたパレスチナのアラブ人との間に、緊張が走っていた。ギリシャ、トルコ、そして中東も、東欧に続き共産主義の支配下に置かれてしまうのであろうか。経済復興を果たさなければならない西ヨーロッパはどうなるのであろうか。ヨーロッパには、このような不安が渦巻いていた。

戦争によって荒廃し、財政的基盤にふさわしい国際的責任しか果たすことのできなくなったイギリスにとって、いよいよバトンを渡す時が来たのだ。イギリスは世界での役割を縮小させようとし、また世界を展望する視野も限定せざるをえなくなっていた。そこで、脱植民地化を進め、「特別な関係」という美名で覆い隠された、光栄あるアメリカのジュニア・パートナーとしての地位に甘んじようとしていたのである。アメリカは、伝統的にアメリカ大陸の外での活動を好まない傾向があり、とりわけヨーロッパへの介入を嫌った。世界最強の国家として終戦を迎えたアメリカは、再び孤立主義の道を歩むという選択肢に惹かれていた。しかしそうした道を選ぶことはなかった。アメリカが国際的責任を果たす時代がやってきたのだ。

アメリカのギリシャ・トルコ援助

こうした状況下で、一九四七年三月一二日に、トルーマン大統領はアメリカ議会で、アメリカがギリシャとトルコに対しイギリスがそれまで実施してきた支援を引き継ぐ用意があると宣言し、そのための予算を通すことを要請した。「アメリカが自由主義陣営に加わり、それを率いる時が来たのだ」。このようにトルーマンは決意を表明したのである。トルーマンは、自国を伝統的な孤立主義から西側世界のリーダーへと導くうえでの一歩を踏み出した。アメリカの新たな外交政策の原則は、シンプルなものであった。それは、平和を維持することであり、繁栄を広げていくことであり、そしてアメリカの生活様式を世界に普及していくことであった。

モスクワで開催された外相理事会（一九四七年三月－四月）では、将来のドイツの政治的地位に関し、何ら合意に達することができなかった。見解の不一致が、徐々に警戒心へと変わっていったのである。

フランス、ベルギー、あるいはイタリアなどといった西ヨーロッパの多くの諸国では、共産党が連立与党として加わっていたにもかかわらず、深刻な経済危機のなかで社会の騒擾は着実に広がっていった。

このように、問題は単に政治的および軍事的であるだけでなく、経済的な要因も含んでいた。戦争が終わり、まったく無傷のまま経済力を維持できたのはアメリカのみであった。それ以外の諸国は、二つの課題を同時に追求しなければならなかったのである。すなわち、国民の生活基盤を確固たるものとしなければならず、そのためにも大量の食糧を輸入して農業生産力を向上させねばならなかった。それと同時に、工業力を再建するために必要な機械設備を確保しなければならなかった。ところがこうした物資は、アメリカでしか手に入れることができないものであった。そのためにヨーロッパ諸国は巨額のドルが必要であったのだが、それを持っていなかったのである。これが、「ドル・ギャップ問題」である。アメリカの指導者は、自国での完全雇用を実現するためにも、この問題を解決することが国益につながると考えていた。実はこの問題は、戦時中は武器貸与法を通じて解決することができた。つまり、終戦時に代金を支払うか、あるいは武器を返還するという方式であった。この武器貸与法による解決策が一九四五年八月に中断されたために、アメリカの余剰生産物を安く購入したり、アメリカ輸出入銀行からドルを借り入れるほかなく、これらはあくまで一時的なもので、不確かなものに過ぎなかったのだ。

戦争末期に成立した国際通貨システムの機能も、十分なものではなかった。一九四四年七月、アメリカのニューハンプシャー州のブレトンウッズで開催された国際金融に関する会議では金本位制に戻すことが決まり、ドルが国際基軸通貨となったのである。というのも、世界の金の八〇％を保有していたアメリカのみが、ドルの金への兌換を保証することが可能であったからだ。ブレトンウッズ協定に署名した諸国は、自国通貨の価値を安定させ、対外決済を実施するために、金、あるいは金に兌換できる通貨（つまりドル）を利用することができた。署名した国家は、為替相場が不安定になった場合を除き自国通貨の安定に努め、相場の固定を約束した。固定相場制への回帰は、世界貿易の振興に貢献するように思われたのだが、実際には問題も大きかった。それは、各国の中央銀行が自国通貨の変動幅を公式為替相場の一％以内に抑えなければならず、そのために自国通貨を支える必要があったからである。

IMFの設立　決済機構としての役割を果たす国際通貨基金（IMF）は、この通貨システムを強化するために創設された。戦前、財政赤字に陥った諸国の金準備は、枯渇してしまう仕組みになっていた。そうした諸国は、デフレーションと通貨切下げのジレンマに直面していたのである。IMFは、経済力に応じた各国の出資によって成り立ち（四分の一は金、四分の三は自国通貨）、経常収支が一時的に赤字になった国家に対し、特別引出権の形で融資を行う。融資を受けた国家は三年から五年の間に返済しなければならない。それによって、自国民に過剰な負担を強いずに、国際貿易に参加し続けることが可能になる。その一方で、国際復興開発銀行（IBRD）は、長期融資を担当していた。新たな国際通貨体制を形成するきっかけとなったブレトンウッズ協定は、ドル優位の体制を確立したが、強い通貨の不足を改善することはできなかった（ドル・ギャップ）。しかし、問題は急を要するものであった。ヨーロッパは、凍え、飢えていたのである。

（2）マーシャル・プラン

一九四七年六月五日、ハーヴァード大学で行った講演で米国務長官のジョージ・マーシャルは、ヨーロッパ諸国に対し四年間にわたって統合的な援助を実施する用意があり、ヨーロッパは共同して援助の受け入れを行うよう提案した。この計画の目的は、ヨーロッパ経済を復興させ、また復興に向け努力する過程で統合を促すことで共産主義に対する抵抗力を強化することであった。それと同時に、アメリカ経済がその繁栄を持続できるようにすることも、その重要な目的であった。マーシャルの呼びかけは、原則的には、ソ連を含む東欧にも向けられたものであった。しかしソ連政府がこれを拒絶すると、東欧の人民民主主義諸国はこの計画から距離を置くようになり、結局、一九四七年七月に西ヨーロッパの一六カ国のみがパリに集まり、アメリカの申し出を受け入れることになった。

ソ連にとってマーシャル・プランとは、アメリカ帝国主義がヨーロッパで政治的および経済的な支配を確立するための行動に見えたのだ。

そのうえ、初期の段階では援助の資金がなかなか送られず、フランスとイタリアは危機的な状況に陥っていた。この二カ国には強力な共産党が存在し、戦後は連立政権に加わっていた。フランスでは、一九四七年五月四日に、ポール・ラマディエ内閣から共産党所属の閣僚が排除された。同年五月三一日、イタリアでも同じように共産党所属の閣僚が排除された。秋になると大規模なストライキが続発し、社会では動揺が増していった。暴動のような騒擾に直面した労働組合連合の労働総同盟（CGT）は大きく動揺し、そのなかの修正資本主義グループはそこから離れていった。ヨーロッパの各地で、共産主義者たちはマーシャル・プランに反対する運動を展開した。そのなかでとりわけ石炭のような生活に不可欠な物資の供給の問題を解決するため、アメリカは、「緊急援助」を行ったのである。

一九四八年四月、アメリカ下院は「欧州復興計画」へ向けた対外援助法を可決し、これによってヨーロッパを援助することが可能となった。全体の一〇%を借款として、残りの九〇%を物資の直接贈与としたのだが、これによってアメリカの物資がヨーロッパ各国に供与され、各国政府はそれを企業経営者に提供したのである。たとえば、こうした製品の価格はフランで明記され、フランス政府に提供されたのだが、それを「交換価値」と呼んだ。この「交換価値」のおかげで、フランス政府は工業や農業の分野に公的な貸付ができたのである。これは非常に効率的でまた一貫性があるシステムとなり、ヨーロッパ諸国の経済復興の実現が可能となった。

一九四八年四月一六日、アメリカからの援助の受け入れ機構となった欧州経済協力機構（OEEC）を創設することによって、ヨーロッパ各国は緊密な協力の道を歩みだした。一九四八年から一九五二年にかけて、マーシャル・プランの枠組みを通じてヨーロッパに援助した総額は一三〇億ドルに達し、そのうち三二億ドルがイギリスに、二七億ドルがフランスに振り分けられた。

ＯＥＥＣのもう一つの大きな特徴は、ヨーロッパ域内の貿易を自由化したことである。それまでのヨーロッパの貿易体制の特徴は禁輸製品や数量制限などの制約に縛られていたことだが、それはもはや時代にそぐわなくなった。欧州支払同盟（ＥＰＵ）が誕生した一九五〇年以降、ＯＥＥＣの自由化政策は飛躍的に進展した。ＧＡＴＴという名称で知られ、一九四八年に発足した「関税および貿易に関する一般協定」は、二三カ国間で署名された多国間協定であり、一九九五年までその加盟国は増加を続けた。ＧＡＴＴの目標は、貿易におけるあらゆる差別的措置や数量制限の慣習を廃止することを通じて、通商の自由化を進めその安定的な基礎を構築することであった。マーシャル・プランの枠組みを通じたアメリカによる経済援助や、戦後構築されたその他の国際機構は、西ヨーロッパ諸国が経済的結束を深める重要な出発点となり、それは同時に冷戦という枠組みを通じてヨーロッパが二つに分断されることを意味した。

（3） 分断されたヨーロッパ

一九四七年を転換点としてヨーロッパの分断は決定的なものとなり、ヨーロッパは二つの敵対的なブロックに分割された。西ヨーロッパはアメリカと結びつく一方で、東ヨーロッパはソ連の影響力の下に置かれた。

ソ連の外交政策の根底にあるのは、安全保障上の不安に関する強迫観念であり、またアメリカから核攻撃を受けた場合の脆弱性の認識であり、資本主義世界に対する本質的な敵意への確信であった。ソ連はまるで、自らが包囲された城塞都市のなかにあるかのようであり、同時に東欧中に自らの影響力を膨張させようとしていた。実際にソ連は、東ドイツ、ポーランド、チェコスロヴァキア、ハンガリー、ユーゴスラヴィア、アルバニア、ブルガリア、ルーマニアを自らの影響力が及ぶ範囲として抱え込んだのである。これらの諸国は相互の協力を進めるとともに、ソ連との間でもドイツを対象とした相互援助条約を締結した。こうした政治面での同盟政策は、一九四九年一一月七日にソ連のコンスタンチン・ロコソフスキー元帥がポーランドの国防大臣に就任したことに示されるように、軍事的な側面においても強化されていった。とりわけ、各国で「人民民主主義」を標榜する共産党政権が樹立されたことは、ソ連にとっては大きな成果であった。

ルーマニア、ブルガリア、ポーランド、ハンガリーでは、非マルクス主義政党の解党が迅速に行われた。そして、一九四七年九月、ポーランドのシュクラルスカ・ポレバで、ヨーロッパ九カ国（ソ連、ポーランド、ユーゴスラヴィア、ブルガリア、ルーマニア、ハンガリー、チェコスロヴァキア、イタリア、フランス）の共産党の代表が、各国の党の連絡機関としての役割を持つ情報の拠点を創設した。それがコミンフォルムであった。西ヨーロッパの国々からしてみれば、この機関は、一九四三年の夏に解散したコミンテルンの復活と映り、ソ連がよりいっそう強硬な態度をとるようになるものとみなしていた。実際に、コミンフォルムはソ連の政策を実現するための手段となっていた。それは、ソ連を中心とした秩序を維持することが目的であった。ソ連代表のアンドレイ・ジダーノフは報告書のなかで、世界は二つの陣営に分かれていると説明した。一方にアメリカが率いる帝国主義・資本主義陣営があり、他方にソ連が率いる反帝国主義・反資本主義陣営があると考えていた。そしてジダーノフは人民民主主義を標榜する政権に対し、ソ連をモデルとするよう促したのである。

ユーゴスラヴィア　しかしながら、ソ連にもっとも忠実であるとみなされていたユーゴスラヴィアが、ソ連に追随することを拒んだのである。ヨシップ・チトー元帥は第二次大戦期のレジスタンス運動の指導者であり、スターリンの「弟子」のなかでもっとも気性の激しい人物であった。チトーはなにより、スターリンの命令に従うことを嫌ったのである。両者の決裂は一九四八年の春に起こった。公の場で、コミンフォルムがチトーとチトー主義を「修正主義」として激しく非難した。人民民主主義を標榜する政府は、ユーゴスラヴィアとの外交関係を断絶し、同国との相互援助条約を破棄した。東側陣営のなかで孤立したユーゴスラヴィアは、西側に接近したものの、マルクス主義信仰を捨てることはなかった。とはいえ、ソ連にとってユーゴスラヴィアを服従させることに失敗したのは政治的挫折であり、共産主義ブロックのなかで生じた最初の亀裂であった。

トルコとギリシャ　トルコにも影響力を浸透させようとしたソ連は、それを阻止するアメリカの不退転の決意を前にして引き下がった。他方ギリシャでは、一九四九年一〇月まで凄惨極まりない内戦が繰り広げられた。アメリカの軍事使節団の支援を受け、アレクサンドロス・パパゴス将軍に率いられたギリシャ政府軍は共産党ゲリラを追い詰め、彼らはブルガリアとアルバニアに亡命せざるをえなくなった。

フィンランド　フィンランドは、ソ連の支配下に入るのを免れることに成功した。フィンランドは中立政策を堅持すると同時に、共産党に統治されることもなく、たび重なる危機を耐え抜いたのである。

チェコスロヴァキア　チェコスロヴァキアは独特な状況にあった。第一に、中欧の国家として唯一、戦間期に民主主義を経験していた。一九四六年の自由選挙で共産党が勝利して以来、チェコスロヴァキアは連立政権によって統治されており、東西二つの陣営の間でうまく距離をとろうと試みていた。そして、マーシャル・プランに参加するか否かをめぐり、政府内では立場の対立が見られた。社会党は援助を受け入れることに前向きであったのに対し、共産党はそれに敵対的な立場をとっていた。共産党は労働者民兵の力を借りて、アメリカの支援を断りはっきりと共産主義陣営に加わるよう政府に対して圧力をかけたのである。チェコスロヴァキアの共産党は、目的を達成するために力を用いることを躊躇せず、一九四八年二月二五日にはとうとう政権を奪取するに至ったのである。五日間にわたる危機的な状況の後に、エドヴァルド・ベネシュ大統領は、共産党員のクレメント・ゴットワルトが率いる新政府を受け入れた。この政府では、ヤン・マサリク外相を除き、閣僚はすべて共産党員で占められていた。そのマサリクは、三月一〇日に「自殺」に追い込まれた。共産党組織は、政府内での粛清を実行した。さらには西側の国境は閉鎖された。一九四八年のチェコスロヴァキアのクーデタは、こうして成功のうちに終わったのである。まさに、冷戦が絶頂に達した時期であった。

西ヨーロッパ諸国は、チェコスロヴァキアのクーデタに衝撃を受けた。突如として、戦争が目前に迫っていることを実感したのである。そしてばらばらに行動していては無力であることを悟った。終戦後はフランスとイギリスとを結びつける条約はまったく存在しなかった。中近東やドイツをめぐる問題に関し、利益が対立していたからである。躊躇を繰り返した後に、一九四七年三月四日になってようやくビドーとアーネスト・ベヴィン両外相が、同盟と相互援助を定めた条約に調印した。一九四〇年五月から六月にかけて英仏共同で行った戦闘を想起するためもあって、この条約の署名はダンケルクで行われた。この条約はそもそも、ドイツの脅威が再燃することへの懸念が動機となって締結されたものである。しかしながら、国際的な緊張状態が増していったことで、英仏両国は、ベルギー、オランダ、ルクセンブルクと同盟条約を締結し、これは「西欧同盟」と呼ばれた。一九四八年三月一七日に調印されたこのブリュッセル条約は、ドイツだけではなく、あらゆる侵略国を想定して締結されたものであった。この条約では、あらゆる侵略に対し自動的に防衛支援を行うことが規定されていた。また、多様な分野での関係のネットワークが構築されることになった。とりわけ、平時からこの「西欧同盟」のための軍事機構が設置され、その本部がフォンテーヌブローに設置されたことがそのことを象徴していた。

このようにして、一九四八年三月には、戦争の恐怖が再びヨーロッパを覆い、ソ連の脅威から自国を守ってもらうためにもヨーロッパの人々はアメリカの支援に目を向けるようになったのである。

事実、こうした脅威は、ベルリン封鎖によって現実のものとなった。一九四八年三月から六月にかけて「部分的封鎖」が行われ、六月二三日から一九四九年五月一二日まで一年間にわたって「完全封鎖」が実施されたのである。このように、一九四八年から一九五三年にかけて、冷戦はドイツ問題を軸に展開するようになる。

2 「ドイツ問題」――冷戦における中核的な争点

一九四七年一二月一七日に英米両国が占領区域を統合した際、ソ連はそれに抗議し自国に対する賠償をドイツに要求するようになる。フランスは英米両国から、ザールラントをドイツから政治的に分離することの諒解を取りつけ、さらにそれをフランスの経済圏に併合することへの理解も得たのである。

一九四七年三月から四月にかけて開催されたモスクワ外相理事会では、フランスのビドー、イギリスのベヴィン、アメリカのマーシャル、ソ連のモロトフの四人が集まって会談を行ったが完全に行き詰まってしまい、非ナチ化の問題やドイツの東部国境問題、そして賠償問題に関しても同様であった。

将来のドイツ政府のあり方に関して、かつては同盟国であったこの四カ国政府の見解は、よりいっそうまとまりを欠いていた。フランスは、一二の州により構成される連邦化した、そして中央集権的でないドイツを望んでいた。それとは反対に、ソ連は非常に強固に中央集権化されたドイツを望むとともに、自らがそこに関与できるようルール地方の国際管理化を求めていた。英米両国はむしろ、外交・経済・財政を掌握する強い連邦政府を構築すべきであると主張した。

図1-3　1938年から1945年のドイツ

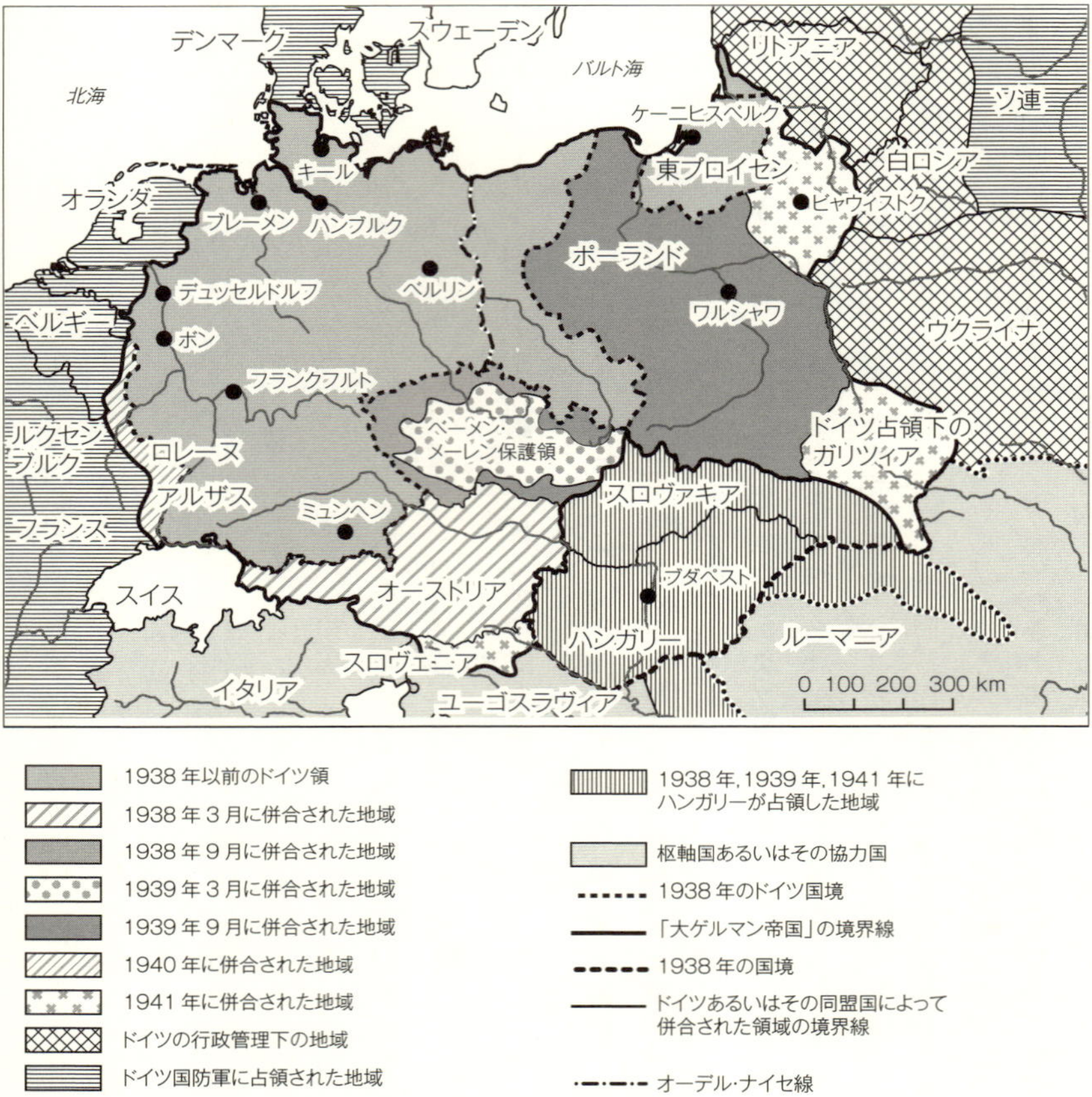

出所：M. Eude, ***Allemagne***（Histoire）, Encyclopædia Universalis éditeur.

オーストリアとの講和条約についても、合意に達することは不可能であった。なぜならば、ソ連がオーストリア経済の大部分を支配することを要望し、それを西側が拒絶したからである。

一九四七年一一月二五日から一二月一八日にかけて開催されたロンドン外相理事会では、いかなる進展も見られなかった。モロトフは困難に直面したことを西側の「悪意」のせいにして、西側からの提案をほぼ完全に拒絶したのである。モロトフは、直ちにドイツに中央政府を創設するべきであると主張した。このように、「ドイツ問題」は連合国間の不和の源泉となり、ベルリンの地位をめぐる問題がもっとも紛糾した争点となった。

（1）ベルリン封鎖

実際のところは、四つの占領区域に分けることがベルリンの地位に関して正常の状態であるとも、どの国も考えていなかった。なぜならば、ベルリンは東ドイツの一部であると考えていたからだ。そのため、一九四八年三月にワシーリ・ソコロフスキー元帥は、連合国管理委員会でのこの問題の議論を中断するように決定し、さらにその数日後にソ連は西ベルリンに入る際の検問の任務を東ドイツに委ねると発表した。この決定を西側三国が拒否すると、ベルリンに通じる陸路はすべて封鎖された。これが、ベルリンの一部封鎖と呼ばれるものである。しかし、これよりさらに深刻な事態が待ち受けていた。

西側占領区域統合のためのロンドン会議　一九四八年六月のロンドン会議の後に、英米仏は三つに分かれていた占領区域を統合し、憲法制定へ向けた議会選挙を実施することを決めた。占領区域の統合にきわめて否定的であったフランスは、ルール国際機関（IAR）の設置を認めない限りは、三占領区域の統合を認めないと主張した。その国際管理機関は、ルール地方だけではなく、ドイツ経済そのものを管理下に置くことも想定していた。この問題の帰趨は不透明であったが、いずれにしても西ドイツ国家誕生への道が開かれたのであった。西側の三大国は西側占領区域統合の意思を示すために、共通通貨を発行することを決めた。それがドイツ・マルクであった。ソ連は西側のこの通貨改革に怒りを感じ、それへの対抗策として、ベルリンへの陸路を完全に封鎖したのである。ソ連による実力行使であった。

ベルリン空輸の開始　これへのアメリカの反応は、迅速であった。ソ連によって既成事実化された事態を容認せずに、西ベルリンへの物資の空輸を決断したのだ。アメリカは空輸の九五％を担当し、この空輸作戦によって一年間にわたって西ベルリンへの物資供給を行い、ソ連が譲歩するよう圧力をかけた。そして一九四九年六月に、ソ連政府はベルリン封鎖を解除し、ソ連の統制の下で西ベルリンへの物資の供給路であった高速道路と鉄道を開通させることを許可したのである。一九四九年五月から六月にかけてパリで開催された外相会議において、不安定ながらこうした協調が生まれた。かくしてベルリンは、自由のための闘争の象徴となったのである。

(2) 二つの国家の誕生

西ドイツ成立への道　ロンドンでの合意に基づき、一九四八年の夏には西ドイツの憲法制定に向けた準備会合が設置されることになった。一一の州の代表により構成された議会評議会が開催されて、一九四九年の春には憲法の草案を提出したが、これは軍政長官に拒絶され、一九四九年五月、ようやく新たな憲法の草案が承認された。その間に西側諸国は交渉の結果、一九四九年四月にワシントン協定に署名した。その目的は、連合国による占領政策と両立可能な自治権をドイツに与えることであった。この協定によって占領軍政府が掌握し続ける大きな権限(武装解除・非武装化・ルール地方管理・賠償・カルテル阻止)と、将来の西ドイツ政府に移譲される権限との区分が明らかとなった。国防と外交は連合国の専管事項として、引き続き占領軍の権限とされた。ドイツは占領国の了承がなければ条約に署名することができず、また完全に非武装化されたままであった。これ以降、ドイツの軍政府は連合国の高等弁務官事務局となった。アメリカのジョン・マックロイ、フランスのアンドレ・フランソワ・ポンセ、イギリスのブライアン・ロバートソン将軍が、西ドイツにおける高等弁務官となった。

ドイツ基本法の制定　ワシントン協定に続いて、西ドイツの憲法、すなわち「ドイツ連邦共和国基本法」が西側占領三カ国によって承認され、一九四九年八月には総選挙が実施された。この基本法は、連邦主義者と中央集権主義者との間の妥協の産物であった。ドイツ連邦共和国は、一一の州で構成された連邦国家であり、各州それぞれに憲法があった。連邦議会は、大きな権限を保持しない共和国大統領と、行政の実権を握る首相を選ぶ機能を持っていた。選挙に勝利したのは、キリスト教民主同盟(CDU)の党首で、ケルンの市長を務めたコンラート・アデナウアーであった。こうして西ドイツが誕生したのである。

一九四九年一〇月七日、ソ連は自らの占領区域に、ドイツ民主共和国という中央集権的な憲法を持つ国家を樹立することで対抗した。

ドイツの分断化　これ以後、ドイツ分断は固定化されていき、ドイツ問題は二つのドイツ国家を再統一する複雑な問題となっていった。西ドイツのアデナウアー首相と東ドイツのオットー・グローテヴォール大統領はともに、ドイツ全土での自由選挙実施を主唱した。しかしその進展はまったく見られず、東ドイツがオーデル・ナイセ線をドイツの東部国境と確定したことを西ドイツが強く拒絶したことで、東西間の亀裂は深まっていった。二つのドイツ国家は互いに別々の道を進み、それぞれの国家が自らが加わる陣営に即した統治形態と国家目標を設定することになった。その目標とは、西ドイツの場合は資本主義の発展であり、東ドイツの場合は共産主義の発展であった。土地の集団化の加速や各産業における生産達成目標の引き上げの決定に抗議して、一九五三年六月一七日に東ドイツでゼネストと大衆暴動が勃発した。デモ参加者は、ドイツ社会主義統一党の第一書記に対し自由選挙を要求し、東ドイツ政府は戒厳令を敷いた。鎮圧はすさまじいものであった。

しかしながら、ドイツは国際政治における闘争の舞台になっただけではなく、国際政治のアクターにもなったのである。東ドイツがソ連の衛星国の地位に甘んじていた一方で、西ドイツ政府はより幅広い自立を求め、一九四九年一一月には西側三国政府とペータースベルク協定を締結した。この協定は実質的に、賠償支払いに終止符を打つことになった。西ドイツの欧州審議会への加盟問題は、フランスがドイツから分離したザールラントをそこに加盟させようと画策したことで複雑化した。というのもアデナウアーは、独立国家ザールラントの樹立を認めるつもりなど毛頭なかったからである。結局アデナウアーは、ザールラントの地位をめぐる問題の凍結を条件に、欧州審議会加盟を受け入れた。一九五一年五月二日、ドイツ連邦共和国は欧州審議会の正式な加盟国として承認された。その間、ロンドンでの合意（一九五〇年五月）とニューヨークでの合意（一九五〇年九月）に基づいて、西ドイツは外務省を再び設置し、すべての国家と外交関係を再開することが認められたのである。

仏独間のザールラント問題　ザールラント問題は、独仏間のもっとも大きな摩擦の原因となっていた。一九四九年と一九五〇年にフランスとザールラントの両政府は、一連の協定の末、ザールラントの政治的な自治とフランスへの経済的合併を決めた。ザールラントの地位に関する暫定的な性質はそのままにされたが、これらの協定によって、高等弁務官府に対するザールラント政府の独立性はさらに高まった。しかし同時にこれは、現状の既成事実化と、ザールラントのフランス経済圏への併合をさらに強化するものであった。これは西ドイツ政府の意向とは真っ向から対立するものであり、一九五〇年三月に発表した白書のなかで同国はこれに抗議した。一九五二年に高等弁務官が大使へと転じた機会などを用いて、西ドイツ政府はこのような状況に抗議した。ザールラント問題をめぐる独仏間の摩擦は激しさを増したが、冷戦が進展したことは欧州統合の必要性をより高めることになった。

3　東アジアにおける共産主義の拡大

二つの中国　一九四七年の夏は、中国内戦にとっての転換点となった。アメリカから支援を受けていたにもかかわらず、国民党軍は河南まで兵力を進めた後に各地で敗北を続けていた。一九四八年一〇月に中国北部を制圧した後、共産党軍は一九四九年一月二二日に北京に、五月二五日には上海に入城した。蔣介石が台湾に逃亡すると、毛沢東は中国大陸で支配を確立し、一九四九年一〇月一日に中華人民共和国の誕生を宣言した。こうしてイデオロギーの異なる二つの中国が誕生し、冷戦対立の舞台が一つ増えたのである。さらに、国民党の支配下に置かれていた金門島、馬祖島といった中国南部の諸島や、その北方に位置している大陳列島なども、冷戦における対立の舞台となっていた。「二つの中国」をめぐって外交は複雑化し、その後四半世紀にわたり国際関係に毒を垂れ流す結果となった。共産党が支配する中国を承認すべきか否か。西側諸国は、蔣介石を見捨てて毛沢東を承認することに対し、躊躇し続けたのである。唯一、香港に植民地を維持していたイギリスのみが、一九五〇年一月に共産党政権を承認した。国連では、国民党政府が安保理の常任理事国の議席を保持し続けた。ソ連は直ちに中華人民共和国を承認し、必要な安全保障上の支援を与えると、他の人民民主主義国家もそれに倣《なら》った。

中ソ同盟は、何よりもアメリカとその同盟国の政策に対抗するために結ばれたものであった。一九五〇年二月一四日、毛沢東はスターリンと「中ソ友好同盟相互援助条約」を締結した。ソ連は、満州と旅順港から撤退すること、また経済、財政、技術の領域で中国を支援することを約束した。その結果として、東アジアにおける情勢は大幅に変化し、中華人民共和国がインドシナ半島と朝鮮半島で重要な役割を果たすようになったのである。

インドシナにおけるイデオロギー対立　一九四六年一二月以降、フランスは目的が不明瞭な戦闘を継続していた。そもそもベトミンの侵略からインドシナ三カ国の独立と統一を守りたいと表明していたが、フランスは歴代のどの政権も自国の撤退に結びつくような交渉を行いたがらなかった。フランスにとっては植民地独立戦争に要する予算の負担が重くなればなるほどアメリカからの援助の額も増大していった。一九五〇年六月以降、インドシナ戦争は大きな転換点に差しかかっていった。このインドシナの植民地をめぐる戦争は、中国を旗手とする共産主義陣営と、アメリカの支援を受けるフランスに代表される西側陣営との間のイデオロギー対立へと変化していった。

朝鮮半島における緊張の深刻化　朝鮮半島においても同様に、終戦後に浮上した緊張関係は、イデオロギー対立へと姿を変えた。一九一〇年以降、朝鮮半島は日本の植民地統治下に置かれていた。第二次世界大戦も終盤に差しかかった一九四五年八月八日にソ連が対日戦を開始した際、三八度線を境に北側をソ連の勢力圏、南側をアメリカの勢力圏と定め、それぞれにおいて日本軍の降伏を受理することが決まった。それ以後も朝鮮半島では問題が残されていた。一九四五年一二月のモスクワ外相理事会では大国による信託統治構想が提唱され、これによって再統一が促されるはずであった。しかし、米ソ両国が朝鮮半島から撤退したにもかかわらず、南北は不和に陥り政治的に行き詰まり、緊張関係の激化と三八度線という境界線の不安定化につながった。一九五〇年六月二五日、北朝鮮が南に対し大規模な攻勢を仕掛けた。戦争の始まりがいまだはっきりとしない一方で、その帰結は明瞭であった。一度は東アジアにおける不後退防衛線から朝鮮半島を除外していたアメリカ政府も、戦争が勃発すると介入を決断した。さらにアメリカは、一九五一年八月三〇日に米比相互援助条約を締結することによってフィリピンを防衛することを決定し、台湾ならびにインドシナにおけるフランスに対し経済的および軍事的援助を与えることになった。とりわけ重要なのが、日本を同盟国と位置づけたことであった。

日本　終戦直後、連合軍最高司令官のマッカーサー将軍は、政治および経済の領域で日本を民主化させるための大胆な改革を実施していた。朝鮮戦争は、日本の忠誠心を試す機会であった。なぜなら日本に駐留する米軍は必要最小限の規模まで削減されることになったからである。一九五一年九月、サンフランシスコ講和会議において、アメリカは日本と講和条約を締結し、日本は、朝鮮半島、台湾、澎湖諸島、千島列島、樺太南部を放棄した。このようにして、占領下に置かれた敗戦国の日本は、中国とソ連に正面から立ち向かう「自由世界の哨兵」の地位にまで格上げされたのである。一九五一年九月八日にサンフランシスコで調印された日米安全保障条約によって、アメリカは日本の各地に在日米軍基地を置けることになった。太平洋では、日米同盟以外の防衛網として、一九五一年九月一日にオーストラリア、ニュージーランド、アメリカとの間で集団防衛条約が締結された。これがＡＮＺＵＳ条約である。

朝鮮戦争　朝鮮半島へのアメリカの介入は、国連軍の名の下で行われた。安保理は北朝鮮の侵略を非難し、ソ連が欠席するなかで朝鮮半島への介入を決定したからである。一九五〇年一月一日以降ソ連は、国連で中国共産党政府が国民党政府に代わって安保理の席に着かない限り、安保理に出席しないと宣言していた。そのためソ連は朝鮮半島への介入に関し、拒否権を行使できなかったのである。米軍を中核としてイギリス軍やフランス軍などによって構成された国連軍は、太平洋戦争の英雄であり、日本における最高司令官であったマッカーサー元帥によって率いられた。一九五〇年六月から八月の戦争初期の段階で、米軍は釜山の橋頭堡を強化した。一九五〇年の秋に反攻に転じた国連軍は、九月から一一月にかけて三八度線を越えて中国の国境線地帯まで進軍した。まさにそのときに、中国が戦争に介入した。数十万人もの「中国人民志願兵」が介入したことにより、一一月から翌年の一月にかけてマッカーサーは、後に三八度線で再反撃に打って出るまでの期間、撤退を余儀なくされた。一九五一年四月、マッカーサーは中国との本格的な全面戦争となる危険性を認知しながら、中国東北地方における志願兵の拠点を爆撃する許可を求めた。すると、トルーマン大統領はそれ以上の戦線拡大を望まずに、マッカーサーは解任されて代わりにマシュー・リッジウェイ将軍が最高司令官に任命された。二年間に及ぶ交渉の末、一九五三年四月、傷病捕虜の交換に関する協定が締結されたが、なかなか実行には移されなかった。一九五三年七月二七日、板門店で調印された朝鮮戦争停戦協定は、「勝者なき平和」をもたらした。南北間の境界線は、一九五〇年時点のものと似通っており、三八度線に設定された。こうして東アジアにおいても、二つの分断国家が誕生した。北朝鮮は共産主義陣営の金日成《キムイルソン》元帥に、南の韓国は西側陣営の李承晩《イスンマン》大統領に率いられたのである。

4　二つの陣営の対決

(1)　大西洋同盟の成立

ソ連が巨大な脅威となっているという確信によって、自由世界は統合と再軍備の必要に迫られていた。フランス、イギリス、ベネルクス三国（ベルギー、オランダ、ルクセンブルク）の間で締結されたブリュッセル条約は、ある特定の侵略国を想定しているわけではなかったものの、いずれの加盟国も、ソ連の脅威を念頭に置いていたのである。だが、ブリュッセル条約締結の結果誕生した西欧同盟の軍事機構が赤軍に対して無力であると気づくのに、そう時間はかからなかった。そのため西欧同盟加盟諸国は、ブリュッセル条約と緊密な協力関係を築き、同時にそれへの軍事的支援を行うようにアメリカに対して要請したのである。一九四八年三月四日、フランスのジョルジュ・ビドー外相はアメリカ国務長官マーシャル元帥に書簡を送り、政治と経済の領域における「旧世界」（ヨーロッパ）と「新世界」（アメリカ）の関係強化を訴えたのである。

トルーマン・ドクトリンの発表以来、アメリカは共産主義化の波をせき止めることに懸命であり、その結果として一九五二年には軍事費が国民総生産（GNP）の一三％にまで到達していた。米軍は警戒態勢に入っており、また諜報活動の拠点として中央情報局（CIA）を創設した。そのような背景のなか、アメリカ政府はヨーロッパ諸国と同盟条約締結のための交渉を開始することにも前向きであった。しかしアメリカでは、憲法の規定により、あらゆる条約は上院の三分の二の賛成を得なければ批准できなかったのである。そのためアメリカ政府は、平時において同盟条約を締結するためには、事前に上院で決議を表明することが賢明だと考えた。これが、一九四八年六月一一日に採択された、上院外交委員会委員長の名をとったヴァンデンバーグ決議と呼ばれるものである。これは、戦時以外では従来は同盟を締結してこなかったアメリカ外交にとって、まさに革命的なことであった。同盟はこのようにして、平時においてアメリカの国家安全保障を確立するための重要な道具となった。こうして、一九四八年末から一九四九年初頭にかけて、大西洋同盟への道が開かれたのである。

北大西洋条約の締結

一九四九年四月四日、ワシントンにおいて一二カ国（アメリカ、カナダ、フランス、イギリス、ベネルクス三国、イタリア、ノルウェー、デンマーク、アイスランド、ポルトガル）の代表が結集し、有効期限二〇年の北大西洋条約を調印した。西欧同盟は実質的に存在意義をほぼ失い、その下にあった機関の多くが北大西洋条約機構（NATO）に吸収された。ワシントンに設置された英米仏の代表によって構成される常設グループがこの同盟の戦略の方向性を策定した。

この時期のNATOはきわめて柔軟な同盟であり、ヨーロッパや北米の加盟国、さらにはアルジェリアや大西洋島嶼に対する攻撃も、加盟国すべての領土に対する攻撃とみなすとの規定が盛り込まれたことで、相互援助につながった。このような軍事的支援は必ずしも自動的に発動されるわけではなく、各国は自国の軍事組織と指揮統制権を保持していた。そもそもこの条約は大きな権限を持つ大西洋理事会のほかには、平時において、常設的な機構を設立することを想定していなかった。しかしながら、誰の目から見ても、NATO設立によって西ヨーロッパがアメリカの防衛力によって守られるようになったことは明らかであった。そのため、北大西洋条約は激しい抵抗に直面した。ソ連はこの条約を、自国を攻撃するためのものとみなした。また、ヨーロッパ諸国では、これにより西ヨーロッパがアメリカに隷属することになったと国内の共産党が批判した。そして中立を求める論者は、アメリカと同じ陣営に加わることに不満を抱く結果となった。

NATOに対するこのような批判のキャンペーンは、一九五〇年三月一九日のストックホルム・アピールの採択へとつながった。これは、急進的な共産主義者たちが世界規模で展開した大規模な平和運動の一里塚であった。その目的は共産主義の膨張に対する西側の攻勢を弱体化させることであり、そのような意図からも世界平和評議会は核兵器の使用の絶対禁止を宣言した。

こうしたキャンペーンにもかかわらず、短期間の間に一二カ国が北大西洋条約を批准し、さらに一九五二年にはギリシャとトルコがそこに加わった。この条約は一九四九年八月に発効し、軍事支援はアメリカの対欧州援助においてきわめて重大な位置を占めるようになる。しかしこれはまだ単なる同盟でしかなく、集団防衛の自動的な発動も規定されておらず、また統合的な軍事機構も存在していなかった。東アジアでの事態の進行、とりわけ朝鮮戦争の勃発により、軍事統合が進み大西洋同盟は大きく変容していった。

「ニュールック」戦略

冷戦とは何よりもイデオロギー対立であったため、共産主義との闘いはプロパガンダやイデオロギー闘争を通じて展開していった。アメリカでは、一九五〇年二月九日、ウィスコンシン州選出のジョゼフ・マッカーシー上院議員が激しい反共キャンペーンを開始した。このマッカーシーの運動は「魔女狩り」へと変貌し、反米活動の疑いをかけられた人々が次々と断罪されていった。一九五二年一一月、共和党が大統領選挙で勝利を収め、ドワイト・アイゼンハワー将軍が大統領に選ばれた。選挙期間中にアイゼンハワーは、民主党政権がそれまで進めていた共産主義に対する「封じ込め政策」を批判し、より毅然たる態度で共産主義と対峙する、いわゆる「巻き返し政策」を提唱した。実際には、この新しい共和党政権は、「巻き返し政策」が全面戦争へと発展する危険性があるために、この政策を早い時点で断念せざるをえず、この政策は、「ニュールック政策」という新しい装いを纏《まと》うことになった。その外交面における性質は、「パクト・マニア」、すなわち多くの条約を締結することであり、また軍事面における性質は、「大量報復戦略」であった。

一九四五年以降、戦略的環境には大きな変化が見られた。一九四九年、ソ連が原爆実験に成功し、もはやアメリカによる核兵器の独占状態が終わり、朝鮮戦争は典型的な限定戦争にとどまった。とはいえこの戦争は大量の死傷者を生み出し、国民の支持が低く意義が不明瞭な性質のものであった。また、中国の志願兵が満州を拠点としていたために、そこを攻撃することができなかった。攻撃目標を単一の領域に限定できないとなると、核兵器という武器は敵を従わせるのには都合の悪いものだといえよう。一九五三年になると、共和党政権では統合参謀会議議長のアーサー・ラドフォード提督が新しい戦略を採用した。この戦略の特徴は、三つの点に集約することができる。第一は「大量報復（massive retaliation）」であり、第二は「即時報復（instant retaliation）」であり、第三は「聖域なし（no sheltering）」ということであった。これはいかなる攻撃に対してもアメリカ政府は直ちに核兵器で対抗することを意味する。あらゆる領域が、攻撃対象となったのだ。こうしてアメリカは、もっとも少ない費用でもっとも確実に安全を確保できることを期待したのである。

同盟の強化　新たに国務長官となったジョン・フォスター・ダレスは、アメリカ政府が締結した同盟網の強化に心血を注ぎこんだ。アジアでは中国共産主義を封じ込め、「ドミノ理論」が現実となることを阻止しようとした。これは、ある国家が共産主義化するとその周辺国もまた影響を受けて共産主義国になるとする理論である。すでに太平洋地域ではフィリピン、オーストラリア、ニュージーランド、日本と同盟関係にあったアメリカは、一九五三年にはそれに加えて韓国と、また一九五四年にはパキスタンや国民党政権の台湾、そして南ベトナムと、それぞれ防衛条約を締結した。だが、もっとも重要な同盟は、一九五四年九月八日にマニラ条約の締結によって誕生した東南アジア条約機構（SEATO）であった。アメリカ、フランス、イギリス、オーストラリア、ニュージーランド、フィリピン、パキスタン、タイは、いかなる加盟国に対する攻撃も全加盟国に対する攻撃とみなして集団防衛を実現することになった。また、一九五四年一二月二日に締結された米華相互防衛条約が定める台湾を除いた北緯二一度三〇分以南のあらゆる領域に対する攻撃も集団で防衛することとなり、これにより一九五四年から一九五五年にかけて緊張が高まった。中近東では、一九五五年二月にトルコ、イラク、パキスタン、イラン、イギリスがバグダッド条約を締結し、ソ連の南部国境沿いに防衛線を構築した。ラテンアメリカでは、一九五四年三月にアメリカがカラカス会議を開催し、ラテンアメリカ諸国を反共十字軍に導こうとした。さらに、一九五六年七月一九日から二二日にかけてパナマで開催された米州機構の会議において、アメリカは機構の結束の強化をめざした。米州機構の加盟諸国は世界の諸問題に対処する際の緊密な結束を確認し、一九五四年六月のグアテマラのハコボ・アルベンス・グスマン大佐が率いる親共産主義的な政府の転覆を援助した。日本はアメリカの同盟国としてアメリカの影響力の陰に隠れ、限定的な役割しか果たすことはなかった。一九四七年五月三日に施行された日本国憲法第九条によって、平和主義が制度として埋め込まれ、それによって日本は武力の行使という最終手段に訴えることも、軍事力を保持することも放棄した。ところが朝鮮戦争の勃発をきっかけに、アメリカは日本に対し再軍備を促し、一九五一年の日米安保条約の締結に至ったのである。日本は専守防衛を掲げると同時に、太平洋におけるアメリカの核実験に対して厳しい批判を行った。ソ連は日本に対して、千島列島、樺太南部、さらに北海道の北に位置する歯舞《はぼまい》、色丹《しこたん》の両島を放棄するよう主張した。日ソ両国は、領土問題に関する交渉は行き詰まったものの、一九五六年一〇月に日ソ共同宣言に署名し、戦争状態を終結させて外交関係を回復させた。日本はこれによって、一九五六年一二月一八日に国連に加盟するに至ったのである。

（2）ヨーロッパにおける協調と統合

朝鮮戦争の勃発により、西ヨーロッパも同様に共産主義勢力によって侵略されるのではないかという恐怖感が、この地域に蔓延した。その結果、ヨーロッパ諸国はそれまで検討されていたいくつかの計画をめぐって、緊急に見解の相違を乗り越えていく必要があると感じるようになった。

経済協力　そのための第一歩は、とりわけ経済の分野で見られることになった。一九四八年以降OEECは、マーシャル・プランの恩恵を受けていた一六カ国の間で、貿易および金融面での実質的な協力を組織化した。欧州連邦の創設を求める運動は、一九四八年五月のハーグ会議開催に帰結し、それにより「欧州連合」の創設を望む声が高まった。しかし、イギリスとフランスの間の見解の相違によって、この構想が前進することはなかった。フランスは、将来「欧州議会」へと発展していくような諮問議会の創設を求めていた。ところがイギリスは、たとえわずかであっても国家主権の放棄につながるような構想について受け入れる様子はなく、単なる閣僚委員会のようなものを創設するよう主張した。一九四九年一月に両国は、限定的な権限しか持たない欧州諮問議会創設という方向で妥協を見いだした。OEEC加盟一六カ国の参加に向けて組織された欧州審議会（Council of Europe）は、一九四九年八月にストラスブールで最初の会合を開催したが、政治的および文化的協力の青写真を描いたに過ぎなかった。

西ヨーロッパを統合することによって、独仏間の敵対関係を乗り越えようとする数多くのイニシアティブが生み出された。そのなかでもっとも重要なものが、シューマン・プランであった。フランスのロベール・シューマン外相は、当時フランス計画庁長官であったジャン・モネの構想を受け入れた。それは、独仏両国の石炭と鉄鋼の生産を共同機関の管理下に置こうという計画であり、他のヨーロッパ諸国にも開かれた組織であった。シューマン・プランの宣言に示されているように、その目的は、「具体的な成果を積み重ね、まず実態のある連帯を生み出す」ことであり、また伝統的な独仏間のライバル関係に終止符を打つことであった。

一九五〇年五月九日のシューマン・プランの発表によって、ヨーロッパはそれまでの単なる協力の段階から統合の段階へと移行したのである。このシューマン・プランは、鉄鋼の生産と輸出を共同管理しようという提案であった。フランス、西ドイツ、イタリア、ベネルクス三国を加盟国として、欧州石炭鉄鋼共同体（ECSC）が成立した。国家主権の移譲を懸念するイギリスは、大陸ヨーロッパで動き始めた統合とは距離を置いた。一九五一年四月一八日、パリ条約が締結され、ECSCの高等機関に超国家的な権限が与えられた。この高等機関は、加盟国政府から独立した九名の委員によって構成され、石炭と鉄鋼の生産を近代化し、共同での輸出を促進した。その結果、ルール国際機関は消滅した。

軍事協力　戦争の危機が高まったことで、ヨーロッパ諸国は軍事面での連携も考慮に入れるようになり、またアメリカはそれら諸国に対し再軍備を急ぐよう促した。一九五〇年一二月、NATOは統合軍事機構を創設する決定を行い、そのトップの在欧連合軍最高司令官（SHAPE）にはアメリカ軍の大将であるアイゼンハワー将軍が就くこととなった。各国の国軍がそれぞれ別々に行動するのではない、「統合軍」が誕生したのである。NATOの軍事機構を簡素化し、調整を進め、協調を促進させるための真剣な努力がなされ、この統合軍事機構が一九五二年にパリに設置されることで合意した。

とはいえ、まず何よりも装備が必要であり、それらは、アメリカによって提供されることになった。アメリカの経済支援は、徐々に軍事支援へと変貌していったのである。さらにアメリカは、兵力の供給も行った。フランス軍はインドシナで戦っており戦力に余裕はなく、アメリカは自国の兵力のみがエルベ川とライン川の防衛に責任を持つことに不満であった。それならば、西ドイツを再軍備してはどうであろうか。この提案は公式に一九五〇年九月にアメリカ政府によってなされた。フランスがいかなる形であれドイツ再軍備にも断固反対したために、NATOは袋小路に陥った。この閉塞状況を打破するために、一九五〇年一〇月にフランスのルネ・プレヴァン国防相は、シューマン・プランの理念を軍事の領域にも適用させることを提案した。これは、シューマン・プランに参加するヨーロッパ六カ国の軍隊を統合し、共同軍を創設するという提案であった。これによって、ドイツ人を兵士として活用することが可能になり、同時に西側同盟が軍事的に強化されることが期待された。ただし、ドイツ国軍そのものの復活はさせない。「欧州軍」の創設に向けた交渉は長引き、当初の計画は変更を余儀なくされた。軍事統合は師団レベルで実施されることになったからである。一九五二年五月二七日になってようやく欧州防衛共同体（EDC）条約が調印された。しかしフランスの抵抗によって、この条約が発効することはなかった。ド・ゴール主義勢力、共産党、そして左派の一部にしてみれば、EDCはドイツ国軍再建に道を開き、各国の国軍の自立性の終わりを象徴するものであり、また最終的にはその「欧州軍」は、NATOを通じてアメリカの指揮権に従属させられてしまうであろう。このような議論が、フランスの国内世論やNATO加盟諸国の間で繰り返されることになる。アメリカ政府は政権が替わるごとにフランス政府に対して、EDC条約の批准を達成するよう圧力をかけ続けた。すでにオランダ、ベルギー、西ドイツは、批准を終えていた。フランス政府は、批准に先駆けて「専決事項」の挿入が必要であると論じたり、「追加条項」を加えようと試みたりした。一九五三年一二月にダレス国務長官は、フランス政府がEDC条約を批准しない場合には、アメリカのヨーロッパ戦略は大幅に見直されることになると警告を与えた。一九五四年八月、新しくフランスの首相となったピエール・マンデス・フランスはほかの五カ国に対し、もともとはフランスが提案し起草したこのEDCの超国家的な性質を弱めるために、いくつかの修正案を提示した。他の諸国の拒絶に直面し、一九五四年八月三〇日にフランスの国民議会は、「専決事項」の是非を問う投票を行い、

ＥＤＣ条約の批准を恒久的に拒絶する決定を行った。

この代替案は、二カ月後に新たに見いだされることになった。イギリスのアンソニー・イーデン外相が西欧同盟（Western Union）を再生させ、そこにドイツとイタリアを加盟させる案を思いついたのである。そうすれば、将来のドイツ軍をヨーロッパという枠組みでコントロールすることが可能となり、また西ヨーロッパの軍事体制にイギリスを参加させることが可能となるのだ。一九五四年一〇月二三日、パリ協定が調印され、それまでの「西欧同盟」は、「西欧連合（ＷＥＵ）」となり、そこにドイツとイタリアが迎え入れられた。ドイツは主権を完全に回復し、とりわけ再軍備を可能とする権限を手に入れた。しかしながら、このドイツ国軍の再建には、数々の制約が付されていた。ドイツは核兵器や生物および化学兵器を開発してはならず、長距離弾道ミサイルを保有してはならず、さらに三〇〇〇トン以上の軍艦や戦略爆撃機も保有してはならない、という制約を受け入れたのである。西側諸国は、ドイツに介入する権利を放棄し、「平和と安全保障を求める自由市民の努力」を進めるうえで、ドイツを対等なパートナーとして扱うことを宣言した。一九五五年五月、ドイツは一五番目のＮＡＴＯ加盟国となり、ドイツ連邦軍が一九五五年一一月に設立される。

一時的ながらこの頃、ユーゴスラヴィアが西側に接近した。一九五三年二月二八日にアンカラにおいて、ギリシャ、トルコ、ユーゴスラヴィアの間で友好協力条約が締結され、一九五四年八月九日には防衛協力に関するブレッド条約が締結された。このような状況のなか、一九五四年一〇月五日のロンドン協定によって、それまで係争となっていたトリエステ問題が解決され、駐留していたイギリスとアメリカの駐留軍が撤退し、トリエステはイタリアの施政下に置かれ、自由港はそのまま維持されることになったのである。しかしながら、一九五六年にソ連とユーゴスラヴィア間で和解が成立し、キプロスをめぐるギリシャとトルコの紛争が勃発すると、バルカン半島におけるこれらの条約はその効力を失っていった。

（3）東側世界と雪解けの始まり

東側陣営の結束は、コミンフォルムを中核として形成したイデオロギー的な提携によって示された。

コミンフォルムは、アメリカ帝国主義が戦争を扇動していると批判し、ソヴィエト・モデルを極端に誇張してほめたたえ、スターリンの偉大さを称賛し、陰険なチトーを激しく批判した。東欧の各地で体制批判者が弾圧された。信仰が侵害され、聖職者が迫害されただけではなく、あらゆる分派活動が禁止された。一九四九年にはポーランドのヴァディスワフ・ゴムウカ、ハンガリーのライク・ラースロー、そして一九五二年にはチェコスロヴァキアのルドルフ・スラーンスキーが、あまりにも民族に固執している指導者だとして、粛清や訴訟という方法を通じて権力を剝奪された。西ヨーロッパの共産党は、多くの知識人や芸術家の支持のもとイデオロギー闘争に参加して、アメリカがヨーロッパの問題に介入することを批判した。

経済面においては、重工業が重視され、土地の集団所有が推進された。OEEC設立に対抗して、一九四九年一月二五日には東欧諸国（ブルガリア、ハンガリー、ポーランド、ルーマニア、チェコスロヴァキア、ソ連、後にアルバニアとドイツ民主共和国）が、経済相互援助会議（COMECON）を創設し、それを通じて加盟諸国間の貿易を促進すると同時にソ連に一定の利益をもたらすことになった。

軍事面では、ソ連は東欧の共産主義諸国や中華人民共和国と二国間の相互援助条約を締結した。西側世界から切り離された東側ブロックは、「ビッグ・ブラザー」に従うことになった。西ドイツのNATO加盟に対抗して、一九五五年五月一四日にNATOの模倣に過ぎないワルシャワ条約機構を創設した。この軍事同盟は、ソ連の統制の下ですべての東欧諸国の軍を統合した。しかしながら、すでに複数の二国間条約を締結していたユーゴスラヴィアは、そこに参加しなかった。

スターリンの死去

一九五三年三月のスターリンの死は、政治の面でソ連における四半世紀にわたる個人独裁を終わらせただけではなかった。ゲオルギー・マレンコフを首相に、ニキータ・フルシチョフを共産党第一書記とする集団指導体制が敷かれたのである。これは、「雪解け」の始まりを象徴する出来事であった。この「雪解け」という言葉は、小説家のイリヤ・エレンブルグが、ソ連における自由主義化の流れの始まりを予感して、小説のなかで使ったものである。ソ連国内における「雪解け」は刑事犯の恩赦をもたらし、刑期の削減と脱スターリン化が推進され、この脱スターリン化は深刻な暴動をもたらした。一九五三年六月にチェコスロヴァキアで暴動が発生し、六月一六日と一七日には大規模な暴動が東ベルリンで起きた。東欧諸国のいくつかの国では、首相と共産党の第一書記の二分化が進んだ。一九五五年二月にソ連で首相がマレンコフからニコライ・

ブルガーニン元帥に代わったことで、デタント（緊張緩和）政策はよりいっそう加速していった。

ソ連外交の雪解け　好意的なシグナルが、いくつも発信されていた。一九五三年七月二〇日にソ連は、五カ月前に断交していたイスラエルとの外交関係を回復した。七月二七日には、朝鮮戦争の休戦協定が締結されている。チャーチルが提唱したベルリンでの四大国外相会談をソ連政府は受け入れて、一九五四年一月二三日から二月一八日にかけてベルリンで開催されたが、成果は何も生まれなかった。一九五四年三月三一日、ソ連は「欧州安全保障条約」締結を提案した。一九五四年四月二六日から七月二一日にかけて開催されたインドシナ情勢をめぐるジュネーヴ会議では、ソ連は一つの貢献をした。一九五四年一〇月一一日に、ソ連軍は旅順から撤退することになったのである。さらに一九五五年一月二六日、ソ連政府はドイツとの間の国際法上の戦争状態に終止符を打ったのである。

一九五五年の春、オーストリアが今後も中立国であり続けることを条件に、ソ連はオーストリアからの全軍撤退を約束した。これによって、平和条約の締結が可能となった。一九五五年五月一五日、四大国はウィーンでオーストリア国家条約を締結し、占領状態がこれで終わることになった。オーストリアは中立を維持して、ドイツとのいかなる連合も構築しないことを約束した。オーストリアは国連加盟を実現し、また非軍事的な国際機関であればそこに参加できるようになった。オーストリア国家条約締結の後には、デタントの精神に覆われるなか、一九五五年七月一八日から二三日にかけてジュネーヴで首脳会議が開催された。そこにはアイゼンハワー大統領、ブルガーニン元帥とフルシチョフ、イギリスのイーデン首相、そしてフランスのエドガール・フォール首相が参加した。成果は乏しく、とりわけドイツに関する意見の違いは決定的であったが、「ジュネーヴの精神」が醸成されて、これからは冷戦の時代が終わって新たにデタントの時代が始まるのではないかという希望が生まれた。実際、ドイツ連邦共和国へのソ連の接近は、一九五五年九月九日から一三日にかけてのアデナウアー首相のモスクワ訪問と、西ドイツとソ連間の外交関係の樹立によって具体化された。

未解決の「ドイツ問題」　とはいえ、ドイツ問題が東西関係に緊張をもたらす最大の要因であることに変わりはなかった。ソ連は、西ドイツの軍隊が加わるＥＤＣが創設されようとしていたことや、ＥＤＣの挫折の後にできた西欧同盟の設立に対して、激しく反発した。ソ連は、軍縮や欧州安全保障条約を提唱し、一九五四年一一月二九日から一二月二日にかけてモスクワで会議を開催したが、参加したのは東欧諸国のみだった。ソ連は西ドイツのＮＡＴＯ加盟に対し、一九五五年五月一四日のワルシャワ条約機構設立で対抗した。ソ連の近隣の人民民主主義を標榜する七カ国（ポーランド、チェコスロヴァキア、東ドイツ、ルーマニア、ブルガリア、アルバニア、ハンガリー）を集めたワルシャワ条約は、友好と協調と相互援助をめぐる条約であり、ソ連の元帥が指揮する独自の統合軍司令部を備えたものであった。このワルシャワ条約機構は東側ブロックに強固な骨格を提供し、これ以降は共産主義ブロックにおける監視役となった。

一九五五年七月一八日から二三日まで開催されたサミット会議と、ダレス、ハロルド・マクミラン、モロトフ、アントワーヌ・ピネーが出席した外相会議（一九五五年一〇月二七日－一一月一六日）では、ドイツ問題をめぐって議論が行き詰まった。モロトフは、ドイツ民主共和国がドイツ連邦共和国を吸収する形をとらない限りは、あらゆるドイツ再統一に反対した。東西間の協議は、袋小路に陥ったかのように見えた。そのうえ、一九五五年九月二〇日にソ連は、ドイツ民主共和国を完全な主権国家として承認していた。

ソ連とユーゴスラヴィアの関係改善　東側陣営の内部はそれでもいくぶん自由となり、ソ連とユーゴスラヴィアの関係改善が進んだ。一九四八年六月の関係断絶以来、ユーゴスラヴィアは孤立状態に陥り、分離国家として扱われ社会主義陣営から切り離されて、チトーはスターリンの逆鱗に触れていたが、それでも西側陣営には属さずに、社会主義を信奉し独立を保つことに成功した。一九五五年五月二六日から六月三日にかけて、フルシチョフは、アナスタス・ミコヤン第一副首相とブルガーニン首相とともにベオグラードを訪問し、関係改善のシグナルを発した。フルシチョフは、社会主義に至るにはさまざまな道があることを認めた。同時に、東西間の対立関係は、ヨーロッパの域外にも波及した。ソ連は、第三世界における植民地解放の気運を利用したのである。

Ⅲ　脱植民地化の「第一の波」（一九四五－一九五五年）

1　脱植民地化特有の要因

一九四五年から一九六二年にかけて、脱植民地化は二つの段階を経ながら推移した。終戦直後の第一段階においては、中近東と東南アジアが、その舞台であった。一九五五年に始まる第二段階においては、主に北アフリカとサハラ以南のアフリカで脱植民地化が進行した。一九五五年にはバンドン会議が開催され、脱植民化を加速しこれをさらに広げていく必要があることを全会一致で決議した。この年に米ソ両国は、国連において新規加盟国を受け入れるにあたって、もはやそれを抑制するようなことはないと決定し、これが植民地統治下の人々の独立に有利に働いた。

第二次世界大戦は、ヨーロッパ本国とその植民地との関係のあり方に大きな変化をもたらした。戦時中に種が蒔《ま》かれたナショナリズムが醸成されたことで、帝国の脆弱性が明らかとなったのである。大戦の結果、米ソという二つの超大国が出現し、この両国はさまざまな形で反植民地主義の姿勢をとっていたのだ。

ソ連はイデオロギー的な理由から脱植民地化に好意的であり、この脱植民地化が西ヨーロッパ諸国の立場を弱めることを期待していた。一九五六年以降、ソ連はこうした立場を強く推し進めていくようになった。アメリカは原則として、感情的にも歴史的にも植民地解放に向けて闘う人々を支えていた。そのようなこともあり一九四六年にアメリカはフィリピン独立を承認したが、かといって同盟国を困らせないため、公式にその立場を表明することはなかった。

（1）　植民地宗主国の立場

労働党政権下のイギリスは、自発的かつ積極的に脱植民地化を進めていった。一方、オランダは、植民地から撤退せざるをえない立場に追い込まれていた。

フランスの場合は、両国とは大きく異なっていた。戦争によって弱体化したフランスは、自らの植民地帝国こそが大国としてのイメージを取り戻すための手段になると考えていた。しかしながら、それとの協力を進めるべきなのか、あるいは本国への同化を進めていくべきなのか、明確な判断には至らなかった。一九四四年にド・ゴール将軍が開催したブラザヴィル会議は、フランス植民地の近代化を推進し、より自由な植民地の実現に向けた道を開くきっかけとなったものの、独立への道筋を示すものではなかった。第四共和制憲法の下で「フランス連合」の創設を決めたのも、同様な考え方に基づいていた。フランス連合という枠組みのなかで、はたして植民地の同化を進めていくのか、それともさらに独立へと発展させていくのか、明らかではなかった。一九五八年以後になってようやく、フランスは脱植民地化の立場をとるようになった。ベルギーも、それを避けようともがきながらも、同様に脱植民地化の道のりを歩んだ。

一九四七年九月に発効した平和条約によっても、イタリアの植民地の帰趨は解決されていなかった。国連がその任務を託されたのである。だが、一年を経ても、イタリアの植民地問題をめぐって合意に至ることができなかった。一九四九年の春、イギリスのベヴィン外相とイタリアの外相カルロ・スフォルツァ伯爵によって妥協案が成立した。リビアは、イタリア、フランス、イギリスによる信託統治領とした後、独立に導き、ソマリアはイタリアの信託統治領とし、エリトリアはエチオピア領とスーダン領に分割するという提案であった。しかし、一九四九年六月に国連総会は、このベヴィン＝スフォルツァ妥協案を否決して、一九五二年までにリビアに独立を与え、ソマリアに関しては一〇年間のイタリアによる信託統治の後、独立を与えることになった。またエリトリアに関しては、エチオピアの連邦の一部を構成することになった。リビアは一九五一年一月一日に独立して君主制国家の道を選択し、アメリカ、そして特にイギリスが、リビアの軍事基地を引き続き使用できることになった。

(2) ラテンアメリカの特殊な事情

南北アメリカ大陸の諸国は、アルゼンチンを除き、多かれ少なかれ第二次世界大戦における枢軸国との戦争での貢献によって、互いの関係は強化される結果となった。一九四五年二月から三月にかけてメキシコで開催された米州会議で、南北アメリカ大陸の諸国はチャプルテペック協定に調印し、集団安全保障体制が構築されることになった。さらに一九四七年八月から九月にかけて開催されたリオデジャネイロの米州会議では、防衛相互援助に関するリオ条約が締結された。

一九四八年四月三〇日に調印されたアメリカ大陸の二〇カ国による米州機構憲章によって、汎米連合は強化されることになった。ところがラテンアメリカ諸国は、自国に置かれたアメリカ軍基地の撤去を要求する一方で、マーシャル・プランに類似した経済支援プログラムを期待しており、そうした政策に消極的なアメリカとの関係が冷却化した。一九四四年には、アルゼンチンで軍事政権が誕生し、一九四六年二月、ファン・ペロン大佐が共和国大統領に就任したことによって、ファシズム体制を模範とする政権が確立し、ナショナリズムと反帝国主義に彩られたポピュリズム的な社会が構築されることになった。この政治体制は一九五五年まで続き、その間アメリカとアルゼンチンは緊張関係にあった。

アメリカ大陸のいくつかの諸国は、イギリス、オランダ、フランスといった欧州諸国の領土に関しても問題にした。これらには、アルゼンチンが領有権を主張する英領フォークランド諸島や、グアテマラが領有権を主張する英領ホンジュラスが含まれており、またフランスの海外県である西インド諸島のマルチニック、グアドループ、そしてフランス領ギアナも、その領有権が問われるようになった。ラテンアメリカ諸国では、民族主義者たちが自国の経済的自立を求めて闘争を繰り広げ、クーデタが多発して、混乱が広がった。一九五四年五月にパラグアイで勃発したアフレド・ストロエスネル将軍のクーデタや、一九五四年六月のグアテマラにおける革命が象徴的であった。

(3) 中近東における脱植民地化

中近東では、一九四八年のイスラエルの建国や石油資源の開発をめぐって欧米との間で深刻な危機が訪れながらも、着実に独立は実現していった。

委任統治の終焉　リビアとシリアでは、オスマン帝国の崩壊の後に国際連盟がこの地域を委任統治領としてフランスに託したことに異議が噴出していた。またこの地域で覇権を握っていたイギリスが策謀を繰り返した結果、フランスはこれらの地域の支配を維持することを断念して、一九四五年五月に激しい暴動が起きるなかで国家の独立を約束した。フランス軍は武力鎮圧に乗り出すが、イギリスは最後通牒を発してフランスに対して譲歩を迫った。一九四五年八月、シリアとレバノンは独立を勝ち取った。しかし、これは自発的に勝ち取ったものでも、情熱的に勝ち取ったものでもなかった。イギリスの圧力が決定的な役割を果たしたのである。イギリスは立て続けに、一九三〇年にイラク、そしてカイロとアレクサンドリアの数カ所とスエズ運河の権益を除き一九三六年にエジプト、一九四六年にトランスヨルダン王国を独立させた。なお、トランスヨルダンで唯一実質的な戦闘が可能な軍隊は、イギリス人将校であるグラッブ・パシャ率いるアラブ義勇軍だけであった。

イスラエルの国家建設

この地域の根幹的な問題は、イスラエル国家の創設であった。「約束の地」への回帰という千年王国思想と、シオニズム（シオン＝エルサレムへの回帰）を提唱したテオドール・ヘルツルの思想とが融合し、イスラエルは建国され、世界中に拡散していたユダヤ人がパレスチナに残っていた同胞の下に結集した。同地を委任統治領としていたイギリスは、当初は一九一七年のバルフォア宣言によってユダヤ人の祖国建国構想を支持していたが、次第に親アラブ的な政策に移っていき、ユダヤ人の移民を停止し、またイギリスの影響下にあった土地を分割するようになった。ところが、第二次世界大戦によって、イスラエル国家建設の動きが加速していき、ナチスによるユダヤ人の大量虐殺の事実が明らかになると、国際世論はパレスチナへのユダヤ人入植に同情的な立場をとるようになった。一九四五年には、パレスチナのアラブ人の数は一二四万五〇人であった一方で、ユダヤ人の数は五五万三〇〇〇人であった。早急に厄介な問題から手を引きたいイギリスに対し、ユダヤ人組織による対英ゲリラ活動が起きかねない雰囲気が生じていた。一九四七年、パレスチナ問題は国連の調査委員会に委ねられた。調査委員会は、ユダヤ人国家とアラブ人国家の建国を提案し、エルサレムを分割したうえで国際化する案を示した。ユダヤ人はこれを受け入れたが、アラブ人が拒否したのである。

この提案の実現を待たずに、一九四八年五月にイギリスは委任統治に終止符を打つことを決定した。五月一四日、ユダヤ人はイスラエルの建国を宣言し、直ちにアメリカとソ連が同国を承認した。すぐさま、アラブ諸国軍はパレスチナに侵攻した。一九四八年五月から一九四九年一月まで戦闘は続き、戦局はイスラエルに有利に進行してアラブ諸国は停戦に合意した。それによって終結したのは軍事衝突であり、戦争全体が終結したわけではなかった。この停戦協定は、一九四七年の国連の分割決議と比較してみた場合、現状維持に過ぎず、イスラエルにとって有利なかたちで国境線が引かれていた。しかし、これは現状では暫定的国境線に過ぎなかった。エルサレムは、イスラエル人とトランスヨルダン人との間で分割された。そして、トランスヨルダン人はヨルダン川の右岸を占拠し、一九五〇年、新たにヨルダンを建国した。エジプトはガザ地区を併合した。一九四九年五月、イスラエルは国連加盟が認められた。アラブ連盟は、こうしたイスラエルによる一連の既成事実化を認めることを拒否した。一九五〇年四月、アラブ諸国は、防衛条約を締結したのである。イスラエル国家の存在は、パレスチナのアラブ難民の問題によって複雑化した。これらの難民は戦争から逃れ、周辺国の難民キャンプにとどまったのである。このときすでにパレスチナ問題は解決不可能なものとなっていたが、そこからまた新たな悲劇が生まれることになる。

政治的な不安定　ヨルダンの新しい国王アブドゥッラー一世が登場するとシリアの政治情勢は不安定化し、西側寄りの政策をとるかあるいは中立政策をとるかで揺れていた。一九五一年七月二〇日、アブドゥッラー一世が暗殺されたことにより、ハーシム王家を軸とした「大シリア」を創設するという夢は破れた。近東の混乱を収拾に近づけるため、アメリカ、フランス、イギリスは、一九五〇年五月に共同歩調をとることを決めた。三カ国の共同宣言を通じて、侵略を行わないと合意した国家のみに武器輸出を実施すると決定し、さらに領土に関して現状維持を保障すると宣言した。

石油資源をめぐる問題　政治的な問題に加えて、中東の豊富な石油資源に起因する対立関係が浮上した。アメリカは、民間企業を介して中東地域の石油資源の一角を握ろうと試みた。だがそれはイギリスの権益と衝突することになる。イラク石油会社、アングロ・イラニアン石油会社やクウェート石油会社、サウジアラビアのアラムコは、地中海に石油を運搬するためのパイプラインの建設や協定の締結に際して、現地のナショナリズムと対峙することになった。こうした企業の利益は膨大なものであったが、一九五〇年の段階でイランはアングロ・イラニアン石油会社の利益の九％しかロイヤルティーをもらえなかった。ところがイラン国内では状況が緊迫し、モハンマド・モサッデグ首相は対決の道を選ぶことになった。一九五一年三月、モサッデグに率いられた民族主義者たちの圧力の下で、とりわけアングロ・イラニアン石油会社の資産を念頭に置き、イランの国会は石油資源の国有化を決めた。この危機がイギリスとイランとの間の衝突に発展し、イラン国内では深刻な争いが起きた。結局、一九五三年八月二四日にモサッデグは逮捕された。シャー（国王）に率いられた権威主義体制の下、イギリスとアメリカは再び石油利権の足場を築くことができたのである。しかし経済的権益をめぐるこの最初の紛争は、スエズ危機の勃発を予告するものであった。

イギリス＝エジプト紛争　エジプトでは、独立への気運が急速に高まっていた。一九四八年六月にイギリスはスーダンの独立を早める措置をとったが、これはエジプトの影響力を排除するためであった。これに対抗して、一九五一年一〇月にムスタファ・ナハスに率いられたエジプト政府は、一九三六年に調印されたイギリス・エジプト条約の廃棄（本来この条約は、一九五六年まで効力を持っていた）と、ファールーク一世を「エジプトとスーダンの王」に即位させることを議会に要求した。イギリスはこれに激しく反発し、スエズ運河周辺に大規模な増援部隊を派遣し、エジプトにおける自国の権益を維持する姿勢を示した。西側諸国は、エジプトも参加する国際機構に、スエズ運河の防衛を委ねることを提起した。一九五一年一二月と一九五二年一月のカイロにおける反英暴動以降、イギリスとエジプトとの間の緊張関係はますます悪化していった。結局、一九五二年一月にファールーク一世が、ナハス首相をより穏健な人物と交代させることによって、ようやく事態は沈静化に向かった。一九五二年七月二八日、ムハンマド・ナギーブ将軍率いる将校団がクーデタを起こし、ファールーク一世は退位して王政は廃止され、ナギーブが大統領になった。そのナギーブも一九五四年の春には解任され、ガマール・アブドゥル・ナーセル大佐が代わって大統領となった。ナーセルの壮大な目標は、アラブ民族を結集して統一国家を形成することであった。一九五四年一〇月一九日、ナーセルはイギリス軍をエジプトから撤退させる条約の締結に成功した。ナーセルは、反西側的な中立政策をとり、イスラエル国家を消滅させる意思を宣言していた。

こうした混沌とした状況に直面したイギリスは、一九五五年二月二四日にイラクとトルコのイニシアティブによる「中東の安定と安全保障」のための条約（バグダッド条約）締結を後押しした。同年九月二三日にパキスタンが、そして一一月三日にイランが、それぞれこの条約に加盟した。ヨルダンもこの条約に加盟するよう、強い圧力を受けた。ナーセルに率いられたエジプトとソ連は、アメリカが自らの防衛システムの支柱と考えていたこのバグダッド条約に激しく抵抗した。

（4）アジアにおける脱植民地化

東南アジアにおける植民地解放気運の高まりは、少なからず日本の敗戦に起因していた。一九四五年の段階では、独立国はタイのみだったが、その後しばらくして、ポルトガル領のゴアとティモールを除き、すべての植民地が独立して主権国家となった。一九五七年には、新たに一〇カ国が独立国家として誕生した。ナショナリズムや反ヨーロッパ主義、そして戦時中に東南アジアを占領していた日本やヨーロッパ諸国が行った独立へ向けた宣言や、あるいはアメリカによる支援によって、植民地解放は実現したのだ。だが東南アジアの脱植民地化は暴力に覆われるようになり、十分な安定に至ることはなかった。

インド　インドには、一八八六年に創設されたインド国民会議という、長い歴史を有する組織化された民族主義運動が存在していた。戦時中は、日本の膨張主義がインドを脅かしていたが、インド国民会議のジャワハルラール・ネルー議長は早期の独立を求め、インド軍の対日戦参加を望んだ。戦争が終わると、新たにイギリス労働党政権で首相となったアトリーは、インドの独立にきわめて積極的な姿勢を示した。しかし、インドは人種と宗教の坩堝であり、そのなかからヒンズー教の集団とイスラム教の集団が台頭していたこともあり、脱植民地化に向けた動きは非常に錯綜していた。インド国民会議は、インド人としての一体性を望んでいた。インドの「ムスリム連盟」に結集していたイスラム教徒は、インド国民会議に支配された状況のなかで宗教的および政治的なマイノリティーとなることを嫌い、パキスタンの国家としての独立を要求した。一九四六年八月に状況はますます武力による解決に傾き、激しい内戦状態に陥った。行き詰まったイギリスは、一九四七年二月にインドからの撤退を決断した。

インド副王兼総督となったマウントバッテン卿は、インドを独立へと導く役割を担ったが、一九四七年八月に分離独立の道筋をつけることになった。一方では世俗的なインドが独立し、他方では西パキスタン、パンジャーブ地方、東パキスタン、ベンガル州といった東部で構成された、イスラム宗教国家であるパキスタンが誕生した。この二つの独立国家は、コモンウェルスに加盟した。

インドは、直ちにポルトガルのゴア、フランスのポンディシェリ、ヤナム、カリカル、マへ、シャンデルナゴルといった外国の支配下に置かれていた地域の返還を求めた。これに対して、ポルトガルは返還を拒否した。フランスは、一九五四年にようやく植民地貿易の窓口となっていた地域を返還した。パキスタンは、インドが領有していたカシミール地方の国境地帯の管轄権を宣言した。一九四七年から一九四八年にかけて両国の間で戦争が勃発し、この分断線が後々の紛争の原因となった。チ

図1-4　アジアの解放

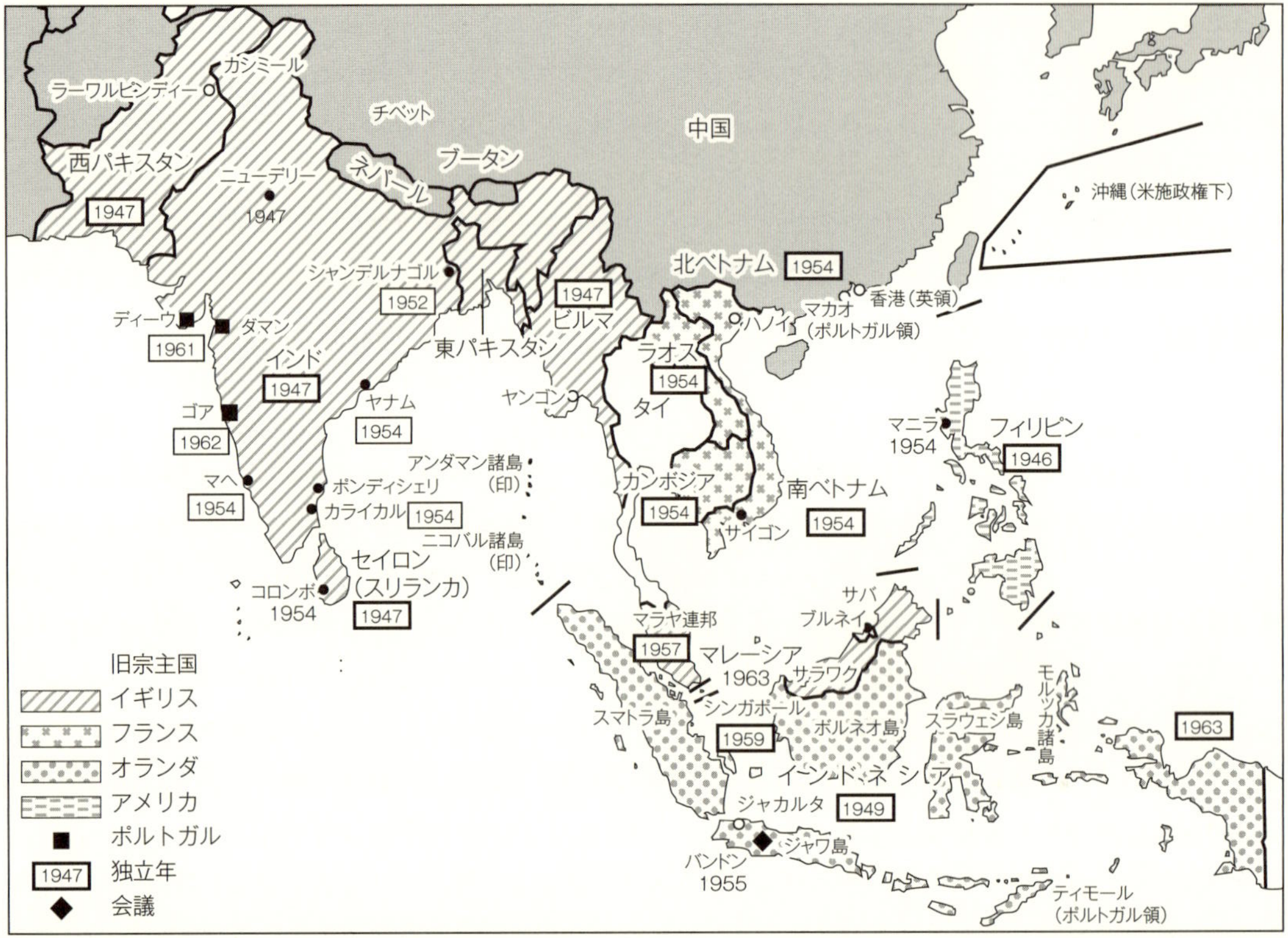

出所：Robert Aron, ***Histoire contemporaine depuis 1945***. Larousse.

コモンウェルス

コモンウェルスとは、かつてイギリス帝国に属していた国家や領域が、その後、法的というよりもむしろ心情的なつながりを相互に維持するために成立したものである。

「コモンウェルス」という言葉は、1921年に初めて登場した。同年12月に調印され、アイルランド自由国が帝国のなかの自治領（ドミニオン）として認められたロンドン条約のなかに、「コモンウェルス」という言葉が出てきたのである。この自治権は、イギリス国王を元首とし、権利を付与するに相応の発展を実現した帝国領に付与されたものである。アイルランド自由国は、カナダ、オーストラリア、ニュージーランド、そして南アフリカ連邦とともに、自治領に位置づけられたのである。

1931年のウェストミンスター憲章によって、それまでの帝国は「英連邦（British Commonwealth of Nations)」になり、イギリス国王に対する忠誠、ならびに自発的な協力に基づく独立国家の集合体となった。1932年のオタワ協定によって特恵関税制度の原則がこの英連邦に適用されることとなった。ところが、脱植民地化の潮流を受け、英連邦は再定義を迫られるようになった。イギリスの統治下にある領域のすべてが英連邦を意味するわけではない。1949年に、「コモンウェルス」(Commonwealth of Nations）と改称されて、イギリスの国王を元首として戴く、多様なエスニシティーと言語を内包する集合体と定義づけられるようになった。定期的にコモンウェルスに参加する諸国の国家元首や政府首脳によるコモンウェルス首脳会議が開催されることにより連帯が維持され、ロンドンにあるコモンウェルス事務局の機能を通じてそのような連帯は強化されている。

1948年にビルマとアイルランドが脱退したのに続き、1956年にスーダン、1961年にソマリア、クウェート、そして南アフリカ、1965年にローデシア、1967年にアデン、そして1972年に西パキスタンが脱退した。それでも1990年の段階で、四八か国が加盟していた。

ベットに関しては、インドはその自治を重視していたが、一九五〇年に中華人民共和国がこの地を完全に支配下に置いた。

ビルマとフィリピン　戦時中に日本軍に占拠されていたビルマは、一九四八年一月四日にイギリスから独立を勝ち取り、英連邦への参加を拒んだ。この新国家においては、共産主義勢力と自治を求めるカレン族の双方の蜂起によって、内戦状態に陥っていた。スペインの古い植民地であり、一八九八年の米西戦争の結果アメリカに譲渡されたフィリピンは、第二次世界大戦中は日本軍に占領されていた。一九四六年七月四日にフィリピンは独立したが、アメリカに対し経済的権利と九九年間にわたり空軍・海軍基地を使用する権利を与えた。

インドネシア　インドネシアにとって、第二次世界大戦は決定的な役割を果たした。スカルノに率いられたインドネシア国民党は躊躇することなく日本軍に協力しその見返りに将来の独立が容認された。

そのようなこともあり、終戦後にオランダが影響力を回復するのは困難であった。一九四七年にオランダは、インドネシア人が統治するジャワ島と、オランダが支配した他島で構成されるインドネシア連邦を創設した。数多くの衝突が起き、またジャワ島で共産主義者の蜂起が失敗に終わると、一九四八年にはオランダとインドネシアの関係は決裂した。ここに至り、オランダ政府はインドネシアの支配を回復する好機が訪れたと判断したが、戦闘が開始してしばらくするとアメリカやイギリスそして国連の圧力を受け、インドネシアの完全な独立を認めざるをえない状況となった。一九四九年一二月二七日、オランダはニューギニア西部を除くオランダ領東インドの全地域で、主権を放棄した。一九六二年になるとオランダは、そのニューギニア西部に関しても、領有権を主張していたインドネシアに譲渡したのである。

インドシナ　インドシナの脱植民地化に向けた動きに関しても、日本軍による占領が決定的な役割を果たした。一九四五年三月九日、日本軍はフランスの統治機構の残骸を一掃したのである。こうした動きが、三月一一日にベトナムの独立を宣言し、共和国を立ち上げたホー・チ・ミン率いる連立政府の創設につながった。皇帝バオ・ダイはこの共和国を承認したものの、自身は国を去る決断をした。戦争が終わるや否や、ド・ゴールはフィリップ・ルクレール将軍に率いられた派遣軍を編成し、インドシナを取り戻すための措置をとった。日本軍撤退後のインドシナは、この頃には北部が中国軍、南部がイギリス軍によって占領されていた。フランスとベトナムとの間で行われた困難な交渉の末、一九四六年三月六日にフランス軍はトンキンに駐留する権利を再び獲得した。その代わりにフランス政府は、北部のトンキン、中部の安南、そして南部のコーチシナの三つの地方で構成されたベトナム共和国を承認した。ベトナム、カンボジア、ラオスからなるインドシナ三カ国の連邦は、フランス連合との協力関係に入ることになった。しかし、この合意を実現することは困難であった。インドシナの高等弁務官に任命されたジョルジュ・ティエリ・ダルジャンリュー提督は、コーチシナをフランスの保護下に置き、独立した共和国に仕立て上げた。ところが一九四六年九月にホー・チ・ミンとフランス政府は、フォンテーヌブローで合意文書に調印した。他方インドシ

図1-5　第一次インドシナ戦争中のインドシナ半島

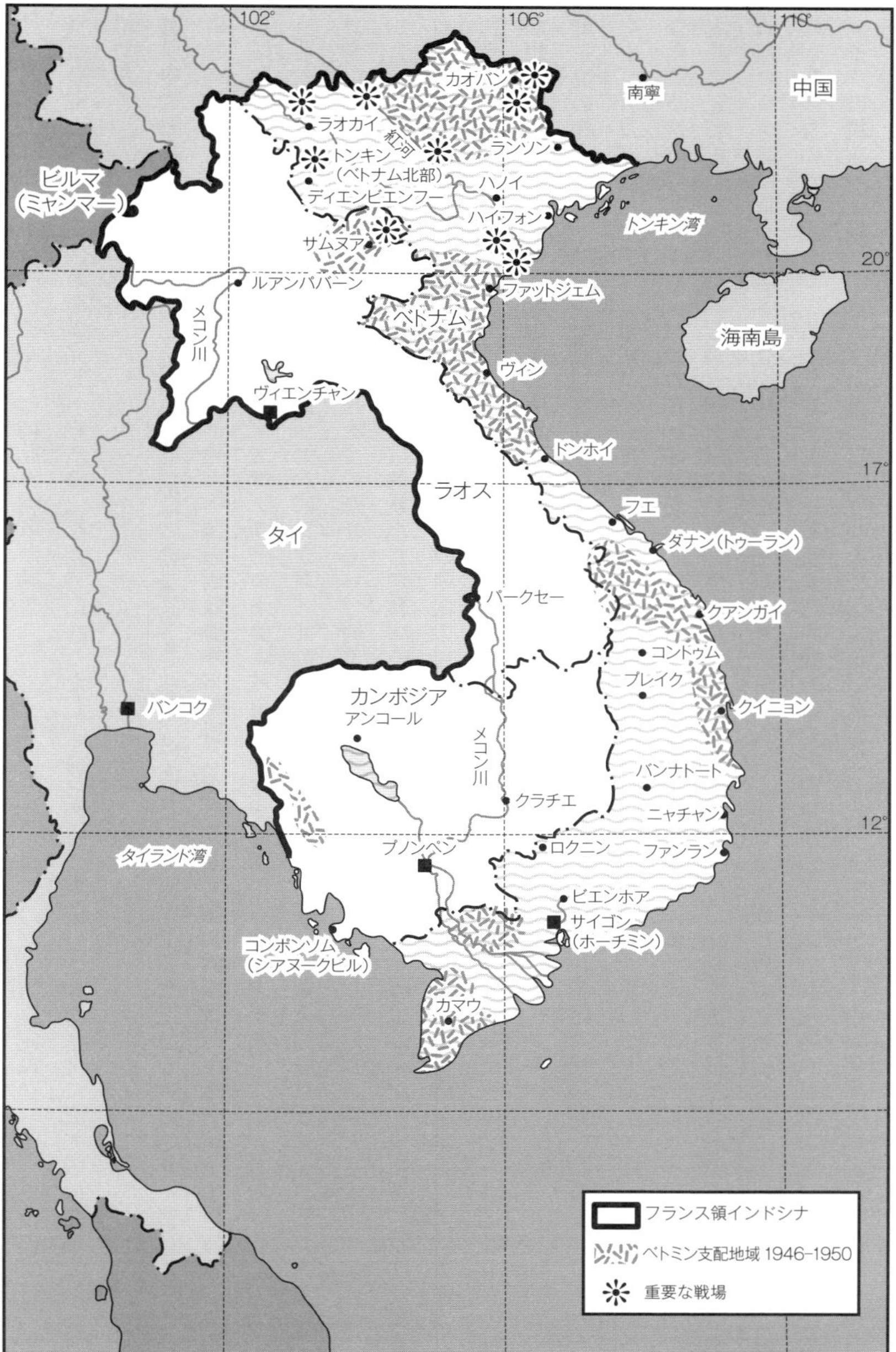

ナでは、ハイフォンで暴動が起こり、フランス海軍が砲撃を行ったことによって、事態は悪化していった。そして一九四六年一二月一九日に、これから八年続くことになる戦争が始まった。一九四八年六月のハロン湾協定によって、フランスはバオ・ダイ皇帝を戴くベトナム国家を設立し、完全独立を認めた。しかしフランスは、戦前のような状況に戻すのは簡単ではないことを悟った。

朝鮮戦争の勃発以降、インドシナ戦争は東西間のイデオロギー戦争のもう一つの戦線となった。一九五〇年一月にホー・チ・ミンは、ベトナム共和国の外交的承認をソ連と中国の両政府から獲得した。そして中ソ両国は、ホー・チ・ミンに対し大規模な軍事援助を行った。一九五〇年一〇月、フランスとベトナム政府の連合軍は深刻な敗北を喫し、ベトミンの戦闘能力向上を示す結果となった。こうした事態が起きつつも、ジャン・ド・ラートル・ド・タシニー将軍を司令官とするフランス軍は、アメリカからの潤沢な物資的・財政的支援を受けながら、一時的に戦況を立て直した。

しかし、フランス＝ベトナム連合軍の軍事的状況が悪化するのに、そう時間はかからなかった。というのも、ベトミンが戦力を強化しただけではなく、フランスの最高司令部が防衛の拠点としていたトンキンの西部にあるディエンビエンフーが、一九五四年三月にベトミンにより一斉に攻撃されたからである。戦闘は五六日間にも及び、当初はアメリカによる直接的な軍事介入が想定されていたが、それも結局実現しなかった。

朝鮮半島の和平（一九五三年に板門店で休戦協定が締結された）とインドシナにおける休戦協定が議題となるジュネーヴ会議のさなか、五月七日にディエンビエンフー陥落の知らせが届き、インドシナ和平へ向けた交渉が加速していった。南北の休戦ラインとベトナムの再統一に向けた選挙の実施日をめぐり、ジュネーヴでの交渉は難航した。最終的に、一九五四年七月二〇日に休戦協定が調印され、インドシナは北緯一七度線を境に南北二つに分断された。共産主義者が北ベトナムを支配し、南ベトナムはフランスに代わりアメリカが後ろ盾となったゴ・ディン・ジエム率いる民族主義者が統治することになった。フランス軍は、数カ月の間にインドシナから撤退し、ベトナムの再統一に向けた選挙が二年以内に実施されることになった。朝鮮半島とドイツに続き、「竹のカーテン」と呼ばれるイデオロギーの分割線によって新たな分断国家が生まれた。アメリカはゴ・ディン・ジエムを支えることを固く決意していて、これが新たな紛争の火種となった。そのゴ・ディン・ジエムは、国民投票によって皇帝のバオ・ダイを廃位に追いやった。こうしてフランスはインドシナという重荷から解放され、約七五年にわたるこの地域でのプレゼンスに終止符を打ったのである。というのも、ジュネーヴ協定は革命運動がヨーロッパの大国に勝利したことを承認する一方で、世界第二位の植民地帝国が脱植民化に向かう道を開いたからである。

さらに、ジュネーヴ会議を契機に、アジアにおける無視できない大国として中国が登場してきた。一九五四年一〇月一二日に調印された中ソ共同宣言と、同年九月の台湾海峡の島嶼に対する砲撃が、中国の覚醒を印象づけた。

ネルーの指導の下、インドは世界的な役割を担おうとし、中立主義と反植民地主義のリーダーになることをめざした。コモンウェルスにとどまりつつも、一九五四年三月一日にインドはアメリカからの軍事支援を断り、ＳＥＡＴＯやバグダッド条約などの同盟をあからさまに批判し、マハトマ・ガンディーの精神を忠実に守り、軍事力を行使しないことを国家の名誉としていた。フランスがインドに保有していた五つの植民地貿易の窓口都市の返還に漕ぎつけ、一九五四年一一月一日にこれらの都市を併合したが、ゴアを返還しようとしないポルトガルの拒絶的な態度に直面した。一九五四年六月から一九五六年一一月にかけて何度も実施されたネルーと周恩来、とりわけ、ネルーとソ連の政治指導者たちとの会談は、インドの積極的な外交を象徴していた。こうした外交がインドの「中立主義」を強化し、ネルー、チトー、ナーセルを軸とする中立主義グループの存在感を高めた。

二つのブロック間の対立は存在し続けたが、新興国の役割や、冷戦による二極化を超越したいというそれらの諸国の意思は、国際関係に対する異なった考え方を生み出した。両陣営の対立はこの後も続くが、しかしながら冷戦は徐々に「平和共存」に取って代わられることになる。

第二章　平和共存（一九五五―一九六二年）

第二次世界大戦終結後に誕生した二極構造の世界は、一九五五年から一九五六年にかけて勃発した一連の出来事によって、消え去ったわけではなかった。ましてやそれらによって冷戦が終わったわけでもなかった。二つのブロックが対峙した状況からデタントの時代へと向かうこの過渡的な期間は、「平和共存」の時代と呼ばれた。そのような時代が訪れたのは、東西両陣営の間で新たな関係のあり方が模索され、「第三世界」が誕生した帰結でもあった。実際に、アジアで起こった脱植民地化の「第一の波」に続き、アフリカでは「第二の波」が生じていた。また一九五五年にバンドンでは、大国が不在のなか、脱植民地化を遂げて間もない国家が独立に向けた意思と平和共存を希求していくことを表明した。一九五六年にスエズでは、英仏二つの両植民地大国が、中東の国家に対し外交的敗北を喫した。

第三世界は、国際政治の駆け引きの対象として自らの国家を扱わないでほしいと、平和的に要求した。その結果として、第三世界は東西関係をより複雑化させ、またより対応の困難なものにしていった。徐々にではあるが、イデオロギー闘争に代わり、経済競争、軍備拡張競争、そして宇宙開発競争が主要な争点となっていった。イデオロギー対立は続いており、真の平和を手に入れることは不可能であった。他方で、核兵器による力の均衡が維持され、戦争が起こる可能性は低かった。レイモン・アロンの言葉を借りると、「平和は不可能であるが、戦争は起こりそうにない」状態であった。両ブロックの間では、キューバ危機のような新たな対立や、ベルリン問題のような持続的な緊張の種があったものの、「平和共存」が勝利を収めたのである。それと同時に、それぞれのブロック内においてもいくつかの亀裂が明らかとなっていった。特に東側ブロックでは、そうした亀裂が顕著となっていき、脱スターリン化の結果としてポーランドやハンガリーが危機的な状態に陥っていた。また、中ソ両国の間で、同盟関係に亀裂が生じた。他方で西側ブロックでは、復興を果たしたヨーロッパ諸国が統合に向けて動き始めていた。

I　脱植民地化の「第二の波」

植民地解放の気運が高まるなかで、アジアやアフリカでは数多くの独立国家が誕生した。これら新興独立国において共通に見られた特徴は、発展途上であるということと、人口が劇的に増加したことであった。これが「第三世界」と呼ばれるものである（なお、この「第三世界」という呼称は、一九五二年に経済史家のアルフレッド・ソヴィによってはじめて用いられた用語である）。第三世界は、一九五五年四月に開催されたバンドン会議によって、自らの存在を認識するようになった。そのような潮流のなかで、スエズ危機におけるエジプトの勝利がもたらされた。わずか四年の間に、国連加盟国の数は倍増し、国連はその性質を変化させたのである。

東西間の対立関係はヨーロッパの外へと広がっていき、ソ連は第三世界における植民地解放の潮流を巧みに利用していった。もちろんフルシチョフはそのことにつねに成功したわけではなかった。コンゴやその他のアフリカ諸国では、ソ連の影響力を浸透させることに失敗した。とはいえ、フルシチョフ政権期にソ連は、中東における影響力を増大させ、キューバに共産主義政権を誕生させた。

中東では、チェコスロヴァキア製の兵器がエジプトに提供されたことで危険な緊張状態が生じ、それはエジプトのスエズ運河国有化を契機に戦争へと導かれていった。

英仏両国の外交面での影響力が衰退した結果、米ソ両超大国の存在感が高まった。この二つの超大国は、直接戦闘は行わなかったものの、自らの勢力圏拡大をめぐり対立を深めていった。一九五七年一二月にアジア・アフリカ諸国民連帯会議が開催されたのを契機に、ソ連は非同盟諸国を自らの陣営に引き込んだ。さらに一九六〇年にはフルシチョフが国連総会の場で西側を激しく非難し、国連は紛糾していった。

1　バンドン会議とスエズ危機

バンドン会議開催に向けてイニシアティブを発揮したのは、アジア諸国であった。この会議は、一定の条件が整うことで実現が可能となった。第一には朝鮮戦争とインドシナ戦争が休戦したことであり、第二には一九五四年四月二九日の条約によって、チベットをめぐる中国とインドとの紛争が凍結したことであり、これによって中国はチベットに対する支配権を獲得しつつも、平和的イメージの醸成に成功した。

一九五五年四月一七日から二四日にかけて、インドネシアの古都バンドンで開かれたこの会議は、脱植民地化の歴史の画期となった。ビルマ（現在のミャンマー）、セイロン（現在のスリランカ）、インド、インドネシア、パキスタン（以上の五カ国はコロンボ・グループ）の各首脳がイニシアティブをとり、インドネシアでのアジア・アフリカ諸国会議の開催を決定し、これに二九カ国の政府が参加した。会議参加国は三つに分類することができる。第一は、西側諸国および西側と友好関係にある諸国（フィリピン、日本、南ベトナム、ラオス、タイ、トルコ、パキスタン、エチオピア、レバノン、リビア、リベリア、イラク、イラン）、第二は非同盟諸国（アフガニスタン、ビルマ、エジプト、インド、インドネシア、シリア）、そして第三が共産主義陣営の諸国（中国、北ベトナム）であった。それ以外の諸国は、自らの立場を明らかにしなかった。

バンドン会議の最大の目的は、植民地主義への断固とした非難であり、それは実際に行われた。もう一つは、ネルーが説く「平和共存」を提唱することであった。これは、チベットに関する協定のなかで、インドと中国が前文に記した「平和五原則（「パンチ・シーラ」）」を基礎にしたものである。「平和五原則」には、領土と主権の相互尊重、相互不可侵、内政問題への相互不介入、平等互恵、そして平和共存が含まれており、新しい国際関係のモデルとみなされていた。

この「平和五原則」に対し、パキスタンのムハンマド・アリ・ボーグラー首相は、「平和の七つの柱」を掲げて対抗した。そのなかには、すべての国家が個別的および集団的自衛権を持つことが明記されていた。その目的は、東南アジア条約機構（SEATO）へのパキスタンの加盟の正当化であった。周恩来首相が政府代表として出席していた中華人民共和国は、インドとパキスタンとの間の仲裁の役割を担い、新しく動きつつあった第三世界の模範となった。

ヨーロッパ諸国、アメリカ、ソ連が参加せず、第三世界諸国が開催する会議で、これほどの規模のものは初めてのことであった。アジア・アフリカ諸国が結集したこの会議は、植民地解放の勢いが新しい段階に入った時期と重なっていた。第三世界諸国では、冷戦構造とは別の新たな独自路線を見いだす必要があるという意識が高まっていた。一九五六年七月一八日から二〇日にかけて、ユーゴスラヴィアのブリオニ（現在はクロアチア）で、ナーセル、チトー、そしてネルーが会談し、これが非同盟運動の促進につながった。このような理念の政治的帰結が、二つのブロックの間でのシーソーゲームであり、それは中東においてとりわけ顕著に見られることになった。

その中東では、アラブ民族主義の高まりと、第三世界へのソ連の介入の時期が重なった。一九五五年四月一六日、ソ連指導部は、バクダッド条約に対し西側の中東支配がこれ以上強まっていくことを容認しないという宣言を出した。これを契機として、ソ連の地中海への関与は拡大していった。一九五四年三月にナーセル大佐はエジプトの首相兼大統領のムハンマド・ナギーブ将軍を失脚させ、アラブ民族主義と汎アラブ主義を普及させていくうえで指導的な役割を果たした。このナーセルは、一九四八年以降アラブ諸国との間で絶えず争い続けてきたイスラエルを滅ぼそうとする意図を隠そうともしなかった。この目的を実現するためもあって、一九五五年九月二七日にエジプトは、チェコスロヴァキアからソ連製の兵器を購入する合意を締結したのである。その結果としてエジプトは、戦闘機、ジェット推進爆撃機、そして戦車を手に入れることとなった。こうして、それまで中東でイギリスが築いてきた武器市場の独占状態が崩れることになった。

ナーセルは、エジプトの国家としての独立をいっそう強化するために、イギリスがスエズ運河を含むエジプト全域から完全に撤退することを望んでいた。トリエステをめぐる紛争から解放されたユーゴスラヴィアのチトー、インドのネルーとともに、ナーセルは非同盟運動を提唱し、一九五五年のバンドン会議で満足すべき果実を手に入れていた。それは、脱植民地化のために共同で闘うことである。ナーセルは、エジプトが低開発国の地位から脱するためにも、アメリカがアスワン・ハイ・ダム建設の資金を提供してくれることを希望していた。このダムは、南部エジプトの灌漑用水の確保と電力の供給を確保することが目的であった。それに対しダレス米国務長官は、苦渋の決断として、一九五六年七月一九日にブリオニで非同盟諸国の会議が開催されている最中（七月一八－二〇日）に、西側に加わらない中立的な立場をとるエジプトのような国家に対しては資金援助を一切打ち切ることにした。

ナーセルは、直ちに反撃に出た。七月二六日、スエズ運河の国有化を発表したのである。この運河を管理していたスエズ運河会社は、英仏両国の出資によって成り立っていた。この国有化は英仏両国に対して、エジプトによる三つの意味での挑戦であった。第一に、それを帝国の拠点としていたイギリスに対する挑戦であった。イギリスにとって、運河の喪失は耐えがたいダメージとなる。第二に、フランスに対する挑戦であった。というのも、ナーセルがアルジェリアの独立勢力に支援活動を行っていたことに対して、フランスは不満を募らせていたからだ。第三に、イスラエルに対する挑戦であった。ナーセルは、イスラエルの船舶がスエズ運河を航行することを、禁止するつもりでいた。そのためこれらの三カ国は、ナーセル大佐の試みをくじくことに共通の利益を見いだしていたのだ。フランスから見れば、ナーセルはスエズ運河を国有化することによって、一九三〇年代の独裁者たちがそうしたように、そこに自らの帝国を構築しようとしているように見えた。したがって、このアラブの指導者を排除したうえで、アルジェリアの反乱を鎮圧する必要があったのだ。他方でイギリスは、自らにとって死活的に重要な交通路が奪われるのをくい止めて、スエズ運河がエジプトに支配されることを阻止しなければならなかった。またイスラエルは、エジプトのスエズ運河国有化によって、自国へ向けた物資の供給路に致命的な打撃が加えられることを阻止する必要があった。国家としての存在そのものが危険にさらされていたのである。ナーセルとの交渉は行き詰まった。一九五六年八月一日から二三日にかけて、ロンドンで国際会議が開催されたが、ナーセルを屈服させることはできなかった。九月一八日から二二日にかけてロンドンで開催されたスエズ運河利用国会議、そして一〇月五日から一五日にかけて開催されたニューヨークの安全保障理事会でも、この問題に対する解決策は見つからなかった。英仏とエジプトとの間では、軍事衝突は時間の問題となっていた。ソ連はエジプトを支持しており、他方でアメリカは大統領選挙を戦うさなかにあったことから軍事的な手段で問題を解決することを嫌った。一〇月二二日、フランスのギー・モレ首相とイギリスのアンソニー・イーデン首相の指導の下、セーヴルで立案された極秘の計画に基づいて、散々躊躇しながらも、イスラエルによる予防攻撃作戦と連携したうえで英仏共同作戦が実行に移された。その結果、エジプト軍はシナイ半島とスエズ運河の大部分の支配を奪われた。ところが一一月五日になると、ソ連は核ミサイルをちらつかせて英仏両国を威嚇した。アメリカは、英仏両国のエジプトへの介入が大西洋同盟と国際連合に悪影響を及ぼすと判断し、同盟国を裏切って、ポンドが暴落するような状況をもたらした。イーデンとモレは、こうした圧力に屈した。それにとどまらず、英仏両国は国連総会の場で囂々《ごうごう》たる非難を浴びることとなった。一一月六日の午前〇時、英仏両軍は攻撃を停止した。一二月、英仏両軍は橋頭堡を撤去し、一九五七年初頭にはイスラエル軍も征服を諦めた。国連は、ブルーヘルメット、すなわち国際的な平和維持軍をイスラエルとエジプトとの中間地域に展開した。この部隊が、シャルム・エル・シェイクにも駐屯したことで、チラン海峡の航行の自由を保障する役割を果たしたのである。

イギリスとフランスは、スエズ危機を転換点として、中東地域でそれまで長年保持してきた影響力を失った。英仏両国による軍事攻撃は、自国の経済的および政治的利益を保持するために行ったようにしか見えなかった。つまり、あまりにも露骨な植民地主義的な行動とみなされたのだ。この砲艦外交ともいうべき政策は、無残に砕け散った。結果的に、ミドルパワー（中級国家）には行動の自由が残されていないことが明らかとなった。英仏両国は、同盟国に「見捨てられた」のであり、それにより大西洋同盟は危機的な状況に陥った。スエズ運河の国有化を実現したナーセル大佐はこの危機の勝者となり、アラブ民族主義と脱植民地化の揺るぎない英雄として台頭していった。またソ連は、帝国主義に立ち向かう小国の心強い支援者というイメージを確立した。さらにソ連は、アラブ世界の重要な同盟者とみなされ、中東における影響力を格段に強めていった。アラブ諸国の世論も、ソ連には好意的な反応を示した。ソ連の影響力はエジプトのみならず、シリアにも及んだ。

アメリカは、曖昧な態度を続けたことで、中東での自国のイメージの温存には成功した。そして、ハーシム家を支えることによって、ヨルダンのフセイン国王を西側陣営に引き入れた。アメリカは、中東における自らの支配的な地位をソ連に明け渡すつもりなど毛頭なかったのである。一九五七年一月五日のアイゼンハワー・ドクトリンは、侵略や転覆という事態を回避しようとするすべての中東諸国に対して、アメリカ政府が経済的および軍事的支援を提供する意思を示していた。その目的は、中東に「力の空白」が生じないようにすることであった。ソ連は、このアイゼンハワー・ドクトリンを平和に対する脅威であるとみなし、外相ドミトリー・シェピーロフから名をとったシェピーロフ・プランを一九五七年二月一一日に発表し、中東諸国の軍事ブロックへの不参加、外国の軍事基地の撤退などを提唱した。

スエズ危機のもっとも顕著な帰結とは、英仏両国がそれまで中東で誇示してきた影響力が失われたことである。ソ連がエジプトとシリアを通じてこの地域に影響力を浸透させる一方で、アメリカはバグダッド条約やヨルダンとサウジアラビアを通じて影響力を浸透させ、この二つの超大国が中東で正面から対峙する構図となった。スエズ運河は、エジプトが船舶を自沈させたことにより使用不可能になり、ヨーロッパへの石油供給に大きな支障をきたした。いずれにせよ、運河はエジプトの管理下に置かれるようになった。バース党に支配されたシリアは、アラブ世界の統一を唱え、まず手始めに、エジプトとの統合を試み、それは一九五八年から一九六一年にかけての短期間しか存在しなかったアラブ連合共和国（ＵＡＲ）の誕生として結実した。一九五八年七月一四日、軍事クーデタによって王制が崩壊したイラクまでもが、中央条約機構（ＣＥＮＴＯ）と改称していたバクダッド条約から離脱した。一九五八年七月、中東における共産主義勢力の膨張に歯止めをかけるためにも、米英両国はレバノンとヨルダンに介入し、そこでの騒乱を鎮圧しようとした。国連において一九五八年八月二一日に、アラブ連盟の全加盟国は、大国のあらゆる紛争から中東は距離を置かなければならないとする決議の採択を提案した。さらに、バンドン会議とスエズ危機を契機として、主にアフリカを舞台としたさらなる脱植民地化の「第二の波」が幕を開けたのである。

2　北アフリカにおける脱植民地化

北アフリカでは、社会的に有力な少数のヨーロッパ系住民が存在しておりフランスの領土とみなされていたアルジェリアと、君主制が維持され少なくとも国家主権が認められていたモロッコやチュニジアとでは、大きく状況が異なっていた。とはいえ、アラブ連盟は北アフリカのあらゆる諸国でフランスの政策を批判し、保護領であるモロッコ、チュニジアとそれとは異なるアルジェリアの双方において、アラブ民族主義の政党を支援していた。一九五一年八月、アラブ諸国はモロッコ問題を国連総会の場に持ち込むことを決断した。そして一二月にはチュニジア問題を安保理で討議したのである。

チュニジアにおける独立運動は、第二次大戦期を経て加速していった。チュニジアは、イタリアとドイツによって占領されたことから激戦地となり、さらにフランス人同士が争った地でもあった。解放直後、チュニスにおける世襲制の総督であったモンセフ・ベイは対独協力をしたことで廃位され、ラミヌ・ベイがそれに取って代わった。一九五一年、悲劇が起こった。伝統主義的な憲政党と、ハビーブ・ブルギバが指導する西洋化された新憲政党、および労働組合のチュニジア労働総同盟（ＵＧ

TT）が推進する独立運動は、一〇月に隣国のリビアが独立を達成したことを受けて一段と勢いを増し、反対派の頭目であるブルギバはチュニジアの民族自決を訴えた。ベイ自らも、チュニジア国民議会の開催を要求し、責任あるチュニジア政府の結成を訴えたのである。

一九五一年一二月以降、チュニジアの南部で騒乱が起き、新憲政党とチュニジア政府の閣僚は弾圧されブルギバは逮捕された。一九五二年七月の危機に際してフランスは、フランス連合の枠組みのなかでの共同主権システムを提案したが、チュニジア政府はそれを拒絶した。その後、チュニジアではテロが猛威を振るうようになった。結局、一九五四年七月に新たにフランスの首相となったピエール・マンデス・フランスがチュニスを訪問してカルタゴで演説した際に、チュニジアに内政面での自治を与える意向を表明した。こうしてチュニジアは、独立国家として政府を樹立することになった。しかし、防衛、外交政策、国際経済の分野では、それまで同様にフランスの統治の下に入っていた。一九五五年六月一日、三年にわたる亡命生活の末、「最高の闘士」とされたブルギバがチュニジアに戻ってきた。そして、一九五六年三月二〇日、フランスとの間で行っていた交渉が妥結して、チュニジアは完全な独立を獲得したのである。

モロッコのスルタンであるムハンマド・ベン・ユーセフは非常に活動的で、政治的にも目立った存在であった。戦時中にアメリカのローズヴェルト大統領は、このスルタンの独立の意志を後押しした。終戦直後、アラール・エル・ファシがモロッコの独立主義政党であるイスティクラル党を創設し、一九四七年にはスルタンがタンジールでアラブ連盟を賛美したことで、フランスとの関係が緊張した。一部のフランス人入植者の影響の下、アルフォンス・ジュアン元帥、オーギュスタン・ギヨーム将軍という二代にわたる総督は、こうした独立に向けた動きに対し、ますます厳しい態度をとるようになりスルタンに対し、イスティクラル党を承認しないよう要求したのである。しかし、一九五二年一一月にスルタンが行った演説は、モロッコのナショナリズムを唱えたものであり、これ以降、騒擾と鎮圧の繰り返しになった。ところが、ベルベル人の部族〔訳者注――北アフリカの先住民族〕、フランス人入植者、そして幾人かのフランスの高官にかつがれた、マラケシュのパシャであったタミ・エル・グラウイの策略によって、ムハンマド・ベン・ユーセフは退位させられた。スルタンは従兄弟の一人に王位を譲り、一九五三年の夏にマダガスカルに亡命した。これを契機に事態が悪化し、町ではテロが頻発するようになった。一九五五年、フ

図2-1　アフリカの脱植民地化

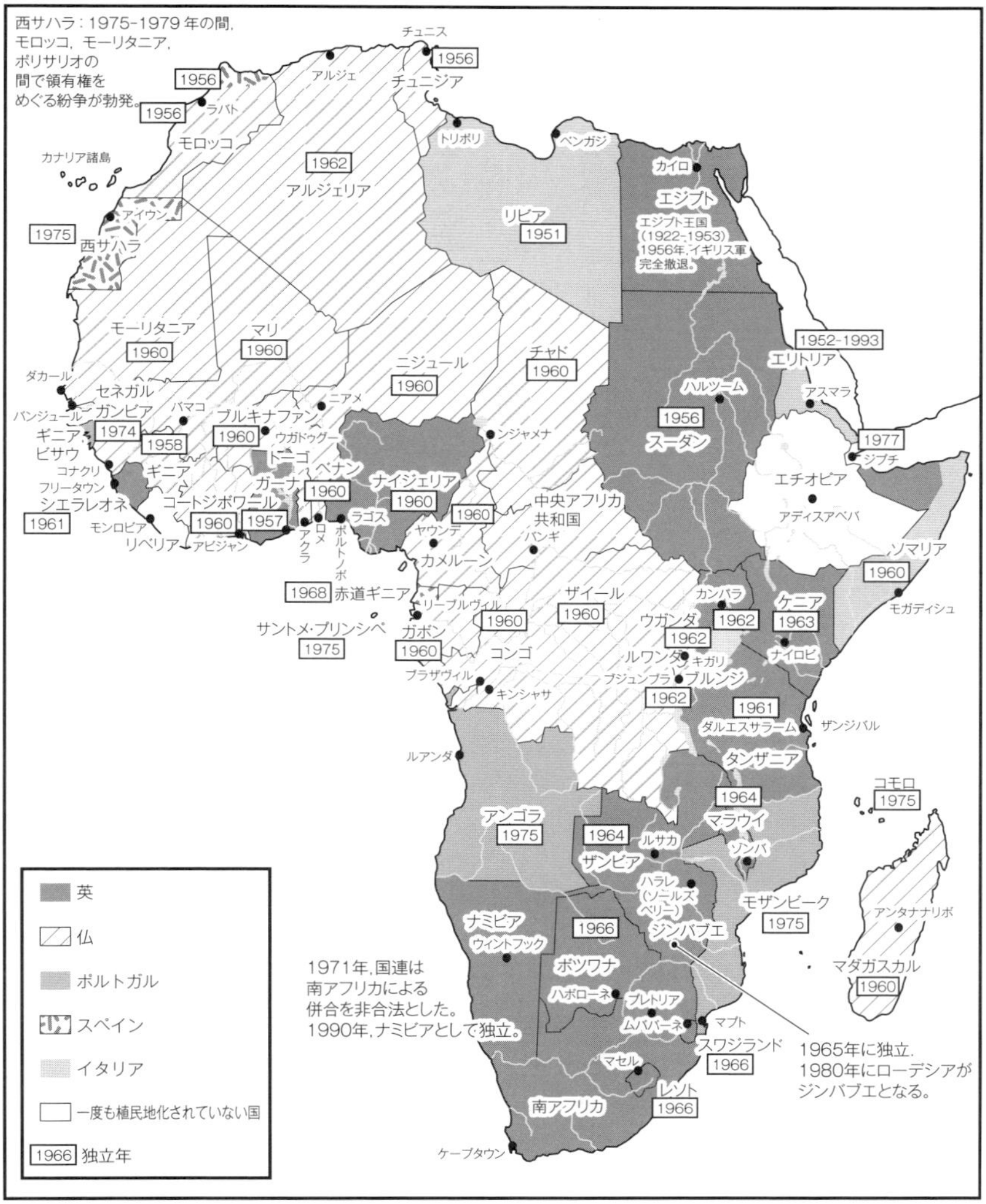

ランス政府はこの亡命したスルタンをフランスに呼び戻し、ラ・セル・サンクルーで協定締結に向けた交渉を行うことにした。一九五五年一一月、ムハンマド・ベン・ユーセフは、玉座にムハンマド五世として戻ること、ならびにモロッコ独立の約束を要求し、両方を勝ち取った。一一月一六日、彼はラバトに凱旋帰国した。一九五六年三月二日にモロッコは独立し、その数週間後には今度はチュニジアが独立を勝ち取った。

アルジェリアではすでに一九四五年五月八日以降に激しい反乱が起きて国内は大きく揺れ動いており、チュニジアやモロッコの場合とは分けて議論する必要がある。アルジェリアは、特殊な位置づけのフランスの複数の県で構成されており、少数のヨーロッパ系住民が社会的に高い地位を占めていた。このヨーロッパ系の人々は、一九五四年の段階で全人口九〇〇万人のうち一〇〇万人であった。このようにアルジェリアは、フランス本国の一部と考えられていたのである。そのため、一九五四年の万聖節〔訳者注——一一月一日〕に反乱が勃発したとき、歴代の政権は、若干の改革で取りつくろいながらフランス本国に組み入れられたアルジェリアの地位を維持しようと画策した。その一つが、単一の選挙区の設定である。つまり、イスラム系住民とヨーロッパ系住民が区別なく所属する選挙区をつくったのである。

アルジェリア民族解放戦線（FLN）は、ゲリラ活動やテロによって反乱を拡大させることに次第に成功していった。一九五六年以降フランスのモレ政権は、アルジェリアの特殊な地位を認めるようになり、三段階での解決策を提案した。すなわち停戦、選挙、交渉である。とはいえ、インドシナ戦争では政府が実施しようとすらしなかった若者の召集と派遣に踏み切り、軍事行動を拡大した。さらに一九五六年一〇月二二日には、アルジェリア内部で反乱軍の指導者を輸送していた航空機を臨検し、一一月にはスエズ危機に介入した。そして、一九五八年二月八日、フランス軍は、第三国や公海に逃亡した敵を追う緊急越境追跡権を行使して、チュニジアの町であるサキエ・シディー・ユーセフに逃亡したFLNの部隊を爆撃した。フランスとモロッコ、チュニジア、アラブ諸国との関係は、ますます緊張の度合いを高めたのである。アメリカとイギリスは、フランス政府に圧力をかけ、アルジェリアの悲劇に打開策を見いだすための調停を受け入れさせようとした。アルジェリアの騒擾が、大西洋同盟に悪影響を及ぼしていたのだ。

こうして、アルジェリア戦争の国際化が進んでいった。それに伴い毎年のようにフランスは国連総会の場で批難を浴びる結果となり、アジア・アフリカ諸国が主導する非難決議を採択させないような外交努力を強いられた。交渉開始への見込みがようやく立つようになった一方で、アルジェリアをフランスにとどめたいと考える軍の勢力が、一九五八年五月一三日、「アルジェのクーデタ」と呼ばれる反乱を起こした。この事件によって、ド・ゴール将軍が政治の表舞台に復帰する機会を得た。なぜならば、ド・ゴールは内戦を回避し、国家の統合を再びもたらすことができる唯一の人物と考えられていたからである。一九五八年九月一九日に、FLNが創設し、フェルハット・アッバスという穏健派の指導者によって率いられたアルジェリア共和国臨時政府（GPRA）が独立を要求したため、フランスに緊張が走った。こうした状況に直面したド・ゴールの二つの目標は、以下のようなものであった。第一に、敗北が予想される植民地戦争を、再び開始するようなことがないようにすることであった。第二に、より自由な外交政策を展開するための足枷となり、重荷となっていたこのアルジェリアを、フランス本国から切り離すことであった。ド・ゴールは徐々に、アルジェリアの経済成長を実現するための政策を提案し、反乱軍との対話を開始し協力を求め、アルジェリア人によるアルジェリアを唱えるようになり、ついに一九五九年九月一六日には民族自決を認めたのである。一九六〇年一月のアルジェリアのフランス人入植者による反乱「バリケードの一週間」、一九六一年四月の将軍たちの反乱など、政治的危機と武力闘争を乗り越えて、長く困難な交渉の末、一九六二年三月一八日のエビアン協定に辿り着いたのである。この協定によって、フランスはヨーロッパ系住民の権利の保障、三年間に及ぶ軍隊の駐留権、五年間に及ぶサハラ砂漠での経済権益の維持、そしてフランスとアルジェリアとの間での密接な協力関係の約束を得ることができ、三月一九日、ようやく停戦に至った。一九六二年七月三日、アルジェリアは独立を宣言し、ほとんどのヨーロッパ系の住民が同地を去ったのである。

3　サハラ以南のアフリカの脱植民地化

一九五七年以前には、サハラ以南のアフリカに独立国家はほとんどなかった。ところが、一九五七年から一九六二年の五年間で、アフリカのほぼすべてが植民地化された状態から脱したのである。

（1）　イギリス領アフリカ

イギリス領アフリカの脱植民地化の動きは、それぞれの国ごとに、段階的な交渉と検討作業によって平和的に進められていった。

一九五七年三月六日、ゴールド・コーストがイギリス領で最初に独立したアフリカ植民地となった。そして、独立運動家のクワメ・エンクルマが初代大統領となり、国名をガーナに変更した。

ナイジェリアは一九六〇年一〇月一日に、シエラレオネは一九六一年四月二七日にそれぞれ独立した。ドイツの旧植民地で、イギリスの手に渡ったタンガニーカは、一九六一年一二月二八日に独立を達成した。ジュリウス・ニエレレがタンガニーカの首相となった。ザンジバル島は一九六三年一二月に独立するが、民族紛争と暴政に直面した。その後、タンガニーカと連合共和国を形成し、一九六四年九月二九日にはタンザニアという国名がつけられた。

ケニアの脱植民地化はより困難のともなうものであった。なぜならジャモ・ケニヤッタ率いる独立主義政党に加え、テロリスト集団のマウマウ団が運動を展開し、反乱を起こしたからである。この反乱は一九五五年まで続き、一九六三年一二月になってようやくケニアは独立を達成したのである。なお、一九六二年一二月九日にウガンダが独立国としてコモンウェルスに加わった。

南部アフリカでは、南アフリカ連邦が一九一〇年にコモンウェルスの枠内ですでに独立していたが、一九六一年にそこから離脱した。それ以外のイギリスの植民地は、三つの地域にまとまっていった。中央アフリカ連邦としてまとまっていた南ローデシア、北ローデシア、そしてニヤサランドである。ところが、その中央アフリカ連邦が崩壊した。まず、一九六四年七月にニヤサランドがマラウイという国名で独立した。北ローデシアはザンビアと名乗り離脱した。一九六四年四月に南ローデシアでは、少数派である白人が権力を握り、イギリスの合意を得ずに一方的に国家独立を宣言した。イギリスや数多くのアフリカ諸国による経済封鎖にもかかわらず、南ローデシアはその政治路線を放棄することはなかった。

（2） フランス領アフリカ

フランス領のサハラ以南のアフリカの脱植民地化は、イギリスのそれとはまったく異なる経路をたどった。フランスは当初、同化政策をとっていたが、フランス連合の枠内で独立を要求する動きが起こるようになったのである。

第四共和制憲法に基づき、サハラ以南のアフリカのすべての旧植民地とマダガスカルは「海外領土」として編入され、その住民はフランス市民となり、フランス国民議会に代表を送ることになった。新たに出現したアフリカのエリートは、連邦化を進める場合の枠組みについては意見がまとまらなかったが、フランスからのより広範な自治を求めることでは立場が一致していた。

そのような要求は、ガストン・ドフェール海外領土担当大臣の名前をとってドフェール法と呼ばれ、基本法として施行された。一九五五年のバンドン会議以降、一九五七年にガーナが独立するなど脱植民地化の動きが世界中で進行していた。そのためモレ政府は、サハラ以南のアフリカとマダガスカルをより柔軟な枠組みのなかに組み入れざるをえなかった。それが一九五六年六月二三日に可決された右の基本法であった。これによって、それぞれの植民地において内政面での自治が拡大され、直接選挙と単一選挙区に基づく議会が設置され、さらにそれを統括する議会も設置された。ドフェール法と呼ばれるこの法律によって、フランス本国の支援の下、平和的にアフリカのエリートが自治の方法を学ぶことが可能になった。一九二二年に国際連盟によってフランスの委任統治領とされ、一九四六年に信託統治領となっていたカメルーンとトーゴは、独立を獲得した。一九五六年、トーゴ共和国は完全な自治権を獲得し、一九六〇年四月二四日に独立した。カメルーンも同じように一九六〇年一月一日に独立し、国土として旧イギリス領カメルーンが加わった。

一九五八年、フランス連合が改編されて、フランス共同体となった。ド・ゴール将軍は政権に復帰した後、海外領土の人民に対し彼らには独立の権利があることを表明したが、その一方で、国民投票に際し、アフリカの人々がフランス共同体に残留したうえでの独立と、分離したうえでの独立とのいずれかを選択できることを強調した。一九五八年九月二三日、フランス領西アフリカと赤道アフリカの一二の植民地のうち、一一の地域が第五共和制とフランス共同体の憲法を受け入れ、内政面での広範な自治を獲得した。ただし、外交と防衛に関してはフランス共同体が権限を保持することとなった。セク・トゥーレが指導者であったギニアのみがこれを拒否した。実際には、一九六〇年には、フランス共同体に参加したすべてのアフリカ国家がフランスに対し権限の移譲を求め、独立を達成し、その後フランスとの協力条約に調印した。一時期、マリ連邦としてまとまっていたセネガルとスーダンがそうであり、一九六〇年六月二六日にはマダガスカル、およびコンゴ、ガボン、中央アフリカ共和国、チャドのフランス領西アフリカの四カ国、そして「協商理事会」加盟国のコートジボワール、ダホメ（現在のベナン）、オートボルタ（現在のブルキナファソ）、ニジェールがそれに続き、最後に一九六〇年一〇月一九日、モーリタニアがフランスとの協定を締結し、まもなく独立した。なお、モロッコはモーリタニアの領土の一部を自国領として主張していた。

(3) ベルギー領コンゴ

サハラ以南のフランス領アフリカにおけるこのような変動の影響を受けて、この地域のヨーロッパ植民地のなかでもっとも豊かでもっとも広大なベルギー領コンゴでも、やはり民族主義の昂揚が見られた。コンゴのカタンガ州には、銅とウランの資源が豊富にあった。ベルギーはそれまでコンゴに対し、統制的な政策をとってきた。しかし一九六〇年六月三〇日に突如、コンゴの民族主義者であるジョゼフ・カサブブとパトリス・ルムンバに対し、独立を承認したのである。カサブブが大統領になり、ルムンバが首相となったが、コンゴは独立達成の直後から、反ベルギー運動と内戦の餌食となった。ルムンバの周辺にいた「中央集権主義者」とカタンガ州を拠点とする「連邦主義者」のモイーズ・チョンベが対立し、チョンベはカタンガ州を分離させ、独立を宣言した。コンゴ問題は国際化し、深刻な状況に陥った。ソ連の脅威と国連の平和維持部隊の介入によって複雑化した現地の情勢はすでに不安定化していたが、これにカサブブとソ連に支えられたルムンバとの間の対立が不安定要因として加わった。さらに、コンゴ軍を率いるジョゼフ＝デジレ・モブツ将軍が政治に介入したことも、深刻な不安定要因となった。一九六一年二月のルムンバの逮捕と暗殺、そしてコンゴ安定化へ向けて労をいとわなかったダグ・ハマーショルド国連事務総長が一九六一年九月一八日に事故死したことにともない、混乱は絶頂に達した。最終的に、分離運動は後退していき、国連の平和維持軍の活動によってコンゴの統一性は保たれることになった。しかし、秩序が安定するには一九六五年一一月のモブツ将軍による権力掌握まで待たなければならなかった。

同じく、ベルギーの信託統治下にあったルワンダとウルンディ（後にブルンジとなる）も、一九六二年七月一日に独立を達成した。

（4） サハラ以南のアフリカ（一九六二年）

スペイン領サハラと呼ばれる西サハラとフランス領アファル・イッサと改称されたフランス領ソマリア海岸は、一九六二年になっても独立を勝ち取ることができなかった。そして際立っていたのが、カーボベルデの島々、サントメ・プリンシペの両島、ポルトガル領ギニア、アンゴラ、モザンビークによって構成されたポルトガル領の植民地であった。ポルトガルは、これらの植民地を自らの領土と考え、同化政策を採用したのである。さらに、独立を達成したその他のアフリカ諸国も、さまざまな規模の反乱を経験していった。

4 国連の展開

脱植民地化の動きと国連の組織化の発展との間には、明らかに相互作用があった。脱植民地化に関する議論を粘り強く重ねることによって、国連は明らかに植民地の独立に好意的な立場をとっていた。それは、アルジェリアに関する問題が、国連総会の場で議題として上がってきたときの議決結果を見れば明らかである。とはいえ、国連総会であらゆる植民地の即時独立を求める決議が採択されるには、一九六一年まで待たなければならなかった。

他方で、脱植民地化は国際社会における外交のあり方にも、本質的な変化を及ぼした。とりわけ国連総会に色濃く残っていたアメリカの影響力が、新興独立国が数多く誕生していったことにより動揺していく。なぜならば、こうした新興独立国が国連を法廷のように利用して西側を糾弾したことで、それまでの西側の論理を再検討せざるをえなくなったからである。

（1） 国連の変質

そうしたなか、安保理の力は次第に弱まっていった。まさに脱植民地化の動きが活発になったこの時期、拒否権の行使によって機能麻痺に陥った安保理に代わって、国連総会が主導権を握るようになったのだ。総会においては第三世界諸国が多数派を占め、植民地主義との闘争を優先するアジア・アフリカ諸国が支配的地位を確立したのである。この時期には、それまでは単なる執行機関に過ぎなかった国連の事務局が、実質的な「国際政府」のような様相を帯びてきた。こうした傾向は、一九四六年二月から一九五三年まで事務総長を務めたスカンジナヴィア出身でノルウェー人のトリグブ・リーからその座を引き継いだスウェーデン人のハマーショルド（任期は一九五三年四月一〇日〜一九六一年九月一七日）のときに見られた。外交官出身のハマーショルドは、自らの出身国の意向に拘束されない側近を集め、ソ連と対立するようになり、国連の上層部にソ連出身者を入れることを一切拒否した。ハマーショルドは、一九五六年のスエズ危機に際して、エジプト領土に緊急部隊を駐留し軍事行動を展開させた。一九五八年には、レバノンで起きた騒擾に軍事監視団を送り込んだ。ハマーショルドの特筆すべき成果は、コンゴ動乱に国連を介入させたことであったが、そのコンゴで一九六一年九月一八日に、彼は飛行機事故により死去したのである。

(2) 国連事務局の権威失墜

国連事務局の権威は、失墜することになった。ソ連は事務局に影響力を及ぼすために、一人の事務総長という体制に代わる、「トロイカ」体制を提案した。つまり、西側、共産主義陣営、そして中立国からそれぞれ一人を任命し、拒否権を持たせるという案であった。いわばソ連は、安保理のシステムを事務局にも適用しようと考えたのである。結局この提案は、わずかな支持を集めただけであった。そこで一九六一年一一月三日、ソ連はそれなりの重みを持ってきた国連事務局の役割とその権限に制限を設けるために、アジア・アフリカ諸国の代表であるビルマ人の候補者ウ・タントを支持したのである。一九六一年から一九七一年に至るウ・タントの長い任期は、国連事務総長の権威が際限なく低下していったことに特徴づけられる。もっとも、初期の頃は、コンゴのカタンガ州での分離運動を弱体化させた後、コンゴ動乱から国連が手を引くことを成功させた。あるいは、キプロス島では、国連軍を派遣することによって、ギリシャ系住民とトルコ系住民との仲裁に入ったりした。

（3）なぜ国連諸機関の信頼が低下したか

その他、さまざまな要因によって、国連とその付属機関の信頼性は弱まり、アジア・アフリカ諸国の影響力そのものが低下する事態が起きた。というのも、一九六一年、インドは武力行使によってポルトガル領のゴアを奪取し、国連憲章を侵害し、それ以外にも、インドとパキスタンとの間の紛争、同じくインドと中国との間の紛争、そしてアフリカ諸国で数多くのクーデタが起こったのである。アジア・アフリカ諸国の代表団が、南アフリカ、ローデシア、ポルトガルに対し激しい非難を行ったことで、国連には単なる対話の場であるというイメージが付着するようになり、国際世論における国連のイメージが悪化した。安保理常任理事国の五カ国のうちソ連とフランスの二カ国は、事務総長の権限を制限するよう求め、ウ・タントが平和維持活動に大きな権限を与えようとしたことを断固拒否したのである。ド・ゴール将軍は、躊躇することなく公の場で国連を「不用品」扱いし、それへの軽蔑をあらわにした。

（4）軍縮の行き詰まり

さらに、軍縮に関するとどまるところのない議論も国連の威信を大きく傷つけた。一九四五年一一月一五日、国連総会は最初の決議で、安保理一一カ国とカナダによって構成される原子力委員会を創設した。一九四六年六月にこの委員会の場で、アメリカ代表のバーナード・バルークが、自らの名を冠した、世界で製造される核分裂性物質の管理を目的とした「原子力管理機構」の創設案を提出した。ソ連の代表であるアンドレイ・グロムイコは、直ちにこの提案を退けた。なぜならば、ソ連は、自国の核関連施設が国際管理下に置かれることを嫌がったからである。その代わりグロムイコは、核兵器の製造禁止と既存の核兵器の破壊を提唱した。核兵器の管理をめぐる協議は完全に行き詰まったのである。

一九四七年二月一三日、安保理は通常兵器に関する委員会を創設した。ソ連の代表マキシム・リトヴィノフは、陸海空すべての軍事力を各国が公平に従来の三分の一まで削減することを提案した。西側諸国は現存兵器の査察を求めたが、あらゆる査察を拒んだソ連が拒否権を行使した。

要するに、通常兵器であろうと核兵器であろうと、軍縮をめぐる協議は完全に行き詰まってしまったのである。一九五〇年、国連における中国代表を台湾から中華人民共和国へと入れ替えることを拒否されたことに抗議して、ソ連は国連の通常兵器委員会と原子力委員会から脱退したのである。

一九五四年、再び軍備管理の議論が俎上にのぼると、ソ連代表のアンドレイ・ヴィシンスキーは英仏の妥協案を国連総会の場で受け入れた。ソ連は通常兵器と核兵器の軍縮に関し、それらを包括的に議論することを受け入れたのである。つまり、通常戦力の兵力と軍備に関する均衡した削減にこだわらなくなり、軍備管理に前向きになったように見えた。しかし、一九五五年七月一八日から二三日にかけて行われたジュネーヴの首脳会議の場では、各国の首脳がこれに合意することはなかった。これ以降、軍縮問題は多くの場合国連の枠組みの外で議論されるようになった。特に、米ソ両超大国の間で話し合われるようになったのである。これもまた、国連の挫折であった。

Ⅱ　二つのブロックの発展

東西二つのブロックは、敵対関係が必ずしも全面戦争に至らないことを次第に認識するようになった。雪解けの最初の兆候は、スターリンの死去であった。しかし、その兆候がより鮮明になったきっかけは、ニキータ・フルシチョフが、ソ連共産党第二〇回大会で平和共存路線を議題として掲げたことだった。脱スターリン化は、東側陣営のなかに亀裂を生じさせた。西側陣営には、共同市場を土台とした新たなパワーが誕生しつつあった。とはいえ、平和共存が緊張した状態を終わらせたわけではない。恐怖の均衡に基づく国際システムのなか、ベルリンとキューバの危機が世界を震撼させたのだ。

1　脱スターリン化と二つの危機

ソ連共産党第二〇回大会の特徴は、フルシチョフ書記長が提出した二つの報告書に示されていた。そのうちの一つは秘密報告書であり、そのなかでフルシチョフは社会主義の建設に向けた多様な道を認めたのである。これは社会主義国においても、一定程度の自由裁量への道が開けたことを意味する。

一九五六年二月一四日から二五日にかけて開かれたソ連共産党第二〇回大会の場で、脱スターリン化が議題にのぼった。フルシチョフは演説のなかで「個人崇拝」を批判し、東西関係の新しいあり方に言及して「非同盟諸国」の重要性を説き、社会主義建設に向けた多様な道があると述べた。だが、党大会の核心は、ソ連体制の実力者となっていたフルシチョフの秘密報告のなかに記されていた。スターリン時代を批判し、スターリンに対する個人崇拝を批判したのである。一九五六年四月一七日のコミンフォルムの解体は、ソ連から自立した政策が今までより行えるような空気を社会主義諸国にもたらした。しかし、ポーランドとハンガリーにおける危機は、そのような脱スターリン化の限界を露呈させた。

一九五三年以降、ポーランドとハンガリーでは大規模な体制の緩みが起きていた。作家や学生の運動が、体制を部分的に批判するようになったのである。ハンガリーでは、ラーコシ・マーチャーシュ書記長とナジ・イムレ首相が対立した。ナジは、警察の越権行為と土地の組織的な集団化を批判した後、一九五五年四月一四日に首相を解任され、党から除名された。

ポーランドでは、脱スターリン化が起きたことによって、一九五一年に逮捕された元ポーランド統一労働者党のヴワディスワフ・ゴムウカ書記長の名誉回復が実現した。一九五六年六月にポーランドの労働者がポズナン暴動を起こし、続いて一〇月にスターリン主義者と反スターリン主義者との間で騒擾が勃発すると、ソ連が介入する姿勢を示した。フルシチョフ本人がワルシャワまで行き、結局はポーランドの新体制を承認することになった。そのようなこともあり、一九五六年一〇月二一日に党書記長に選出された反スターリン主義者のゴムウカに有利な形になり、ソ連邦元帥でポーランド国防相のコンスタンチン・ロコソフスキーは、役職を追われ、党の政治局からも追放されたのである。このようなゴムウカからのクーデタにもかかわらず、ソ連が政変を承認したのは、ポーランドの新たな指導者がワルシャワ条約機構に残留すると宣言したからであった。

ハンガリーでは、より悲劇的な結末となった。経済状況が深刻に悪化するなかで政治的熱狂が高まった。ラーコシは、騒動を前になす術がなく、七月に辞任に追い込まれた。一〇月二四日、ソ連の最初の軍事介入の後、一〇月に起きた運動が大規模で全国的な反乱に発展したのである。国民の圧力を受けて、ナジを首班とする新たな政府は一九五六年一一月一日から三日にかけて、ハンガリーの中立と多党制の確立を宣言し、ワルシャワ条約機構からの脱退の意思を表明した。いったん兵力を撤退させていたソ連は、それ以上拡大しないうちにハンガリーの革命を制圧する意向であった。ソ連は政治的批判に関しては寛容な態度をとったが、神聖不可侵な領域である共産主義の成果にまで批判が及ぶことは許容できず、また中欧におけるソ連の軍事基地を失うことを看過できず、ハンガリーでの自由選挙も容認しない方針であった。一一月四日、赤軍はブダペストに侵攻し、武力でソ連への抵抗を粉砕した。そしてナジを逮捕し、カーダール・ヤーノシュを権力の座に据えた。カーダールは、ハンガリーの共産主義政党の強権を復活させた。ハンガリーは再びワルシャワ条約機構に加わり、混乱が沈静化していった。ハンガリーの共産主義者がソ連による反乱の鎮圧を歓迎した一方で、西側諸国では「ビッグ・ブラザー」であるソ連による東欧での冷酷な支配の証であるとしてそれを批判した。茶番に過ぎない裁判の結果、一九五八年六月一七日にナジは処刑された。そして、一九六一年一二月、カーダールはハンガリーの絶対的な指導者となった。

以上のように、ソ連が衛星国に与えることができる自由の範囲には限度があることをはっきりと示したのである。衛星国が社会主義に至る独自の道を探求することに歯止めをかけたのだ。一九五七年一一月、一〇月革命四〇周年を記念する祭典において、チトー統治下のユーゴスラヴィアを除く各国の共産党は、社会主義陣営の連帯を宣言した。ところが、連帯を宣言したにもかかわらず、中国とソ連との間の不和によって、東側陣営に亀裂が生じていた。他方で西側陣営においても、ヨーロッパはアメリカからの自立を模索して、地域統合を進めた。

2 ヨーロッパ統合の再出発

ヨーロッパは、巨大なアメリカのパワーと均衡をはかることが可能となるように、経済統合体の構築を実現しようとしていた。EDC構想の挫折を受けて、「ヨーロッパ統合の再出発」を模索する機会が訪れたのである。

一九五五年六月一日、イタリアの新外相ガエターノ・マルティーノは、シチリア島のメッシーナにECSC加盟六カ国の外相を集めて、会議を開催した。その結果、統合の再出発へ向けて合意が見られ、共同体諸機関の発展、段階的な国民経済の統合、共同市場の創設、加盟国の社会政策の調和、そしてヨーロッパにおける原子力共同体の創設を決定したのである。

ベルギーのポール・アンリ・スパーク外相が委員長を務める専門家委員会がブリュッセルで作業を行い、欧州原子力共同体（EURATOM）と共同市場の構想が生まれた。両構想の超国家性は、ECSCと比べて後退していた。というのも、EC

SCにあるような高等機関は設置されず、加盟各国の閣僚により構成される理事会と、欧州委員会が設けられたからである。この委員会は、当初は九名で構成されていたが、後に一四名に増えた。加盟国の政府が専門家である委員を任命するが、委員は政府を代表しているわけではない。委員の役割は、政策の立案である。それに対し、加盟国政府の代表を集めた閣僚による理事会は、政策決定機関である。理事会は、委員会の提案を精査し、全会一致に基づき政策を決定した。ローマ条約には、六年を経た後、単純多数決の原則が優先されなければならないと記されていた。また、共同総会と司法裁判所の設立が予定されていた。

この成果の一つが、欧州経済共同体（EEC）設立条約、いわゆるローマ条約である。このローマ条約は、一九五七年三月二五日に調印された。共同市場は関税同盟としての役割が期待されてスタートしたが、まずは、段階的に共同市場を完成させていくことが目標となった。その道程は、四年単位の三つの期間に区分され、各期間ごとに加盟国が相互に関税を引き下げていくというものである。第三国に対しては、対外共通関税が設定されることになった。さらに、労働者と資本の域内自由移動に向けて、加盟国に対し国境を徐々に開放していくことも決められた。海外領土は、暫定的にこれに加わることが予定された。

もう一つの成果が、欧州原子力共同体（EURATOM）設立条約である。EURATOMの本来の目的は、ヨーロッパ諸国が必要としているエネルギーを好条件で提供し、加盟六カ国の原子力政策の独立性を保つことであった。実際、EURATOMに与えられた役割は、六カ国の原子力エネルギーの生産を集約することではなく、調達担当機関が、原鉱、原料、核分裂性物質を加盟国内で購入する権限を持ち、さらに、域外から輸入するこれらの物質の購入契約に関し、排他的権限を持つことであった。このEURATOMは、現場での査察に加え、綿密な調査を行う権限を持つことになった。こうして、EURATOMには多大な期待が寄せられたが、結局は失敗に終わった。というのも、フランスが核兵器の保有をめざし国家としての自立性を保持したいと考えたことと、アメリカがヨーロッパの原子力分野での自立を制限したいという思惑を持ったことが、EURATOMに期待されたもっとも野心的な構想を挫折に至らしめたのである。たとえば、一九五七年、フランスのイニシアティブによって、ヨーロッパ独自の濃縮ウランを手に入れるため、六カ国はウラン濃縮工場の建設計画を立てた。その際、アメリカは、ヨーロッパ諸国向けの濃縮ウランの価格を下げ、工場建設のための高額な投資を思いとどまらせたのである。

そういった問題があったものの、以上の二つの条約によって、ヨーロッパ六カ国で構成される新しい経済圏が誕生した。大陸ヨーロッパの誕生である。

これに対抗して、欧州自由貿易連合（ＥＦＴＡ）が創設されることになる。共同市場への参加を拒んだイギリスは、欧州経済協力機構（ＯＥＥＣ）のすべての加盟国を含む形での巨大な自由貿易圏の創設をめざした。その目的は、ＥＦＴＡが共同市場加盟国の経済圏も包み込み、共同市場そのものを無力化していくことであった。フランスは、このＥＦＴＡ構想を拒否した。一九五九年一一月二〇日にイギリスは、ポルトガル、スイス、オーストリア、デンマーク、ノルウェー、スウェーデンといった共同市場に参加しない国々とストックホルム条約を締結し、ＥＦＴＡを創設した。

ＥＦＴＡという競合する組織が誕生しながらも、一九五八年一月一日にヨーロッパ経済共同体設立条約が発効して、共同市場はきわめて重要な意味を持つ経済圏となった。関税率の低減と数量規制の撤廃が次々と実現していったのである。そして、共通農業政策、ならびに加盟国の金融政策の収斂に向けた研究が行われるようになった。そうした目覚ましい進展を見て、一九六一年の夏、イギリスのハロルド・マクミラン首相は、共同市場加盟に向けた交渉開始を決定したのである。

ザールラント問題の解決は、ヨーロッパ統合の進展に直接寄与することはなかったが、この問題が解決したことによって、独仏関係における主要な緊張要因がなくなった。ザールラント政府のヨハネス・ホフマン首相は、問題解決のために、一九五二年三月、ザールラントをヨーロッパ化する構想を提案した。だが、この構想を実現する協定を作成するための独仏間の交渉は難航した。フランスが、それをＥＤＣ条約の批准の前提条件としたのに対し、ザールラントの世論は、ドイツ連邦共和国への単純な編入を求めたからである。ヨーロッパ審議会では、オランダ人のマリヌス・ファン・デア・フース・ナテルスが、ザールラントをフランスの経済・金融政策の及ぶ範囲としたうえで、ヨーロッパとしての領土、ならびにヨーロッパ諸機関の設立拠点と定め、現地政府を創設すべきであるという提案を行った。フランスは、ＥＤＣ構想の失敗の後も、ザールラント問題の解決を依然としてヨーロッパレベルでの合意の前提としていた。一九五四年一〇月二三日、フランスとドイツは、ファン・ナテルス・プランを採用し、ザールラントの位置づけに関しては住民投票に付されることが付け加えられた。一九五五年一〇月二三日、その住民投票が実施された結果、提案されていたヨーロッパの枠組みを利用した解決策は退けられ、ドイツへの編入が決まった。ドイツへの編入に向けた細目を詰めるため、独仏間で交渉が行われ、一九五六年一〇月に協定が結ばれた。その結果、ザールラントは、一九五七年一月一日に政治的にドイツに編入され、一九六〇年一月一日以降、経済的にもドイツに編入されることになった。その代わり、フランスはザールラントから石炭の供給を受ける権利を獲得した。さらに、モーゼル川の運河化も実現し、これにより、フランスのロレーヌ地方の鉄鋼輸送に用いる交通網が格段に向上することになった。このようにして、独仏両国の間に横たわっていた主要な緊張の種が取り除かれたのである。

3 平和共存とその限界

東西両陣営間には、冷戦に代わって平和共存の時代が訪れた。スターリン死去のすぐあとに、雪解けは始まった。だが、ソ連の外交政策の変化が決定的となったのは、一九五五年のオーストリア国家条約が締結されたことと、ソ連の指導者とチトーとの間の和解が実現したことによる。

雪解けは、第三世界の台頭と恐怖の均衡の実現が誘因となった。脱植民地化の流れのなかで、東にも西にも属さず、平和に過ごすことをめざす国家が出現した。すなわち、第三世界が台頭したことで、それまでの二極構造に動揺が生じた。またアメリカ以外の国も、核兵器の使用による破滅の恐怖をちらつかせることが可能となった。核の恐怖は二極化した世界を生みだし、均衡が成立したのである。いわば核の恐怖が相殺されたのだ。世界レベルでの勢力均衡の観点から国際政治を見てみると、スエズ危機とハンガリー革命の事例から、二つの超大国が直接対決を避けようとしていることが明らかになった。ソ連の指導者、なかでもフルシチョフは、アメリカよりも迅速にこうした雪解けをもたらす政策をとるようになった。一九五九年一〇月三一日、フルシチョフは、ソビエト最高会議への報告書のなかで、資本主義と共産主義という二つの世界の間での軍事衝突が不可避であるという考えを放棄したのである。共産主義の勝利を長期的な目標として残しつつも、競争は経済面とイデオロギー面とに限定されなければならないとする議論を展開したのだ。

そうした結果、一九五五年から一九六二年の間に、外交関係の態様が変化した。ソ連の指導者が頻繁に外国を訪問するようになったのである。フルシチョフは、一九五九年九月、アメリカでアイゼンハワーと会談し、一九六〇年三月にはフランスを訪問してド・ゴールと会談し、一九六一年六月にはウィーンでジョン・F・ケネディ大統領と会談した。フルシチョフは、アメリカとの関係において、経済面での競争を前面に出すようになり、一九八〇年には、生産力でソ連がアメリカを抜くと予言したのである。共産主義の勝利は経済の分野で達成されなければならないというわけだ。

だからといって、冷戦が終わったわけではない。とりわけ、「ホット・スポット」であった。「ホット・スポット（紛争地帯）」では緊張状態が続いた。一九五八年以降、ベルリンがその主要な「ホット・スポット」は、脱植民地化をめぐる紛争が勃発したことで、アフリカにも拡大し、キューバ危機を契機に南米にも広がった。そして、一九五八年八月二二日から二三日にかけて、台湾海峡において、共産党支配下の中国が国民党支配下の台湾が領有する金門・馬祖の両島を砲撃したことによって、アジアにも「ホット・スポット」は拡大した。これに危機意識を強め事態を非常に深刻にとらえたアメリカでは、ダレス国務長官が戦争も辞さないとの考えを明らかにした。この台湾海峡危機は、中ソ関係が決して良好ではない状況のなかで起きたという点にも留意する必要がある。ソ連は、同盟国である中国の核武装に向けた取り組みに技術的支援を約束したが、その一方でフルシチョフは、一九五八年七月に北京を訪れた際、「大躍進運動」という中国国内の大改革運動を批判したのである。したがって、フルシチョフがアイゼンハワー大統領に対し、共産党中国に対するいかなる攻撃もソ連に対する攻撃とみなすと警告を発したとはいえ、台湾海峡危機は、中国がソ連から自立する意思を明らかにしたものと見なければならない。この危機は、間もなく沈静化した。台湾問題は凍結状態に入ったのである。

（1）恐怖の均衡

ソ連の外交を見ると、核抑止のゲームを利用することに長けていたことがわかる。スエズ危機に際して、英仏両国に対し、核攻撃の可能性を利用して脅しをかける一方で、アメリカに対しては、宇宙開発の成功で威嚇したのである。

たしかにソ連は、宇宙開発において大きな成果を出した。一九五七年一〇月四日、ソ連は人類史上初めてとなる人工衛星「スプートニク」の打ち上げに成功した。一九六一年四月一二日、ユーリ・ガガーリンが人類で初めて宇宙を飛行した人物になった。これによって、ソ連が、アメリカに到達可能な長距離弾道ミサイルを保有していることが証明された。アメリカは、「ミサイル・ギャップ」と呼ばれる、この分野での自国の遅れを自覚するようになり、ソ連に追いつくために、多大な努力を払うようになった。一九六一年五月二五日、ケネディはソ連の挑戦に応じ、宇宙開発競争での勝利をめざすべく、議会に対しよりいっそうの努力を求めたのである。これは、新たな軍備競争でもあった。その目的は、相手を滅ぼすのではなく、窒息させることであり、優位な状況を維持することであった。

さらに、アメリカは新たな戦略を採用し、方針転換を行った。新大統領に就任した民主党のケネディは、自由世界を守るというアメリカの意思を明らかにした。しかし、ロバート・マクナマラ国防長官の働きかけによって、民主党は、大量報復戦略に代わり、柔軟反応戦略を採用したのである。この戦略は、脅威や危機のレベルに応じた対処を行うという内容のものだ。要するに、通常の紛争から核戦争まであらゆる段階に対応することをめざしたのだ。結果的に、この戦略を採用することによって、あらゆる兵器一式を揃えておかなければならなくなった。特に、アメリカの通常戦力が強化された際に機動性の向上が重視された。核戦力に関しては、ポラリス・ミサイルのような新たな報復手段が開発された。新たな戦略の採用は、アメリカの国防総省（ペンタゴン）の大幅な改革をともなうものであった。その改革には、最高司令部の機能集約化が含まれていた。アメリカは、「ミサイル・ギャップ」に対する懸念を深めていた。しかし、実際に戦略兵器の競争において非常に遅れていたのは、むしろソ連の方であった。一九六二年、ソ連は陸上に七五発の大陸間弾道ミサイルを保有し、年に二五発しか製造できなかったが、同じときすでにアメリカは大陸間弾道ミサイルを二九四発保有し、年間一〇〇発を製造していたのである。潜水艦発射弾道ミサイルと戦略爆撃機の分野に関しては、アメリカの対ソ優位はより圧倒的なものであった。

こうした状況下で、軍縮が両国間の議題として浮上した。恐怖の均衡が達成された帰結の一つは、軍縮に向けた動きの再活性化であった。ソ連は率先して軍縮に向けた動きを後押しし、一九五七年から一九五八年にかけてポーランドのアダム・ラパツキ外相が提示した中欧を非核化地帯とするという案を支持し、核実験に関するモラトリアム〔一時停止〕を宣言した。一九五八年、核兵器を保有している三カ国が大気圏での核実験停止の合意に向けた交渉を開始した。この一向にまとまらない交渉と並行して、米ソ両政府は、一九六一年四月には西側と東側、そして非同盟諸国の各陣営から代表を集めた「一八カ国軍縮委員会」という新しい組織の枠組みのなかで交渉を再開することにした。一九六一年六月三日から四日にかけて、フルシチョフとケネディは、ウィーンで首脳会談を行ったが、そこでフルシチョフはケネディに対し、核実験に関する交渉を軍縮に関するより広い枠組みのなかで行いたいと要請した。そのようなこともあり、一九六一年九月、ジョン・マックロイとワレリアン・ゾーリンの米ソ両代表は、軍備の全廃という野心的な目標を設定した。しかし、その実現のための道は、バランスをとりながら段階を踏む、暫定的なものであった。実際には、米ソ両国の立場を集約した結果、軍備全廃は行わないという結論に至った。結局、両超大国は、特定の分野に的を絞った軍縮交渉を優先するようになったのである。

(2) ベルリン危機とキューバ危機

平和共存の気運が高まり、冷戦は終焉に向かっているのではないかと思えるような気配すらあった。しかし、結局のところ一九五八年以降、「ホット・スポット」であるベルリンで危機が勃発し、そうした気配も吹き飛んだ。冷戦に関連した紛争は、ヨーロッパ域外にも広がり、アフリカや南米、とりわけキューバで緊張が高まった。このベルリンとキューバの両危機の経験を通じて、両陣営は共存に向けた学習を始め、それがデタントに行きつくのである。

ベルリンでは東西両陣営の睨み合いが続いていた。一九四八年の段階で、かつてヒトラーが指導していた第三帝国の帝都は、戦後は東西対立におけるもっとも重要な係争地となっていた。西ベルリンは自由の象徴となり、西側陣営がこの自由を守る決意を示すためのテーマとなったのである。しかし、ベルリンで西側陣営が存在感を示すことで、いったいどこまでがソ連の勢力圏なのかという疑問と共産主義国家としてのドイツが創設されるのではないかという疑念が生じるようになった。ベルリンを経由して西側に逃れる東ドイツ難民は増える一方であったのだ。ベルリンの特殊な地位を利用して、一五年間で三〇〇万人もの人々が東から西へと移動したのである。この「足を使った選挙」によって、東ドイツの国家としての信頼が揺らいだ。

ドイツをめぐる緊張状態が緩和され、事態は好転したが、ベルリンの地位は変わらなかった。一九五四年一〇月二三日、パリ協定によって西ドイツの主権が認められた際、西側陣営の諸権利も継続して認められることになったが、なかでも軍隊の駐留権が重要であった。

一九五八年一一月一〇日、フルシチョフは、東ドイツが主張する四カ国管理体制への批判を根拠に、突然ベルリン問題を蒸し返した。ソ連が発表した一一月二七日の覚書によると、西ベルリンは東ドイツに編入されるか、国連の監視の下、国際化されなければならないとのことであった。六カ月以内にこの提案が了承されない場合、ソ連は単独で東ドイツと平和条約を締結すると脅したのである。そうなれば、東ドイツは西ベルリンに向かう交通路を管理できるようになる。これは、非常に深刻な危機であった。なぜならば、アメリカがはたして、自国から遠く離れたこの小さな地区でありまた象徴的な場所でもあるベルリンを防衛するために、核戦争勃発の危険を受け入れるかどうかわからなかったからだ。西側陣営は、ベルリン問題をドイツ問題というより広い枠組みのなかで徹底的に論じようとした。この問題を話し合うために一九五九年五月から七月にかけて行われたジュネーヴの外相会議は失敗に終わった。だが、一九五九年九月、フルシチョフが訪米したことにより、緊張は緩和され、四カ国首脳会談の実施が俎上にのぼったのである。この首脳会談は、一九六〇年五月にパリで開催されたが、結局失敗に終わった。なぜならアメリカのU2偵察機がソ連の領空を飛行したことに対し、フルシチョフが謝罪を求めたからである。和解が試みられたものの、会議は直ちに中断された。四大国は合意に至らないまま会議を解散した。こうして再び両陣営間の緊張の度合いが増したのである。一九六〇年九月、国連総会におけるフルシチョフの激しい糾弾によって、すでにぎくしゃくしていた両陣営間の関係は、さらに悪化した。一九六一年六月三日から四日にかけて、ウィーンでフルシチョフとケネディが会談した。その際、フルシチョフは、東西両ドイツとの平和条約の枠組みのなかで、西ベルリンを自由都市にすることを再び要求したのである。一九六一年八月一二日から一三日にかけての夜の間に、東ドイツ政府が「ベルリンの壁」を建設したことにより、危機は頂点に達した。ベルリンの西側地区と東側地区との間が隙間なく封鎖されたのである。これによって、東から西への住民の大移動に終止符が打たれたが、「恥さらしの壁（*Mur de la honte*）」を築いたことの政治的代償は大きかった。この危機の後、東西関係におけるベルリンの政治的争点としての深刻さは幾分減少したかのように見受けられた。

そうした一方で、キューバでは両超大国の力比べが行われた。スペインの旧植民地であるキューバ島は、一八九八年の米西戦争以来、政治的に独立していた。しかし、フロリダの海岸から一五〇キロの地点に位置していたことから、アメリカの経済的な支配下にあった。さらに、アメリカはキューバのグアンタナモに軍事基地を保有していた。キューバの輸出総額のなかで砂糖の占める割合が八〇％に達していたことも対米依存を強化した。なぜならもしアメリカがキューバからの砂糖の輸入を停止した場合、キューバ経済は破綻するからだ。一九五二年以降、キューバを支配する独裁者のフルヘンシオ・バティスタに対し、若い弁護士のフィデル・カストロが軍事闘争を繰り広げ、これがゲリラ戦に変貌した。一九五三年七月二六日、カストロは、モンカダ兵営を攻撃するが失敗に終わり、国外に脱出したが、一九五六年にキューバに戻り、マエストラ山脈に設置された基地を拠点に、一九五八年末、再び攻勢に出て勝利した。一九五八年一二月三一日、アメリカに見捨てられたバティスタは、カストロとその仲間である「バルブドス（*Barbudos*）」に政治権力を明け渡す形で逃亡した。

これによってキューバの新しい政権とアメリカとの関係が直ちに悪化したわけではない。しかし、カストロが、キューバをアメリカの経済的影響力の下から切り離そうとすればするほど、外交と経済の両面で、ソ連との関係が強化された。一九六〇年七月、カストロの側近であるチェ・ゲバラは、キューバが社会主義陣営に所属していることを明らかにした。アメリカは、これを非アメリカ勢力のアメリカ大陸への介入を拒否するモンロー・ドクトリンに抵触すると判断し、一九六〇年一〇月、キューバに対するあらゆる経済支援を停止し、砂糖の輸入を全面的に取りやめた。これによって、キューバを窒息させ、ソ連との外交関係を断絶させることができるのではないかと期待したのである。

ほかにも、キューバとアメリカとの間の緊張関係を高める問題がいくつか存在した。一つは、アメリカに亡命したキューバ人の活動がキューバ新政権を刺激したことである。もう一つは、農地改革によって、キューバに土地を保有していたアメリカの大企業が影響を受けたことである。カストロ政権に敵対的な亡命キューバ人が、アメリカの支援を得て、軍事介入を模索し始めた。しかし、一九六一年四月一五日、ピッグス湾に上陸しようとした彼らの試みは失敗に終わった。ピッグス湾事件は、アメリカの新大統領ケネディの権威に深刻な影響を与え、カストロ主義者らの態度の硬化を招いてしまった。こうした事態を受けて、ケネディは、南米における反共主義政権を強化し、カストロ主義の普及を阻止することを狙った。まず、一九六一年八月、米州機構に対し、「進歩のための同盟」と名づけられた大規模な援助計画を提案した。そして、一九六二年一月、再び米州機構に対し、今度はキューバの除名を提案したのである。その一方でキューバは、ソ連に対し武器の供与を要請し、それを獲得した。

一九六二年一〇月、アメリカの諜報機関は、アメリカの領土が射程圏内に入る中距離弾道ミサイルの発射台をソ連がキューバに設置しているという確かな情報を入手した。さらに、ケネディ大統領は、ソ連の巨大な貨物船が爆弾やミサイルを運搬してキューバに間もなく到着するという報に接した。要するに、キューバという一国家をめぐる問題をはるかに超えた、大きな問題に直面したのである。ソ連は、アメリカの反撃可能性の度合いを試そうとしているのであろうか。それとも、ベルリン問題で、アメリカから譲歩を引き出そうとしているのであろうか。いずれにせよ、ケネディは、断固とした態度をとることを決意し、「国家存亡の危機」を賭けて交渉にあたった。一〇月二二日、ケネディは、ソ連の艦船の進行を阻止するために、アメリカ海軍がキューバ島の周辺海域を封鎖すると発表し、ソ連に対し、すでに存在しているキューバの軍事施設を解体し、同島に対する軍事支援をやめるよう要請した。まさに、第三次世界大戦が勃発する直前のような雰囲気であった。一〇月二六日、アメリカが秘密裏に交渉した結果、フルシチョフが折れた。フルシチョフは、ソ連の艦船に帰還を命令し、アメリカの条件を飲む代わりに、アメリカがキューバを侵攻しないこと、さらにアメリカがトルコに設置したミサイルを撤去することを求めた。一〇月二八日、ソ連はキューバに設置した攻撃用の兵器を撤去し、持ち帰ることに同意した。しかし、最終的な解決は、カストロの悪意と猜疑心によって遅れた。

キューバ危機は、国際関係史上きわめて重要な事件であった。まず、核戦争が起こるかもしれないという危機のあと、事態が平和裏に収束したことで、抑止理論を実証する機会となった。そして、ケネディ大統領は、ソ連の挑発に冷静に対応したことで、大いに威信を高めた。さらに、戦略兵器に関しては、アメリカが圧倒的に優位であることを見せつける機会になった。

さらにいえば、キューバ危機が起きたことで、両超大国間の対話が必要であるのみならず、可能であることもわかった。独自の条件を提案しようと試み、抗議したキューバ政府を蚊帳の外に置いたまま、両超大国は危機を解決したのである。核保有国としての責任意識が、両超大国を理性的な関係の構築へと導いたのである。キューバ危機が起こった一九六二年、平和共存はもはや演説のテーマでもなく、プロパガンダ用の言説でもなくなっていた。平和共存は、「デタント」という名の必要性として浮かび上がってきたのである。

第三章　デタントの時代（一九六二―一九七三年）

一九六二年、緊張緩和と協調を基調とする新たな時代が幕を開けた。ベルリン危機が終息すると同時に、キューバ・ミサイル危機も解決したことによって東西間にデタントが生み出され、冷戦における一つの転換点が訪れた。その転換点がもたらした影響は、計り知れないほど大きなものだった。

一九六〇年代を通じて、国際政治の二極化が進むとともに、東西両陣営はそれぞれに内部の結束が弱まっていった。ワルシャワ条約機構の結束が綻《ほころ》びると同時に、大西洋同盟の連帯も失われていき、また中ソの分裂も深刻化していった。他方で米ソ両超大国は、軍備競争を制限するための対話を開始した。この米ソ間の軍備管理が、デタント時代を象徴するようになった。アメリカとソ連はこのような緊張緩和を進めることによって、「敵対するパートナー」となったのである。それでも両国の間では、アジア、アフリカ、そして中東における局地的な紛争に示されるように、対立構造が持続していた。すでにバンドン会議のころから、米ソの二極構造に対する第三世界諸国からの批判の声があがるようになっていた。二つの超大国の利害が一致することによって米ソの二極構造は強まることもあれば、むしろそれぞれの陣営の内部で、あるいは第三世界で新しい勢力が台頭することによって、そのような二極構造が動揺することもあった。第三世界諸国は、超大国と比較した場合には圧倒的に小さな軍事力や経済力しか持っていなかったが、東西対立のなかで次第により自立的なアクターになっていったのである。

I　米ソの二極体制

超大国が平和を確立しようとする意思を持ち、また緊張を高めるような戦略ではなくデタントを選択したことが、この時期に見られたもっとも重要な新しい動きであった。

アメリカ　アメリカでは、一九六三年一一月二二日に民主党のジョン・F・ケネディ大統領が暗殺されると、副大統領だったリンドン・B・ジョンソンが新たに大統領に就任し（一九六三－一九六九年）、その後には、共和党のリチャード・ニクソンが大統領の地位を受け継いだ（一九六九－一九七四年）。この時期、軍事面でも経済面でも、アメリカの力は絶頂にあった。しかしそれにもかかわらず、西半球でソ連の衛星国への軍事介入が行われたり、またベトナム戦争が泥沼化していったりしたことで、アメリカの対外政策は混乱しその権威を傷つけていた。

ソ連　ソ連では、ニキータ・フルシチョフが農業政策のみならず対外政策でも失策を犯したことから国内での批判が高まり一九六四年に失脚した。その後には、レオニード・ブレジネフの長期政権が始まり、それは、彼が死去する一九八二年一一月一〇日まで続く。ブレジネフ政権は、対外政策で大きな成果をもたらした。このころソ連は国内改革には消極的だったが、対外政策の領域では大きな進展が見られ、第三世界で影響力を大きく伸張させるとともに友好国との間の絆を強化し、同時に対米関係においてはハイレベルな対話を持続させた。このようなソ連の外交の強化はアメリカがソ連の影響力拡大を抑止することを断念したことを意味していた。ソ連の政治指導部は、二極構造の下でソ連がアメリカと対等な地位を手に入れたと考えた。かつてフルシチョフが手に入れられなかったものを、ようやく彼らは手に入れられたのである。

デタントと軍縮　デタントは、軍縮と同じ意味ではない。この時期は、とりわけソ連が率いる東側陣営において軍拡が顕著だった。戦略核兵器の領域では、一九六二年の時点でアメリカの優位が明白であったため、ソ連は遅れを取り戻すため多大な努力を払った。その結果として軍拡競争が熾烈化し、とりわけ中距離弾道ミサイル（IRBM、射程二〇〇〇－四〇〇〇㎞）、大陸間弾道ミサイル（ICBM、射程一万㎞）、潜水艦発射弾道ミサイル（SLBM）の三つの兵器の軍拡が展開された。一九七〇年代初頭になると、膨大な量の核兵器を米ソ両国が備蓄するようになり、事実上の均衡（パリティ）が成立した。

このようにして米ソ両超大国は、必要な際には利用可能な軍備を絶え間なく増強し続けた一方で、直接的な衝突を慎重に回避しようと互いに配慮しあっていた。というのも、双方がともに緊張緩和を必要とするような国内事情を抱えていたからである。

科学技術分野におけるアメリカの優位

一九五七年のスプートニク打ち上げや、一九六一年のユーリ・A・ガガーリンによる有人宇宙飛行成功に代表されるように、それまではソ連が科学と軍事の両面で優位に立っていたが、次第にソ連はアメリカに先端技術で後れをとるようになっていった。実際、一九六九年七月二一日に人類初めての月面着陸を実現し、さらに一九七三年に宇宙ステーション打ち上げに初めて成功したのは、アメリカだった。またコンピューターの分野でも、アメリカの優位は明らかだった。ソ連指導部がみずから挑んでいったグローバルな競争においては、社会主義の優越性は必ずしも発揮できなかった。他方で、アメリカでは経済成長が続く一方で、国内の貧困層は減ることはなく、人種隔離やベトナム戦争、政治的な不祥事などによって、国民の政治不信が限りなく高まっていた。

共通利益としての緊張緩和

一九六〇年代は、米ソ間でさまざまな合意を生み出そうと模索した時代だった。しかし、実際にデタントが成果をもたらしたのは、一九六九年から一九七三年にかけての時期だった。この時期にワシントンでは政権交代が行われて、アメリカの世界関与を縮小する必要性を確信していたニクソン大統領とキッシンジャー国家安全保障担当大統領補佐官による政権が成立した。アメリカは常に、世界最大の超大国であることを自認していたが、アメリカ単独でそのような地位にとどまっていることは困難となっていた。アメリカは、ソ連との核の均衡を受け入れ、米中ソ三角外交を展開するようになった。キッシンジャーは、すべての問題を一つの交渉のなかで相互に連関させるべきだと考えていた(このようなアプローチは、「リンケージ」と呼ばれていた)。そのため、米ソ間で到達した合意には、軍事分野だけでなく、科学技術および通商分野も含まれ、米ソ間にある種の目に見えない了解が形成され、国際問題を二つの超大国で共同管理していく状況が生まれた。つまり、相手の陣営の秩序を維持する状況を相互に受け入れて、二つの超大国が直接対立することを慎重に回避したのである。ベトナム戦争は、デタント期の戦争としての特質を持っていた。というのも、アメリカの巨大な軍事力を相手に戦わなければならなかったベトナムは、ソ連から軍事支援を受けていた社会主義国だったのだが、それにもかかわらずアメリカがベトナムに軍事介入した最悪の時期においてさえも、ソ連はアメリカとの協調的な関係を維持しさらにそれを強化しようとしていた。ソ連のチェコスロヴァキアへの軍事介入でさえ、デタントのプロセスを妨げることはなかったのである。

1　軍備制限に関する合意

米ソ両国は、一九五九年一二月一日という早い段階ですでに、南極の平和利用に関する合意に達していた。そして一九六二年の危機の後、両国の利害の一致はよりいっそう明白となった。

（1）　軍備管理政策

米ソ間では、不定期の二国間会合や交渉を通じて、軍備管理に関する合意を模索するさまざまな協議が進められていた。まず何より米ソ両国の間で、破滅に至るような紛争拡大を防ぐためにも、直接的な外交的接触を確立した。その帰結として一九六三年六月二〇日に、ワシントンとモスクワの間に「ホットライン」が設置されたことが発表された。

部分的核実験禁止条約（PTBT）　米ソ間でのもう一つの重要な合意は、厳密な意味では軍縮に関するものとはいえないが、象徴的な意味を持つものであった。一九五八年以降、大気圏内での核実験禁止に関する問題は、一九六一年九月に中断されるまでモラトリアムの対象になっており、大きな争点となっていた。

ジュネーヴでは、一八カ国が参加する軍縮に関する会合が定期的に開催されていた。キューバ危機の後に、米ソ両国はそれまでの長きにわたる交渉を妥結に導いた。大気圏内、宇宙空間および海洋での核実験を禁止する部分的核実験禁止条約（PTBT）（一九六三年八月五日、一〇〇カ国以上が調印）の締結である。他方でフランスと中国は、この条約に加わることを拒否した。独自の核兵器を開発し配備するためには、核実験を実施する必要があったからである。また、この条約によって大国（アメリカ、ソ連、イギリス）の核兵器保有には、実質的になんら制約は加えられなかった。それどころかこの三大核保有国は、膨大な量の核兵器の備蓄を維持し、さらにそれを増やすことさえ可能だった。

核保有国は、自国にはまったく制限を課さず、非核国が核開発するために必要な手段を奪うために、条約への参加を促した。PTBTは、その後の核開発に軍事的影響を及ぼすことはなかったが、その政治的波紋は絶大だった。東側陣営では中国が、そして西側陣営ではフランスが、核開発が制約されることに憤慨し、条約締結を拒否した。その一方で、PTBTの成立により、米ソ両超大国間の関係に変化が生じていく。

核兵器不拡散条約（NPT）　一九六七年六月二三日から二五日にかけて、アメリカのニュージャージー州グラスボロで米ソ首脳会談が開催された。アメリカのジョンソン大統領とソ連のアレクセイ・コスイギン首相との協議の結果、一九六八年七月に核兵器不拡散条約（NPT）が成立した。この条約は、米英ソ三カ国によって調印されたが、中国とフランスはここでも条約への参加を拒否した。中国とフランスは、一九六七年と一九六八年にそれぞれ水爆実験を行っており、自国が「核クラブ」のなかで不利な立場になるような条約に参加することは、とうてい考え難かった。とはいえ、この条約は多大な影響をもたらすことになる。というのも、米ソ両国にとってこの条約の調印は、核兵器が非核国に拡散しないことを目的としたものであり、とりわけソ連にとってこの条約によってドイツが核保有国になるのを防ぐことが可能となったからである。

軍備管理をめぐる試み　それ以外の軍備管理に関する条約は、必ずしも大きな影響をもたらすことはなかった。一九六七年一月二七日、宇宙条約が調印された。この条約によって、月やその他の天体の軍事利用禁止が規定され、また地球周回軌道に核兵器を打ち上げることも禁じられた。同年二月一四日には、ラテンアメリカを非核地帯にするためのトラテロルコ条約が調印された。さらに国連に設置された一八カ国が参加する軍縮委員会は、海底非核化条約（一九七一年二月一一日調印）や生物兵器禁止条約（一九七二年四月一〇日調印）を策定する枠組みとして機能した。

これらの協定の多くは「軍備管理」という哲学に基づいて締結された。重要なのは、これが軍縮ではなく、あくまでも軍拡に制限を課す合意であることだった。これ以降に締結される協定は、大国の軍事力や核戦力バランスに直接影響を及ぼすことになる。

（2）　戦略核兵器の制限

米ソ両国は、破壊力が向上した核兵器の備蓄を増やすとともに、弾道弾迎撃ミサイル（ABM）システムを開発することによるコスト増大に、頭を悩ませていた。莫大な開発コストが必要となるABMは、ミサイルが到達する前に空中でそれを迎撃する能力を持つ。ソ連はモスクワ周辺に、そしてアメリカはワシントン周辺にこのシステムを配備することをめざした。これにより一部の市民を敵の核ミサイル攻撃から防衛できる一方で、核兵器の「恐怖の均衡」が崩れていく懸念があった。それによって先制攻撃を行う誘惑が増し、核戦争が勃発する危険性が増加することになる。またこの時期におけるもう一つの新しい軍事技術の開発として、複数の標的を攻撃することを可能にした多弾頭ミサイル（ＭＩＲＶ）の登場を指摘できる。

ＳＡＬＴⅠの合意

一九六八年六月、戦略核兵器を制限するための交渉が開始された。ニクソン大統領の特別補佐官であったキッシンジャーが率先して進めた戦略兵器制限交渉（ＳＡＬＴ）は、ヘルシンキで一九六九年一一月に始まって以来数えきれないほどの会合を重ねた末に、ニクソンとブレジネフは一九七二年五月二六日にモスクワでＳＡＬＴ条約に署名した。この条約は戦略核兵器の制限に関する暫定協定と、ＡＢＭ制限条約から成り立っていた。前者には、戦略兵器開発の五年間の凍結、すなわちＩＣＢＭの固定発射台やＳＬＢＭの発射管の建設停止が含まれていた。

ＩＣＢＭの保有数の上限は、アメリカが一〇五四基、ソ連が一四〇九基までと定められ、ＳＬＢＭについても同様にアメリカが六五〇基、ソ連が九五〇基までが上限とされた。他方、ＡＢＭ制限条約は、その配備地域をワシントンとモスクワの周辺の一カ所と、ＩＣＢＭ基地一カ所の、あわせて二カ所のみに限定した。「恐怖の均衡」の背後にある論理とは、抑止によって戦争を回避することを目的として、米ソ両国ともに核攻撃の破滅の恐怖の下に自国民を人質として提供しなければならないというものだった。

米ソ両国が核軍備管理問題で妥協し、第三国にいかなる要求も求めない軍備協定を結んだのは初めてのことだった。また実際に、特定の兵器の開発に制限を課したことも、初めてのことだった。さらには、アメリカがソ連との核均衡を認める協定に署名したことも初めてで、これはソ連にとっては大きな勝利だった。というのも、ソ連は技術面での遅れを口実に、アメリカの数的優位を抑制する譲歩まで引き出したからである。

超大国間の会談

一九七二年五月にニクソンがアメリカ大統領として初めてモスクワを訪問した際に、米ソ間での重要な行動規範となる「米ソ関係の基本原則」と題する一二項目の共同宣言が発表された。この取り決めにより、二極体制は強化され、イデオロギーよりも国益に基づいて二つの異なる政治体制間の協調が実現することになった。米ソの指導者はその後、三年に満たない間に、四度もの首脳会談を行うことになった。

また、一九七二年秋には米ソ常設協議委員会が設置され、このような米ソ間の対話の制度化を促すことになった。そこでは、暫定協定を条約文書へと変えていくことが目標とされ、それはブレジネフの訪米の際（一九七三年六月一八日－二五日）に実現するに至る。あわせて九つの協定、条約、宣言について確認され、そのうちの一つは、米ソ間または米ソのどちらかと第三国の間で生じる核戦争を両国で防止していくことを定めていた。これによって米ソ両国は、悪化する可能性のある危機をコントロールするための仲裁的な役割を、互いに演じることになる。さらに、翌年の六月二七日から七月三日までに開催される三度目の米ソ首脳会談において、ニクソンとブレジネフは地下核実験制限条約を含むいくつかの協定に調印した。しかし、一九七四年一一月二三日から二四日にかけてウラジオストクで開かれたブレジネフとジェラルド・フォード新大統領（一九七四年にニクソンの辞任を受けて就任）との会談が、デタント期の最後の米ソ間の首脳会談となった。ＩＣＢＭとＳＬＢＭの発射台に二四〇〇基という上限を課す合意は、その後のＳＡＬＴⅡ条約の枠組みとして役立つはずだった。しかし、最終的な条約の準備に向けた交渉は停滞することとなる。

（３）　東側との平和交流の進展

デタントの空気に包まれて、東西間の交流も進展した。冷戦期、ソ連と西側諸国の間には、通商関係がほとんどなかった。一九四九年に成立した対共産圏輸出統制委員会（ＣＯＣＯＭ）によって作成された東側への輸出禁止品目リストに基づく禁輸原則が、長い間そのような交流を妨げていた。また、軍事目的に利用されることをおそれて、いかなる技術移転も危険性を伴うものとみなされていた。

交流の進展　一九六九年の輸出管理法のなかでアメリカ議会は、東側との間に平和目的の通商を増やしていくとの立場を示した。交流の進展は、必ずしも通商分野にとどまらなかった。宇宙空間での協力として、一九七五年夏にソ連のソユーズ宇宙船とアメリカのアポロ宇宙船のドッキングという成果が生まれた。

東西間の貿易拡大　一九六五年以降、東西間の貿易が拡大していったことは明らかであった。一九七〇年から一九七五年までの五年間で、西側のソ連向け輸出は四倍になった。ソ連は、不足していた農産物や工業製品を西側から輸入することを望んでいた。アメリカの弁護士サミュエル・ピサールのようなデタント支持派は、経済および通商面での東西関係の多角化が平和を促し、最終的には共産主義体制内部での自由化を加速させると主張した。一九六〇年代初頭以降、ソ連は穀物をよりいっそう大量に西側諸国から購入するようになった。また、自動車製造や化学の分野で不可欠となるような設備を、次第に西側から導入するようになっていた。一九七二年五月の米ソ首脳会談の交渉を契機として、同年一〇月には米ソ間で通商協定が締結され、ソ連に最恵国待遇を与えることになった（その後一九七四年一二月のジャクソン＝ヴァニク修正条項により見直される）。またこの協定は、農産品やコンピューターを含む工業製品のソ連への輸入を想定していた。その結果、一九七一年には二億ルーブルを下回る水準であった米ソ間の貿易総額が、一九七九年には三〇億ルーブルを超えるほどに大きくなった。このような貿易を通じた西側への国内市場の開放は、他の社会主義国（とりわけポーランド）にも広がっていった。

2　ヨーロッパ・デタントと「東方政策」

いずれにせよデタントは、「ドイツ問題」の解決の過程や、西ドイツと東欧諸国の関係の状況に大きく規定されていた。第二次世界大戦の結果として生じた領土問題や、ベルリンの地位の問題、そして世界の分断を象徴する東西ドイツという二つの政治体制の存在という問題には、冷戦の時代には解決策が見いだされることはなかった。

（1）　国境線画定問題の処理

一九六九年に至るまで、キリスト教民主同盟（ＣＤＵ）の三人の首相、すなわちアデナウアー（一九四九－一九六三年）、ルートヴィヒ・エアハルト（一九六三－一九六六年）、クルト・キージンガー（一九六六－一九六九年）によって担われた西ドイツの外交政策は、アデナウアーによって西側陣営を選択するということを前提にその基礎がつくられたものであった。たしかに一九五五年にアデナウアーは、ソ連との間に外交関係を樹立し、また慎重でありながらもポーランドとの関係改善に取り組んでいた。しかし、亡命者や引揚者といった深刻な政治問題を抱えていたことからも、アデナウアーは東側との関係については慎重に行動する必要を感じており、そのことが西ドイツの外交を硬直化させる結果となった。こうした西ドイツの外交政策は、互いに矛盾する二つの原則の上に成り立っていた。すなわち一つは西ドイツを西側、特にヨーロッパ統合のなかにつなぎとめておくというもので、もう一つはドイツ再統一を求めるものだった。そのため、ソ連の占領地域とみなす東ドイツを国家として承認することは拒絶し、西ドイツこそがドイツ全体を代表していると、他国を説得しようとした。ハルシュタイン・ドクトリン（西ドイツ外務省の外務次官の名にちなむ）と呼ばれるこのような姿勢に基づいて、東ドイツ政府を承認した国家とは国交を断絶すると、西ドイツは宣言したのだ。

東方政策（オストポリティーク）　デタントに向けた米ソ両国の努力や、ド・ゴール将軍による共産主義諸国との外交を背景として、西ドイツは東欧市場から利益を得るためにも、東側諸国に門戸を開こうと試みた。「東方政策」（オストポリティーク）は一九六六年以降、キリスト教民主・社会同盟（CDU・CSU）、ならびに社会民主党（SPD）からなる「大連立」政権によって進められることになり、一九六九年からはブラント首相の下で、この政策が飛躍的に前進する。ブラントは選挙に勝利し、社会民主党と自由民主党による連立政権を樹立すると、自らが首相に就任した。まさにブラントこそが、ド・ゴールが手がけ、ニクソンが試みたこと、すなわち東側との接近政策としての「オストポリティーク」を実現していくのである。

一九七〇年三月一九日のエアフルト、そして同年五月二一日のカッセルにおいて、東西ドイツ間の接触が行われ、ブラントとヴィリー・シュトフ東独首相の間の東西ドイツ首脳会談が準備された。

西ドイツとソ連の合意　西ドイツはソ連との交渉も進展させて、一九七〇年八月にはモスクワ条約を締結した。両国はこの協定で、平和を確立してデタントを進展させることを最重要目的として掲げ、ヨーロッパ国境の不可侵を承認するとともに、ベルリンに関する四大国の権利が明確に維持されるべきことを確認した。

ドイツ＝ポーランド国境の承認　ポーランドとの協議は、西ドイツがオーデル・ナイセ線を国境として承認できなかったために閉塞状況となっていた。しかし最終的には、一九七〇年一二月七日に調印されたワルシャワ条約において、この国境を受け入れることが確認された。そして、ワルシャワ・ゲットーの犠牲者を追悼するために建てられた記念碑の前でひざまずくブラント首相の姿が、ドイツとポーランドの和解を人々の心に印象づけた。

ベルリンの地位　東西ドイツの間で残っていたもっとも困難な課題は、ベルリン問題であった。とりわけ、東ベルリン市民の西ベルリンへの自由通行が、解決の難しい問題となっていた。長時間に及ぶ交渉の結果、一九七一年九月三日には戦勝四カ国のベルリンにおける権利を維持し、ベルリン市に特別な地位を付与することを定めた、四カ国協定の合意に達した。西側諸国は、ベルリンを西ドイツの一つの州とはみなさないことで合意し、ベルリンへと入るための交通路は、慎重に管理されるようになる。他方、ソ連はベルリンにおける通行を妨げないこと、また「壁」によってもたらされた現状を改善していくことを約束した。この協定は、東西ドイツの和解が進むうえでの重要な契機となった。

二つのドイツ国家の相互承認　このような対話の始まりは、東西両ドイツ国家が相互承認し、常駐代表部を交換することを規定した東西ドイツ基本条約につながる。それまで西ドイツは、自らがドイツ全体を代表しているとみなしていた。これに対して、東西ドイツ基本条約は、各々の主権は自国の領域内に限定されることを明確に規定した。

ただしこの条約には、キリスト教民主同盟所属議員が多数を占めるドイツ連邦議会での承認が必要であった。モスクワ条約とワルシャワ条約の承認は、一九七二年五月一七日にどうにか可決された。そして連邦議会が解散し、総選挙の結果としてブラント政権が安堵できるような中道左派勢力が議会で確立した結果、この東西ドイツ基本条約は一九七二年一二月二一日に調印された。

この条約がもたらしたもっとも重要な成果の一つは、西側の多くの国が東ドイツを承認したこと、そして一九七三年九月に東西ドイツがともに国際連合に加盟したことだった。国際法上も分断された二つのドイツ国家が存在することが承認され、さらに東方政策が進められたことは、分断されたドイツで生活する人々の過酷な現実を改善していくことにつながる、賞賛されるべき成果であった。他方で、東ドイツの存在が国際的に受け入れられたことによって、その国家体制はよりいっそう強固なものとなっていった。

（2）ヘルシンキ会議

デタントが頂点に達したヘルシンキ会議で採択された最終議定書にも、そのような両義的な性質を見ることができる。ソ連は、第二次世界大戦の結果生じたヨーロッパの国境線を固定化するためにも、一九五四年以降一貫してヨーロッパの安全保障に関する会議を開催することを西側諸国に求めていた。これに対して、ヤルタ会談以降のヨーロッパの現実と東西を分断する鉄のカーテンを公式には受け入れてこなかった西側諸国は、とりわけベルリンに関する協定の締結とアメリカとカナダ両国のこの会議への参加という前提条件を、ソ連に求めてきた。デタントにより緊張が緩和した結果、一九七二年一一月二二日から一九七三年六月八日まで、さらには一九七三年七月三日から七日までの期間、ヘルシンキでの会議開催へ向けた協議が行われ、一九七三年九月から一九七五年七月まで実質的な準備会合が開かれた。

一九七五年八月一日、三五カ国の代表が集まった欧州安全保障協力会議（ＣＳＣＥ）で、ブレジネフや一九七四年にニクソンの辞任に伴い大統領に就任したフォードを含む国家元首や政府首脳が最終議定書を採択した。「バスケット」と呼ばれる三つの分野を内包するこの議定書には、国家間の平等、内政不干渉、民族自決、ヨーロッパ国境の不可侵、紛争の平和的解決といった重要な原則が示されていた。そしてこの議定書は、経済、科学、技術面での協力の進展を前提に、人権の保護、とりわけ人の移動の自由や思想や表現の自由という理念を保障していた。

Ⅱ　東西ブロック内部の危機

1　西側ブロックにおける危機

西側世界のそれまでの状況を変化させるような重要な動きがいくつか見られた。すなわち、西側の戦略の変化や、ＥＥＣ内でまとまったヨーロッパ諸国の新たな経済力の台頭、そしてフランスの自主外交を求める動きであり、さらには国際通貨体制の危機である。

一九五〇年代以降、顕著な成長を示した西側経済は、一九六〇年代になるとその成長はより確かなものとなっていった。これは、世界規模の経済活動や金融取引を行っていたアメリカにとって、好ましい状況であった。同時にこの時期には、日本やヨーロッパが奇跡的な経済成長を達成し、自らの影響力を増大させていく時期でもあった。

(1) アメリカの優位性への懸念

アメリカで新しい戦略ドクトリンが導入されるようになる一方で、大西洋同盟の内部では一九六一年から一九六二年以降には、技術的要件と政治的要件との間に矛盾が生じるようになる。はたして同盟の抑止戦略のなかで、アメリカの同盟国はどのように意思決定に関与するべきか。技術的には、有事の際に同盟内部で意思の統一を確保する必要があることはいうまでもない。しかし、同盟が決定を行う際に、すべての加盟国の間で協議を行うとすれば、その抑止力の信頼性は低下する。そのため、同盟の盟主であるアメリカが、決定の際に絶対的な権限を持つ構造となっていた。他方、アメリカの同盟国はそれによって従属的な立場に置かれることとなる。大量報復戦略の下では、同盟国全体としての利益が確保されていた。しかし、柔軟対応戦略においては優越的な地位にあるアメリカの利益のみが考慮されるのではないか、という懸念が広がっていた。そこでケネディ大統領は、大統領着任早々にヨーロッパ諸国を訪問し、大西洋関係を変革する必要を説いたのである。

大西洋共同体というアメリカの提案

一九六二年七月四日、ジョン・F・ケネディはフィラデルフィアで、「パートナーシップ」という言葉を用いて同盟関係を再定義することを提案した。彼が望んだ大西洋共同体とは、アメリカ合衆国と「ヨーロッパ合衆国」という二つの柱によって成り立つものであった。また、戦略核に関しては、核兵器の使用についてアメリカが独占的権限(すなわち「引き金に指をかける」こと)を持つことへの批判に対応して、「多角的核戦力(MLF)」という構想を発表した。

MLFは、統合された米欧間の核戦力を創ることで、NATO全体を新たな核保有勢力にしようとするものだった。この構想では、射程四六〇〇㎞のポラリスA3ミサイル八基を搭載した二五隻の艦船から構成される核戦力を、大西洋同盟が共有し、それぞれの艦船は少なくとも三つの国籍からなる多国籍部隊で構成することが想定されていた。また、イギリスの規模の小さな核戦力や、開発途上段階にあったフランスの核戦力も、このMLFに吸収されることになっていた。しかし、この構想は政治的な矛盾を解消することができなかった。この核戦力を使用するためには、参加国（そこにはアメリカも含まれる）の全会一致が必要だったため、参加国には自動的に拒否権が与えられる。すなわち、アメリカは同盟内での核戦力の使用に関して、行動の自由を確保していたのである。さらには、一九六二年一二月にケネディ大統領はナッソーにおいて、それまで想定されていたスカイボルト・ミサイルの代わりに、ポラリス・ミサイルをイギリスに提供すると提案した。

イギリスの小規模な核戦力がアメリカの戦力に吸収される第一歩であった。イギリスは、アメリカと合意した場合においてのみ、核戦力を用いるという体制を受け入れたが、ド・ゴール率いるフランスは、独自の核戦力の保有を断念することはできず、MLF構想を拒絶したのである。

（2）フランスの自主独立路線

ド・ゴールの挑戦　ド・ゴールは、「大西洋共同体」構築という「グランド・デザイン（大構想）」には、反対の姿勢を示した。彼は政権に復帰するとすぐに、大西洋同盟内の責任分担を改めることを求めた。一九五八年九月一四日のドワイト・アイゼンハワー大統領とハロルド・マクミラン首相に宛てた覚書のなかで、ド・ゴールは英米仏三大国による「三頭指導体制」の創設を提案した。それは、NATOの防衛対象領域のみならず、世界全体に関わる問題についても、共同決定ができるような権限を三大国に新たに与えるという内容だった。しかし同年一〇月、アイゼンハワーはこの提案を退けた。というのも、それ以外の同盟諸国を意思決定から排除することはできなかったからである。また、核兵器を使用する権限が制限されることは、アメリカにとっては受け入れがたいことであった。独立と自主のために不可欠な手段となる核戦力を自由に行使したいド・ゴールは、アメリカから圧力を受けてもそれを無視して、核開発計画の継続を命じた。そして、いくつもの開発計画の法案を策定して、フランスは少しずつその核戦力体制を準備していった。ド・ゴールは一九六三年一月一四日の記者会見で、イギリスのEEC加盟申請、さらにはNATO内における核兵器共有の構想のどちらも拒否する意向を表明した。

アイゼンハワー、ケネディ、ジョンソンという三代のアメリカ大統領に対して、ド・ゴールは自主独立路線を展開していった。また、自らの「三頭指導体制」に関する提案を拒否されたことで、フランスはＮＡＴＯとの絆を緩めはじめ、第四共和制の下で着手した独自核を開発するための計画をいっそう推進していった。さらにフランスは、核不拡散に関する米ソからの圧力に抵抗して、一九六〇年二月一三日には新規参入が拒まれていた「核保有国クラブ」の一員となり、一九六八年八月には水素爆弾の核実験にも成功した。

米仏間の亀裂　フランスは対外政策において、次第にアメリカと距離をとるようになっていった。一九六四年、ド・ゴールはラテンアメリカ諸国を歴訪し、さらに中華人民共和国政府を承認した。これらは、アメリカからの要請に背いた行動であった。またド・ゴールは、東南アジア条約機構（ＳＥＡＴＯ）とも距離をとり、デタントを支持し、東側との接触を増やしていった。一九六四年七月二三日、ド・ゴールは「世界が二つの陣営に分割されていると想定することは、徐々に実情にそぐわなくなっている」と述べ、翌年二月には東南アジアの諸問題をめぐってソ連との間で協議を行うことを決定した。また、「大西洋からウラルまでのヨーロッパ」という枠組みが、ヨーロッパの諸問題を解決するうえで、唯一受け入れることの可能な枠組みであると述べた。ド・ゴールによるこのような一連の行動は、一九六六年二月二一日の記者会見で発表されることになるフランスのＮＡＴＯ軍事機構からの脱退へとつながっていった。

フランスの主張によれば、「同盟」と「機構」は区別されるべきものであった。一九五一年から五二年以降、ド・ゴールは大西洋主義がヨーロッパに浸透していくのを避けるためにも、次第にこのような思考方法をとるようになっていた。フランスは、同盟を維持することについては完全に同意していたが、軍事統合を進めることについては拒絶していた。だが、このようなフランスの決断が、多くの問題をもたらすことになる。まず、フランス国内の軍事基地から、アメリカ軍やカナダ軍をどのように撤退させるのか、という問題があった。さらに、ＮＡＴＯ軍の一翼としてドイツに駐留していた六万人規模のフランス軍部隊をめぐり、ドイツとの関係も難しいものとなった。はたして、フランス軍はそのままドイツに駐留し続けるべきか、また駐留を続ける場合はどのような立場で兵力を維持するべきかが問題となった。一九六七年四月には、フランス国内のＮＡＴＯ軍基地がついに閉鎖されることになった。二万人以上のアメリカ兵、八万トン以上の物資、九つの基地、約三〇ものアメリカ軍の格納庫は国外に移転することになった。ロカンクールにあったライマン・レムニッツァー将軍率いる在欧連合軍最高司令部（SHAPE）や、サン・ジェルマン・アン・レーに駐留していた米軍の参謀将校たちはベルギーに移らざるをえなかった。NATO本部は、パリのドフィーヌ広場からブリュッセルに移ることになった。

このようにして、大西洋同盟の一体性は弱まっていた。とはいえ、フランスは政治的な協議の場である北大西洋理事会には参加し続けたし、西ヨーロッパ全体をカバーする防空管制システム（NADGE）のような軍事施設には協力を続けることになった。他方、フランスの同盟国である一四カ国（一九七四年のギリシャのNATO軍事機構脱退後は一三カ国）は、防衛計画委員会（DPC）を中核とする統合軍事機構において、結束を強めていった。一九六六年一一月、エアハルトからキージンガーへと西ドイツの首相が代わると、ドイツ国内に駐留するフランス軍の地位に関する協定の締結も容易になった（同年一二月二一日締結）。その後一九六七年一二月には、ベルギー外相の名を冠する「アルメル報告書」が、同盟内で採択された。これは、デタントに向けて努力を続けながら、軍事計画については警戒を弱めぬよう求めるものだった。

一九六六年七月のド・ゴールのソ連訪問に示されるフランスとソ連の接近を見て、アメリカは大西洋同盟が崩壊の危機にあるのではないかと懸念した。一九六六年九月のド・ゴールのカンボジア訪問は、アメリカのベトナム政策を公然と批判する機会となった。ベトナム戦争をめぐってアメリカから距離を置いたように、ド・ゴールは一九六七年六月の六日間戦争（第三次中東戦争）においてもまた、イスラエルやアメリカの立場に対抗する姿勢を示した。さらに同月には、「自由ケベック万歳！」というモントリオールでのド・ゴールの発言が、北米で批判を浴びる結果となった。カナダ連邦からの独立をめざす勢力を擁護したように受けとめられ、カナダ政府はこれを内政干渉と捉えたのである。

一九五八年以降、フランスの通貨が金兌換性を回復したことで自信をつけたド・ゴールは、一九六五年二月の記者会見でためらうことなく金本位制への復帰を求めるとともに、金・ドル本位制の濫用の危険性を指摘してそれをやめるよう訴え、反響を起こした。ド・ゴールの目には、一九五〇年代末以降のアメリカの国際収支の赤字こそがこの大国に例外的な特権を与え、世界的なインフレを生み出し、さらに国際通貨システム全体を蝕《むしば》んでいるように映っていたのである。

（3） 国際通貨体制の危機

ヨーロッパ諸国は、アメリカの保護下にありたいと願いながらも、特権的な地位にあるアメリカからの政治的および経済的自立を志向していた。国際通貨体制が危機に陥ることで、両者の間の亀裂も深まっていた。

アメリカの貿易赤字　一九五〇年代末、国際通貨システムは金為替本位制だった。この制度の下で為替レートが固定されたドル（金一オンス＝三五ドル）は、すべての取引において金と同等の価値があるとみなされた。しかし、アメリカ経済が犠牲になる形で、またヨーロッパ諸国に有利な形で、経済状況は進展していった。多国籍企業の大規模投資や海外での支出（ベトナム戦争）によって黒字だったアメリカの貿易収支の均衡は崩れた。貿易赤字で大量のドルが世界中に流出したため、公の市場とは別に設けられた自由市場においてドルの均衡を維持することは完全に不可能になった。というのも自由市場において、金一オンス四〇－四三ドルになったからである。アメリカの金保有量は減り、フランスは一九六七年、ドルを金に交換した。西ドイツは、輸出によって収入を増やし、貿易収支と経常収支は黒字になった。アメリカは問題解決のためにマルクの切り上げを求めたが、西ドイツはこれを拒否した。また一九六八年にフランスでは、国内問題の混乱の後、七月と一一月にフランが投機の標的とされたが、先進一〇カ国の中央銀行総裁が政策協調を実施して危機をどうにか回避した。同年一一月二四日にド・ゴールはフランの切り下げを行わないと決めたが、その後継者であるジョルジュ・ポンピドゥは一九六九年八月に入るとすぐさま切り下げを実行せざるを得なくなった。

一九六〇年代を通じて、アメリカはドルを防衛しなければならなかった。金保有量の減少によって、一九六八年には他国の中央銀行でしか金とドルを交換できない状況にまで追い込まれていた。アメリカの貿易収支は一九七一年に赤字となったが、これは一八九三年以来初めてのことだった。

金為替本位制の停止　一九七一年夏に、アメリカの貿易収支の悪化によって始まった投機的な資本流出に歯止めをかけるため、ニクソン米大統領は八月一五日にドルと金の兌換停止を敢行した。各国の中央銀行もそれに対応し、ドルは変動相場制に移行した。またアメリカは、保護主義的な措置（一〇％の輸入課徴金）も導入し、西側同盟国が「負担の共有」を受け入れたときのみ、この措置を緩和すると発表した。ニクソンは、アメリカが軍事面で同盟国を防衛しているのだから、同盟国は通貨と通商の領域で譲歩するように求めた。ドルの流出は、通貨・通商分野での停滞につながり、インフレと経済危機が拡大する原因となった。

ドル切り下げ　一九七一年一二月（スミソニアン協定）と一九七三年二月に、アメリカはドルの切り下げを実施し、もっとも競争力のある通貨であるマルクと円にも切り上げを実行させた。一方でこの措置によって、結果的に、強い通貨を持つ国と弱い通貨を持つ国に、ヨーロッパ諸国は分断されてしまった。一九七三年のイギリス、アイルランド、デンマークのEEC加盟とこのような通貨危機が重なってしまったことで、EECは機能麻痺に陥った。

（4）「九カ国」のヨーロッパの成立

ローマ条約の規定に基づいて、一二年の期間の後にEEC域内の関税障壁は次第に取り除かれると同時に、対外共通関税を導入するようになっていった。

第一段階（一九五九－一九六二年）では、域内における工業製品の貿易自由化は想定以上の速さで進展したが、共通農業市場が形成されたことで第二段階への移行はよりいっそう困難となった。

「六カ国」のヨーロッパの成功　交渉は長引いたが（一九六二年一月、一九六三年一二月、一九六四年一二月の「マラソン会議」）、「共通市場」の成立へ向かってヨーロッパは着実に前進していた。「共通市場」は、関税面のみならず農業分野にも及び、複数の重要な市場（穀物、牛乳、肉）の創設、共通価格の設定、欧州農業指導保証基金（FEOGA）の設立からなる共通農業政策（CAP）が誕生した。農業部門はフランス経済にとって重要だったため、FEOGAはフランスが非常に重視するCAPのための資金確保の役割を担っていた。

「六カ国」のヨーロッパは、明らかな成功であった。ただし政治構想については、二つのヨーロッパ概念が対立した。それは、超国家的特徴を持つヨーロッパ連邦というフランス以外の五カ国の考えと「諸国家からなるヨーロッパ」というド・ゴールの考えである。そしてこの対立は、一九六一年から六二年の間にフーシェ・プランが議論された際に、ヨーロッパ共通の政治協力組織が頓挫した原因になった。結局一九六五年四月の段階では三つの共同体の理事会(ECSC、EEC、EURATOM)の統合を決定するにとどまった。それでも一九六七年七月には、単一の共同体理事会と単一の委員会が動き出したのである。

関税措置　一九六二年一〇月、ケネディは米議会で関税に関する法律、すなわち通商拡大法を成立させた。この法律に基づいて、アメリカは米欧間の貿易の活発化を目的に、GATT加盟諸国間で関税率を相互に五〇%引き下げることを、ヨーロッパ側と交渉することになっていた。ケネディ・ラウンドと呼ばれるこの交渉は、一九六七年五月一七日、ジュネーヴで幕を閉じた。EECは世界最大の経済大国に抵抗するだけの力はあったが、一九六八年以降の関税引き下げの相互適用をめざして、アメリカの方針に同意すると表明した。

一九六五年の危機　FEOGAの役割拡大や全会一致制から多数決制への変更をフランスが拒否したことにより生じた危機は、ヨーロッパに関して二つの異なる考え方があることを明らかにした。フランスは、半年間EECの閣僚理事会に政府代表を送らないという「空席政策」を行い、一九六六年一月には「ルクセンブルクの妥協」に基づく合意に帰着した。フランスは、国家の「きわめて重要な利害」に関する問題については、全会一致を維持するという原則を手に入れ、閣僚理事会に政府代表を復帰させた。一九六六年五月に「共通市場」成立に向けた計画が再出発し、当初の計画より一年半早い、一九六八年七月一日に関税同盟が成立することとなった。

「スネーク制度」の始動　一九六九年一二月のハーグ首脳会議で検討され、一九七一年二月にブリュッセルで「ウェルナー報告」をもとに明確になった通貨同盟は、一九六九年から一九七一年にかけての国際通貨体制の動揺と一九七三年からの世界的な経済危機によって、行き詰まりを迎えた。投機により動揺し続けていたドルの価格変動から逃れるため、EEC諸国は一九七二年四月に「スネーク制度」を創設した。これは、域内諸国通貨間の平価を固定し、為替相場が安定するように変動幅を抑制する制度だった。さらに、各国通貨の平価が変更された際に共同体内で起きる競争によって生じる不均衡を是正するため、「国境調整金(MCM)」と呼ばれる新たな税制と補助金制度も作られた。

EECへの加盟申請　ヨーロッパ諸国は、「共通市場」の利点に魅力を感じ、次々とEEC加盟申請や連合協定の締結を求めるようになった。EECは、ギリシャ（一九六一年）、トルコ（一九六三年）、マルタ（一九七〇年）と連合協定を結び、さらにフランス語圏のアフリカ一八カ国とヤウンデ協定（一九六三年と一九六九年）を締結した。

一九六一年、他のEFTA諸国と同様にイギリスもまた、加盟交渉を始めたいと申し入れてきた。しかしながら一九六三年にド・ゴールは、「イギリスの性質、構造、状況は大陸のそれらとは根本的に異なる」と述べて、イギリスの加盟を拒絶した。一九六七年に、労働党政権のウィルソン首相が二度目の加盟申請を行うが、これはヨーロッパ統合の信念に基づいたものではなく、悪化するイギリス経済を救済することを目的とした決断であった。最終的には、二度目の加盟申請もド・ゴールによって拒絶された。

しかし、英仏両国における政治状況の変化が、この問題の解決に有利に働くことになった。フランスでは国民投票の後にド・ゴールが大統領を辞任して、一九六九年にポンピドゥが新たに大統領に就任した。ポンピドゥはド・ゴールの外交路線を継承したが、イギリスのEC加盟問題に関しては、ド・ゴールとは異なる態度を示すことになる。ポンピドゥは一九六九年一二月のハーグ首脳会議で、「三つのパッケージ」、すなわち共通農業政策の確立、イギリスのEC加盟、さらなるヨーロッパ統合の深化を提案した。他方でイギリスでは、一九七〇年六月一八日の総選挙で労働党が敗北を喫し、エドワード・ヒースが首相に就いた。すでにウィルソン政権の時代から始まっていた加盟交渉は、保守党の政権復帰によってさらなる進展を見た。それでも交渉の過程では、イギリスの共同体予算への拠出の分担、準備通貨としてのポンドの位置づけ、そしてコモンウェルス諸国との特恵的な経済関係（特に砂糖とバター）をどのように扱うのか、といった課題が残った。イギリスは加盟後も特恵関税制度を維持することを求め、輸入時に一定の割合を共同体予算に払うことを取り決めたローマ条約の規定の適用を拒んだ。しかし、これらの交渉は一九七一年六月に妥協に達し、イギリスは一九七三年に八％強を、そして八年後までに約一九％を共同体予算として支払うことになった。またニュージーランドからイギリスへのバター輸出のケースは、特別規定を設けることで解決した。だが、将来のヨーロッパ共通の通貨制度にポンドをどのようにして組み込むかについては、未解決のままだった。

一九七二年一月二二日、ブリュッセルにおいて、イギリス、デンマーク、アイルランド、ノルウェーのEC加盟条約が調印された。その後、国民投票によってノルウェーが共通市場への参加を拒否したため、一九七三年一月一日、それまでの「六カ国」からなるヨーロッパは、「九カ国」からなるヨーロッパに拡大した。

2　共産主義ブロックにおける危機

一九六〇年代になると、ソ連の経済成長は鈍化した。ソ連は国内の農業危機を克服できず、また消費財の生産の遅れを取り戻すことができなかった。ソ連の生活水準が西側のそれに追いついて、さらに追い越さねばならないと述べたフルシチョフの宣言にもかかわらず、ソ連の計画経済は西側に大きく引き離され、また技術力の格差も拡大していった。ソ連の知識人たちは、ソ連の官僚機構、すなわち党の指導部に問題があると批判した。そしてこれこそが、フルシチョフが失脚する直接的な原因となった。共産党中央委員会第一書記と閣僚会議議長（首相）を兼務していたフルシチョフは、一九六四年一〇月一五日に起こった宮廷クーデタの犠牲となったのである。

フルシチョフの後を継いだレオニード・ブレジネフソ連共産党第一書記とアレクセイ・コスイギン首相も、フルシチョフと同様にいかにしてソ連の経済と社会を近代化するかという問題を抱えることになる。ソ連市民に自由を提供することを拒むブレジネフ路線が勝利し、その影響は国内外に広がった。一九六六年二月、知識人であるアンドレイ・シニャフスキーとユーリー・ダニエリの裁判と有罪判決は、赤軍と結びついていた共産党内の理論家の意向を示すものであった。その意向とは、党の路線に知識人たちを従属させ、その路線を守るよう強制するものだった。これは、「雪解け」の終わりと「統制再強化」をもたらし、アレクサンドル・ソルジェニーツィンの国内追放へと至ることになる。

内務人民委員部の「強制収容所本部（グラーグ）」の実態が暴かれたことで、ソ連モデルは輝きを失っていき、中華人民共和国や、国家の独立性や自由化を渇望する東欧の社会主義諸国からも、疑問がわき上がっていった。

（1）　中ソの分裂

中国とソ連との関係においては、両国を緊密に結びつける同盟条約が存在していたものの、両者の間には対立があり、それは一九五〇年代にまで遡ることができる。中ソ間の摩擦は、利益や領土をめぐる大国間の伝統的な対立であると同時に、一九五六年のソ連共産党第二〇回大会の折に浮上したイデオロギー対立でもあった。

一九五七年以降にアメリカが中華民国との関係を強化していたものの、それに対してソ連は何の動きも見せなかった。ソ連は平和を求めるあまりあらゆることを犠牲にして、革命戦略さえも放棄して修正主義に走っていると、中華人民共和国は批判した。毛沢東はモスクワ訪問後の一九五八年に「大躍進」運動を開始し、人民公社を創設した。また、同じ頃、中国は金門島と馬祖島を砲撃し、さらに第三世界における革命勢力との関係を強化した。こうした動きは、アメリカとソ連両国に対する挑戦となった。フルシチョフは中国の人民公社創設の動きを非難して、中国に対する経済的・技術的な支援を取りやめ、ソ連が中国に派遣していた数多くの専門家や研修員を本国に帰国させた。このような両国の共産党の間の確執やイデオロギー対立に加えて、一九六二年になるとさらに衝突が激化していく。「大躍進」運動に失敗し、社会主義陣営のなかで孤立していった中国は、アルバニアとの関係を強化していった(一九六二年一月に協定締結)が、次第に孤立を深めていった。

ソ連とインドの接近　一九六二年四月にソ連は、中国の新疆の国境近辺での暴動を煽り、さらにはチベットをめぐる中印対立においてはインドを支援した。それは、水面下で持続していたチベットの民族主義運動を鼓吹し、さらにはインドに亡命したダライ・ラマの存在が象徴していた国境線確定をめぐる紛争であった。一九六二年の九月と一〇月に、中国はインドに対して攻撃を仕掛けて勝利を収め、キューバ危機のタイミングを利用して、ソ連をアメリカの帝国主義に屈したとみなして厳しい批判を展開した。これに対して一九六二年一二月一二日、モスクワでのソ連最高会議においてフルシチョフは、「主要な敵は中国の指導者の教条主義だ」と評し、香港、マカオ、台湾における「帝国主義の侵食」に対する中国の消極主義を皮肉った。

領土紛争　一九六三年以降、中国とソ連との間にはそれまでのイデオロギー対立に加えて、領土紛争という争点が加わった。そして、翌年一〇月一日に「核クラブ」の一員となったことで、中国はより大きな威信を獲得した。一九六三年三月八日、中国指導部は、アムール川とウスリー川に位置する六〇〇もの島々をめぐる領土紛争ばかりか、一九世紀にロシア帝国が中国に強要した不平等条約に基づく領土編入の問題までもとりあげて、ソ連に対する批判を展開した。これに対しソ連は、すでに一九世紀に編入した領土を返還することは不可能で、国境線を変更することはできないと反発した。

イデオロギー的な亀裂　このような領土紛争があっても、イデオロギー対立が後退することはなかった。一九六三年六月一五日、毛沢東はフルシチョフ宛に書簡を送り、そのなかで二五もの項目にわたってソ連共産党を批判した。中国人の目には、「クレムリンの皇帝」は事実上、アメリカの同盟国に成り下がった修正主義者と映っていた。フルシチョフ失脚後、短い間中ソ間の対立は凍結されていたが、共産主義世界の主導権をめぐって両者の間の対立関係が再び浮上したのである。

一九六六年に中国で文化大革命が始まった頃、ソ連は毛沢東の敵に回り中国政府と敵対関係にあった新疆の少数民族を支援して、中央政府への反乱を画策した。他方で中国は、一九六四年一〇月一六日に初めて原爆の実験を成功させてから、一九六五年六月一七日には水爆実験をも成功させた。中国が水爆を保有する核大国になったことで、新疆にある中国関連施設に対して核兵器を用いた「予防攻撃」を行うかどうかを、ソ連政府は真剣に検討するようになっていた。一九六九年、中ソ対立はよりいっそう深刻化し、中ソ国境線にあるウスリー川で、両国の戦闘が実際に勃発した。ソ連の脅威を深刻に受けとめた中国は、それまでの外交的な立場を根本から変えることを考え始めていた。

(2)　東欧における対立

北京が企図したソ連とのイデオロギー的な対立によって、一九六〇年代にソ連の権威は大きく損なわれ、ソ連とその他の人民民主主義諸国との関係に重要な影響を及ぼした。ソ連は、ルーマニアで見られたいくつかの運動は黙認したが、チェコスロヴァキアにおける革命を抑えることには躊躇しなかった。

ユーゴスラヴィア　ユーゴスラヴィアでは、国内にさまざまな民族共同体が存在しているという深刻な問題が、チトー大統領の後継者をめぐる問題や、西側から入ってきた学生運動によって複雑化していた。

チトーは、セルビア人とクロアチア人の間の対立を和らげることに成功するとともに、反体制派のミロバン・ジラスの影響によって一九六三年に激しさを増していた反体制運動を抑え込むことに成功した。しかし、ソ連がチェコスロヴァキアに軍事介入した後に、それを激しく批判したユーゴスラヴィアはそれまで以上に共産圏のなかで孤立することになった。

ポーランド　ポーランドでは、一四年間権力の座にいたヴワディスワフ・ゴムウカが、グダンスク暴動（一九七〇年一二月一四－一五日）を厳しく鎮圧した。しかしこの一件でゴムウカに代わり、第一書記のポストにはエドヴァルト・ギエレクが就くこととなった。

ルーマニア　ルーマニアはどこよりも、ＣＯＭＥＣＯＮのなかで相対的な自立性を実現していた。そして、ソ連が押しつけようとした経済の分業化を拒否し、中ソ対立にもある程度中立的な態度をとり、一九六四年には真の自立を宣言する声明を発表した。さらに、一九六六年春以降にルーマニアの政治指導部は、ワルシャワ条約が通常の同盟と同じようなものであって、加盟国の自立は決して作り物ではないとみなすようになった。そして、対外政策における独自路線をとるようになり、中東戦争においても積極的に中立的な姿勢を示し、一九六七年一月三一日に西ドイツとの間に外交関係を樹立した。それはまさしく、ハンガリー、ブルガリア、チェコスロヴァキアが「ウルブリヒト・ドクトリン」（東ドイツの存在を承認し、西ドイツ政府との関係正常化の前提条件としてその国境の不可侵を求める）に同意した時期と重なる。一九六八年八月二一日、ワルシャワ条約機構がチェコスロヴァキアに軍事介入したとき、ルーマニア政府は共同歩調を示さなかっただけでなく、ソ連の行動を非難することまでしたのだ。一九六九年八月、ルーマニアはニクソン大統領をもてなし、ソ連以外の社会主義国のなかで初めて、アメリカの大統領を招聘することとなった。

チェコスロヴァキア　厳しい弾圧で国内体制を維持していたルーマニアとは異なり、チェコスロヴァキアは一九六三年以降、ある程度国内での自由を認めるようになっていた。一九六二年のチェコスロヴァキア共産党大会では、スターリン主義者のアントニーン・ノヴォトニーが権力を握っていたにもかかわらず、非スターリン化が進められた。スロヴァキア人がボヘミア人に対してより広範な自治を求めたり、一九六七年六月の第三次中東戦争後により開放的な政策を進めたいと求めたり、さらには経済改革への願望が示されたりした。スロヴァキア共産党第一書記であったアレクサンデル・ドゥプチェクが率いる自由化を求める勢力は、ノヴォトニーに対してあからさまな批判を行うようになり、ソ連もまたノヴォトニーを見放すようになった。一九六八年一月四日、ノヴォトニーは共産党第一書記のポストを解任され、より穏健な共産主義者ドゥプチェクが後を継ぎ、三月にルドヴィーク・スヴォボダが大統領になった。知識人や労働者の間で次第に人気を獲得していったドゥプチェクは、社会主義体制と自由の尊重は両立できると考えた。一九六八年四月に採択されたチェコスロヴァキア共産党の行動綱領では、共産党以外の政党の創設や情報の自由が認められていた。これが「プラハの春」である。

新たな憲法が準備され、自由化を支持したオルドジフ・チェルニークと経済学者オタ・シクが主導する新政府が樹立した。そして国民議会は、チェコスロヴァキア共産党のなかでもっとも強く自由化を求めたヨゼフ・スムルコフスキーを議長に選出した。チェコスロヴァキア共産党大会を準備する過程で、ノヴォトニー派と改革派は激しく対立することになった。

ソ連は、この「プラハの春」を強く警戒しながら眺めていた。また、その他の人民民主主義諸国の指導者たちは、自国にこのような自由化が波及することを恐れた。ポーランドでは、すでにそのような気運が明らかに高まりつつあった。そのため彼らは、ソ連に対して、チェコスロヴァキアに介入するよう促した。一九六八年七月にドゥプチェクは、ワルシャワ条約機構加盟国が提示した協議の提案を拒否した。一九六八年八月九日の幹部会において、全会一致で採択されたチェコスロヴァキア共産党の地位修正案では、いくつかの自由（無記名投票や表現する権利）が回復されたが、そうした改革はハンガリーほどは進まなかった。多党制に戻るといっても、共産党は自らの優勢を維持しなければならず、また公式に中立を宣言することも許されず、ワルシャワ条約機構への帰属を確認することが求められていた。このとき、チェコスロヴァキア共産党政府は、国民の多数の支持に支えられていた。

しかし、八月二一日に五カ国（ソ連、東ドイツ、ポーランド、ハンガリー、ブルガリア）からなるワルシャワ条約機構軍はチェコスロヴァキアの国境内に軍事侵攻し、プラハにおけるいくつかの重要な目標地点に向かって進軍した。

プラハ駐在のソ連大使であったステパン・チェルボネンコや、親ソ派のチェコ人は、「プラハの春」を主導した指導者たちを拘束することを命じた。しかし、スヴォボダ大統領の周辺で抵抗運動が組織化され、非合法的に開かれた党大会では抗議のストライキが決定された。

チェコスロヴァキアの指導者たちは解放され、再び役職に復帰した後にクレムリンに呼び出され、八月二六日にモスクワ議定書に署名した。この議定書は、自由化や改革の計画を厳しく制限するものだった。一〇月一六日以降、ソ連が押しつけてきた新しい条約はソ連軍をチェコスロヴァキア国内に「暫定的に」駐留させるというものだった。一九六九年三月から四月にかけて、ソ連の国防大臣だったアンドレイ・グレチコ元帥は「最後通牒」を出した後にドゥプチェクを第一書記から罷免し、グスターフ・フサークを後継に据え政治の正常化を進めた。共産党内では大規模な粛清が行われ、検閲も復活した。

ソ連は、いわゆる「ブレジネフ・ドクトリン」と呼ばれる原則でワルシャワ条約機構の加盟国との関係を新しく規定することによって、他の社会主義諸国に影響が波及するのを防ごうとした。これにより、社会主義諸国の国家主権は制限されることになった。社会主義諸国からなる共同体全体の利益のためには、各国は国家主権を喪失する必要があった。だが、チェコスロヴァキアへの軍事介入は、西側世界からの厳しい非難を引き起こした。その非難にはイタリア共産党、フランス共産党、スペイン共産党も加わった。ワルシャワ条約機構の内部では、ルーマニアがこの軍事介入に反対を表明し、またアルバニアは一九六八年九月にこの条約機構から脱退するに及んだ。

一九六九年六月五日から一七日まで、七五カ国の共産党がモスクワで集会を行った際、国際共産主義運動の方向性を決めるうえではソ連が直接的な役割を担うということが認められた一方で、共産主義陣営の一体性は終わりを迎えた。というのも、社会主義への道はさまざまに存在するという原則を、この会議では宣言していたからだった。

Ⅲ　デタント期の第三世界（一九六二－一九七三年）

スエズ危機に次いでキューバ危機と危機が連続するなかで、国際社会での第三世界諸国の役割が明らかとなっていき、デタント期には、そのような役割がさらに飛躍的に拡大していった。

国連の道徳的権威の低下　新興独立諸国が国連への加盟を通じて国際的に承認されることで、加盟国数は増加を続けると同時に、よりいっそう多くの問題を抱えていくこととなった。一九七三年の時点で加盟国数は一三五カ国で、非加盟国はスイス、北朝鮮、韓国、南北ベトナム、台湾、南ローデシア（現在のジンバブエ）、バングラデシュに限られていた。全加盟国のうち二五カ国は西側陣営に、一二カ国は東側陣営に属していた。その他の多くの国は「非同盟」と称し、またそうであり続けようとした。第三世界諸国は国連において多数派を占めるようになり、国連総会で決議を通すのに必要な三分の二を占めるまでになった。そのため、国連は第三世界の主張が拡声される場となり、その影響を受けることになった。脱植民地化の影響が、国連に重くのしかかったのである。国連は、兵力および十分な予算を持たないのにコンゴ動乱に介入した結果、深刻な財政危機に陥った。仲裁こそが自らの役割だと考えていた国連事務総長のハマーショルドは、いくつかの国の政府首脳と協議するなかで、未解決であった紛争へと介入することを決断した。その後アジア・アフリカ諸国を代表してビルマ（現在のミャンマー）出身のウ・タントが事務総長に就任し、その任期（一九六一－一九七一年）の初期においてコンゴ危機のために苦境にあった国連を救済し、国連の中立性を明示することに成功した。しかしこの時期には、同時に、国連の弱点もまた明らかとなった。国連は、南アフリカ共和国のアパルトヘイト政策や、南ローデシアの人種差別政策に無策でありながらも、「アジア・アフリカ」グループの強い影響の下にあったために、あらゆる形の植民地主義に反対することに多大な時間を費やしていた。また、非常に厳格な決議が生み出されながらも、それには事実上、十分な実効性がないことも明らかになってしまい、事務総長は国連の道徳的機能の衰えに直面することになった。

非同盟諸国の結集　第三世界諸国の大多数は「非同盟」を表明し、東西両陣営のいずれの側にも帰属することを拒否した。第一回の非同盟諸国首脳会議は、ユーゴスラヴィアのチトー大統領、エジプトのナーセル大統領、インドのネルー首相の呼びかけにより、一九六一年九月一日から六日までベオグラードで開催された。この会議に参加した二五カ国は、東西二つのブロックの政治や、経済力の弱さを理由として政治的な従属を生み出す新植民地主義、さらには大国の過剰な軍備増強を厳しく批判した。非同盟諸国は一九六四年にカイロで、一九七〇年にルサカで会議を開催し、よりいっそうの経済的な自立を求める闘争を続けていった。そして一九七三年九月のアルジェ会議では、原料産出諸国間での協議の末に新しい戦略について合意が生み出された。

しかし、非同盟諸国の間には本質的に一体性が欠落していて、内部での対立も見られた。結局、西側の帝国主義を厳しく批判したり、いずれの超大国とも一定の距離をとったり、中立主義であるように見せかけたりすることで、かろうじてこれらの非同盟諸国は連携を維持していた。しかし、中立主義を厳格に維持しようとする諸国と、新植民地主義に対して毅然たる姿勢を示そうとする諸国との間では、亀裂が見られた。東側陣営内での国際的な緊張によって、結局のところモスクワと北京の間のイデオロギー的な対立が明確なものとなったが、非同盟諸国にとって中ソのどちらにつくかは決して簡単な選択ではなかった。それにもかかわらず、第三世界諸国の再編は結局は地域的な枠組みのなかで行われていった。

1 第三世界諸国の再編

植民地時代の国境線が引き継がれていることにより、第三世界諸国の国家領域はしばしば複雑であると同時に人為的になっている。アフリカでは国家独立の後に、二つの矛盾する潮流が見られるようになった。一つは分裂であり、もう一つは再統合である。セネガル共和国と仏領スーダン共和国は、マリ連邦として統合したが、わずか数カ月しか続かなかった。またエジプト共和国とシリア共和国がアラブ連合として統合したが、それも一九五八年から一九六一年までしか続かなかった。多くの場合、第三世界諸国はよりゆるやかな結びつきを好んだ。「協商理事会」と呼ばれた西アフリカの地域協力機構には、コートジボワール、オートボルタ、ダオメ、ニジェールが入っている。パン・アフリカ主義には、アフリカ大陸の経済的および政治的な一体性を確立しようとする試みが見られた。

一九六〇年一二月、トーゴ、マリ、ギニアを除くフランス語圏のアフリカ諸国は、フランスとの協力に好意的な「ブラザビル・グループ」を形成した。その後、ブラザビル・グループは一九六一年の春にアフリカ・マダガスカル連合（UAM）に、そして一九六四年二月にアフリカ・マダガスカル共同機構（OCAM）に改組された。旧ベルギー領コンゴ（その後のコンゴ・レオポルドビル、コンゴ・キンシャサ、ザイール）の新大統領は、OCAMへの加盟を決断した。しかしその後、ビアフラ戦争がOCAMを分裂させる結果となる。

「ブラザビル・グループ」の一二カ国、およびそれに主として英語圏のアフリカ諸国を加えた「モンロビア・グループ」といった穏健派とは異なり、モロッコ、ガーナ、ギニア、マリ、アラブ連合共和国は一九六一年一月に「カサブランカ・グループ」を形成し、新植民地主義やサハラでのフランスの核実験に対抗する姿勢を示した。このようにして、アフリカ諸国の分裂が明らかとなっていた。

しかしアルジェリア戦争の終結を契機として、二つのグループの対立は緩和していった。そして、エチオピア皇帝のハイレ・セラシエの呼びかけにより、一九六三年五月に三〇のアフリカ諸国の国家元首と政府首脳がアディスアベバ会議に参加して、アフリカ統一機構（OAU）憲章が採択された。二〇〇二年、OAUはアフリカ連合へと発展的に改組された。

OAUは、アフリカをより緊密な連合に発展させることはできなかったものの、たとえばナイジェリアの分割に反対するなど、アフリカ諸国の利益を守るうえでけっして無視できない役割を果たした。

中東ではアラブ連盟が、アラブ諸国の再編成を進めようとしていた。しかしアラブ世界の結束を求めていたのはアラブ連盟だけではなく、ナーセルのような指導者たちや、バース党のような政治勢力もまたそのような結束が必要だと考え、主導権を握ろうとした。

ラテンアメリカでは、米州機構（OAS）がキューバ問題（一九六二年除名）や、キューバが助長したボリビア、コロンビア、ベネズエラでのゲリラの問題などに直面していた。一九六六年一月には、アフリカ、アジア、ラテンアメリカの政府や革命運動の代表が集まる会議がキューバのハバナで開催され、その後反帝国主義闘争の拠点とみなされるようになる「三大陸人民連帯機構」の本部が置かれることになった。

2 第三世界における開発援助

格差の拡大

一九六〇年代を通じて、先進国と発展途上国の生活水準の格差は広がってゆき、一人当たりのGNPの差も拡大していった。たとえば一九六四年の時点で、アメリカでは一人当たりのGNPが三三二〇ドルだったのに対して、ハイチではたったの六〇ドルだった。また人口増加率は、豊かな国より貧しい国の方が断然高かった。そして、急激な人口増加は、これらの諸国の経済を抜本的に改革していくうえでの障害となったのである。

経済成長のテイクオフが実現したのは、工業の拠点を創ることができたいくつかの国に限られた。工業化に向けた多大な努力にもかかわらず、発展途上国は依然として原材料の輸出国という地位にとどまっていた。交易条件（輸入の価値関係）もまた、発展途上国に不利なままだった。南北問題を考えると、北から輸入される工業製品の価格は上昇し続ける一方、南が売る一次産品の価格は明白に下落していった。このような「不平等な貿易」が、第三世界を不安定化し、経済成長を押しとどめていた。そして、いわば、「プロレタリア」としての国家が、「富裕な」国家に対して決起して、支援を要請するようになったのである。

途上国援助の多様なアプローチ

途上国への援助は、民間による支援もあれば、政府による支援もある。また直接投資による場合や融資という場合もあれば、さらには無償援助の場合もある。この時代の途上国支援の大部分は、西側諸国によるものである。一九四五年から一九七〇年までになされた一六五〇億ドルほどにのぼる第三世界への開発援助は、その約九割が西側諸国によるものだった。

アメリカからの援助は、その多くが経済的支援か軍事的支援であって、そこにはたとえば「平和部隊」や技術者の派遣なども含まれていた。アメリカ国際開発庁（ＵＳＡＩＤ）を通じての有償援助は、民間企業を通じてなされるか、あるいは世界銀行のような国際機関を介して行われていた。このような援助は、まずアジア（中華民国、韓国、タイ、パキスタン、南ベトナム）、それに続いて中東、さらにはラテンアメリカとアフリカに対して行われた。キューバ問題をきっかけとして、アメリカの指導者たちはラテンアメリカにより大きな関心を示すようになり、それはたとえば一九六一年八月のプンタ・デル・エステ会議における援助プログラムにおいても見られる。しかし、民間企業やアメリカ議会は消極的な姿勢を示しており、「進歩のための同盟」のような支援計画は当初期待されたような成果をもたらすことはできなかった。さらには、一九六三年以降はベトナム戦争のための経費が膨張していき、アメリカ政府による援助は減少の傾向に転じていった。

途上国が経済的に自立できるようにすることを目的としたソ連の援助政策は、実際には強い政治的な意向に基づくものであった。ソ連は、そのような途上国で進められている開発計画の具体的なプロセスにも介入していき、それらの諸国での電力普及や重工業発展を優先させた。エジプトでは、ソ連は一九五八年から一九六〇年にかけてアスワン・ダムの建設に、さらにインドでは鉄鋼製鉄所建設に出資した。エジプトやインドのように、ソ連が援助を行った諸国は、多くの場合非同盟諸国であった（たとえばエチオピア、ギニア、ガーナ、エジプト、シリア、インド、アフガニスタン、インドネシア、イエメン、セイロン、イラク）。そのなかで無償援助は例外的であった。また、有償援助を行う際には一二年間、低金利の融資で、償還は現地通貨や現地産品で行うことも可能であった。このような援助は、ソ連からの設備投資や技術者派遣を伴うもので、とりわけエジプト、イエメン、アフガニスタン、インド、インドネシアなどの諸国では、ソ連の技術支援が重要な役割を担っていた。

他方、イギリスからの開発援助は、主として経済的および財政的なものであり、とりわけイギリスのポンドを用いたスターリング圏と称する共通の通貨圏の諸国を対象とする援助を中心に行われていた。

また、フランスの場合は、GNPの一定の比率で（一九六〇年の時点では二％程度）、北アフリカ、サハラ以南のアフリカ、インド洋諸国に対する援助が行われることになっており、研究機関、高校、小・中学校、新聞社、学術団体、遺跡発掘事業などに対する協力が中心となっていた。この時期には、三万人以上のフランス人教員が、北アフリカを中心とした海外で教育活動に携わっていた。

削減されていく開発援助

一九六〇年以降は、発展途上国に対して大規模な開発援助が行われる機会が減少していった。その背景には、援助を行う諸国の国内世論が援助に消極的になっていたことや、開発援助の効果に対する疑念が高まっていたことがあった。フランスでは、開発援助の占める割合が、GNP比で約二％から、一九六〇年代末には〇・六八％まで落ち込んだ。そのなかで唯一拡大していたのが、文化支援事業や技術協力事業であった。一九七〇年時点で、フランスからは五万二三〇〇人がそのような事業に携わるために派遣されたが（そのうち二万五五〇〇人は教員）、それは他国を上回る規模であった。イギリスは二万九〇〇〇人、西ドイツは二万七〇〇〇人にとどまっていた。

他方、途上国諸国はあくまでも開発援助政策には限界があることを自覚しており、むしろ一次産品を販売可能な市場を確保できる方が望ましいと考えていた。

実際、先進国と発展途上国の間には、貿易をめぐりさまざまな問題が存在していた。とりわけ、発展途上国は、自国産の農産物などの一次産品の市場価格の変動によって、経済が大きく振り回されてしまっていた。

UNCTADの挫折

国連貿易開発会議（UNCTAD）は、これらの問題に対応することを主な目的としていた。UNCTADは、一九六四年三月二三日から六月一五日にかけてジュネーブで第一回目の会合を開催し、一二〇の参加国のうち七七カ国が発展途上国だった。そこでは、二つの異なる主張の衝突が見られた。その一方はフランスの主張で、途上国の一次産品の価格決定や途上国への資金供与に関する国際的な取り決めに合意するよう提案していた。もう一方の主張は米英両国によるものであり、一次産品の市場価格が低下していくことを食い止めるためにそれらを輸出する際に優遇措置をとるというものであった。このような立場の対立によって、協議は閉塞状態に陥った。その結果、UNCTADの初回会合では、先進国の国民所得の一%以上を途上国支援のために支出することを勧告する決議が採択されるにとどまった。UNCTAD加盟の七七の発展途上国は、一九六七年一〇月のアルジェで開かれた会議の際に、共通の立場をとるための独自のグループを組織することに合意した。しかし、そのような結束は明らかに表面的なものに過ぎなかった。各国のそれぞれ異なる事情は覆い隠され、見解が対立した場合にそれを解決する方法はなかった。

UNCTADの第二回会合は、一九六八年二月一日から三月二九日までニューデリーで開催された。ここでは、アルジェでの会合で採択された決議に基づいて、発展途上国を優遇するような関税措置が発表された。

一九七二年四月一三日から五月二一日までチリのサンティアゴで開催されたUNCTADの第三回会合においては、明らかに行き詰まりが見られた。というのも、一九七〇年の時点では西側先進国の一人当たりのGNPが平均三二〇〇ドルだったのに対し、ラテンアメリカでは七五〇ドル、アフリカでは二七〇ドル、アジアでは二六〇ドルとなっていたからである。第三回会合で採択された唯一の重要な決議は、一人当たりのGNPが年間一〇〇ドル以下で、かつGNP全体に占める工業の割合が一〇%に満たない最貧国の二五カ国に対して、特別な支援措置が発表されたことであった。

このような開発援助や国際貿易の成長によっても、発展途上国が貧困状態からの脱却に失敗したことは明らかとなっていた。そのため、石油産出諸国の一部が結集して、石油価格の決定権を得るために結束する道を選ぶようになった。

OPECの創設　第二次世界大戦後、西側の国際石油資本メジャーの各社が、油田を所有する国に支払った権利金（ロイヤリティ）の額は、きわめて小さなものであった（中東では一二・五%に過ぎない）。ベネズエラは一九四八年に、五〇%のロイヤリティが得られる「利益折半（Fifty-Fifty）」制度を始めていた。アメリカの巨大石油資本（ジャージー・スタンダード、ソコニー・バキューム、スタンダード・カリフォルニア、テキサコ、ガルフ石油）や、コンソーシアムを組むイギリス・オランダ資本（ブリティッシュ・ペトロリアム、ロイヤル・ダッチ・シェル）と、石油産出国との間には、対立状況が生まれた。一九六〇年八月、石油メジャーは原油価格の引き下げを決定した。これに対抗して、産油国は同年九月一五日に石油輸出国機構（OPEC）を創設する。その原加盟国は、ベネズエラ、イラン、イラク、サウジアラビア、クウェートの五カ国で、その後カタール、リビア、アルジェリア、ナイジェリア、アブダビが加盟した。OPECの活動内容はロイヤリティの引き上げと油田国有化だった。イラクは、一九七二年にイラク石油会社を国有化した。一九七三年の石油危機が発生する以前から、第三世界は自らが持つ経済的な武器を使い始めていたのである。

Ⅳ　第三世界における国際関係の変容

東西対立の舞台が第三世界に移っていくにつれ、その重要性はよりいっそう増した。東西両陣営内部の危機は、南北関係が大きく変化していくことによって引き起こされることもあれば、むしろ南北関係の変化をもたらすこともあった。デタントの潮流にもかかわらず、ベトナム戦争や中東危機に見られるように、アジアやアフリカといった周縁部では依然として傀儡国家を通じて東西対立が持続していた。

脱植民地化が進み、ナショナリズムが覚醒していき、また共産主義勢力が伸張していくことによって、東南アジアの構図は大きく変わっていった。一九五四年にアメリカは米英仏の西側三国を中核として、西側寄りの姿勢を示していたパキスタン、フィリピン、タイとの間の同盟構築を試みた。しかし、SEATO（東南アジア条約機構）と称するこの機構は次第に弱体化していった。まずパキスタンは、一九六三年に中国との間で条約を締結し、SEATOとは距離をとるようになった。それは、一九五五年のフルシチョフとブルガーニンのインド訪問以降、ソ連との間で協調路線をとっていた隣国インドに対する警戒を強めた結果の措置であった。他方でタイは、アメリカがベトナム戦争の泥沼に入っていくと同時に、アメリカの巨大な軍事基地へと転じていき、国民に多大な負担を強いるようになった。

フィリピンもまた米軍による軍事基地化が進んでいき、マルコス政権において示されたように、歴代政府（マルコスを含む）も軍事基地の撤去を求める姿勢を示したが、マレーシアとの間で領有権争いとなっていたボルネオ島北東部のサバ地方をめぐるアメリカの支持を必要としていた。東南アジアでは、このようにあらゆる問題がベトナム戦争を中心に動いていたのである。

1 ベトナム戦争

一九五四年のジュネーヴ協定は、結果としてインドシナに平和をもたらすことはなかった。その代わりに、共産主義国家の北ベトナムと、国民投票で皇帝バオ・ダイの退任後に共和国となった南ベトナムという二つの国家が、北緯一七度線を分断線として成立していた。一九五六年にベトナム統一を問う選挙の実施を行うと定めていたジュネーヴ協定の合意は、実際に履行されることはなかったのだ。

アメリカの南ベトナム援助　アメリカは、カトリック教徒のゴ・ディン・ジエムがバオ・ダイ退任後に樹立した政権を支えていた。しかし、仏教徒が大多数を占める南ベトナム国民の不満の増大は、共産主義者が結成した南ベトナム解放戦線（NLF）のプロパガンダや、北ベトナムの支援を受けたベトコンによる政権転覆の試みに有利に働いた。北ベトナム軍の兵士が南ベトナムに侵入し、戦火は拡大していった。共産主義の影響力の浸透を排除して、南ベトナム政府を存続させるためにも、アメリカは軍事介入が不可欠だと考えるようになっていった。まずアメリカは、軍事顧問団を南ベトナムに派遣し、一九六一年一一月にケネディ大統領は軍事顧問の増員を決定した。国民の支持をよりいっそう失っていったゴ・ディン・ジエム政権が崩壊した一九六三年一一月一日には、軍事顧問団の人数は、一万六〇〇〇人にまで達していた。アメリカ政府は、自国がベトナムにおける戦争に直接加わるときだと決断した。北ベトナムの哨戒艇によって米海軍の軍艦が攻撃されたトンキン湾事件（一九六四年八月）を口実に、アメリカの軍事介入が始まった。

アメリカの軍事介入　ジョンソン大統領は、一九六四年八月に議会の同意を得てベトナムへの大規模な軍事介入を決定した。アメリカが投入した兵力は、最大規模となった一九六八年には五四万三〇〇〇人に達するほど、とどまることなく増派され続けていった。北緯一七度線以北の北ベトナムへの爆撃は、一九六五年二月以降は軍事施設を標的としていたが、一九六六年七月にはハノイおよびハイフォンの周辺に集中的に行われるようになっていった。

南北ベトナム双方の上空に、戦闘機が絶え間なく飛び続けていた。米軍は物質面では圧倒的優位を誇っていたが、ゲリラ戦に苦しみ、大規模な戦闘の泥沼にはまっていった。南ベトナムでは戦争の進行に伴って社会は混迷を深め、また政権も不安定化していった。南ベトナム国民は平和を希求し、仏教徒たちは停戦交渉の開始を強く求めていた。北ベトナムは中ソ両国から支援を得ながら、NLFに対する支援を強化していった。他方でアメリカ国内では、一九六七年末以降には世論の変化が見られるようになる。この年の一〇月の世論調査では、ベトナム戦争への支持者の割合よりも、反対者の割合の方が多くなったのである。アメリカの多くの都市で、平和を求めるデモが見られるようになった。なかでも、一〇月二一日にワシントンで行われた反戦デモは、北爆の即時停止を強く求めるものだった。

ベトコンの攻勢

アメリカの当局者たちは、一九六八年一月三一日までに軍事的解決が可能だと確信していた。だがまさにその日に、完全に不意打ちをされる形でベトコンによるテト攻勢の襲撃を受けた。フエやサイゴンを含む一〇〇以上の都市や基地が、同時に攻撃されたのである。ケサンの米軍基地は数週間でまたたく間に包囲され、フエの米軍の要塞は陥落した。ベトコンのゲリラ部隊は、南ベトナムの首都のサイゴン中心部にまで侵入していた。これらの攻勢によって、戦況が想定を上回る深刻な状況であることが明らかとなった。もはや軍事的な勝利は期待できないことが明白となり、米軍のなかに深刻な危機感が広がっていった。また、アメリカの世論には、ベトナム戦争への反感が広がっていった。ジョンソン大統領は一九六八年三月三一日に、北爆の部分的停止と、北ベトナム軍の南ベトナムからの撤退を条件とした米軍の停戦を発表する結果となった。これを受けて、北ベトナムはこの年の五月にパリで和平交渉を開始する意向を表明した。

アメリカの敗走

西側世界のほかの地域で生じていた問題とともに、このようなベトナムでの閉塞状況をめぐって世界中でアメリカに対する非難が強まり、それによってアメリカの道徳的な立場が深刻な危機に陥った。こうした危機によって、アメリカの力の限界が明らかとなったが、そのことは、韓国や南ベトナムにおける反共主義的な政権に、深刻な不安をもたらすことになる。というのも、アメリカが戦争の「ベトナム化」を進め、ソ連との和解を求めるようになっていったからである。

北緯一七度線と二〇度線の間では爆撃が続いており、また世界各地で反戦デモが盛り上がるなかで、一九六八年五月一三日からパリで始まった和平交渉はすぐさま行き詰まりを迎えた。すると一九六八年一一月一日にジョンソン大統領は、北爆の全面停止と、それまで拒絶していた南北ベトナム政府の和平交渉への参加容認を発表した。

新たに大統領となったニクソンは、一九六九年一月の大統領就任直後から、それまで公約としていた米軍の段階的撤退を可能にする名誉ある和平と、戦争の「ベトナム化」を実施していった。しかし同時にアメリカは、カンボジアとラオスにある北ベトナムの「聖域」にも関与せざるをえなくなる。というのも、この頃北ベトナムが、カンボジアでクメール・ルージュを、ラオスでパテト・ラオ（一九五〇年に誕生した進歩主義的な民族主義組織。ラオス政府と対立し、その後ラオス愛国戦線（ネオ・ラオ・ハワ・サート）と改称する）を支援していたからである。初の米軍撤退（二万五〇〇〇人）は一九六九年七月から実施された。その結果、一九七一年五月一日になると米軍の規模は、三二万五〇〇〇人へと縮小していた。

戦争の「ベトナム化」　戦争の「ベトナム化」によって、必ずしも敵対的関係が幕を下ろしたわけではなかった。なぜなら、一九六九年九月三日に指導者ホー・チ・ミンを失った北ベトナムは、南北統一に固執するようになり、またインドシナ半島が多様な混乱に包まれて動揺していたからである。さらに、南ベトナムにおいてはＮＬＦが臨時革命政府を樹立していた。

カンボジアが中立的立場を貫いてきた点をド・ゴールは賞賛していたが、そのカンボジアでも、アメリカの支援を受けたロン・ノル将軍がクーデタを実行し、ノロドム・シアヌーク国王が一九七〇年三月一八日に国家元首を解任される結果となった。アメリカ側ではまず、ゲリラ組織を持つクメール・ルージュ勢力を攻撃するため、国境線を越えて空軍による爆撃が実施されるようになる。

この時期にシアヌーク国王は、亡命カンボジア政府を樹立した。カンボジアの共産主義者とシアヌーク国王の支持者たちは、ロン・ノル率いる政府とその同盟国アメリカに敵対するようになっていた。一九七〇年六月三日、アメリカ世論からの圧力を背景として、ニクソン大統領はカンボジアに軍事介入していた約三万人にのぼる兵力を、七月一日までに撤退させると発表した。

ラオスでは、アメリカ政府の合意を得て一九六〇年初頭に組織された中立的な政権が協定に基づいて一九六二年に樹立され、スワンナ・プーマによる統治が行われるようになった。ところが、その後この政権はＣＩＡの関与によって転覆し、革命勢力が優勢になっていった。この勢力はパテト・ラオ周辺で組織化され、プーマの異母弟であるスパーヌウォンに率いられていた。

戦争終結とカンボジア情勢

一九七二年三月、北ベトナム軍と南ベトナム共和国軍による総攻撃が始まると、それに対抗してアメリカは北ベトナムへの北爆を再開した。だがこの軍事攻撃は成果を生むことはなかった。このような閉塞状況が一因となって、アメリカのキッシンジャー大統領補佐官と北ベトナムのレ・ドゥク・トとの間で、パリでの秘密交渉が再開されることになった。アメリカと北ベトナムの双方が一〇項目合意を受け入れる一方で、西側寄りで南ベトナム軍を指揮していたグエン・バン・チュー将軍はこれに反対しており、アメリカは北爆を継続した。ようやく一九七三年一月二七日に、パリで停戦合意が成立したが、それは複雑な手続きに基づくものであった。停戦の条件には、米軍を中心とした外国軍の南ベトナムからの撤退、臨時革命政府である南ベトナム解放戦線を含む全国評議会の形成と、自由選挙の実施が含まれていた。またラオスに関しても同様の協定が締結された。パテト・ラオが率いる暫定国民連合政府が樹立され、ラオスにも共産主義政権が成立する。一九七三年三月のパリにおける和平会議で、一月に合意された停戦協定が受け入れられて、ベトナム戦争は終結した。

カンボジアでは、親米的なロン・ノル将軍が、徐々にクメール・ルージュの脅威にさらされることになった。ベトナムにおいても、一方では南ベトナム、他方では北ベトナム臨時革命政府の間の敵対関係は持続していた。しかし、アメリカはこの問題をめぐって外交的に行動の自由を得られることになった。というのも一九七三年三月二九日、米軍はベトナムからの撤退を完了させていたからである。

一九七三年八月に、アメリカ政府はカンボジアへの軍事介入を停止することになった。現地の情勢は悪化を極めていた。また、ニクソン大統領はウォーターゲート事件を契機に政権基盤が崩れていき、一九七四年八月八日に大統領を辞任し、その後にフォードが大統領に就任した。これらの一連の経緯によって、状況は悪化する一方であった。クメール・ルージュの勢力は、中ソ両国政府からの支援を受けて、一九七五年四月一七日に首都プノンペンを占領した。この新たな政権は、「新しい人間」を創り出すというイデオロギーに基づいて、大量虐殺を実行した。

このころには、南ベトナム国内には北ベトナムや臨時革命政府の兵力が浸透していった。南ベトナムは極限的な状況に陥り、最後に残っていた米軍の兵士が撤退するなかで、北ベトナムは南ベトナムの新大統領となったズオン・バン・ミン将軍との交渉を一切拒絶した。その結果、一九七五年四月三〇日には南ベトナムの首都サイゴンは陥落し、その名称は「ホーチミン市」

へと改称された。これは、アメリカの軍事介入の挫折を物語るものであった。これほどまで大規模に兵力を投入しながらも、小国に対して勝利を手に入れることができなかったことで、超大国アメリカの威信は地に堕ちる結果となった。

2　アジアにおける新しいパワー・バランス

一九七〇年代初頭、アジアでは三つの国家が傑出して影響力があった。それはベトナム、インド、中国である。ベトナムの軍事力は屈強で、東南アジアに自国の影響力を浸透させる野心と、さらにそれを実践する手段を明確に持っていた。ソ連の支援を受けていたベトナムは、しばしば米軍を打ち倒し、その軍事介入を挫折に追い込みながら、中華人民共和国とも対峙していた。

インドネシアの人口は、中国、インド、ソ連、アメリカに次いで世界第五位の規模であったが、島嶼が連なる国家であったために強大な軍事大国になることはなかった。一九六五年九月、凄惨なクーデタによってインドネシア共産党が排除され、スカルノ大統領も権力の座から追いやられると、軍部が権力を掌握した。

（1）インドの優越的地位

インドの強大さは、その巨大な人口のみによるのではなく、よく訓練された軍隊組織とソ連による精力的な支援によって支えられたものでもあった。

第二次印パ戦争　インドはパキスタンとの間に、カシミールをめぐる国境紛争を抱えていた。一九六二年に国境地帯で部族間対立が勃発した後、パキスタンは一九六三年に中国との間で国境線を画定する協定を締結した。これは、パキスタンにとって隣の大国であるインドの政策に対抗するためのものであった。一九六五年八月には、印パ間で短期間の紛争が勃発した。この紛争は、一九六六年一月にソ連のイニシアティブの下、タシュケントで開催された印パ指導者間の和平協議によって終結したが、カシミール問題は未解決のままになった。

パキスタンの分裂　イスラーム教国家であるパキスタンは、二つの地域の間での対立が悪化していたために、大きく動揺していた。その二つの地域とは、ウルドゥー語を主要言語とする西パキスタンと、ベンガル語を主要言語とする東ベンガルからなる東パキスタンである。両者は地理的には一五〇〇km以上離れており、イスラーム教を信仰するということが唯一の共通点であるに過ぎなかった。そこでの最大の問題とは、人口過密で極貧のベンガル地方で栽培されたジュートなどの農産物の輸出が、そこに居住する人々には利潤をもたらさないのにもかかわらず、パキスタンの富の源泉となっていたことである。

一九六〇年代以降東パキスタンではそのような不満が、西パキスタンによる支配、すなわち一九五八年以降権力の座にあったアユーブ・カーン将軍に対抗するための政治運動へと帰結した。ベンガル人政治指導者のシェイク・ムジブル・ラフマンは、インドと共謀してパキスタン政府に対抗しようという口実の下、一九六八年に逮捕された。しかし一九六九年、アユーブ・カーン政権は瓦解していき、一九七〇年にはヤヒヤ・カーン将軍が政権を打倒し、普通選挙を実施することになった。

アワミ連盟　アワミ連盟は、東パキスタンが自らの経済と金融を管轄できるような連邦制を樹立することで、自治の確立を要求していた。一九七〇年一二月の選挙でアワミ連盟は圧倒的多数の票を得て、ヤヒヤ・カーンを補佐するアリ・ブットーが率いるパキスタン人民党を大きく引き離したものの、政権を掌握することはできなかった。

一九七一年初頭、ソ連の支援を受けたインドと、米中の支援を受けたパキスタンとの間で緊張が高まるなか、アワミ連盟はバングラデシュの独立を要求した。その独立は、一九七一年三月二六日、内戦や国際的緊張のまっただ中で布告されることになった。一九七一年八月九日、ソ連とインドとの間で、この地域の戦略バランスを大きく変化させることになる平和・友好・協力条約が結ばれた。インドはこの協定を締結することで、自国に有利な情勢を生み出すことができた。一九七一年一二月三日、インドは東パキスタンに軍事介入し、それに対抗してパキスタンはカシミールに侵攻した。戦闘はインドの優勢で進んだ。その結果、西パキスタンでは一九七一年一二月にアリ・ブットーがヤヒヤ・カーンに代わって権力の座につき、バングラデシュは独立し、最終的にインド亜大陸におけるインドの戦略的覇権が確立した。

（2）国際システムへの中国の参加

中華人民共和国はこの時期に至るまで西側のいくつかの大国による政府承認を得ておらず、さらには文化大革命による国内社会の混乱などを理由として二〇年もの間国際的に孤立していたが、一九七〇年代末になると国際協調体制の一員として国際政治に参画することになった。とはいえ中国外交は実際には、ジュネーヴ会議（一九五四年）やバンドン会議（一九五五年）などを通じて、東南アジアや北アフリカ、中東といった地域では大きな前進を示していた。

中国は建国宣言から一〇年ほどすると、アメリカの政策によって国連加盟国となることは許されなかったものの、国際政治の世界では重要な大国となっていた。しかし、文化大革命や中ソ対立を契機に中国はよりいっそう閉鎖的な性質を強め、それによって東南アジアなどの地域における影響力を明らかに後退させていた。この時期の中国は、米ソ二つの超大国の覇権を糾弾する一方で、自立志向の強い国家との連携を模索していた。一九六四年一月二七日に中国政府を承認したフランスは、そのような国家の一つであった。しかし中国は、国際的孤立と対外政策の行き詰まりが続いたことによって方針転換に踏み切り、西側諸国に接近するとともに徐々に国を開放していった。人口規模の大きさや潜在的経済力、さらにはその軍事力によって、中国は事実上国際政治における重要なアクターの一つであったが、どのような対外政策構想を抱いているのか、明らかではなかった。はたして世界のなかで、第三の「超大国」として行動することを望んでいるのだろうか。それとも地域の大国という地位にとどまるのか。社会主義陣営における二番手の大国という地位から脱して、世界的視野の国際協調体制に参画して三番手の大国になり、民族解放運動を支援することで独自のイデオロギーを展開しようとしているのか。それともイデオロギーとは距離を置いて、レアルポリティーク（現実政治）に基づいて国家間関係を構築しようとしているのか。

中国の新しい対外政策　一九七一年四月に示された中国の新しい対外政策は、ソ連の覇権を拒絶する姿勢と、アメリカに対する接近の姿勢を基軸とするものであった。一九七三年八月二四日、周恩来は中国共産党全国人民代表大会で、「チェコスロヴァキア、モンゴル人民共和国、北方四島からソ連軍は撤退せよ」と発言し、ソ連にデタントの意思があるならそれを証明してみせよと訴えた。

一九七一年七月のキッシンジャーの極秘訪中や、卓球のアメリカ代表団の訪中など、米中接近はさまざまなアプローチでその準備が進められていた。とはいえ、アメリカと中国の接近は、大きな驚嘆をもたらす結果となった。というのも、一九四九年以降アメリカは、中華人民共和国が中国を代表するという立場に対しては繰り返し反対の姿勢を示し、台湾の中華民国と密接な関係を築いてきたからである。また、毛沢東が指導する中国の側も、「二つの中国」という考えを断固拒絶して、「アメリカ帝国主義」を激しく攻撃してきた。そのため、世界を驚愕させたニクソン大統領の一九七二年二月二一日から二八日までの北京訪問は、そのような構図を大きく変容させ、モスクワからの批判をもたらした。しかしこのことによって中国は、ソ連がインドとの関係を強化していた国際情勢のなかで、国際的孤立から脱することができたのである。

中国の国連加盟　中華人民共和国は、一九七一年一〇月二六日に国連加盟を実現させて、中華民国に代わって国連安全保障理事会の常任理事国となった。中国が国連安保理常任理事国として拒否権を獲得すると、その影響は世界全体に及んだ。というのも、それまでの「第三世界」の擁護者だった中国が、国際的な舞台できわめて重要な地位を手に入れたからである。

中国は、ソ連の衛星国ばかりでなく、中立国、さらにそれに加えて独裁国家の諸国とも関係を強化して、ソ連に対して優越的な地位を手にした。アフリカの新興独立諸国に対する中国の援助は、ソ連の援助と比較するとより相手国の立場に立ったものであり、さらに途上国の必要に寄り添ったものとなっていた。中国は十分な財政的余裕がないにもかかわらず、数百にも及ぶ援助活動を展開しており、たとえばそこにはタンザニアやソマリアにおける道路や鉄道のインフラ整備も含まれていた。また、中東においては、パレスチナ解放運動を支援していた。ヨム・キプール戦争（第四次中東戦争）においては、米ソ両国が行った「共謀」を非難するとともに、一九七三年一〇月二二日に米ソ両国によって提案された停戦決議案への同意を拒否することで、他の大国とは異なる独自の外交を展開しているかのようにアラブ諸国政府から見られるよう努めていた。アジアでは、インドとソ連との条約や、ソ連のブレジネフ書記長の集団安全保障システムの提案を、中国を孤立させるための策謀とみなし、ソ連の行動を阻止しようとした。ラテンアメリカにおいて中国は、サルヴァドール・アジェンデ率いるチリに、モスクワより多くの資金援助を提供した。さらに、結局は挫折することになるが、キューバ島でソ連が持つその圧倒的な影響力にさえも、対抗を試みた。そして、ラテンアメリカ諸国の要請に応えて、ラテンアメリカ非核化条約にも署名した。一九七三年九月にアルジェで開かれた非同盟諸国首脳会議では、ソ連は糾弾を受ける立場に追いやられた。中国によるソ連に対する牽制は、「第三世界」で効果をもたらしていた。

中国は、西ヨーロッパ諸国やECとの関係の樹立にも動いていた。それによって、超大国の覇権を切り崩すための余地が生まれると考えたのだ。そのような姿勢は、一九七三年九月にポンピドゥ大統領が訪中した際に、次のように周恩来が演説を行っていたことからも明らかである。「われわれは、各国の主権とその自立を維持しようと統合を進めているヨーロッパの人々を、支持したい」。

日本の役割　巨大な変化を遂げているアジア大陸の隣に位置する日本の状況は、独自のものだった。日本は地理的にはアジアに位置しているが、他のアジア諸国とは大きく異なり実質的には西洋文明の一員であった。保守政権が続いた日本は、アメリカやその同盟諸国との緊密な関係を維持する一方で、一九六五年六月二二日には韓国と国交樹立を行っていた。日本は、アメリカとの緊密な同盟関係という枠組みのなかのみにとどまっていることはできなかった。また、一九六九年のニクソン大統領のグアム演説によってさらなる防衛負担を担うように要請されたものの、一方では変動する国際関係のなかでとりわけ台頭著しい中国に背を向け続けることはできなかった。日中両国は一九七一年三月に通商協定を結び、一九七二年九月二五日から三〇日までの田中角栄首相の訪中によって、日中国交回復が実現する。こうして日本は中華人民共和国を、中国を代表する唯一の政府として正式に承認した。

3　ラテンアメリカ――東西間での新たな対立の舞台

国際的な対立から遠く距離を隔てたラテンアメリカでは、平和的な秩序が保たれていたと想像するかもしれない。事実、一九六七年にはトラテロルコ条約によって、ラテンアメリカの非核地帯化が実現した。フィデル・カストロがキューバで権力を掌握してからはアメリカはそれまで以上にラテンアメリカへの関心を強めるが、ケネディが提唱した「進歩のための同盟」は、カストロ主義の拡散を食い止めてラテンアメリカでこれ以上政権転覆が起きることを阻止しようとしたものの失敗した。アメリカの議会は国際収支の悪化に頭を痛め、財政的に保守的な政治体制を支援することには消極的であった。

だが実際に、ラテンアメリカは暴力的な対立の舞台となっていた。貧困に直面する諸国において、革命勢力はキューバ革命の勢いに乗じて、カトリック教会の一部からの支持も受けながら、暴力的手段を用いて闘争に突き進んでいた。このような困難に直面し、それまでの自らの勢力圏が脅威にさらされるなか、アメリカはハイチのフランソワ・デュヴァリエのような独裁者を支持したり、共産主義者による政権転覆を阻止するための内政干渉を行ったりしていた。事態が深刻化した後、一九六五年四月にドミニカ共和国の治安を回復するため、アメリカは軍事介入することになった。ジョンソン大統領は、政権転覆の試みからこの地域を守るというアメリカの決意を示そうとしたのである。

アメリカ政府のそのようなもくろみに反して、反米主義的な感情は高まり、またカストロ主義者の行動に有利な状況となり、コロンビア、ボリビア、ペルー、チリといった国の内部で次々と革命勢力が生まれていった。

一九六六年、フィデル・カストロはハバナで三大陸人民結束会議を開催したが、その目的はアジア、アフリカ、ラテンアメリカという三つの大陸の人民の結束を確立することだった。そしてキューバの指導者たち、とりわけチェ・ゲバラ（一九六七年一〇月ボリビアで殺害される）は、それを実現するためもあってゲリラ活動に参加した。

クーデタも相次いで起こり、そのなかでももっとも大きな反響を生んだのが、一九七三年九月のチリにおけるクーデタであった。一九七〇年九月、サルヴァドール・アジェンデが正式に大統領に選出され、社会主義政権が誕生した。しかしそれは中産階級の支持を急速に失い、対米関係にも緊張をもたらした。一九七三年九月一一日、アウグスト・ピノチェト将軍がＣＩＡの支援を受けて軍事クーデタを敢行した結果、アジェンデ政権は崩壊し、アジェンデは死亡した。

4　アフリカにおける植民地化の帰結

アフリカの国境線は植民地化に伴って作られたために、アフリカの国家の多くは人工的に構築されたものであり、民族の構成に基づいたものではなかった。そのため、つねに紛争が勃発する可能性が秘められていた。たとえば、一九六〇年に英領ソマリアとイタリア領ソマリアが結合することによって成立したソマリア共和国は、エチオピアの南東部のオガデンと元仏領ソマリ（後にフランス領アファル・イッサとなる地域で、ジブチの戦略的重要性からエチオピアもこの地域を欲した）の領土を要求した。また、一九六〇年に独立したモーリタニア・イスラーム共和国とモロッコとの間でも対立が見られ、モロッコはモーリタニアを自国の一部であるとして併合を要求していた。その後、両者の間の対立が解消されて、モロッコが一九六九年にモーリタニアを国家承認したことで解決に至ったが、両国ともにスペイン領サハラ〔現・西サハラ〕の領有権を主張し続けた。また、同様にして、アルジェリアとモロッコの間でも、サハラ〔モロッコがその一部の領有権を主張〕をめぐる紛争もあった。アルジェリアの独立後、アルジェリアはサハラ全域に対する領土的主権をフランスに承認されているとみなしたため、一九六三年一〇月に短期間の軍事衝突が勃発したが、それによって紛争が解決することはなかった。しかし、一九六一年のコンゴ動乱以来、国境線の変更はアフリカ大陸全体に深刻な悪影響を及ぼす危険性があり、ヨーロッパのような形で国民国家をつくろうとすれば確実に深刻な問題を引き起こすことが明確となっていた。そのため、国境線を変更することを避けるという原則が、アフリカ統一機構（OAU）によって採択されることになったのである。

ビアフラ戦争　ビアフラ戦争は、この時期にアフリカで勃発した領土紛争のなかでも、もっとも深刻なものであった。石油資源により西アフリカでもっとも富裕な国家となったナイジェリア（九二万八〇〇〇㎢、一九六三年時点で人口五五〇〇万人）は、一九六〇年に独立を果たした。ナイジェリアは、北部に住むイスラーム教徒のハウサ＝フラニ人が政治的支配権を握る連邦制国家であった。南東部では、キリスト教徒のイボ族の多数がビアフラに居住しており、そのような統治に不満を募らせていたため、一九六六年一月一七日のアブバカル・タファワ・バレワ首相暗殺や、その後継者ジョンソン・アグイイ・イロンシ将軍暗殺の後の圧政に抵抗を示すようになっていった。両者の間の緊張は高まっていき、一九六七年五月三〇日にビアフラは独立を宣言するが、石油が多く埋蔵されているこの地域の分離を連邦政府が承認することはなく、内戦が勃発した。

ナイジェリア政府は、第三世界の多くの諸国の支持を背景に、ビアフラに対して容赦のない攻撃を行い、ビアフラは孤立状態に陥った。アフリカの四カ国とハイチを除き、ビアフラは国際的な承認を得ることができなかった。また、大国の多くも連邦政府の側についた。他方で、アフリカのいくつかの諸国からビアフラの国家承認を要求されるなかで、ド・ゴールは民族自決の権利を擁護した。フランスは中華人民共和国とともに、ビアフラの分離独立を支援した。しかしこうした支援もその効果は限定的でしかなく、ビアフラは戦闘をやめ、一九七〇年一月には武装解除して敗北するに至った。

V　戦火のやまない中東

中東は、世界のなかでももっとも紛争が起きやすい地域である。この時期に中東では、政治情勢の急変や二度にわたる戦争を経験することになる。

1　「六日間戦争」（第三次中東戦争）

一九六七年六月に始まったいわゆる「六日間戦争」（第三次中東戦争）の結果として、ヨルダン川西岸とゴラン高原はイスラエルが支配することになり、問題は未解決のまま残された。パレスチナ人は、イスラエル政府やいくつかのアラブ諸国と敵対することになり、また国際的テロリズムに訴えることを厭わなくなった。一九七三年に勃発したヨム・キプール戦争（第四次中東戦争）は石油危機を引き起こす原因となり、世界経済を混迷させる要因となった。

スエズ危機以後　一九五六年のスエズ危機以後、国連平和維持軍は、一方でイスラエル・エジプト国境沿いのエジプト側に、他方でシナイ半島東部の要塞化した要地シャルム・エル・シェイク（イスラエルから紅海へ抜ける唯一の出口であるエイラート港が面するアカバ湾にある）に駐留した。不安定な平和のなかで、この地域における大国の立場は固定化されていった。ソ連はナーセルが統治していたエジプトとの関係を強化し、アメリカはフランスに代わりイスラエル政府の庇護国としての役割を担うようになったのである。

一九六七年五月一八日にナーセルは、ウ・タント国連事務総長に対して、エジプト国内、とりわけシャルム・エル・シェイクからの国連平和維持軍撤退を要求すると、そのすぐ後にイスラエルのアカバ湾通行を禁じた。エジプトがソ連やアラブ諸国（シリアやヨルダン）からの支援を得る一方で、アメリカからの支援を得ていたイスラエルでは開戦を求める勢力が優勢となっていた。

戦争の勃発　一九六七年六月五日、イスラエル軍機による空爆によって始まった予防戦争は、イスラエルの圧倒的な勝利に帰結した。イスラエルの地上軍がシナイ半島へと進攻し、西側のガザと東側のシャルム・エル・シェイクを占領してスエズ運河の東岸に進駐し、アカバ湾の封鎖を解除した。六月七日には、当時ヨルダン領だった北東部のヨルダン川西岸とエルサレムの旧市街への攻撃が始まった。さらにイスラエルは、シリアからゴラン高原も奪取した。停戦条件が受諾されなかったため、イスラエル軍は進攻を続け、スエズ運河周辺地域を軍事占領した。エジプトは六月八日に、シリアは六月一〇日に停戦を受諾することになった。戦闘を停止した時点でイスラエルが占領した領域は、戦争前の二万三〇〇㎢から一〇万二三〇〇㎢へにまで広がった。国連や大国からの非難にもかかわらず、六月二三日にイスラエル議会は、エルサレムにおけるアラブ人地区の併合を決議した。

国連内外での交渉の結果、一九六七年一一月二二日には国連安保理決議二四二号が採択された。この決議は、イスラエルの占領地帯からの撤退を求めるもので、フランス語文書では占領地全域からの撤退、そして英語文書ではその一部からの撤退と解釈されており、さらにこの地域のすべての諸国で人々は承認された国境線の内側で平和的な生活を営む権利が保障されるとしていた。

イスラエルからすると、六日間戦争の帰結は両義的なものとなった。というのも、戦争には勝利したものの、占領地をどうすればよいのかわからないという問題に直面したからである。他方、アラブ諸国にとって戦争は屈辱的な結果となり、失われた領土を取り戻そうと決意するようになる。

和平に向けて、さまざまな試みが模索された。ド・ゴールはすぐさま、イスラエルの侵略に反対する姿勢を明らかにし、イスラエルに対する戦闘機やその交換部品の禁輸措置を決定し、四大国による調停案を提示したが、イスラエルとアラブ諸国の双方から拒絶される結果となった。国連は、調停者としてスウェーデンのギュンナー・ヤーリング大使を派遣し、イスラエル軍の占領地からの撤退と戦闘の停止、スエズ運河やアカバ湾におけるイスラエル船舶を含む航行自由の保障、そしてパレスチナ難民の問題解決のための計画を提案した。しかし、何年にもわたって努力が続けられながらも、この調停は一九七一年に挫折に至るのであった。

アメリカの仲介　六日間戦争の結果、イスラエルにきわめて有利な形で戦略バランスが変容したことに懸念を抱いたアメリカ政府は、本格的な外交活動に着手する。ウィリアム・ロジャーズ国務長官は、交渉の目的を実効的な停戦を確保することに限定することにした。スエズ運河では、銃撃戦や小規模な軍事作戦が行われ、エジプトとイスラエルとの間での消耗戦が続いていた。このロジャーズの仲介により、一九七〇年八月七日に停戦が合意され、一九七一年三月まで停戦状態が続いた。この合意が更新されることはなかったが、小規模な衝突もほぼやんでいた。六日間戦争が終わってから、戦闘停止に至るまでに、三年以上もの時間を要したのである。

武器輸出問題　アメリカの中東政策におけるもう一つの政治的な争点は、武器輸出の規制であった。アメリカ政府は、中東紛争において交戦国に対する武器輸出を規制するか、あるいは両陣営の戦略バランスを確立する目的で武器輸出を行うよう求めた。しかしそれが目に見える形で成果を生むことはなかった。したがってフランスは、紛争当事国であるイスラエルの近隣諸国には武器売却を行わないという立場を示しながらも、ミラージュ戦闘機一〇〇機をリビアに売却していた。これによってアメリカからの批判を浴びるとともに、エジプト軍へのミラージュ戦闘機投入の影響を受けるイスラエルからの憤激を買った。他方、イスラエルも同様に、アメリカからファントム戦闘機のような最新鋭の武器を購入したいと要求したが、アメリカはごくわずかの売却にとどめた。

2　パレスチナ問題

六日間戦争は紛争を解決しないばかりか、この地域全体を不安定にし、これ以降中東地域で武力紛争が継続していくという問題を生み出した。さらにこの戦争は、パレスチナの抵抗運動をより強固なものとした。一九六四年の五月から六月にかけて第一回アラブ首脳国会議により成立したパレスチナ解放機構（ＰＬＯ）は、一九六八年六月にパレスチナ国民憲章を改定し、パレスチナ分割とイスラエル国家成立を拒絶した。

パレスチナ問題の悪化　パレスチナ問題は一九六七年に初めて浮上したわけではないが、六日間戦争以降それは目に見えて悪化していった。実際に一九六七年まで、ヨルダンはパレスチナの一部とヨルダン川西岸地区を領有していたが、一九六七年にこれらの地域をエルサレムとともに失った。そのためヨルダンは、チベリアド湖、ヨルダン川、死海に沿って、国境線を引き直さざるをえなくなった。ヨルダンには、これまですでにイスラエルから多くのパレスチナ人が避難してきていた。パレスチナ国家建設を求める過激派は、イスラエルとの闘争を行い、ヨルダン川西岸地区の奪還を目的に組織を拡大していった。彼らは、攻撃をしかけ、テロ行為を企てた。最終的には国家の内部に国家を作り、ハーシム家（一〇〇〇年もの間イスラムの聖地に君臨し、ヨルダン王国を率いた王族名）の権威を脅かした。

パレスチナとヨルダン　一九七〇年九月、ヨルダン国王フセイン一世は、パレスチナ人難民キャンプの秩序を回復するために軍を出動させることを決定した。その軍事作戦は「黒い九月」と呼ばれた。シリアが介入を始めたばかりだったが、衝突は凄惨なものになり、数多くの者が逮捕された。弾圧は過酷を極めたため、多くのパレスチナ人がヨルダンを去って、レバノンやシリアに向かったが、なかにはイスラエルに逃げる者もいた。その結果、フセイン一世の政権は、アラブ諸国のなかで孤立する結果となった。

ヨルダンを追われイスラエルでは厳重な監視下に置かれたパレスチナ人は、その後レバノンに避難し、その一部は空港でのテロ活動やハイジャックを繰り返した。そして、パレスチナ人の武装組織が一九七二年九月のミュンヘン・オリンピックでイスラエル代表団を襲撃したことは、世界に恐怖をもたらした。

3　国内秩序の混迷

六日間戦争からヨム・キプール戦争に至るまでの時期、この地域の勢力図を塗り替えるような数々の暴力により、中東は大きく動揺した。デタント政策やベトナム戦争によってアメリカの関与が後退するなかで、ソ連は成功し続けていたとはいえないながらも、確実にこの地域で影響力を拡大させていた。

スーダン　スーダンでは、一九六九年五月のクーデタによってモハメド・アン・ヌメイリ将軍が政権を掌握し、それまでソ連と構築していた友好関係に幕を閉じた。ソ連から派遣されていた二〇〇〇人もの顧問が国外に追放され、スーダンの共産主義者たちは政権から失脚した。一九七一年七月に共産主義者たちは武装蜂起を試みるが、ヌメイリ将軍の権力基盤はそれによって揺らぐことはなかった。

イラク　イラクでは一九六八年七月に、アフマド・ハサン・アル・バクル将軍によるクーデタにより、アブドッラフマーン・アーリフ大統領は権力の座を奪われたが、それはソ連を満足させる結果となった。こうして、政教分離と社会主義と愛国主義を掲げるバース党が権力を奪還した。バース党の指導者の一人であるサダム・フセインは、ソ連との関係強化を求めてモスクワを訪問した。これによって一九七二年四月九日に、イラクとソ連は同盟関係を構築する（イラク・ソ連友好協力条約）。その条文に基づけば、ソ連はイラクにソ連製の武器を提供し、また一九七二年六月一日にイラク政府によって国有化されたイラク石油会社から石油を購入することを約束していた。

シリア　シリアでは、一九七〇年一一月一三日のクーデタによって、親ソ派の指導者たちを排除したハーフィズ・アル・アサドが政権を確立した。しかし、ソ連はミグ21やSAMミサイルといった近代兵器を提供し、シリアとの良好な関係を維持するためのあらゆる努力を払い、ともにバース党にもかかわらず対立していたイラクとシリアを和解させるために、仲裁を行った。

エジプト　エジプトでは、ナーセルが一九七〇年九月二八日に死去し、その側近であるムハンマド・アンワル・アッ・サダトが権力の座についた。ミグ23とSAMミサイルの引き渡しと二万人の軍事顧問団の派遣によって、ソ連とエジプトとの間の友好的な関係は持続していた。一九七一年になるとポドゴルヌイ最高会議幹部会議長は、アスワン・ダムの完成式典に出席し、同年五月二七日にはエジプト・ソ連友好条約がカイロで調印された。そこでは互いに内政干渉を行わないこと、そしてソ連の地中海艦隊がシリアやエジプトの港に寄港することを許可する代わりに、ソ連による軍事協力と経済援助を強化することが約束された。しかしエジプトは、ソ連に過度に依存することに懸念を覚え、スーダンで共産主義勢力と戦っているヌメイリ将軍への支援を行った。また一九七二年七月一八日には、ソ連の顧問団を国外追放し、リビアとシリアとともに、汎アラブ主義国家、「アラブ共和国連邦」の成立をめざす「完全合併」の方針を発表した。

リビア　リビアでは、軍部が一九六九年九月一日にイドリース王失脚を図ってクーデタを煽動し、リビア・アラブ共和国の樹立を宣言した。その後、カダフィ大佐が最高指導者になった。この、かつてナーセルが行った革命と類似した民族主義革命は、反共主義的な性質が色濃いものであった。一九七三年にアルジェで開かれた非同盟諸国首脳会議において、カダフィはフィデル・カストロを激しく攻撃した。というのも、キューバはソ連の同盟国であって、同会議への参加資格はないとみなしていたからだった。

一九七一年に最初の提言がなされ、一九七二年に成立の合意を見たエジプトとリビアとの「アラブ共和国連邦」は、数々の問題に直面した。そのうちの一つは、人口三〇〇万人のリビアと、四〇〇〇万人のエジプトの統合という、非対称性の問題だった。一九七三年、サダトが連邦を実現するための熱意を失ったとき、カダフィはリビア人によってエジプトへ侵攻する計画を立てた。メルサマトル付近の国境沿いで小規模な衝突が生じたが、カダフィの試みは何の成果も生まなかった。

4　ヨム・キプール戦争（第四次中東戦争）

サダトの思惑　一九七三年、ナーセルの後継者であるアンワル・アッ・サダトは、戦争を始める好機であると考えた。このときイスラエルは多数のヨーロッパ政府から非難されており、フランスもその一つだったが、それはイスラエルが一九六七年に占領した領土を手放そうとしないことに起因していた。イスラエルはよりいっそう外交的に孤立していった。新たにイスラエル首相に就任したゴルダ・メイヤは多くの諸国を訪問し、関係改善に努力を重ねたが、外交的成果を収めたのはアラブ諸国で、とりわけアフリカ諸国の多くがイスラエルとの国交を断絶する結果となった。

国連の行き詰まり　国連の和平実現へ向けた努力は、行き詰まっていた。一九七三年七月二六日に安保理では、一三カ国の賛成、中国の棄権、そしてアメリカの拒否権行使の結果、イスラエルの占領地帯からの撤退に言及したあいまいな声明を公表した。アラブ世界は、ある程度の連帯と、さらに一定程度の影響力を確認し、アラブ諸国の主張に最大限の支持を表明したソ連の協力を確保した。

エジプトとシリアの攻撃　一九七三年一〇月六日に、エジプトとシリアによる軍事攻撃が始まった。それは「ラマダーン」（イスラーム教の断食月）の最中の「ヨム・キプール」（ユダヤ教の贖罪日）の日に起こったため、誰もそのような事態を想定していなかった。エジプトはイスラエルの防衛線を突破して運河を渡り、一八〇kmにわたりシナイ半島の境界線まで進攻した。他方、シリアはヘルモン山やクネイトラの街を占領し、ゴラン高原まで進攻した。戦争の初期段階でのイスラエル軍の反撃は、近代化された装備を十分に備えていたシリア軍とエジプト軍の強い抵抗にあい、苦戦した。しかし、一〇月一二日以降には、イスラエルは次第に領土を奪還していった。そして一〇月一九日には、イスラエルはゴラン高原全体を取り戻しただけでなく、ダマスカスから三〇kmの地点まで進攻した。しかし兵力規模で上回るエジプト軍に対して、シナイ半島でのイスラエル軍の前進は遅滞していた。それでも、一〇月八日からアリエル・シャロン将軍が指揮するイスラエル軍師団は、エジプトの第二軍団と第三軍団の間を進軍し、一五日にはスエズ運河に到達してその西岸に橋頭堡をかけた。

大国の動向　超大国はそれぞれ異なるアプローチで、停戦に向けた努力を行った。一〇月一九日、ブレジネフはキッシンジャーをモスクワに招待し、安保理では二一日夜から二二日にかけて賛成一四票と棄権一票（中国）で、安保理決議三三八号が採択された。それによって、一二時間以内の停戦、安保理決議二四二号履行、そして公正で持続可能な和平へ向けた交渉開始を求めることが確認された。しかしイスラエル政府は、エジプトの第三軍団の包囲を成功させるため、またカイロから七〇kmの地点まで進攻するためにも二三日まで軍事作戦を継続した。すると、ソ連はすぐにサダトの救出のために軍事介入することを辞さないと脅し、これに対してアメリカは戦略核戦力を使用可能な状況とした。とはいえ、SALT条約を基盤としたグローバルなレベルでの米ソ協力が、地域的な紛争よりも重要であり、核戦争は回避された。そして、アメリカ政府はイスラエルに圧力をかけて、エジプト政府と直接交渉を行うよう促した。エジプト・イスラエル間の一〇一km地点で行われた交渉は、一一月一一日に両者間での暫定的な合意に至り、その後一九七四年一月にはより高い水準の協定に帰結した。

戦争の終結　ヨム・キプール戦争は、いくつかの重要な教訓をもたらした。第一に、これはそれまでとは大きく異なる新しい戦争となった。というのも、アラブとイスラエル双方ともに、戦闘において勝利を収めることができなかったからである。イスラエルが勝利を確実にしたとしても、アラブ諸国は兵力規模や作戦計画の巧妙さで効果的に対抗できた。このようにして、一九六七年六月に経験した屈辱は、一定程度解消することができた。第二の教訓は、イスラエルの脆弱性であり、占領地が前よりも広がったことによって、より慎重になる必要があった。第三の教訓は、戦争それ自体は問題の本質的な解決に帰結しないことであった。たしかに戦争によって交渉の席につかせることは可能であった。ただ、外交交渉が成功するかどうかは、結局のところ、イスラエルに圧力をかけられる唯一の存在であるアメリカ次第だった。だが、アラブ諸国は自らの分断に結実する単独講和の帰結を拒否し続けた。こうしてパレスチナ問題はその後、もっとも重要な問題と位置づけられるようになる。

ヨム・キプール戦争の重要な帰結は、ペルシャ湾岸の石油産出国が西側世界に圧力をかける目的で、石油価格を三カ月で四倍に上昇させるという、驚くべき手段を使うに至ったことである。この決定はただちに、一九七三年に世界を揺るがす経済危機を引き起こし、さらには国際関係を大きく転換させていった。米ソ二つの超大国はともに、戦争終結のための仲裁へ向けて交戦国に圧力をかけて、世界のさまざまな問題に対する米ソ間での「共同管理」を確立しながらも、他方ではデタントの空気のなかにあるにもかかわらず世界は次第に不安定性が増し、「新冷戦」が始まっていった。

デタントの時代は、重要な出来事で溢れていた。「ドイツ問題」は、解決したかのようだった。また、中華人民共和国は国際協調体制に参画した。ベトナムには平和が訪れた。超大国は共同行動をとって第四次中東戦争を終結させた。デタントの成功を支えたヘルシンキ会議は、そのような時代の最後の輝きであった。というのも一九七三年以降、世界は不安定な時代に突入し、ソ連がヨーロッパにおける現状維持を西側諸国に認めさせ、さらにアジアや中東でもその影響力を拡大していったことからも、西側諸国はソ連こそがデタントを通じて利益を得ていると認識するようになっていったからである。

第四章　不安定化する世界（一九七三―一九八五年）

一九七三年は冷戦史のなかの区切りの年であった。とはいえ、突如としてデタントの時代が終わり、「新冷戦」の時代に突入したわけではない。実際には、一九七五年までデタントのダイナミズムが続いたのである。そして、この一九七五年こそ変遷を遂げつつあった世界が新たな局面に突入した年であった。

一九七五年、ヘルシンキ会議が開催され、ヨーロッパの国境線の現状維持が確認された。会議参加国はデタントを継続し、それを深化させるという決意を表明したのである。しかし、石油危機が起こり、金融の混乱や軍事的緊張などが繰り返されることによって、社会におけるさまざまな局面で不安定な状態が顕著となっていることが現実であった。一九七五年四月三〇日、サイゴンが陥落し、三〇年間続いた戦争に終止符が打たれた。それは同時に、アメリカがそれまで進めてきた共産主義に対する封じ込め政策の失敗を意味した。第二次世界大戦が終わって以降、アメリカが経験した初めての大きな挫折であったため、アメリカの衰退が語られるようになった。アメリカは、インドシナ半島での影響力を完全に失ってしまったのである。それだけでなく、アメリカの影響力は中米でも後退していた。ソ連はこのアメリカの権威の失墜を巧みに利用してその隙につけ入り、東南アジア、中米、そしてアフリカで自らの影響力を拡大させたのである。

二つの超大国の間の対話が困難となったことで、デタントが終わり、新冷戦の時代が到来したかのように感じられた。人々は、そもそもデタントが幻想に過ぎなかったのではないかと考えた。歴史的に係争が繰り返されてきた地域や、新たな対立が表出した地域で、地域紛争が頻繁に勃発するようになったが、これらの地域紛争が世界平和を根底から脅かすまでには至らなかった。イスラーム原理主義の台頭、イラン革命、ムアンマル・アル・カダフィが率いるリビアの挑発的行動、ベトナムの膨張主義、ラテンアメリカとアフリカを揺るがす危機などが、不安定化する世界の象徴となっていた。

デタントは終わってしまったのか。それとも二極化した世界が終わり、東西関係に代わって南北関係が国際関係の新しい潮流となったのだろうか。この時期の特徴は、地球の南半球で問題が続出したことであり、またこれまで平穏であった地域で緊張が高まったことである。地球規模の対立から免れることができるような場所は、地球上には存在しないようであった。それに加えて、天然資源と工業製品との貿易に支えられていた南北関係において、敵対関係が激化していった。東西関係よりも南北関係の方が重要になっていき、とりわけ「南」と「西」との対立が激しくなっていた。

I　経済危機とその影響

一九七三年から始まる経済危機は、それまでの三〇年間続いてきた経済成長の時期、すなわち「栄光の三〇年」ともいえる時代に終止符を打った。石油危機は、インフレや失業問題の唯一の原因であったわけではなかった。

1　危機の諸相

(1)　国際通貨体制の動揺

国際通貨体制の動揺は必ずしも新しい現象とはいえないが、国際政治に重大な影響を及ぼした。この不安定化は基軸通貨であるドルの下落によって引き起こされたものであり、ニクソン大統領は他国との調整なく一九七一年八月一五日に一方的に金ドル交換停止を発表した。それは、あまりにも横暴な政策であった。その結果としてアメリカの貿易赤字は拡大し、アメリカ資本のヨーロッパへの流入（ユーロダラー）、さらには中東の石油がアメリカに輸入されることによって生じる利益（オイルダラー）により、ドルの国際流動性は拡大した。世界の主要な通貨は、変動相場制へと移行した。ブレトンウッズ体制が終焉を迎えたことは明らかであった。しかし、一九七六年一月にジャマイカで開かれた会議で、西側諸国は最終的に変動相場制への移行を決定した。この会議を経て金の廃貨が決定され、完全に自由なフロート制ではないながらも変動相場制の導入に関して正式な合意がなされた。これ以降、国際通貨体制における準備資産は、特別引出権（ＳＤＲ）を通じて準備され、このSDRによって新たな為替相場のレートが確定することになる。

SDRとは、国際通貨基金（IMF）の枠組みで機能している新たな国際準備資産である。SDRの価値は、主要先進工業国の通貨バスケットの構成比率によって決まる。国際通貨体制を安定化させるためにも、その全体の三〇%はドルによって占められており、結果的にドルの国際通貨としての優位性が維持されたのである。このSDRは、為替相場の安定と、一九七三年および一九七九年から一九八〇年にかけての「石油危機」によって大きく動揺した世界の貿易を安定化させるための決定的な方策となる。

(2) 石油危機

一九七三年の石油危機は、産油国であるアラブ諸国が同年一〇月一六日および一七日に下した決断によって引き起こされた。第四次中東戦争が終わっていない状況下、特定国に対し石油禁輸を決定し、原油の生産を削減した。特に引き金となったのが原油価格の引き上げである。

実際には、危機が生じる要因は、そのかなり前からすでに存在していた。第一には、エネルギー源としての石油の消費が大幅に拡大しており、第二には、産油国が可能な限り利益を得ようとしていた。

エネルギー消費のなかで石油が占める割合の増加には、目を見張るものがあった。一九五〇年には、石炭の消費量が全体の五五・七%を占めていたのに対し、石油のそれは三七・八%に過ぎなかった。ところが一九七二年には、石油と天然ガスで合計六四・四%を占めるようになっていた。つまり、世界全体における一年当たりのエネルギー消費量が三倍に増加していた時期に、全体のなかで石油と天然ガスの占める割合が三分の一から三分の二に上昇したのである。

石油危機が起きた第二の要因として、産油国が利益を確保しようとする強い意思を持ち始めたことが指摘できる。一九六〇年ごろまで、巨大な石油企業が石油鉱床の掘削を行い、その権利を得る代わりに、鉱床のある国家にロイヤリティを支払っていた。一九五一年のイランやメキシコのように、多くの産油国がこのような仕組みを変えるべく努力したことで、摩擦が生じるようになる。アメリカとソ連を除けば、石油を大量に消費してきた先進国は、ほとんどあるいはまったく自国内で石油を産出していなかった。北海油田の開発を行ったイギリスやノルウェーを除いて、西ヨーロッパ諸国と日本がこのような先進国に該当する。

原油の生産は、ヴェネズエラ、ナイジェリア、インドネシアのほか、特にペルシャ湾岸地域に集中している。そのペルシャ湾岸でも、サウジアラビア、イラン、イラク、バーレーン、クウェート、そしてカタールが主要な産油国になる。原油の生産地がこのような限られた地域に集中していることによって、戦略的および政治的な問題が浮上した。生産された原油の大部分はホルムズ海峡を経由して輸送される。そのため、地政学的に見た場合、ペルシャ湾とインド洋が重要になっていた。また、地理的に密集していた原油生産国は、より容易に協調することが可能であった。だからこそ、一九六〇年九月一五日、上記産油国のうちの五カ国（ヴェネズエラ、イラン、イラク、サウジアラビア、クウェート）が、バグダッドで石油輸出国機構（OPEC）を創設したのである。ほかの産油国も徐々にOPECに加盟するようになった。OPECの創設以降、毎年加盟国は、より多額のロイヤリティを得ようと模索し、その後は原油生産の完全国有化を狙うようになった。完全国有化に向けてそのようなイニシアティブを発揮したのが、アルジェリアとリビアであった。一九七一年二月二四日、アルジェリアのフワーリー・ブーメディエン大統領は、フランス系石油会社の五一％国有化を断行すると発表した。このようにして、アルジェリアは、安上がりな方法を用いて自国で産出された石油の管理を確保したのである。一九七三年九月一日、リビアが同じような行動をとった。一九七二年には、北半球諸国の高い需要を想定して、石油以外の一次資源を生産している南半球諸国は相場を引き上げ、それまで外国企業が支配していた経済セクターの管理を取り戻した。世界秩序が大きく転換していく兆候は、すでに一九七三年以前から見られていたのである。

一九七三年一〇月一六日、OPEC加盟国は、一バレル三ドルだった原油価格を五ドル以上にまで引き上げた。一〇月一七日、アラブの産油国、すなわちアラブ石油輸出国機構（OAPEC）は、イスラエルを支援していると思われる国家に対する輸出禁止措置を検討した。特にその対象になったのがアメリカとオランダであった。実際には、これらの輸出禁止措置は、一九七四年三月から七月の間に漸時解除されることになる。さらに、OPECは、一九七三年九月と比べて原油の生産量を一五％から二〇％ほど削減することを決定し、イスラエルが占領区域から撤退しない限り、月に五％削減するとした。だがこの輸出削減策はそもそも産油国自身にとっても不都合な措置であったため、一九七四年初頭以降は放棄されることになる。それでも一九七三年一二月にOPEC加盟国は、一バレルの原油価格を一一ドル六五セントまで引き上げることを決定した。三カ月で、石油の値段は四倍に跳ね上がったのである。

第一次石油ショックの影響がようやく和らぎ始めるようになったころ、需要の増大によって第二次石油危機が勃発した。この危機によって、一九七八年一二月から一九七九年一二月の間に、石油価格は二倍になった。イラン革命とそれに続くイラン＝イラク戦争によってさらに事態が悪化した。一九八一年末には、原油価格は一バレル三四ドルにまで上昇した。

（3）石油危機の帰結

石油危機によって深刻な影響を受けたのは、先進国であった。危機に陥った結果、世界では徐々にさまざまな変化が見られるようになる。

石油不足に危機を感じた西ヨーロッパと日本は、パニック状態に陥った。なぜなら、石油は経済基盤の安定のために必要不可欠な資源だったからである。そのため、各国で物価が高騰し、深刻な混乱に陥った。それまでおよそ年に四％から五％だったインフレ率が、急激に上昇した。とりわけイギリスとイタリアでそうした傾向が顕著であった。アメリカ、西ドイツ、日本では、緊縮財政でインフレの進行を食い止めようとしたため、生産力の低下と生活レベルの低下が現実のものとなった。フランスでは、一九七六年九月のバール・プランの採用によって経済成長率が低下した。どの国でも、物価が高騰したことで、経済成長にブレーキがかかった。たとえば一九七五年には、国内総生産（GDP）は、アメリカ（マイナス〇・七％）、イギリス（マイナス〇・七％）、西ドイツ（マイナス一・六％）で下げに転じ、フランスでは上昇したもののきわめて微々たるものでしかなかった（〇・二％）。石油危機の影響は明らかであった。企業は困難な状況に陥り、倒産し、失業率が上昇した。この危機は、限定的な景気後退とインフレが同時に起きる「スタグフレーション」と呼ばれる状況をもたらしたのだ。

発展途上国では、先進国とは異なる形で石油危機の影響を受け、国内での格差がよりいっそう拡大した。一方で、一次資源の生産国は利益を得ることになった。なかでも石油輸出国や、先進国からの生産拠点の移転先となった発展途上国は、新興の工業国家へと変貌を遂げた。たとえばサウジアラビアでは、一九七三年から一九七四年にかけてGNPが一年で二五〇%も上昇したのである。他方で、産油国ではない貧困国は苦境に立たされた。これらの諸国にとって、石油の輸入にかかる費用はそもそも財政的に可能な水準を越えていた。OPECの加盟国内でも、石油輸出をめぐる対応は分かれた。一方では、サウジアラビアのように西側諸国への配慮から、やみくもに石油価格を上げるようなことをしない国々が存在した。他方、イランやリビアのように、最大限、石油がもたらす恩恵にあずかろうとする国家もあった。

2　石油危機への対応

OPECの石油輸出削減の決定に対応するため、アメリカ政府は経済協力開発機構（OECD）の枠組みのなかでの石油消費国の政策協調を提唱した。それによって、産油国の連携に対抗しようとしたのだ。このようにして、国際エネルギー機関（IEA）が誕生したのである。IEAには、フランスを除いたEEC加盟国、アメリカ、日本、カナダ、スペイン、スウェーデン、オーストリア、そしてトルコが参加した。IEA設立の目的が、発展途上国との友好関係を重視する自国の外交方針と合致しないという理由から、フランスは参加しなかった。フランスは南北間の対話の枠組みの構築を試み、北半球諸国（アメリカ、日本、EEC加盟国）と南半球諸国（アルジェリア、サウジアラビア、イラン、ヴェネズエラ、インド、ブラジル、ザイール）をパリに招いて、二つの会合を開催した。最初の会合は一九七五年四月に開催されたのだが、議題設定の調整で挫折した（一方の諸国は議題を石油に限定しようと試み、他方の諸国は一次資源全体に議題を拡大したかったのである）。二つ目の会合は一九七五年九月に開催され、参加国を拡大させたうえで議題を石油に限定しない会議を開催することで合意した。この会議は一九七五年一二月一六日から一八日にかけてパリで開催され、OPECからは七カ国、発展途上国からは一二カ国、先進国から八カ国が参加した。だが、またしても石油に関する問題をめぐって行き詰まった。一九七七年五月から一九七八年の初頭にかけて、再びパリで交渉が行われたが、新国際経済秩序の原則を再確認しただけで終わった。そしてこの会合で、発展途上国を支援するために、一〇億ドルにのぼる特別基金が創設されたのである。

一九八一年一〇月二二日、メキシコのカンクンで開催された首脳会議には、先進国と発展途上国の合計二二カ国の首脳が集まり、UNCTADの枠組みでグローバルな交渉を開始することで合意した。この南北間の対話の試みを通して、EECはACP諸国と呼ばれるアフリカ・カリブ海・太平洋諸国と特別な関係を構築し、独自のイニシアティブを発揮した。EECは一九七五年二月二八日にACP諸国とロメ協定を締結し、最初は三五カ国、続いて四六カ国、最終的には五八カ国との間で取り決めを結んだ。さらに、一九七九年一〇月三一日には、第二次ロメ協定を締結した。ロメ協定によって、通商上の特恵や経済援助、そして輸出所得補償制度が設けられた。この協定によって、ヤウンデ協定で設定された額の四倍に当たる経済援助の実施が予定されることとなり、農産物に関する価格の安定化がはかられた。ロメ協定は、多国間協調主義に基づく政策であり、新植民地主義に対する批判をかわす効果があった。

先進国の間では、協調体制が構築される萌芽が見られたが、その成果は限定的なものに過ぎなかった。当初から参加していた六カ国（アメリカ、フランス、イギリス、西ドイツ、日本、イタリア）は、フランスのヴァレリー・ジスカール・デスタン大統領のイニシアティブで、一九七五年一一月にフランスのランブイエで最初の会合を開催した。一九七六年にはカナダがそこに加わることで、先進七カ国（G7）と呼ばれるようになり、翌年にはEEC委員会の委員長も参加し、合計で八名の首脳による会合となった。これ以降、毎年、首脳レベルでの会合を開催している。

同じように、通商面では東京ラウンド（一九七三－一九七九年）として知られているGATTの多角的貿易交渉で、新たな関税の引き下げに加え、非関税措置の軽減に関する合意がなされた。とはいえ、こうした合意にもかかわらず、保護主義的な政策が数多くとられることを阻止できなかった。国際協調の希求よりも、しばしば国益が優先されたのである。だが、もっとも重要な変化は、一九七九年にアメリカで見られることになる。連邦準備制度理事会（FRB）のポール・ボルカー議長の指導の下、アメリカはインフレを抑制する動きに出た。つまり、かつてないほど政策金利を引き上げ、金融の引き締めをはかったのである。アメリカに資金が集中的に流入し、ドル高となった。ドルがますます上昇することで、世界各地でデフレが進み、各国政府は緊縮財政をとらざるをえなくなった。結果的に、西側諸国は最悪の景気後退局面を迎えた。経済成長は止まり、失業率は最高の数字を更新したのである。大量のドル建て債務を抱えていた第三世界諸国には、ドルの相場が上昇することによって、財政負担が重くのしかかるようになった。そして、財政破綻を避けるために、第三世界諸国は国際金融機関からの借金

表4-1　先進国首脳会議（G7 / G8）

1975年（11月15日-17日）：ランブイエ（フランス）
1976年（6月27日-28日）：サンファン（プエルトリコ）
1977年（5月7日-8日）：ロンドン（イギリス）
1978年（7月16日-17日）：ボン（西ドイツ）
　　　（12月28日-29日）：キングストン（ジャマイカ、非公式協議）
1979年（1月5日-6日）：グアドループ（フランス、西インド諸島／非公式首脳会議）
　　　（6月28日-29日）：東京（日本）
1980年（6月22日-23日）：ヴェネツィア（イタリア）
1981年（7月20日-21日）：オタワ（カナダ）
1982年（6月4日-6日）：ヴェルサイユ（フランス）
1983年（5月28日-30日）：ウィリアムズバーグ（アメリカ）
1984年（6月7日-9日）：ロンドン（イギリス）
1985年（5月2日-4日）：ボン（西ドイツ）
1986年（5月4日-6日）：東京（日本）
1987年（6月8日-10日）：ヴェネツィア（イタリア）
1988年（6月19日-21日）：トロント（カナダ）
1989年（7月14日-16日）：パリ（フランス）
1990年（7月9日-11日）：ヒューストン（アメリカ）
1991年（7月15日-17日）：ロンドン（イギリス）
1992年（7月6日-8日）：ミュンヘン（ドイツ）
1993年（7月7日-9日）：東京（日本）
1994年（7月8日-10日）：ナポリ（イタリア）
1995年（6月15日-17日）：ハリファックス（カナダ）
1996年（6月27日-29日）：リヨン（フランス）
1997年（6月20日-22日）：デンバー（アメリカ）、G7から G8へ
1998年（5月15日-17日）：バーミンガム（イギリス）
1999年（6月18日-20日）：ケルン（ドイツ）
2000年（7月21日-23日）：沖縄（日本）
2001年（7月20日-22日）：ジェノヴァ（イタリア）
2002年（6月26日-27日）：カナナスキス（カナダ）
2003年（6月1日-3日）：エヴィアン（フランス）
2004年（6月8日-10日）：シーアイランド（アメリカ）
2005年（7月6日-8日）：グレンイーグルズ（イギリス）
2006年（7月15日-17日）：サンクトペテルブルク（ロシア）
2007年（6月6日-8日）：ハイリゲンダム（ドイツ）
2008年（7月7日-9日）：洞爺湖（日本）
2009年（7月8日-10日）：ラクイラ（イタリア）
2010年（6月25日-26日）：ハンツビル（カナダ／オンタリオ州）
2011年（5月26日-27日）：ドーヴィル（フランス）
2012年（5月18日-19日）：キャンプデービッド（アメリカ）
2013年（6月17日-18日）：ロック・アーン（イギリス／北アイルランド）
2014年（6月4日-5日、G7）：ブリュッセル（ベルギー）
2015年（6月7日-8日、G7）：エルマウ（ドイツ）
2016年（5月26日-27日、G7）：伊勢志摩（日本）
2017年（5月26日-27日、G7）：タオルミーナ（イタリア）

に頼るようになり、しばしば悲劇的な緊縮財政政策を強いられたのである。

このように経済危機にともなって、たとえ同盟国同士であっても経済をめぐる競争が増していき、対外支払いの深刻な悪化を招いたのである。石油危機によって、生活必需品でさえも不足するのではないかという懸念が生じ、国際関係はよりいっそう厳しさを増していった。生産管理や主要な交通路の管理をめぐる対立が、ますます激しくなっていったのである。

Ⅱ　米ソ関係の危機

一九七〇年代の半ばから一九八〇年代の半ばにかけて、国際情勢は再び危機の局面を迎えた。その理由は多岐にわたっており、また複合的であった。まず、経済危機とその後の影響が、国際関係をより困難なものにしていった。米ソ両国の国内情勢、さらには両国における首脳の役割もまた、重要な意味を持っていた。

1　二極構造の動揺

（1）アメリカの影響力の後退

アメリカが、ウォーターゲート事件とベトナム戦争によって引き起こされたトラウマに覆われるなか、一九七四年八月八日、ニクソンが辞任した。その結果アメリカ外交は、勢いのあった影響力を失い、自信を喪失した。「ノー・モア・ベトナム」という言葉に示されるように、一九七三年から一九七四年にかけて、アメリカ国民は新たな軍事介入を何としてでも避けようとし、世界における自らの責任を放棄したかのように見えた。そのことは、影響力を行使する手段が失われてしまうことを意味した。経済的な優位性と戦略的な優位性をともに失ってしまったのだ。一九七八年九月一七日、カーター大統領がキャンプ・デーヴィッド合意に署名した中東を除いて、アメリカ外交は世界のなかでの影響力を後退させていった。

イランでは暴動に直面し、一九七九年一一月四日にはアメリカ大使館の館員が人質にとられ、さらにソ連のアフガニスタン侵攻が起き、アメリカはなす術を失ったかのようであった。一九八〇年四月二五日、イラン大使館の人質を解放するための救出作戦も失敗して、アメリカの軍事政策に対する信頼性に深刻な疑念が生まれ、さらに行政府への信頼も揺らいで機能麻痺に陥った。政権のなかでは意見の相違が見られ、カーター大統領は人権擁護を第一に据える道義主義的な外交を展開し、中性子爆弾の製造の中止を決定したが、これら一連のことがアメリカの将来の不透明性と衰退という印象を強めることになった。とはいえ、カーター政権においてアメリカ外交の重大な方針転換が行われたのも事実であり、たとえば一九八〇年一月、ペルシャ湾を支配しようとするいかなる試みもアメリカの死活的な利益に対する攻撃とみなすと警告を発したのである。

ロナルド・レーガンが大統領に就任したことで（任期一九八〇－一九八八年）、アメリカは再び自由世界のリーダーとなる意思を明確にした。すなわちアメリカは、再び偉大な大国となって「悪の帝国」ソ連と対峙するために大規模な軍拡に乗り出し、世界でのアメリカの権威を回復するための外交を展開するようになるのであった。

（2） ソ連の勢力圏

ソ連では、ブレジネフが病に侵され一九八二年一一月に死去したことにより、一つの時代が終わった。そのあとには「空位期間」と呼べるような時代が続いた。すなわち、年老いたユーリ・アンドロポフが一九八二年一一月から一九八四年二月までの間、そしてその後は一九八五年三月までコンスタンティン・チェルネンコが暫定的に統治を行った。そうしたなか、強い指導者が不在であったことや、相互の信頼関係が欠如していたこともあって、米ソ両超大国の対話も中断した。その一方でこの時期は、ソ連は第三世界で大いに影響力を膨張させ、中国の影響力に対抗して、その帝国を拡張させた時期と重なっている。たとえばアフリカのアンゴラやエチオピアでは、キューバ軍を介して軍事介入を行い、さらにアフガニスタンでは侵略を行った。ソ連はしばしばキューバ、東ドイツ、リビア、あるいはベトナムといった諸国を自国の代理として利用して行動した。ソ連は必ずしもいつも武力行使を行っていたわけではなく、むしろ経済的および軍事的な支援を行い、遠方の諸国との条約を増やしていくといった手法をとる方が多かった。まるでソ連政府がアメリカの後退の隙を突いて、自分の駒を世界各地に進めるかのようであった。

（3）二極構造の揺らぎ

米ソ関係における危機は、両国間の軍事衝突を回避するための協議を失わせることはなく、米ソ両超大国による国際問題の管理を回復する動きへと帰結した。貿易協定の破棄や軍事問題に関する合意の減少であり、さらには米ソ間の首脳会談の中断というような形で危機が顕在化していた。一九七四年一二月、米連邦議会は、ソ連国内に住むユダヤ人が国外に移住するうえで課せられていた制限の問題を、ソ連に対する最恵国待遇供与の問題と結びつける立場を明らかにした。一九七九年六月にウィーンで行われたカーター＝ブレジネフ会談から一九八五年一一月のレーガン＝ゴルバチョフ会談までの間、両国間では首脳会議が開催されることはなかった。アメリカは、一九八〇年のモスクワ・オリンピックをボイコットした。それに対し、ソ連は、報復として一九八四年のロサンゼルス・オリンピックをボイコットした。東側の一三カ国が、このソ連の不参加の決定に追随した。こうして、「新冷戦」の空気が、国際関係を覆うようになった。すでにヘルシンキ会談の前から、アレクサンドル・ソルジェニーツィンはデタントが幻想に過ぎないと考えていた。ヘルシンキ会議後のこれらの出来事は、そうした悲観主義的な憶測が間違っていないことを証明した。ヘルシンキ会議に続く一九七七年一〇月のベオグラード会議は、完全な失敗に終わった。というのも、人権問題に関して西側諸国とソ連が衝突したからである。

アメリカは、ソ連が一方的に自らに有利となるようにデタントを利用していると非難した。たとえば、ソ連が第二次世界大戦によって獲得した領土の「現状維持」を承認させようとしたことや、東南アジアやアフリカにおける社会主義勢力の拡大、そして西側の技術製品や穀物を購入することが可能となるような合意がそうである。すなわち、西側諸国はソ連がデタントによる合意を利用して軍備拡張を続けていったことを強く非難したのである。

2　軍拡競争

一九七二年に締結された第一次戦略兵器制限交渉（ＳＡＬＴ Ｉ）により、米ソ両国は保有していた大陸間弾道ミサイルの数を制限することで合意する一方で、ソ連は自国の軍事力の近代化を成功させていた。すなわちＳＡＬＴの合意内容に抵触せずに新世代の発射装置に複数の弾頭を搭載することで、核弾頭の数を三倍に増やすことに成功した。その結果、一九七三年以降にソ連は、多弾頭ミサイル（ＭＩＲＶ）の実験にも成功したのである。さらにソ連は、ＳＡＬＴの制限に含まれない中距離弾道ミサイル（射程四〇〇〇－五〇〇〇㎞）を開発した。これがＳＳ20であった。ちょうどヘルシンキ会議が開催された一九七五年に、その初めての実験が行われ西ヨーロッパ全域が射程圏内に入ったのである。

一九八〇年代の初頭、ロンドンの国際戦略研究所（ＩＩＳＳ）が行った世界の軍事力概観によれば、ソ連が世界第一位の核戦力を保持していることが明らかとなった。ワルシャワ条約機構が擁する通常兵力が圧倒的な優位に立っていたのみならず、ソ連は一九七七年以降、東欧に三三〇発にものぼるＳＳ20の核ミサイルのシステムを構築したのである。この巨大な戦力は、財政負担の膨張によって可能となった。アメリカでは軍事費の占める割合がＧＮＰの五％だったのに対し、ソ連の場合にはわかっているだけでもＧＮＰの一五％に達していた。こうして地球上に存在する核兵器は、地球上のすべての生き物を数十回絶滅させることができるだけの数になった。つまり、ニクソンの時代に浸透した、核戦力のパリティ（均衡）と緊張緩和を基礎としたデタントという概念は破綻したのである。

このようなことからも、軍備制限に向けた交渉はより困難となった。そもそもソ連が軍縮を望んだのは、指導者たちがより大きなエネルギーを経済の立て直しに用いたいからだったのだろうか。それとも自らの戦略面での後進性を覆い隠すために、相手の警戒心を和らげるための策略だったのだろうか。いずれにせよ、ＳＡＬＴⅡをめぐっては、一九七九年六月一五日から一八日までのウィーンでの交渉で、ブレジネフとカーターが署名を交わすことによって簡素な合意に達した。この合意に基づいて米ソ両国は、大陸間弾道ミサイルの数量を二二五〇発に限定し、さらにその種別においてもＭＩＲＶを一三二〇発に、そして地対地の大陸間弾道ミサイルを八二〇発に限定した。この条約は数量の削減には至らなかったが、軍拡のさらなる進展にはブレーキをかけたのである。そもそもアメリカの上院は、内容がソ連に有利だとして批准を拒否していた。一九七三年一〇月にウィーンで行われた、ＮＡＴＯ一二カ国とワルシャワ条約機構の七カ国が参加した、ヨーロッパの軍備削減交渉「中欧相互兵力削減交渉（ＭＢＦＲ）」は、行き詰まりを迎えた。このような終わりの見えない会合を続けていても、両ブロックそれぞれにおける兵力規模や装備を正確に見積もることにはならなかったし、兵力や装備を削減したり、双方に受け入れ可能な軍事管理の体制を提唱することにもつながらなかった。とりわけ、一九八一年一一月三〇日にジュネーヴで始まった中距離核戦力（ＩＮＦ）に関する会談は、何ら前向きな成果にたどり着くことはなかった。一九八二年六月二九日にジュネーヴで戦略兵器削減交渉（ＳＴＡＲＴ）が始まったが、すぐさま行き詰まりを迎えた。だが、もっとも深刻だったのはユーロミサイルをめぐる問題であった。

（１）ユーロミサイルと戦略防衛構想（ＳＤＩ）

ソ連は、東欧において段階的に、一五〇ktの弾頭を三つ搭載可能な射程五〇〇〇㎞の中距離ミサイルＳＳ20を西ヨーロッパに向けて配備し、さらに中距離爆撃機「バックファイア」を配備しており、このことによって西ヨーロッパ諸国の警戒感は高まっていった。これらのミサイルはアメリカに到達することはできない一方で、ヨーロッパに直接の脅威を与え、そのうえＳＡＬＴⅡで削減対象となっていた射程五五〇〇㎞以上の戦略核兵器には含まれていなかった。

一九七七年一〇月に西ドイツのヘルムート・シュミット首相による警鐘を鳴らす演説、さらに一九七九年一月に西インド諸島のグアドループで開催された非公式首脳会談を経て、ＮＡＴＯはソ連のＳＳ20配備を非難すると同時に、一九七九年一二月に「二重決定」を行った。この「二重決定」の内容は、ソ連に交渉の機会を提供する一方で、それが実現しない場合には在欧州ＮＡＴＯ軍の装備を増強するというものである。この時点では西欧諸国に配備された戦術核兵器は、ソ連の領土に到達することはできなかった。アメリカの中距離核戦力である、核弾頭が一つ搭載された射程一八〇〇㎞のパーシングⅡミサイルを一〇八発と、射程二五〇〇㎞の巡航ミサイルを四六四発配備したことで、ソ連を至近距離で強力な核攻撃の脅威にさらすことができるようになった。ソ連はこの「二重決定」に反発して軍備増強を凍結し、さらなる削減を実施する提案を行うと同時に、プロパガンダのキャンペーンも行った。レーガン大統領の下でアメリカは、一九八一年一一月一八日に「ゼロ・オプション」の構想を提唱した。それは、アメリカがパーシングⅡミサイルと巡航ミサイルの配備を取りやめる代わりに、ソ連もミサイルを撤去するという内容であった。一九八一年から一九八三年にかけて、西ドイツとイギリスを中心に、平和主義の運動がヨーロッパを覆った。しかし一九八三年三月の西ドイツ総選挙で、キリスト教民主同盟（ＣＤＵ）と自由民主党（ＦＤＰ）が勝利すると、一九八三年の末に最初のパーシングⅡミサイルが西ドイツに配備された。これは大西洋同盟にとっての願ってもなかった成功となり、ソ連にとっては深刻な失策となった。結果としてソ連は、すべての軍縮交渉から離脱して、核兵器による大規模な軍拡を宣言した。それまでの協力が対立に取って代わられ、軍拡競争がそれ以前よりもさらに加速していった。そのような軍拡は「スターウォーズ計画」という名の下でアメリカによって牽引され、「恐怖の均衡」に終止符を打つためのものでもあった。

一九八三年三月二三日、レーガン大統領が発表した「戦略防衛構想（SDI）」は、弾道ミサイルを破壊するために宇宙を利用するという装備計画であった。レーガンの理想に基づけば、それはアメリカを「核の恐怖」から解放するとともに、人類を核戦争の恐怖から解放することになるはずであった。その構想は、二〇〇〇年を目途に、アメリカの国土に到達する前に核ミサイルを探知し迎撃するシステムを構築することによって、核兵器を時代遅れのものにするというものだった。二六〇億ドルを要する巨大な財政規模の計画であることからも、また相互抑止の原則を根底から覆すような技術革新であることからも、この構想はアメリカの国防をヨーロッパ防衛から分離させてしまうような予期せぬリスク（デカップリング）を擁しており、それはあたかもソ連によりなされた攻勢であるかのようであった。そのため西欧諸国の指導者たちはアメリカ政府に対してSDIの中止を繰り返し要求し、同時に軍縮交渉を再開することを要請した。

（2） 超大国以外の軍縮

一九八一年、世界の軍事費は四五〇〇億ドルの大台を超えた。これは、毎分二〇〇万ドルの軍事費が費やされていることを意味する。武器輸出は、世界貿易の重要な一部となっていた。米ソ両国だけで、世界全体の武器輸出の七二％、英仏がそれに続き、両国あわせて世界全体の一八％を占めていた。武器輸入国としては、中東諸国だけで世界全体の武器輸入の五七％を占め、それにアフリカ諸国の一三％、そして南米諸国の一二％が続いた。

米ソ間の対話が困難になったことで、米ソ両国が管理する国際関係全体のあり方も再検討されるようになった。東西対立のなかで、相手のブロックのなかの問題には介入しないというそれまでの前提が崩れていった。というのも、アメリカが東側諸国の反体制派を支援したり、ソ連がアメリカの勢力圏にあるニカラグアに介入したからである。米ソ関係の危機は、二つの超大国による共同統治の終焉も意味した。米ソの影響力が低下した時期はちょうど、責任ある立場を希求していた新興勢力、すなわち中国、日本、EC、OPEC加盟国、そして非同盟諸国が台頭する時期と符合していた。その結果として大国は、地域紛争に対処することが困難となり、さらに地域的なアクターや国際テロリズムに対して影響力を行使することが難しくなっていった。

Ⅲ　ヨーロッパの不透明性

ヨーロッパ統合に組み込まれ、さらには経済危機に翻弄される西欧諸国は、まずなによりも自らが抱えている問題に専念しなければならなかった。一九八三年にはEEC域内における失業者数は一二〇〇万人を超えており、これは就労人口の一〇%以上に相当する。イタリアの元首相でキリスト教民主主義政党の国会議員のアルド・モーロが誘拐、殺害された事件に示されるように、西ドイツとイタリアでは、一九七八年三月から五月にかけてテロリスト集団によって社会に不安定化をもたらす行動が見られたが、それらは挫折に終わった。その一方で、ヨーロッパにおける民主主義の普及は着実に進行しており、一九七五年一一月二〇日にはフランシスコ・フランコ死後のスペインで、それが実現している。また、一九七四年七月二四日には、一九六七年四月以降、独裁体制が続いていたギリシャでも、民主化が実現した。そして、一九七四年四月二五日には「カーネーション革命」が起こり、ポルトガルもまた民主主義体制に移行した。とりわけ一九七六年の総選挙で穏健派が急進派に対して勝利を収めたことは、一九七〇年七月二七日のアントニオ・サラザール死後も続いていた独裁政権に終止符が打たれるきっかけとなった。

1　ヨーロッパ統合の停滞

ヨーロッパ統合の歩みは、それ以前の時期と比べると停滞していた。二億五二〇〇万人の人口を擁することで、一九七三年一月一日に発効した「九カ国のヨーロッパ」は、アメリカに次いで世界第二の経済的勢力という様相を示していた。すでに原加盟国の「六カ国」で実現していた関税同盟は、一九七八年一月一日には新規加盟国も加えた形で実現することが想定されており、さらには経済通貨同盟の成立も現実的に視野に置くようになっていた。

（1）「経済通貨同盟」実現の難しさ

困難に直面した際に、欧州共同体の各国はばらばらに対応していた。国際通貨体制の混乱の際には、ＥＥＣ加盟国間では協調や連帯が不足していることが明らかとなった。石油危機とＯＰＥＣのブロック形成に直面しても、共通のエネルギー政策は不在であったのだ。

いくつかのＥＥＣ加盟国は、自国経済を保護することを望んだため、欧州共同体としての行動や理念に疑念が生じる結果となった。イタリアとデンマークは、保護主義的な政策をとっていた。とりわけ、一九七四年二月に労働党政権となったイギリスは、共通農業政策や共同体予算へのイギリスの分担金について、加盟条約の見直しを要求した。結局、移行的な期間を延長する形で、イギリスは補正的な措置として還付金を得ることで合意に達した。

共通農業政策　経済通貨同盟に関しては各国の政治的立場があまりに食い違っていたために先延ばしにせざるをえなくなったことで、ＥＣはこのときは関税同盟の成立に専念することになった。さらに共通農業政策は、農家の不満が噴出したことや加盟国間の為替相場に予測不可能な変動が起こったことで困難に直面し、一九八〇年にはストラスブールとブリュッセルでデモが繰り広げられた。乳製品はますます供給過剰となり、農業への支出増のため、ＥＣ諸機関は一定の農産品に生産の上限を設け、他の農産品の生産を規制した。

欧州通貨制度の創設　対ドル為替の安定化を目的に、加盟国通貨の為替変動を抑制するために一九七二年に創設された「スネーク制度」と呼ばれるメカニズムは、「トンネルのなかのスネーク」とも呼ばれ、西ドイツ・マルクの切り上げが行われるたびに他の通貨が弱くなり続けたため、幾度となく見直しを迫られた。一九七九年三月一三日に発足した欧州通貨制度（ＥＭＳ）がＥＣＵと呼ばれる欧州通貨単位を採用したことによって、為替相場は相対的に安定するようになった。このＥＣＵとは、欧州共同体のなかの経済力に応じた通貨の構成比率によって定められる、いわゆる通貨バスケット制であった。

共通エネルギー政策　他方で欧州共同体は、とりわけ石油をめぐるエネルギー政策の領域や、インフレ対策、失業問題への対処、さらに科学技術の領域で共通の立場をとることが困難であった。アメリカのＳＤＩ構想に直面するなかで、欧州共同体は「ユーレカ（Eureka）計画」と称する、欧州レベルでの技術力の向上を実現しようと試みた。一九八四年、欧州共同体に対するイギリスの分担金をめぐって深刻な危機が生じた。マーガレット・サッチャー英首相はイギリスの分担金が過剰に大きいとみなしており、最終的にはイギリスが要求した額の還付金を手に入れることができた。

（２）行き詰まったヨーロッパ

欧州議会の権限拡大　政治統合の領域でも、ヨーロッパは前に進むことが困難であった。一九七二年一〇月のパリ欧州理事会では、一九八〇年までにＥＥＣを対外政策の分野で「一つの声」で発信できるような「欧州連合」へと発展させることを目標にした。だが、それが実現するまでには、想定されていたよりもはるかに長い時間が必要であった。一九七四年一二月九日から一〇日にかけて、ジスカール・デスタン大統領のイニシアティブの下、加盟国首脳は首脳会議を制度化することを決定した。その首脳会議は年三回の会合へと定例化し、欧州理事会として欧州共同体の新たな機関に生まれ変わった。欧州理事会はすぐさま、きわめて重要な機関となった。ヨーロッパ統合を再活性化するために、ベルギーのレオ・ティンデマンス首相は、「欧州連合」に関する報告書のとりまとめを依頼された。

たび重なる議論の結果、一九七六年七月一五日の欧州理事会において、欧州議会の議員を直接投票で選ぶことが決定した。この欧州議会選挙は加盟各国がそれぞれ独自に実施することになり、国内選挙の論理が反映されることで、国内政治同様の対立構図が顕著に見られるようになる。一九七九年六月、欧州議会の初めての直接選挙が実施され、フランスのシモーヌ・ヴェイユが議長に選出され、一九八二年一月にはオランダ労働党のピート・ダンケルトにその座を譲ることになる。一九八四年六月の欧州議会選挙の結果、フランスのピエール・フリムランが議長に選ばれ、その後の一九八七年からはイギリスのチャールズ・ヘンリ・プラム、一九八九年からはスペインのエンリケ・バロン・クレスポ、一九九二年からはドイツのエゴン・クレプ

1972年	1月22日：ブリュッセルで、アイルランド、イギリス、デンマーク、ノルウェーが、EC加盟条約に調印
	9月26日：ノルウェー、国民投票の結果を受け、EC加盟を断念
1973年	1月1日：EC、9カ国に拡大
1974年	12月9–10日：EC 9カ国首脳会議で、欧州理事会の定期開催を決定、欧州議会の普通選挙実施を提案
1975年	2月28日：ECがアフリカ、カリブ諸国、太平洋諸国の46カ国と第1次ロメ協定に調印
1979年	3月13日：欧州通貨制度（EMS）発足と欧州通貨単位（ECU）導入
	6月7–10日：欧州議会、初の直接普通選挙実施
1981年	1月1日：ギリシャ、EC加盟
1986年	1月1日：スペインとポルトガル、EC加盟
1987年	7月1日：単一欧州議定書（SEA）発効
1989年	12月8–9日：欧州理事会、経済通貨連合に関する計画を採択
1990年	7月1日：資本の域内自由移動の開始
1991年	12月9–10日：マーストリヒトの欧州理事会で政治連合と経済通貨連合の設立に関する合意
1992年	2月7日：マーストリヒト条約調印、欧州連合（EU）の設立が確定
	5月21日：CAPの改革
	9月20日：フランスは、国民投票の結果、賛成51.04％、反対48.95％でマーストリヒト条約批准を決定
1993年	1月1日：ヨーロッパ12カ国の「単一市場」の始動
	11月1日：EUの始動
1995年	1月1日：EUに、オーストリア、フィンランド、スウェーデンが加盟
1997年	10月2日：アムステルダム条約調印
1999年	1月1日：ユーロが正式通貨となる
2000年	12月7–10日：ニース欧州理事会、EU拡大に関する合意
2002年	1月1日：ユーロがEU12カ国の単一の流通通貨となる
2004年	5月1日：EUに新規10カ国が加盟
	10月29日：EU25カ国がローマで欧州憲法条約に調印
2005年	5月29日–6月1日：フランス、続いてオランダが国民投票で憲法条約否決
2007年	1月1日：ブルガリアとルーマニアがEUに加盟
	12月13日：リスボン条約調印
2009年	12月1日：リスボン条約発効
2010年	5月9日：欧州金融安定基金（EFSF）創設
2012年	3月2日：経済通貨同盟（EMU）における安定、協調、統治に関する条約（TSCG）調印
2016年	6月23日：ブレグジットの道へ――イギリスでEU離脱の是非を問う国民投票が実施され、離脱賛成票が多数を占めた

表4-2　ヨーロッパ統合史年表

1930年	5月：ブリアン覚書
1944年	9月5日：ベネルクス関税協定調印
1947年	6月5日：マーシャル米国務長官、ヨーロッパ経済復興計画を発表
1948年	3月17日：ブリュッセル条約、ブリュッセル条約機構の誕生
	4月16日：欧州経済協力機構（OEEC）の誕生
	5月7-10日：ハーグ・ヨーロッパ会議
1949年	4月4日：北大西洋条約調印
	5月5日：欧州審議会規約
1950年	5月9日：シューマン仏外相、西ヨーロッパ諸国の石炭と鉄鋼資源を共同体化する構想を発表
1951年	4月18日：欧州石炭鉄鋼共同体設立条約調印
1952年	5月27日：欧州防衛共同体（EDC）条約調印
1954年	8月30日：フランス国民議会、EDC条約の批准を拒否
	10月23日：パリ協定、西欧同盟（WEU）を創設し、西ドイツとイタリアも参加
1955年	6月1日-2日：メッシーナ会議「ヨーロッパの再出発」
1956年	5月29-30日：ヴェネツィア会談、欧州経済共同体（EEC）と欧州原子力共同体（EURATOM）の設立に向けて政府間交渉開始を決定
1957年	3月25日：ローマ条約調印
1959年	1月1日：ヨーロッパ共同市場の第一歩
1960年	1月4日：ストックホルム協定によって欧州自由貿易連合（EFTA）創設
	12月14日：OEECがOECDに改組
1961年	2月10-11日：ヨーロッパ6カ国、政治連合に向けて始動
	8月9日：マクミラン英首相、イギリスのEEC加盟を申請
1962年	1月14日：共同市場の第2段階、共通農業政策（CAP）導入
	4月17日：フーシェ・プラン頓挫
1963年	1月14日：フランス、イギリスのEEC加盟申請を拒否
	7月20日：EEC、アフリカ18カ国およびマダガスカルとヤウンデ協定調印
1965年	4月8日：ECSC、EEC、EURATOM、ブリュッセル条約で合併へ
	6月30-7月1日：共通農業政策をめぐり「空席危機」
1966年	1月28-29日：「ルクセンブルクの妥協」
	11月10日：イギリス、EEC加盟再申請
1967年	6月3日：欧州共同体（EC）の始動
	11月27日：フランス、イギリスのEC加盟再申請を再度拒否
1968年	7月1日：関税同盟の完成
	12月11日：第3次マンスホルト計画（農業近代化計画）提案
1969年	7月29日：第2次ヤウンデ協定調印
	12月1-2日：ハーグEC首脳会議、3つの合意（CAPの完成、共通通貨政策への本格的取り組みの開始、EC加盟国拡大の承認）の成立

シュ、一九九四年からは同じくドイツのクラウス・ヘンシュが議長となった。「ヨーロッパ市民」を代表する役割を担うようになったにもかかわらず、依然として欧州議会は決定的な影響力を及ぼすような政治的な地位が与えられていたわけではなかった。とはいえ、欧州議会はより大きな役割とより強大な権限を求めていく。

ECの南への拡大　欧州共同体に南欧諸国が新規に加盟したことは、それらの諸国の経済が北欧諸国や西欧諸国ほど先進的ではなかったことからも、この時代における欧州共同体にとってのもう一つの難問となった。一九六一年に連合協定を締結していたギリシャは、一九八一年に正式に加盟した。スペインとポルトガルは一九七七年に加盟申請をしていたが、フランスが両国との経済競争を恐れ加盟承認に難色を示したことで、合意に到達することが困難であった。結局のところ、両国は一九八五年三月二九日と三〇日にそれぞれ加盟を実現し、一九八六年一月一日に共同市場にも加わることになった。こうしてECは三億一五〇〇万人もの人口を擁するようになった。

一九八五年一二月、EC加盟一〇カ国はローマ条約を改正し、一九九二年一二月三一日までに、国境のない「単一市場」を創設することに合意して、人、モノ、サービス、カネの自由移動を完成させるための障壁を除去することを目標として、歴史的な前進を示すことになった。一九八六年一一月、単一欧州議定書が調印された。その文書には、ローマ条約の改正、欧州政治協力に関する規定、そして「欧州連合」に関する前文が含まれている。巨大な「域内市場」の誕生は、生産者と消費者の双方にきわめて大きな影響を与えることとなると思われた。

2　大西洋同盟における摩擦

自由主義世界の先進工業国の間では、経済の領域、あるいは戦略の領域でも摩擦が拡大していった。

(1)　経済摩擦

アメリカ、西ヨーロッパ、そして日本の間で、経済摩擦がよりいっそう顕在化していった。危機によって社会の亀裂が拡大すると、困難な状況において各国が異なる対応をしていることが明らかとなった。アメリカは、自助努力の原則を貫くことで、状況を改善する方向へと進んだ。日本は、先進国のなかでももっとも高い経済成長率を示すことで、大国の地位に上りつめた。一九七五年から一九八六年にかけて、日本の輸出総額は四倍に膨れ上がり、その結果日本はアメリカやEC加盟国などとの間で激しい経済摩擦を生じるようになる。いずれの諸国も、保護主義的政策をとる誘惑にかられ、輸出入の影響を非常に受けやすい分野である製鉄業、自動車産業、そして電気製品において、相手国の貿易慣行が公正ではないと批判し合っていた。一九八一年から一九八二年にかけては、とりわけソ連との間の東西貿易をめぐり摩擦が激化して、アメリカは、シベリアのガスパイプライン建設事業でソ連とのライセンス契約を行った欧州企業に対して制裁を発動したのである。一九八二年になると、EEC諸国は、アメリカが国際貿易をさまざまな形で阻害しているうえに、不安定なドル相場を通じて国際金融を不安定化させていると批判した。一九八五年には、東京ラウンド（一九七三－一九七九年）に続くGATTの多角的貿易交渉の開催をめぐる問題で、米仏間の対立と亀裂が激しくなっていった。一九八八年一二月五日から九日にかけて、アメリカはウルグアイ・ラウンドの交渉のなかで、共通農業政策として実施していた農業補助金を廃止するようECに圧力をかけた。

（2）政治摩擦

NATO加盟の南欧諸国では国内政治において予期せぬ事態が生じ、東西間で新たな緊張が増しているなかで同盟内部での亀裂が見られるようになった。

大西洋同盟内部の関係悪化　責任分担と財政負担を基礎として成り立つ大西洋同盟においてはアメリカの負担が巨大であり、それはまた軍事指揮権においても同様であった。これは、ヨーロッパが復興途上にあった終戦直後の事情がそのまま継続していたことに由来しており、一九七〇年代にはアメリカは、自国の防衛負担を軽減して、ヨーロッパ諸国がより大きな分担を受け持つよう、状況を改善させることを要望していた。アメリカの上院議員のなかには、ヨーロッパに駐留する米軍の撤退すら唱える者もいた。一九七一年には、それまでの通貨体制が大きく崩れたのに加え、もう一つの衝撃がヨーロッパを襲った。ヘンリー・キッシンジャーは、対大西洋関係を改善するため、一九七三年を「ヨーロッパの年」と呼ぶ新たな大西洋憲章の構想を提唱するようになり、これが一九七四年六月のオタワ宣言の採択に結びついた。この構想においては、大西洋同盟の理念と原則を想起することで、同盟が世界規模で抑止力を維持するための、フランスとイギリスの核戦力が持つ価値が再確認された。

だが、大西洋同盟内部の危機はすでに明らかになっており、さらに深刻化していった。第一次石油危機の衝撃を受けて、西側諸国は自らが相互依存関係にあることをより鮮明に意識するようになった。ヨーロッパでは、アメリカとの妥協を模索する指導者が現れた。イギリス労働党のハロルド・ウィルソン（任期一九六四－一九七〇年、一九七四－一九七六年）や、西ドイツのヘルムート・シュミット（任期一九七四－一九八二年）、フランスで自由主義経済を標榜するヴァレリー・ジスカール・デスタン（任期一九七四－一九八一年）であった。これらの指導者たちは、ヨーロッパ、アメリカ、そして日本の著名人が参加する日米欧三極委員会の提言も受けて、先進国首脳会議の制度化を進める気運が高まった。一九七五年一一月にはフランスのランブイエで、一九七六年にはプエルトリコのサンファンで先進国首脳会議が開催され、西側諸国間の関係は改善した。一九八二年にヴェルサイユで開催されたサミットからは、米英独日仏の五カ国の財務大臣が金融政策の領域で財務相会談を行うようになり、さらにカナダとイタリアの大臣も加わるようになったことで、「G7グループ」と呼ばれるようになった。三極協調は独自の価値と重要性を持っていたが、すぐにその限界も明らかとなった。本来非公開で行われていた会合も、メディアによってゆがめられ、壮大な劇場型の会議に変質したのである。とりわけ十分な協調に到達できず、東西関係のように異なる利害が衝突した。

防衛戦略をめぐる亀裂

防衛政策をめぐっても同様に、同盟国間で亀裂が生じデタントの将来についても見解が対立した。対米関係を維持・強化したいイギリスを除いて、西ヨーロッパ諸国では平和運動が活発化しユーロミサイルの配備への非難が高まっており、アメリカよりも東側との対話の道を維持することによりいっそう積極的であった。平和主義運動の潮流が強まる西ドイツでは、「東方政策」を犠牲にしてまで米ソ新冷戦に巻き込まれることに対する批判が生じ、一国主義的な中立主義が台頭した。とはいえ西ドイツは一九八三年の選挙を経て大西洋同盟を堅持する姿勢を確認したが、他方でこの年はルター生誕五〇〇年にも当たったことから、ドイツ国民としての一体性を求める声も浮上した。アメリカは、こうした態度を示すヨーロッパが中立化へ動く危険性を懸念した。とりわけヨーロッパ諸国がシベリアの天然ガスをソ連から大量に輸入する契約に合意したことで、ヨーロッパ経済がよりいっそうソ連に依存していくことを恐れたのである。

アメリカが進める戦略防衛構想(SDI)をめぐっても、ヨーロッパ内では立場が分かれていた。アメリカの防衛政策がヨーロッパの防衛と切り離されるのではないかという危機感を抱いたため、ヨーロッパ諸国はアメリカが提唱する戦略防衛構想に参加することに躊躇したのである。結局一九八五年から一九八六年にかけて、イギリス、西ドイツ、イタリアが、アメリカと協力する道を選んだ。その一方で、フランスは、「技術力のあるヨーロッパ」を実現するために、ヨーロッパ諸国に対し「ユーレカ計画」への参加を呼びかけたのである。

アメリカとヨーロッパは、イスラエルとアラブ諸国との争いをめぐって意見が対立していた。フランス政府とイタリア政府は親アラブ外交を推進したのに対し、その他の諸国は親イスラエルの立場をとったのである。国内政治の動揺や二国間関係の不和のために、大西洋同盟の一体性はさらに傷ついていった。

NATO内部の軋轢　キプロス紛争を原因として、一九七四年から一九八〇年にかけてギリシャがNATOの統合軍事機構から離脱し、大西洋同盟におけるパートナーであるはずのトルコとの間で危機が続いていくことになる。一九八一年一〇月に社会主義政党が政権の座を獲得すると、再びポルトガルの共産党の閣僚も含むギリシャとNATOとの関係も冷えこんだ。一九七四年四月のポルトガルの革命は、四〇年にわたる独裁体制に終止符を打ったが、その結果当初は共産党も入閣した政府が誕生することになった。そのほか、一九七一年、マルタで労働党の政府が誕生したことも混乱の原因になった。労働党政権の誕生によって、一九七四年以来マルタ島に本拠を構えていたNATOの地中海の海軍総司令部は移転しなければならなくなり、さらにマルタは一九八一年一月にソ連と協定を締結した。他方で、一九八二年六月にはスペインが、統合軍事機構とは距離を置きつつも、NATOに加盟した。

3　ソ連指導部の危機

それまで西側諸国に浸透していた共産主義の魅力は、大きく退潮していた。それは、西側諸国における共産党の選挙での得票結果を見れば一目瞭然である。プロレタリア独裁の原則を放棄し、「自由と民主主義のなかでの社会主義」の実現をめざすようになっても、支持は停滞したままか、あるいは後退するかのいずれかであった。

東欧諸国においては、「プロレタリア国際主義」と呼ばれるような、ソ連共産党の指導を拒絶する動きがよりいっそう拡大していった。

ソ連は、全欧州共産党会議を通じて、欧州諸国の共産党への影響力を維持しようとした。最初の全欧州共産党会議は、一九六七年四月にチェコスロヴァキアのカルロヴィ・ヴァリで開催された。開催をめぐる長い交渉の末、第二回大会は一九七六年六月二九日と三〇日に、東ベルリンで開催されることが決まった。しかしそこでは、ブレジネフが望んでいたようなソ連共産党の優位や、「プロレタリア国際主義」を認めさせることはできなかった。チェコスロヴァキア、東ドイツ、ハンガリー、ブルガリア、ポーランド、ポルトガルの共産党はそれを受け入れるつもりだったが、その他の諸国の共産党はためらうことなくそれを拒否したのである。

（1） ユーロコミュニズム

ソ連共産党に対し独自の立場を示す共産党を牽引する存在となっていたイタリア共産党のエンリコ・ベルリングェル書記長は、一九七六年六月二〇日の総選挙で三三・七％の投票率を獲得し、その成功を誇示していた。ソ連を批判することをためらわないイタリア共産党は、政権与党に加わることをめざし、キリスト教民主党との「歴史的和解」さえも視野に入れていたのである。そして、イタリア共産党は、欧州統合における「共同市場」と、イタリアのＮＡＴＯ加盟を容認する決断を下した。それに対しフランス共産党は、その中間の立場であった。一九六八年、フランス共産党は、ソ連のチェコスロヴァキアへの武力介入を控えめながらも批判することによって、はじめてソ連の方針とは異なる立場を示し、さらに一九七二年には、フランス社会党とともに「共同政府綱領」を締結し、ＮＡＴＯと「共同市場」をともに容認したのである。最終的に、一九七六年の会議は、各国の共産党の独自性と、共産党間の対等性の原則、さらには社会主義に至る多様な道が存在し、それぞれが自由に選択できることを宣言したのである。イタリア共産党を中心として、そこにフランスとスペイン両国の共産党が結集して形成した「ユーロコミュニズム」は、指導的な立場の政党と指導的な立場の国家が存在するという考えを否定し、東側陣営と西側陣営の双方の共産党に対して、独自の道を選択することが可能であるとアピールすることになった。「ユーロコミュニズム」がめざしたのは、社会主義が自由や民主主義といった理念との間で調和が可能である、と唱えることであった。このような主張は、一九七五年のローマでの仏伊両国の共産党の会合の場で、明確に規定されることになった。その後、アフガニスタンとポーランドで起こった深刻な事態を受けて、各国の共産党の立場はよりいっそう多様なものとなっていった。

（2）ポーランドの危機

東欧では、人民民主主義諸国はブルガリアと東ドイツを例外として、ソ連モデルを取り入れることにもモスクワの覇権を受け入れることにも、異議を唱え始めた。ニコラエ・チャウシェスクが率いるルーマニア政府は、国内政治では独裁を強化しながらも、ソ連とは次第に距離をとるようになっていった。ルーマニアの自主路線は、近東で危機が繰り返されるなかで確立していった。ハンガリーでは、カーダール・ヤーノシュが国民に十分な生活物資を行き渡らせることに努めた。チェコスロヴァキアでは、一九六八年に危機が続いた後に事態が「正常化」してゆき、反体制運動は、「憲章七七」に署名した知識人層に限定されていった。

対照的にポーランドでは、経済危機も一因となり、労働者と農家の大部分が知識人の反体制運動を支持しており、反体制運動は強い国民意識に支えられると同時にカトリック教会の支持を受けることによって確かなものとなった。とりわけ教会は、一九七八年一〇月一六日、クラクフ教区の大司教であったカロル・ユゼフ・ヴォイティワが教皇に選出され、教皇ヨハネ・パウロ二世としてそれまで以上に強力に反体制運動を支援するようになった。教皇ヨハネ・パウロ二世のワルシャワ訪問は、ポーランドにおける教会の権威の高さをあらためて確認するきっかけとなった。また、物価の高騰によって、一九八〇年二月のグダニスク造船所を発端としてストが次々と起こっていった。ポーランド統一労働者党は、レフ・ワレサが率いる独立自主管理労働組合「連帯」の合法性を容認せざるをえなくなった。ポーランド政府とストを実施した労働者との間では、一九八〇年八月三一日に労働運動の自由を認めるグダニスク協定が締結され、それによって権力の座にあるポーランド統一労働者党が支配的な地位にあることが認められた。こうした混乱のなか、一九八〇年九月六日、エドヴァルト・ギエレク第一書記は、その座をスタニスワフ・カニヤに譲り、一九八一年二月、ヴォイチェフ・ヤルゼルスキ将軍が首相に就任した。

一九八一年を通じて、権力の座にあるポーランド統一労働者党と大多数の労働者たちの間の溝は深まった。労働者は、カトリック教会の支持を得たのみならず、なんといっても一〇〇〇万人の加入者を誇る自主労働組合である「連帯」を通じて、組織化されていった。とはいえ、運動が勢いを増しながらも、政府当局との間では摩擦が相次ぐことでワルシャワ条約機構の他の加盟国の懸念が高まり、はたしてソ連軍はこれに対して軍事介入するのであろうかといった、労働運動が武力によって鎮圧される危険性が出てきた。一九八一年一二月一三日、党の秩序を回復するためにも、ソ連政府は新たに第一書記に就任したヤルゼルスキ将軍に対して、軍事クーデタを実行するように圧力をかけた。

ポーランド政府は戒厳令を敷き、警察による弾圧を強化して一九八二年には「連帯」を非合法化するなどの抑圧的な政策をとりながらも、カトリック教会とは協力関係を築こうと試みた。ポーランド政府は、一九八二年一一月に「連帯」のリーダーであり翌年にはノーベル平和賞を受賞することになるワレサを解放したことで、国内の抵抗運動も沈静化を見せたが、国内社会に安定が到来するまでは長い時間が必要であった。ポーランド危機は、東西関係に劇的な影響を及ぼした。アメリカとフランスは、一九八五年一一月にヤルゼルスキ将軍がパリを「公式実務訪問」するまで、ポーランドに対して制裁を科し、一切の関係を絶ったのである。

Ⅳ 東南アジア・ラテンアメリカ・中東

経済危機は、二つの超大国の間の対話のタイミングを乱しただけではなかった。過剰債務や制御不能な人口増加に苦しめられていた第三世界もまた、戦争と貧困の泥沼にはまったのである。第三世界諸国がゆるやかなグループを構成し、ある程度の連帯を示していたそれ以前の時代とは対照的に、この時代にはそれぞれの国家のエゴイズムが顕著となっていた。南北間の対話は停滞したままであった。また、アラブ世界は分裂していた。アフリカは、あらゆる場所で困難に直面していた。一九七九年九月三日から九日にかけてハバナで行われた非同盟諸国首脳会議では、この会議を単にソ連の意思の伝達機能の場にしようとしていたカストロに対し、チトー元帥が異議を唱えた。アメリカが内向きになりがちであったのに対して、ソ連は直接的また間接的な方法を通じて、世界各地で介入を行っていた。二つの超大国の間の二国間関係が悪化するだけでなく、そのことが世界のさまざまな紛争を混乱させてしまい、米ソ両国はそれらの紛争を解決することもできなければ、制御することもできなかった。中東、東南アジア、そしてラテンアメリカといった伝統的に緊張をはらんだ地域に加えて、インド洋、アフリカ、太平洋という地域が、新たな紛争を抱える舞台となってしまったのだ。

1　地中海における紛争と中東における紛争

（1）変わらない地中海の戦略的重要性

もしもスエズ運河が封鎖され、巨大な石油タンカーが造船されれば、地中海の経済的な側面での重要性が減少することも考えられるだろう。だがそれによって地中海の戦略的な重要性が減少することは考え難い。そしてソ連は、長らく求めてきた地中海における自らの航路を手に入れることに成功した。

地中海は世界の海上交通量の六分の一を集め、また世界の石油タンカーの航行の三分の一が集まっていた。地中海は、二つの超大国の勢力圏が重なり衝突する地域の一つともなっていた。

世界のあらゆる地域に展開可能なアメリカ海軍第六艦隊と対峙するなかで、ソ連海軍の艦隊は地中海での航行を展開し、アルジェリアとシリアに寄港可能な拠点を確保した。

NATOの二つの加盟国　NATOにおける近東の二つの加盟国、トルコとギリシャがキプロス問題をめぐって争っていたことは、事態を複雑にしていた。キプロス島は、ギリシャ系住民が八〇％と多数を占めており、トルコ系住民は一八％と少数となっていた。もともとはオスマン帝国の統治下にあったキプロスは、一八七八年にイギリスに行政権が移譲されてからは、地中海における重要な寄港地となり、さらに一八六九年のスエズ運河開通後には新たな戦略的重要性を持つに至ったのである。ギリシャ系住民とトルコ系住民がともに存在するという問題は、エノシス運動と呼ばれるギリシャによる併合でも、トルコとの連合でも、解決できない問題であった。キプロスは、一九五九年のチューリヒ協定に基づいて一九六〇年八月一六日に独立を達成し、キプロス正教会のマカリオス三世がその指導者となった。米ソ対立に翻弄されるなかで、ギリシャ系住民とトルコ系住民の二つのコミュニティの間の衝突が、一九六三年、一九六五年、そして一九六七年と、三度にわたって深刻な事態に帰結しており、一九六四年以降は国際連合キプロス平和維持軍(UNFICYP)が派遣され、そこに駐留するようになった。他方で一九六七年以降のギリシャは、数名の将校による軍事独裁政権が成立していたが、一九七三年一一月に大規模な国内の騒乱によってこの独裁体制が動揺し、ギリシャ政府がマカリオス三世に対するクーデタを裏から操り、一九七四年七月一五日にエノシス運動に好意的な政治指導者を擁立した。こうした事態を受けて、トルコ政府はただちに軍事介入を決定し、八月にはキプロス北部を制圧し、領土のおよそ四〇%を支配するに至った。その結果、一部のギリシャ系住民は南部に避難し、キプロス島は国連によって停戦ライン(グリーンライン)が引かれ、一九八三年には北キプロス・トルコ共和国が独立を宣言し、島の残りの部分から分離独立した。ギリシャとトルコは、ともに大西洋同盟の加盟国でありながら再び戦闘状態に入り、アメリカは二つの同盟国のいずれを支持するかというジレンマに直面した。ギリシャは、大西洋同盟それ自体からは脱退することなく、NATOの軍事機構から離脱し、その後一九八〇年一〇月に軍事機構に復帰した。幾度にもわたる交渉を経ながらも、二つの国家への分裂という状態は既成事実化していった。一九八八年一月と六月にトルコとギリシャ両国の政府首脳が会談したが、キプロス問題の解決に向けた進展は見られなかった。

米=リビア紛争　さらにこのころ、アメリカとリビアとの関係も悪化していた。一九六九年に、アメリカと密接な関係を築いていたリビアのサヌーシー王朝が崩壊すると、一九七四年に、リビアはソ連と緊密な協力関係を構築した。リビアは急速に軍備を増強していき、アフリカと中東において地域を不安定化させるような行動をとるようになる。カダフィ率いるリビアとレーガン政権のアメリカとの関係は急速に悪化し、両国の間の敵対的な関係が数多くの衝突を引き起こした。リビアによる過激なテロに報復するために、アメリカが一九八六年四月一五日にベンガジとトリポリを爆撃したこともその一つである。

（2）戦火のやまない中東

中東では、イスラエルとアラブ諸国との紛争に加え、新たな緊張も浮上してきており、世界平和を脅かす危険地帯となっていた。この地域では、イスラーム復興主義が見られるようになり、イスラーム教徒の結束と、域外大国からの地域の自立性が模索されるようになっていった。リビア、サウジアラビア、イラク、アラブ首長国連邦、クウェートなどの国家は、原油産出によって得た莫大な富で軍備の近代化を行った。他方で、シーア派がつねに優勢であるなか、イラン革命においてはイスラーム教の教義が中核に位置づけられ、「イスラーム共和国」が誕生した。すなわちイランの人々は、コーランとルーホッラ・ホメイニーに服従することが求められたのだ。中東におけるソ連の主要同盟国であったシリアの指導者であるハーフィズ・アル・アサドはアラブ世界を統合して、シリアを中心に、レバノン、ヨルダン、そして将来誕生することになるパレスチナ国家を糾合し、「大シリア」の再建者になることを熱望した。石油ドルで潤うカダフィ大佐もまた、リビアを中心としてアラブ世界を統一する野望を抱いていた。サウジアラビアは石油ブームによって膨大な利益を獲得し、優越した地位を確立していた。

二つの超大国の動向　このような情勢に直面し、二つの超大国は事態を収束させるために苦悩していた。ソ連はシリアに相当規模の軍事支援を提供し、さらにエチオピア、リビア、南イエメンのような革命国家を支援していた。とりわけ、アフガニスタンに直接軍事介入を行うことを通じて、ソ連はペルシャ湾における勢力圏争いに加わる意思を示していた。それに対しアメリカは、リビアやペルシャ湾での軍事介入やサウジアラビアやエジプトのような穏健派のイスラム諸国を支援することによって、ソ連の膨張主義を抑止しようと努めていた。

シナイ半島の「一〇一km地点」でのエジプト軍とイスラエル軍との会談に始まる両国の和解においては、アメリカの関与、とりわけキッシンジャー国務長官の役割が決定的に需要であった。キッシンジャーの「ステップ・バイ・ステップ」外交によって、アメリカは中東における影響力を回復することに成功した。だが、状況が好転するうえでより大きな役割を果たしたのは、エジプトのサダト大統領の英断であった。一九七七年一一月一九日から二一日にかけての、サダト大統領の電撃的なエルサレム訪問によって、イスラエルとエジプトの和解が実現したのである。その後、一九七八年九月五日から一七日にかけて、アメリカのカーター大統領による仲介を得て、イスラエルのメナヘム・ベギン首相とサダトとの間でキャンプ・デーヴィッド合意が結ばれた。さらには一九七九年三月二六日にワシントンで、イスラエルとエジプトの間での平和条約が締結されるに至ったのである。アメリカの関与と仲介によって、三〇年間にもわたって続いてきたイスラエルとその近隣アラブ諸国との間の戦争状態がいよいよ終結することになった。エジプトは、一九六七年以降占領されてきた領土を回復する結果となった。この条約の内容が履行され、一九八二年四月にイスラエル軍はシナイ半島から撤退する。しかし、中東においてより確かな平和を実現することを試みながらも、これ以降のさまざまな努力が報われることはなかった。

孤立するエジプト　エジプトは、イスラエルと和平を締結したことでアラブ世界で孤立する結果となった。エジプト政府の決定に異議を唱える「反対戦線」(一九七七年一二月)に加わっていたアルジェリア、リビア、イラク、南イエメン、パレスチナ解放機構(PLO)、さらにはサウジアラビアやヨルダンのような穏健イスラーム諸国も、エジプトに同調することはなかった。一九七八年一一月、バグダッドで開催されたアラブ首脳会議では、エジプトはアラブ連盟から追放され、それまでカイロにあった本部がチュニジアの首都のチュニスに移されることになった。たしかに、サダト大統領の外交政策は勇気溢れるものであった。そうしたことも起因して、またエジプトでイスラーム教保守派の影響力が増大したこともあって、一九八一年一〇月六日、サダトはイスラーム原理主義者の手によって暗殺された。政治的対立に宗教的要因が重なり、アラブ世界の連帯が崩壊し始め、イラン゠イラク戦争はそのような流れを決定づけた。スンニ派とシーア派という二大宗派、さらにはそれに加えて数多くの分派が存在したことはイスラーム世界における分裂の原因となり、このような宗派対立によってイスラーム諸国の間の紛争や内戦が繰り広げられていく。

パレスチナ問題の行き詰まり　パレスチナ問題は解決策が見つからなかっただけではなく、さらなる状況の悪化を招いた。一九六四年に創設されて以来、PLOは国際的承認を得ようと努力していた。一九七四年九月、国連でこの問題が「難民問題」としてではなく、はじめてパレスチナ問題として議題にあがった。PLOの指導者であるヤーセル・アラファトは、一九七四年一一月一三日に国連総会の場で演説する機会を与えられ、パレスチナにおける統一民主国家の樹立を主張した。

この時期のイスラエルの政策は、保守政党の党首であり一九七七年から一九八三年まで首相の座にあったメナヘム・ベギンに主導されており、パレスチナ国家の存在を否定し、さらにPLOに「事実上(*de facto*)」の承認を与えることを一切拒否するものであった。イスラエルは一九八〇年七月、エルサレムを首都と位置づけるようになり、さらには一九八一年一二月にはシリア領であったゴラン高原を占領し、ヨルダン川西岸地区のユダヤ人の入植を促進した。アラブ諸国は、パレスチナ人民を代表する唯一の国家としてPLOを承認し、それに対して道義的および物質的な支援を与えた。ソ連もまたPLOを承認し、パレスチナ国家の存続を支持する意向を表明していた。アメリカは、ヨルダンのなかにヨルダン河西岸地区を含むパレスチナ国家を樹立する解決策を提唱した。EC加盟諸国は一九八〇年六月一三日のヴェネツィアEC首脳会議で、平和プロセスにPLOも参加させるべきであると主張した。フランスのフランソワ・ミッテラン大統領は、一九八二年三月四日にパレスチナ国家の樹立を擁護する演説をイスラエルで行った。だがイスラエルはこうした要請に応じることはなく、またパレスチナはテロ活動を繰り返し閉塞状況に陥った。

レバノンの苦悩　フランスのかつての委任統治領で一九四五年に独立国家となったレバノンは、それまでは異なる宗教が共存する成功例として見られてきたが、そのレバノンさえもはや平和と繁栄の場ではなくなっていた。レバノンは、マロン派のキリスト教徒（シリアのカトリック）と、イスラーム教徒（ドゥルーズ派とシーア派）との間の伝統的な亀裂によって国家が分裂すると同時に、PLOが一九七〇年九月にヨルダンから追放されレバノンに拠点を構えるようになったことで、イスラエルとアラブ諸国との紛争に直接巻き込まれるようになった。その結果、一九七五年四月一三日にはキリスト教のファランヘ党支持者とパレスチナ人との間で紛争が勃発し、レバノンは内戦に突入していった。レバノンは徐々に小さな共同体レベルの単位に細かく刻まれていき、さらに国連レバノン暫定駐留軍（UNIFIL）が無力であり、しかも隣国が介入を繰り返すことによって、事態は悪化の一途をたどった。一九七六年以降シリアは、パレスチナ急進派とキリスト教勢力の双方に関与することで、仲裁の努力を行った。イスラエルはこのころ、南レバノンのパレスチナ難民が避難していたファタハランドからの攻撃を受けて、一九七八年三月にそれに対する報復攻撃を行った。しかし、一九八二年六月、イスラエルが実施した「ガリラヤの平和作戦」は、それまでとは異なる規模のものであった。イスラエルは、レバノンからPLOを排除して、自国との間で和平を締結できるような安定した政権をレバノンに樹立させることを望んでいた。たしかにベイルート包囲作戦によってPLOの影響力をレバノンから排除することは実現したが、レバノン崩壊に帰結する一九八二年九月一四日までこのような状況が続き、キリスト教系の民兵組織の指導者であったバシール・ジェマイエル新大統領が暗殺されるに至ったのだ。イスラエル軍は想定された以上の反撃を受けて敗走し、一九八三年七月には最終的に撤退した。レバノン情勢の悪化に伴い、「仲裁」のための、アメリカ、フランス、イタリア、イギリスから構成される多国籍軍が駐留することになった。この多国籍軍の目的はシリアの野心を阻むことであったが、一九八三年一〇月二三日にはフランス兵五八人とアメリカ兵二四一人がテロの犠牲となった。その結果、多国籍軍はレバノンから撤退することになる。レバノンでは統治機構が麻痺しており、和平はよりいっそう遠のき、さらに大国が介入することをやめたため、シリアの支配下に入ることになった。

2 東南アジアにおける権力政治

東南アジアでは、大国間関係の構造が再編されていった。すなわちそれは、アメリカがインドシナ半島から撤退したことに伴い、アメリカに代わりソ連が同地で影響力をますます強化させたことに起因しており、さらには東南アジアではベトナムの膨張主義が目立ち、「モスクワ－ハノイ」枢軸に対抗して、「北京－東京－ワシントン」枢軸が形成されていったのである。

(1) ベトナムの膨張主義

ベトナム戦争の終結　この地域におけるもっとも大きな問題は、ベトナムをめぐる問題であった。一九七三年一月二七日に調印されたパリ協定は、南北ベトナム間の戦争を終わらせたわけではなく、南ベトナム共和国臨時革命政府（ＰＲＧ）は、グエン・ヴァン・チュ将軍が率いるベトナム共和国（南ベトナム）の支配地域を着実に侵食していった。ハノイを首都とするベトナム民主共和国（北ベトナム）が主導する形でベトナムが統一されていくことによって、旧インドシナ植民地の統一をめざし中国の膨張主義的な野心を拒絶することになった。北ベトナムが南ベトナムを併合することは、その最初の動きであった。一九七五年四月の時点になると、共産主義勢力の優勢はもはや覆すことのできない現実となっており、アメリカのジェラルド・R・フォード大統領も、サイゴンを首都とする南ベトナムが緊急事態として要請した軍事支援の実施を試みたものの、議会の否決によってその試みは挫かれた。南ベトナムの抵抗は、瞬く間に崩壊していった。

一九七五年四月、サイゴンとプノンペンが陥落し、同年一二月にラオスでパテート・ラーオ率いる共産主義勢力が勝利したことによって、ベトナム人民共和国が誕生した。これによって、旧インドシナ植民地の全域が、共産主義化したことになる。だが混乱はこれ以降も続き、カンプチア人民共和国と改名されたカンボジアでは、共産主義勢力のクメール・ルージュが大量虐殺を行った。

アメリカの威信の黄昏

こうしてベトナム戦争は、アメリカの威信が失墜するとともに終結し、さらに一九七七年六月三〇日にSEATOが解体したことで西側諸国の影響力の後退が明らかとなった。とはいえ、旧フランス領植民地の領域を越えて「ドミノ理論」が証明されたわけではない。すなわち、カンボジアとの深刻な国境紛争を抱え、北部では共産党ゲリラに悩まされていたタイは、共産主義化されることはなかった。一九六七年八月八日にタイは、マレーシア、インドネシア、フィリピン、シンガポールとともに、東南アジア諸国連合（ASEAN）と称する地域グループを形成し、政治と経済の分野での協力を育みながらも、不干渉主義を原則としていた。ASEANの目的は東南アジアに平和と中立的な領域をもたらすことであり、域外大国の介入を妨げることであった。だが、ベトナムの膨張主義に対する恐怖からASEANはアメリカに接近して、結果的に体制転覆活動を阻止することになった。こうしてアメリカは、日本や韓国、クラーク空軍基地やスービック海軍基地の使用を許可したASEAN諸国、さらには中国との関係を通じて、この地域で一定の役割を維持することになった。

ラオスとカンボジア――ベトナムの二つの「保護領」

一九七五年、ベトナム民主共和国が勝利することでベトナムは統一され、この地域最大の軍事大国となった。そして一九七七年七月に、ソ連の衛星国であったラオスは、ベトナムの影響下に入った。カンボジアでは、ベトナムの膨張主義的な動きは、ポル・ポトへの中国の積極的な支援との間に軋轢を引き起こした。領土問題に端を発するカンボジアとの国境紛争や、クメール・ルージュが行っていた大量虐殺は、ベトナムが一九七八年一二月二五日から一九七九年一月七日にかけてカンボジアに軍事侵攻し、さらには同国を占領下に置くことの口実に使われた。ベトナムはポル・ポト政権を解体し、カンボジアをいわば事実上の保護国とした。こうして、インドシナ半島の全域が、ベトナムの政治的および軍事的な支配下に置かれたのである。インドシナ半島では終わることなく戦争状態が続き、そのためにベトナムやカンボジアでは多くの人々が虐殺と略奪を逃れるために国を離れ、海を渡り「ボート・ピープル」となったが、その途上で命を落とす者も少なくなかった。

(2) 二つの覇権国と中国

中ソ対立においては、東南アジアが一つの争点となった。一九七六年に毛沢東と周恩来が立て続けに死去したが、中国の対外政策が大きく変わることはなかった。すなわち、米ソ二つの超大国のいずれの覇権も認めないとする立場をとりながらも、実際にはアジアとアフリカにおいてソ連の進出を阻むあらゆる措置を支持し、またインドに領有された領土の回復を求めていた。中国の政治指導者たちはソ連を「主要敵」とみなすようになり、また独自の「三つの世界論」を展開した。「第一世界」には、帝国主義であるアメリカとソ連が含まれていた。また、ヨーロッパ、カナダ、そして日本は、二つの覇権国とは異なる立場をとりうるような、中間的な役割を果たすことができる「第二世界」として分類された。「第三世界」は、中国が指導的な立場に立つ発展途上国で構成されることになる。これは実際には共産主義国家である二つの大国が、グローバルに対立する構造を示唆するものであった。中国は、概してソ連の行動に対抗するような外交を展開し、ソ連との国境地域であるパミール高原や、インドの領土に対して、領有権を取り戻そうと試みた。だが、中国がとりわけ強く意図していたことは、東南アジアにおける大国としての地位を確立することであった。

一九七八年一一月に友好協力条約を締結したソ連とベトナムに対峙するなかで、ベトナムの影響力がラオスとカンボジアに浸透するのではないかと中国は懸念を抱いていた。ソ連とその友好国であるベトナムに挟まれることの恐れから、さらにはベトナムを懲罰する必要から、一九七九年二月一七日から三月三日にかけて中国は一時的にベトナムとの国境地帯を軍事占領した。ソ連は軍事介入をすることはなく、ベトナムに対して物資の輸送による支援を提供するにとどまった。中国は、このような「警察的行動」を行うことで、東南アジアにおけるいわば「憲兵」としての役割を担ったのである。

米中和解　他方で、中国はすでに一九七〇年代のはじめから、西側諸国に接近し始めていた。一九七八年八月に中国は日本と平和友好条約を締結したが、その条約文のなかには、ソ連を示唆する「反覇権条項」が含まれていた。一九七二年二月二一日から二八日にかけてのニクソン大統領の北京訪問以後、米中間の交渉は、アメリカが譲歩しないこともあって台湾問題をめぐって行き詰まった。中国で鄧小平が権力の座に就き、アメリカでカーターが大統領に就任すると、一九七八年一二月一六日に中国とアメリカは外交関係を樹立して、アメリカは中華人民共和国を中国を代表する唯一の政府として承認した。一九七九年二月の鄧小平の訪米とアフガニスタン紛争は、米中接近という画期的な事実を再確認する機会となった。中国は依然としてマルクス・レーニン主義の教義に基づく国家であったが、それでも中国はソ連と対抗するために、西側の事実上の「同盟国」ともいえるような立場をとっていたのだ。

改善へ向かう中ソ関係　一九八二年以降、中国政府はアメリカとソ連との関係を均衡させるような等距離外交を模索するようになる。毛沢東の死後、中国は文化大革命に背を向けるようになるが、このことはソ連との間でのイデオロギー対立の一つの要因が消失したことを意味する。鄧小平の強い指導の下で、中国は現実主義へと路線を転換していった。ソ連のアフガニスタン介入や、ベトナムのカンボジアへの介入のように、両国間の関係を改善するうえでの「障害」は存在し続けたが、それでも一九八五年以降には関係修復に向けた動きが見られるようになった。一九八九年五月一五日から一八日にかけてのゴルバチョフ書記長の訪中により、両国間の関係改善はさらに前進し、三〇年間にわたり不和にあった両国の関係が正常化したのである。

（3）　日本とインドの国際的位置

日本　日本はすでに経済的な超大国であったが、政治的には取るに足りない存在に過ぎなかった。日本は戦後長い間、軍事行動においては制約が伴い、また安全保障面ではアメリカとの同盟関係に依存しており、対外政策は実質的には通商政策や通貨外交の領域に限定されてきた。ソ連とは一九五六年に国交を回復しながらも、一九四五年以降ソ連が北方四島を占拠し日本がその返還を主張していることを理由として、平和条約の締結には至っていない。他方で、一九七八年八月一二日に中国との間に平和友好条約を締結した日本はすでに、中国ともソ連とも特恵関税国となっていた。この時期になると日本は、それまでのアメリカとの緊密な同盟関係に依拠するだけではなく、アジア地域で独自外交を展開するようになっていた。日本は、アメリカとの関係において特別な配慮を示すことなく、アジア市場において優越的な地位を確立するようになった。そのためアメリカでは、ソ連の軍事的脅威よりも、日本の経済的脅威の方をより深刻に考えるような見解が見られるようになった。ヨーロッパにおいても、鉄鋼、自動車、電化製品のような分野で、日本の進出を脅威と捉える見方が出てきた。さらには、防衛計画を着実に前に進めてきたことによって、日本はすでにアジア太平洋地域における主要な軍事大国へと変貌を遂げていた。

インド　インドは、非同盟運動の成立に向けてネルーが果たした歴史的役割を主な理由として、一定の道義的な権威を保持することができた。とはいえ、パキスタンと中国という二つの主要ライバル国家と対峙するために、一九七一年には印ソ平和友好協力条約を締結してソ連外交に同調し、それによって中立という立場とは異なる行動をとらざるをえなかった。インドは国内に民族対立や宗教対立という矛盾を抱えており、それらの問題の解決をとりわけ優先せざるをえないという事情があった。パンジャーブ地方を本拠地とする少数派のシーク教徒は、自治拡大を要求して動乱を起こし、その結果一九八四年一〇月三一日のインディラ・ガンディー首相の暗殺が起こった。

(4)　環太平洋地域

朝鮮半島　アジアはいわば、「凍結された紛争地帯」でもあった。一九五三年の休戦協定によって凍結されていた朝鮮半島の緊張状態は、一九八三年九月にソ連の戦闘機が韓国の民間機を撃墜することによって再燃した。

朝鮮半島の現実は、一つの民族が二つの国家に分断されている現実を象徴しただけではなく、一つの世界が二つに分断された実情を象徴しており、また平壌とソウルとの間で戦争が再発するという永続的な危険を象徴するものでもあった。さらには朝鮮半島はアジア太平洋地域の四大国にとっての戦略的な要衝でもあった。アメリカは一九五〇年代以降には朝鮮半島に米軍基地を保持していた。またソ連は、アジアでよりいっそう大きな役割を担うようになっていた。そして中国と日本は長い間、朝鮮半島でより大きな影響力を持とうとしたため対立関係にあった。これらの諸国の利益は調整されずに、現状維持の状態が続いた。韓国は工業化を進め貿易を拡大していったことでより大きな国力を持つに至ったが、他方で絶えず北朝鮮の軍事的脅威と独裁体制がもたらす緊張を直視しなければならなかった。

台湾　台湾は、領土と人口は小さな規模に過ぎないが、西側諸国はそれを大陸から切り離して独立を維持させることにした。

だが皮肉にもそのために台湾は驚異的な経済発展を遂げ、「アジア四小龍」の一角を占めるに至り、新興工業勢力となった。台北の政府が中華人民共和国に吸収されることを拒絶したため、台湾問題の解決は行き詰まりとなった。

環太平洋地域の韓国、台湾、香港、シンガポールは、グローバルな市場において驚異的な成功を収め、ヨーロッパや北米における伝統的な先進工業諸国のライバルとなり、世界におけるパワー・バランスを大きく変化させる要因となっていた。

3 ラテンアメリカの不安定化

ラテンアメリカでは、クーデタとゲリラ活動がこの時代を象徴しており、世界でもっとも不安定な地域の一つとなった。こうした紛争の原因はよく知られているとおりである。すなわち脆弱な経済構造、社会的な格差、不安定な政治システムが、ゲリラ活動の増加や、マルクス主義のイデオロギーの普及を促進していた。北米が優越的な立場にあることは、ラテンアメリカ諸国、とりわけ中米諸国にとっては受け入れ難いことであり、それらの諸国では強大な隣国への従属から脱し自立した政治を希求する声が高まっていた。

（1） キューバ・モデルの影響

一九六〇年代から一九八〇年代にかけての時代は、マルクス・レーニン主義に基づく革命運動と、保守派勢力が支配する政権との間の激しい抗争によって特徴づけられるものであった。またこの時期には、バミューダ諸島がイギリス領にとどまった一方で、ジャマイカ、バルバドス、バハマ、グレナダ、ベリーズなどイギリスの島々や領土、あるいはオランダ領のスリナムが独立を達成していた。経済発展に伴って、格差社会もまた急速に進行しており、キューバから革命の波が押し寄せてきた。

キューバは、アメリカ大陸ではじめての社会主義国家であるのみならず、ラテンアメリカ全体に革命を浸透させる意思を明確に示していた。アメリカと敵対することによってキューバに対する好意的な空気が広まっていき、カストロは反帝国主義の英雄の一人と目されるようになった。キューバは、アンゴラやギニアビサウなどアフリカにおける植民地解放運動を支援し革命を普及させて、モスクワからの指令に従うことを使命としていた。一九七五年から一九八五年にかけて、二〇万人ものキューバ人が、アンゴラおよびエチオピアにおける内戦を支援するために派兵された。キューバはソ連に依存しながらも、第三世界における影響力を増していき、一九七九年九月三日から九日にかけて行われた第六回非同盟諸国首脳会議はキューバの首都であるハバナで開催された。

(2) アメリカの指導力の後退

一九七〇年末まで、西半球の政治情勢においては現状維持が望ましいと考えられていた。たしかに、もはや西半球はアメリカ一国が自ら思いどおりにできるような領域ではなくなっていた。一九六二年以降は、自らの勢力圏において、ソ連の同盟国となる共産主義政権が存在する事実を認めざるをえなくなっていた。他方で、自国の経済的および戦略的利益に基づいて、アメリカは共産主義の膨張を封じ込める政策を実行してきた。チリにおいて、サルヴァドール・アジェンデがマルクス主義に基づいて統治を行おうとしたことをアメリカは容認せず、一九七三年九月一一日にはアウグスト・ピノチェト将軍が画策したクーデタによってアジェンデの政権は転覆させられた。アメリカはラテンアメリカではこのような独裁政権を支援する一方で、自国の利益や地域の安定を損ねるような危険因子と判断した国家指導者を、失脚させていったのだ。

カーター政権の政策（一九七六－一九八〇年）　カーター大統領の下で、アメリカのラテンアメリカ諸国に対する政策は大きく変化した。というのも、カーター大統領は、人権や国家主権の原則に重きを置くことを宣言していたからである。そのような方針に従ってアメリカは、ラテンアメリカ諸国に対する援助政策を選択的に行い、さらにはチリやアルゼンチンの独裁者たちに対しては、軍事的および財政的な支援の規模を縮小したのである。一九七八年六月一六日にはパナマ運河条約が締結され、パナマ共和国は大西洋と太平洋を結ぶ海路の主権を段階的に手に入れることになった。この海路は、アメリカが一九〇三年に管轄権を確保したものであるが、それを手放す必要が生じたのだ。このようにして、ラテンアメリカにおけるアメリカ帝国主義の一つの痕跡が消えていった。

しかし、いわゆる「カーター・ドクトリン」を実際の外交でどのように実践していくのかについては、依然として不明瞭であった。カストロ主義の影響を受けた勢力であるか否かにかかわらず、ラテンアメリカにおける革命勢力はその活動を活発化させていった。一九七九年三月にはグレナダ島で、そのような革命勢力が政権を奪取した。また一九七九年七月、ニカラグアでは、サンディニスタ民族解放戦線がアナスタシオ・ソモサ・デバイレ大統領を追放した。革命が他国に感染し、さらにエルサルバドルやグアテマラでゲリラ勢力に対して新政権が支援を与え始めたことが、アメリカ政府の懸念を増幅させていった。一九八〇年一一月にレーガンが大統領選挙に勝利すると、アメリカ政府は反革命勢力を軍事的および財政的に支援するようになり、さらにカリブ海諸国への援助計画を立案することで、そのような動きに対抗するようになる。

レーガン政権の中米における政策構想（一九八二年二月）

一九八二年二月の、レーガン政権の中米諸国に対する政策構想（カリブ海域のためのイニシアティブ）の目的は、民主主義を定着させ、対話を促し、経済発展を実現し、防衛力を強化することによって、政府の転覆を未然に阻止することであった。一九八三年一〇月二五日、内乱状態に陥ったグレナダにアメリカが侵攻したことは、レーガン政権にとってカリブ海での威信を回復するための契機となることを意図したものだった。しかしアメリカが抱えていたもっとも大きな問題は、ニカラグアをめぐる情勢であった。小国でありながらもニカラグアはカリブ海における戦略的要衝であり、一九七八年には深刻な危機に陥っていた。一八九五年生まれで一九三四年に没したニカラグアの抵抗運動家で、一九三三年のアメリカの介入を撃退したアウグスト・セサル・サンディーノから名前をとったサンディニスタ民族解放戦線と、四〇年以上にわたり国を支配してきたソモサ家との間で争いが起きていたのだ。一九七九年七月一七日、内戦のような状況のなか、アメリカから見放されたソモサ将軍は政権を放り出した。サンディニスタ革命政権によって統治されたニカラグアに対するアメリカの支援は打ち切られたが、一九八二年にはニカラグアにキューバとソ連の軍事顧問がいることを懸念したレーガン政権の後押しを受けた反革命勢力のコントラが蜂起し、内戦が再開された。しかし、アメリカの議会は、コントラに対する軍事支援を更新することに難色を示し、一九八三年四月に誕生したコンタドーラ・グループ（メキシコ、ヴェネズエラ、コロンビア、パナマ）は両者の間の仲裁を試みた。

アメリカは、ラテンアメリカにおいて「パクス・アメリカーナ」が維持されることを望み、ラテンアメリカの政治指導者たちの独立へ向けた意思を尊重し、またメキシコや、ブラジル、さらにはヴェネズエラといった新興国への配慮も怠らないようにするのと同時に、フランスのミッテラン大統領に見られるような、西側の指導者がしばしば表明する批判にも留意して行動しなければならなかった。

アメリカの指導力の危機

このような、ラテンアメリカにおけるアメリカの指導力の危機は、一九八二年の春に勃発したフォークランド紛争によってよりいっそう明瞭となる。これは、一八三三年以降、フォークランド諸島を統治するイギリスと、イギリスの主権を否定し自国の領有権を主張するアルゼンチンとの間で起こった領土紛争である。それまで潜在化していた紛争は、一九八二年四月二日にアルゼンチンのレオポルド・ガルチェリ大統領がポートスタンリーの軍事占拠に突如踏み切ったことによって表面化し、海と空を舞台とした戦闘の火蓋が切って落とされた。このフォークランド紛争は、一九七九年以降、「鉄の女」と呼ばれていたサッチャー首相が率いるイギリス軍の優勢のなかで推移していった。サッチャーは、ロンドンから一万一〇〇〇㎞も離れ、住民が一六〇〇人ほどのこの離島を奪還するため、海軍の総力を挙げて戦闘を展開させることをためらわなかった。一九八二年六月一四日、イギリス軍はポートスタンリーを奪還した。

地政学的な観点からすると、ソ連の潜水艦が大西洋と太平洋を往来する際の航路となるドレーク海峡の支配を維持することが、おそらくもっとも重要なことであった。政治的な観点からすれば、フォークランド紛争は西側にとっては矛盾に満ちあふれた、好ましくない時期に起こった危機であった。というのもアメリカは、北大西洋とアメリカ大陸という二つの地域における同盟のなかから、いずれか一つを選択しなければならなかったのだ。レーガン大統領はイギリスの立場を支持する決断を下したが、その結果としてアルゼンチンをはじめとする多くのラテンアメリカ諸国に屈辱を植えつけることになった。というのも、米州機構は、フォークランド諸島におけるアルゼンチンの主権の存在を承認していたからである。それにとどまらず、ソ連とキューバがこの地域で得点を稼ぐ結果となった。アルゼンチンでは、イギリスに対する軍事的な敗北を契機として軍事独裁政権が崩壊し、リベラルな政権が誕生する結果となった。ラウル・アルフォンシンがアルゼンチン共和国大統領に就任し、新政権はそれまでの軍事独裁政権の指導者たちを訴追することにした。このころには、ラテンアメリカ全域で民主主義が拡大しつつあった。一九五八年以降、ヴェネズエラとコロンビアで、一九七八年にはペルーで、一九八一年にはボリビアで、そして一九八四年にはブラジル、アルゼンチン、ウルグアイで、軍事独裁政権が倒れて、民主的な政治体制へと移行したが、他方で一九八六年二月にはフランソワ・デュヴァリエ大統領が失脚した後のハイチでは、民主化が実現することなく、政治的安定が依然として模索されていた。

V 新たな対立、新たな争点

第三世界におけるソ連の膨張主義は、それまで長い間、あくまでもアジアと中東に限られているとみなされていた。ところが一九七〇年代以降、ソ連は自国のプレゼンスと影響力を広範囲に拡大していき、インド洋、カリブ海、太平洋、そしてアフリカに、自らの影響力を鮮やかに浸透させていた。

1 ペルシャ湾とインド洋

東南アジアは不安定な地域であった。宗教対立、民族紛争、格差社会の存在、それらに輪をかけるような政治的不安定性(パキスタンにおけるクーデタ、インドにおける政治家の暗殺)が絶えず緊張をもたらしていた。しかし同時に、この地域は西側にとってはきわめて重要でもあった。

石油危機以降、原油産出の拠点でありインド洋への玄関でもあるペルシャ湾は、よりいっそう重要視されるようになった。アフリカ東部のソマリアとエチオピアの一部を含む「アフリカの角」と呼ばれる半島は、紅海への航路口を支配するための要衝でもあった。ソ連がそれらの重要な地域で影響力を増していくことに対して西側諸国は深い懸念を抱いており、さらには第三世界における西側の二つの同盟国、すなわちエチオピアとイランの体制転換を深刻に受け止めていた。つまり、一九七四年九月一二日にエチオピアの皇帝が廃位させられ、一九七七年には軍閥勢力が権力を奪取して、ソ連をモデルとするようになったのである。こうしてエチオピアは、ソ連の重要な同盟国となった。また、ソ連は一九七一年に締結した条約に基づいてインドとも関係を強化し、さらにはアフガニスタンとも一九七八年に条約を締結し、また南イエメンとも称されるイエメン人民民主共和国とは一九八四年に条約を締結して、同じように関係を強化していた。これらの条約によって、ソ連の軍艦が寄港できる拠点をインド洋に数多く設けることができた。アメリカは、南アジアにおける東西間の力の均衡を取り戻すために、一九七九年に停止したパキスタンに対する経済的・軍事的援助を一九八一年に再開するとともに、イギリスがアメリカに貸与したインド洋のディエゴ・ガルシア島の海軍基地を強化する以外、選択肢がなかったのである。

（1）イラン＝イラク戦争の影響

イラン革命の勃発　一九七八年から一九七九年にかけてイランで起こったイスラーム革命は、急激に進みすぎた近代化のひずみによって生じたものであり、シャー（国王）を中軸とした政治体制を転覆し、それに代わるイスラーム共和国の創設に帰結し、ペルシャ湾の政治的構図を一変させた。イマーム（イスラーム教の預言者）であるホメイニーは、一九七九年二月一日、イラン革命を指導するために亡命先のフランスから戻ってきた。ホメイニー率いる新しい政権は、それまでアメリカが「ペルシャ湾の憲兵」とみなしてきたシャーのモハンマド・レザー・パフラヴィーが行ってきた政策とはあらゆる領域で対極の政策を実行した。革命後のイランはそれまでとは異なって閉鎖的となり、石油の輸出を五〇％削減し、西側世界からの影響を遮断し、イスラム世界全体に向かって原理主義に基づく革命の必要を説いた。西側諸国にとってイラン革命は「前哨基地」の喪失を意味したことからも、困難に直面することになり、他方でソ連と国境を接していたイランはその直接的な影響を受けることになった。イラン革命はシーア派によって拡散されていき、その教義はマグレブ地域を越えて、中東地域のみならずインドネシアからサハラ以南のアフリカに至るまで、世界全体に急進的なイスラーム運動を覚醒させて、強化させる結果となった。とはいえまず何よりも、この革命はペルシャ湾岸地域を不安定化させ、世俗国家であるイラクを不安定にしていった。

イラン＝イラク戦争　そのような背景のなかで、イラン＝イラク戦争が勃発した。一九八〇年九月二二日、一五〇〇㎞にわたって両国を隔てている国境での衝突と、長年係争となっていたシャットゥルアラブ川流域の領有権問題を理由として、イラクはイランを攻撃する決断を下した。イラクは、イランにおける体制転換をめぐる混乱を好機と捉えて、一九七五年三月六日に締結されたアルジェ合意でイランのシャーが手に入れた土地を取り戻そうとしたのである。このアルジェ合意では、ティグリス川とユーフラテス川の合流によってできたシャットゥルアラブ川が分割線になり、流域の中央線を境界として国境線が引かれ、双方自国寄りの河岸を領有する結果となっていた。

イランでのイスラム革命に伴う混乱と、イラン軍の一時的な弱体化を好機と判断したため、イラク軍の司令部は戦争が短期で終結するとみなしていた。一九八〇年九月から一九八二年三月にかけての時期にはイラクが攻勢に出たのに対し、一九八二年三月から一九八四年四月にかけての時期には反対にイランが反撃に出た。四〇〇〇万人の人口を擁するイランが崩壊することなく強大化していった一方で、人口が一四〇〇万人のイラクはむしろ弱体化したのである。イランにおける愛国主義的な熱情と、ホメイニー主義を掲げるスローガンが、イラン軍に対して十分な活力を与える結果となり、イラクに対する攻勢へと導いたのである。一九八四年四月から一九八八年八月までのその後の四年間に、イラクとイランは互いに敵国の都市を破壊するために爆撃の応酬を行い、さらには石油タンカーを攻撃してしまったことで、この戦争は国際的な余波をもたらした。さらにこの戦争は、アラブ世界と中東全体に大きな影響を及ぼすことになる。というのも、アラブ世界に亀裂をもたらしたからである。イラン゠イラク戦争はまた、地域秩序の再編を加速化させた。シリアとリビアがイランを支援したのに対し、サウジアラビアのような穏健派のアラブ諸国政府はイラクを支援した。これらイスラーム穏健派諸国は、イラン革命の自国への浸透を恐れたのである。さらにイラン゠イラク戦争は国際舞台にも影響を及ぼし、東西対立に新たな要因を付加することになった。

長期化する戦争　イランとイラクは消耗戦に突入し、中東地域のすべての原油が輸送されるホルムズ海峡をどちらが支配するかが戦争の争点となった。その結果、ペルシャ湾はよりいっそう不安定化し、アメリカとソ連が同時に介入するようになっていった。ソ連はまずイランに接近し、その後にイラクとの良好な関係を回復した。イランが政治的にも宗教的にも急進化して、さらには人質事件の実行犯やテロリストを背後で支援するようになると、西側諸国とイランとのあらゆるつながりは失われた。アメリカはイラクを支援しながらも、その背後では密かにイランに対し武器輸出を行っていた。アメリカは、サウジアラビア、アラブ首長国連邦、カタール、バーレーン、クウェートといった湾岸諸国を、一九八一年五月二五日に設立された湾岸協力会議の機構を通じて組織化しようと試みた。その理由は、ペルシャ湾における影響力と、そこに埋蔵されている膨大な原油を失いたくなかったからだった。

（2）アフガニスタン侵攻への反応

一九七九年一二月に始まったソ連軍によるアフガニスタン侵攻は、この時代の世界の平和にもっとも深刻な影響を及ぼした。長い歴史を持つ国家であるアフガニスタンは、つねにロシアとインドからの圧力に挟まれて揺れ動いており、一九七八年には軍事クーデタの勃発で王制が崩壊して、親ソ的な政府が樹立された。その軍事クーデタを率いたのは、共産主義系のアフガニスタン人民民主党の強硬派であるヌール・ムハンマド・タラキーであった。一九七九年九月、人民民主党の書記長であったハフィーズッラー・アミーンの支持者によって、タラキーは暗殺されたのだが、ソ連はアミーンが反革命ゲリラを鎮圧できる能力を持つとは考えていなかった。反乱はアフガニスタンの国中に広がっていき、次第に内戦となっていった。一九七九年一二月二七日、このような状況のなかで、ソ連政府は大規模な兵力と装備を用いてアフガニスタンに軍事介入することを決定し、バブラク・カールマルが指導する新政府を樹立した。はたしてソ連は意図的にデタント政策を放棄したのであろうか、それともそれまでの平和共存に小さな傷がついたに過ぎないのであろうか。なぜ、自国の対外イメージに傷をつける危険を冒してまで、国境を接する隣国に軍事介入したのか。自らの衛星国に対する支配を維持しようとしたのか、あるいはペルシャ湾への入り口において戦略的な優越性を確保しようとしたのだろうか。

ソ連は、自らの軍事介入を「プロレタリアの連帯」の名の下で正当化し、イデオロギー闘争と位置づけようと試みた。それはまた、社会主義諸国が自らのブロックから離反していくことを防ぐことが目的の、いわゆるブレジネフ・ドクトリンに基づく行動でもあった。とはいえ、アフガニスタンへの軍事介入は、戦略的な行動でもある。というのも、それによりペルシャ湾に接近可能な拠点を確保でき、アメリカの同盟国であるパキスタンや、革命のさなかにあったイランと直接接触することが可能となるからだ。

おそらくソ連は、自らの軍事介入により国際社会から厳しい批判が噴出することを十分に考慮していなかったのだろう。国連総会では、ソ連の軍事行動への非難声明が、賛成一〇四票、反対一八票で採択された。一九八〇年一月に、パキスタンの首都イスラマバードに集結したイスラーム諸国の外相は、全会一致で「アフガニスタンの人民に対する侵略」を非難した。西側諸国は、ソ連の軍事介入は、イデオロギーの陰に隠れてとどまるところを知らずに影響力を拡大し、デタントを根底から覆す行為であると非難した。

穀物やハイテク製品の輸出を一部禁止し、さらには一九八〇年のモスクワ・オリンピックをボイコットするというソ連への対抗措置を西側諸国はとったが、ソ連はそれによって行動を改めることはなかった。他方で、アフガニスタン問題は、長い間ベトナム症候群によって沈滞していたアメリカに刺激を与える結果となり、一九八〇年一一月に反ソ的な思考とデタントへの敵対姿勢を持つ共和党のレーガンの大統領当選につながったのである。アフガニスタンでねばり強い抵抗運動が展開したことで、ソ連は軍事力による解決を達成できずにおり、それはベトナム戦争で挫折したアメリカの姿と重なっていた。

2 アフリカ

一九七五年に至るまでアフリカはその多くの地域が東西両陣営の対立に巻き込まれずに、西欧諸国の影響力の下に置かれていた。一九七五年から一九八五年の間には、アフリカは超大国間の対立の犠牲となり、さらには飢餓に見舞われ、武力紛争で荒廃したことで、植民地時代よりもさらに悲惨な状況に転落していた。

(1) 脱植民地化の進行

アルジェリアとコンゴにおいては、脱植民地化は暴力を伴い、内戦をもたらすことになった。しかし、全体的に見れば、多くの諸国は平和的に独立を達成し、さらにはコモンウェルス、フランス共同体、あるいはフランス語圏というように、旧宗主国との関係を維持していた。

最後まで脱植民地化が実現しなかったのはポルトガル領の植民地であり、それらの諸国は一九七四年四月二五日のポルトガルでのクーデタに伴い独立を達成した。五月六日、ポルトガルの軍事政権は、植民地に対する戦闘停止を宣言した。一九七四年八月二六日、アルジェでポルトガル領ギニア（ビサウ）とカーボベルデの島々の独立が合意を見た。九月六日には、ルサカ（現在のザンビアの首都）の合意でモザンビークが独立を達成し、モザンビーク解放戦線（ＦＲＥＬＩＭＯ）がただちに権力を掌握した。そして、一一月二六日には、サントメ・プリンシペの島々が独立した。アンゴラでは、多数の解放運動の勢力が権力の座をめぐって争い、一九七五年一一月一一日に共和国の樹立が宣言された。これを宣言したアンゴラ解放人民運動（MPLA）と対立していたアンゴラ全面独立民族同盟（UNITA）は、南アフリカの支援を受けていた。ソ連とキューバは、MPLAに対し、より規模の大きな物資や義勇兵の提供を行うようになっており、MPLAは優勢となっていたのだが、UNITAが率いるゲリラとの闘いに勝利を収めることはできなかった。アンゴラは、内戦を抱えたまま独立を手に入れたのである。

(2)　アフリカの困難の経済的要因

アフリカ大陸は一九七〇年代末になると、いくつかの理由から大きく注目されるようになっていった。アフリカを構成する諸国はそもそも経済的に脆弱であり、また政治的に不安定で、国境線が人為的に引かれており、さらに政治社会的な紛争によってしばしば亀裂が見られていた。また、アフリカ大陸には膨大な量の鉱物資源が埋蔵されていた。

一九八〇年代初頭には、先進国にとって不可欠となるような主要鉱物資源はその多くがアフリカで産出されていた。すなわち、ダイヤモンドの七五％、金とコバルトの七〇％、プラチナとバナジウムの五〇％、クロムとマンガンの三〇％から三五％、そしてウランと銅の二〇％が、アフリカで採掘されていたのだ。

また、スエズ運河を通航する巨大石油タンカーが急増したことを受けて、ペルシャ湾からヨーロッパ向けに運ばれる石油はスエズ運河を避け、アフリカの最南端の喜望峰を通る航路を用いるようになった。一九八〇年代初頭には、ヨーロッパ向けの六〇％、アメリカ向けの石油の三〇％が、このように喜望峰経由で輸送された。この石油航路、およびその周辺地域を支配することがきわめて重要な意味を持つようになった。これらの理由からも、アフリカ大陸の、とりわけ南部の地域が戦略的に重要な意味を持つようになり、また二つのブロックの間の対立の新しい舞台となったのである。

(3)　共産主義の浸透

新たに見られるようになった現実は、ポルトガル領植民地の独立や、マダガスカルやエチオピアにおける革命を契機として、ソ連、キューバ、中国のような共産主義諸国が、アフリカ諸国に対して関与を深めていったことである。ソ連、キューバ、そして中国は、ポルトガルの脱植民地化、マダガスカルとエチオピアにおける革命をきっかけに、アフリカでそれぞれの駒を進めたのである。

ソ連のアフリカ進出は、アフリカにおける解放運動への連帯や、ナミビアの南西アフリカ人民機構（SWAPO）やローデシアのアフリカ国民会議（ANC）などの反政府組織への財政支援を通じて行われた。一九七七年三月二二日から四月一日にかけての、ソ連最高会議幹部会議長のニコライ・ポドゴルヌイによるタンザニア、ザンビア、モザンビークへの訪問は、ソ連の国家元首にとって初めてとなるサハラ以南のアフリカへの訪問の機会となった。大型の長距離旅客機や大規模な商船や軍艦を用いて影響力を行使するそれまでのソ連の手法は、エジプト、スーダン、ソマリアで挫折した事例が示すように、常にうまくいっていたわけではなかった。だからこそ、ソ連は間接的な手法をより頻繁に用いるようになった。東ドイツやキューバから専門家を派遣するようにしたのも、その典型例といえる。

一九六五年のチェ・ゲバラのアフリカ歴訪に見られるような、キューバのアフリカに対する関与は、一九七五年にキューバ軍がアンゴラに対して大規模な軍事関与を行ったことで明瞭なものとなった。アンゴラとモザンビークでは、ソ連の空輸での物資の支援を受けたキューバ人兵士による介入（「カルロッタ」作戦）によって、モザンビークではFRELIMO、アンゴラではMPLAが西側の支援を受けた残りの二つの解放運動の勢力を圧倒することができた。アンゴラ、モザンビーク、エチオピア、タンザニア、コンゴ、シエラレオネにおける軍事的な関与を通じて、キューバはサハラ以南のアフリカで最大規模の対外的な軍事勢力の地位にあった。アフリカにおけるソ連とキューバとの関係は、複合的であった。キューバは、ソ連の「傭兵」としての役割を担うと同時に、自らの思想を普及させる、いわば「宣教師」のような役割も果たしていた。一九七七年三月一二日から三〇日までの期間、フィデル・カストロはそのような役割を担うべく、リビア、ソマリア、エチオピア、タンザニア、モザンビーク、アンゴラを歴訪したのである。

アフリカの東部ではソ連はまず最初に、モハメド・シアド・バーレがクーデタを起こした後のソマリアに、一九六九年に内政干渉を行った。ソ連はバーレに対し、経済的および軍事的支援を提供し、友好協力条約を締結するに至った。ところが一九七六年にソ連は、それまでの同盟関係を大胆に覆してソマリアと距離を置き、エチオピアに接近した。同国は、一九七四年九月一二日に皇帝ハイレ・セラシエ一世が退位した後、マルクス・レーニン主義者の若い将校が率いる共産主義国家となったが、一九七七年二月三日、メンギスツ・ハイレ・マリアム中佐がクーデタを決行し、国家元首となった。その後エチオピアでは、容赦のない粛清が行われた。さらにエチオピアは、ソマリ族が住み、半分砂漠化が進行するオガデン高原の奪還を企図していた。二万人規模のキューバ兵の支援を受けて、エチオピアは一九七八年三月にはオガデンを奪取して、エリトリア分離勢力で構成されたゲリラ活動の鎮静化を達成しつつあった。このエリトリアは、一九四一年までイタリアの植民地であり、一九五二年まではイギリスの軍政下に置かれ、その後は国連の主導によりエチオピア＝エリトリア連邦を構成していた。

このようにして数年間の短い期間にもかかわらず、ソ連の影響力は急速に拡大していった。COMECON加盟国のアンゴラとエチオピア、モザンビークとコンゴ、そしてベナンは、ソ連の政策を実現するための稜堡《りょうほ》の役割を担い、さらにはアルジェリアやリビアとも良好な関係を維持していた。

（4） 対抗する西側諸国

このようなソ連の攻勢に対して、西側諸国の対抗策は限られていた。カーター大統領の指導の下で、アメリカ政府は南アフリカとは距離を置くようになった。またジンバブエ（旧ローデシア）で、黒人が多数を占める政権の成立を支援したが、直接的な関与をすることはなかった。さらには、ベトナム戦争の亡霊につきまとわれ、アメリカ議会は新たな軍事支援のための予算案を否決したのである。ところがレーガン大統領の下でアメリカは再び南アフリカ政府を支援するようになり、さらにアンゴラなどにおける反共産主義ゲリラ組織や、ザイールのような保守主義的な政治体制を支えるようになる。イギリスの対外政策は必ずしも目立つものではなかったが、一九八〇年のジンバブエ独立移行の際のように、実効的な役割をときおり担うことがあった。ところがサッチャー首相の南アフリカに対する姿勢があまりにも妥協的であるという批判を浴びたことで、一九八六年にはコモンウェルスに巨大な危機が訪れた。

フランスの場合は一貫して、アフリカ大陸の不安定化とソ連の膨張主義を押しとどめようとする努力を続けてきた。すなわち、この地域の「憲兵」としての役割を担っていたのだ。フランスはセネガル、コートジボワール、ガボンといった諸国との特権的な関係を維持し、またザイールとは新たに良好な関係を構築した。海外県および海外領土に一万人規模の兵力を駐留させることで、フランスは自らの軍事的なプレゼンスを確保した。コモロ諸島の他の島々と異なり、レユニオンとマヨットの島嶼は一九七六年二月八日の住民投票で、フランスとの連合を維持することを決定した。また一九七七年六月二七日にはジブチとして独立したアファル・イッサや、セネガル、コートジボワール、そしてガボンにある三つの基地にもフランス軍が展開した。フランスはまた、旧植民地の大多数と軍事協定を締結し、兵器の供与と軍事顧問の派遣を行った。

フランスは多くの場合は、アフリカにおいて既存の政治体制を支持していた。一九七七年四月に、アンゴラにいた外国人部隊がザイール南西のシャバに侵入した際、フランスはザイールのモブツ・セセ・セコ大統領を支援する目的で干渉を行った。さらに、一九七八年五月一九日、アンゴラの脅威がカタンガ州にある鉱山都市のコルヴェジに及んだため、フランスは再び軍事作戦を展開した。またフランスは、リビアおよびチャド国民解放戦線（ＦＲＯＬＩＮＡＴ）のゲリラ勢力がチャドに対する侵略を行った際にも、チャドへの軍事介入を行い、さらには西サハラで独立国家の創設をめざすポリサリオ戦線と戦っていたモロッコとモーリタニアに対しても軍事支援を行った。

ただし、域外大国の闘争の部隊としてアフリカを位置づけることは適切ではない。アルジェリアやリビアのような地域大国も存在したのである。

（5）アフリカの地域大国

アルジェリア　ブメディエンヌ大統領の統治（一九六五－一九七八年）の下で、アルジェリアは、一九七〇年代には非同盟運動の行方を左右し、新国際経済秩序の形成に向けた努力を行ったり、さらにはイラン＝イラク間の対立や、リビア＝チャド間の対立、またパレスチナ解放運動の諸派の勢力間の対立などの和解を実現するうえで大きな役割を果たしていた。いわばアルジェリアは第三世界の模範のような国家といえた。

リビア　リビアは人口わずか四〇〇万人の国家だが、潤沢な石油資源を擁しており、一九六九年九月一日の革命で王政が廃止されて以降はカダフィ大佐により統治がなされていた。リビアの対外政策は、はじめは東西のいずれのブロックとも距離を置き、二つの超大国に対しては敵対的な姿勢を示してきたが、次第にソ連に接近していった。とはいえ、カダフィは何よりもまずアラブ民族主義者だったので、イスラーム教への奉仕と革命のプロパガンダの輸出のために自国の豊富な石油資源を使用していた。一九八〇年代初頭に西側は、世界各地でのあらゆるテロ行為を「カダフィの仕業」とみなすようになり、アメリカとリビアの緊張は、一九八六年四月一四日から一五日の夜にかけて約五〇機のアメリカの戦闘機と爆撃機がトリポリとベンガジを爆撃した際に頂点に達した。しかし、一九八〇年代初頭に原油価格が暴落し、さらにはチャドに対する軍事介入に見られるような気まぐれな発言や行動によって、カダフィの影響力は凋落していった。

(6) 地域紛争

チャド　一二八万四〇〇〇㎢の国土を持つチャドは、八〇〇万人に満たない人口を擁し、多様な民族や宗教からその人口は構成されており、南部にはキリスト教徒とアニミズムの信仰に基づく人々、北部にはイスラーム教徒が居住していた。これらの異なる民族や宗教の間の紛争は、隣国のリビアが火に油を注ぐような干渉を行ったことで、チャドの内乱に帰結して、一九七八年四月から一九八〇年五月にかけてリビアとフランスの部隊が軍事介入するに至った。一九七九年、ラゴス合意によってグクーニ・ウェディの政権がチャドの正統な政府として承認されたが、ウェディは一九八二年六月にイッセン・ハブレという指導者に権力の座を奪われた。それ以降ウェディは、リビア軍の支援を受けながら首都ンジャメナの奪還をめざすようになった。というのもリビアは、チャド北部のファヤ・ラルジョーという都市を奪取することに野心を抱いていたのであり、一九八三年七月にはリビアに併合されることになった。躊躇し続けた後に、フランス政府は一九八三年八月から一九八四年一一月にかけてマンタ作戦を実行し、パラシュート部隊を投入した。その結果一九八四年九月一七日にフランスとリビアの間で合意に達し、チャドから完全に部隊を撤退することになった。にもかかわらず、親リビア派のウェディの軍事勢力が攻勢を続けたため、一九八六年二月、フランスはエペルヴィエ作戦を実施し、空挺部隊を投入した。ハブレはフランスの支援を受けながら、一九八七年三月にはリビア軍に占拠された地域を奪還したが、一九七三年以降リビアに併合されていたチャド最北端の一一万四〇〇〇㎢にわたるアオゾウ地帯を取り戻すことはできなかった。

西サハラ　西サハラは植民地統治時代には、フランスとの合意に基づいてスペインが統治していた。二五万六〇〇〇㎢にわたるこの砂漠地帯は、独立を達成した隣接する諸国のアルジェリア、モーリタニア、モロッコから領土的要求を訴えられるようになる。モロッコの国王ハサン二世は自らの領有権を主張するために、一九七五年一一月に西サハラへの平和行進、いわゆる「緑の行進」を実行した。フランコ将軍が死去した際に、スペイン、モロッコ、モーリタニアの三カ国の間で交渉が行われ、一九七五年一一月一四日に合意に達し、七万四〇〇〇人の住民を擁する領土の自治が認められて最終的にはモロッコとモーリタニアで分割されることになった。しかし、一九七三年に結成された西サハラ解放運動のポリサリオ戦線は、この時点ではモーリタニアとの連合を希望し、アルジェリアの支援を得て自治を要求した。スペイン軍が撤退するに際し、ポリサリオ戦線は、一九七六年二月二七日、「サハラ・アラブ民主共和国」の建国を宣言し、アルジェリア政府はただちにこれを承認した。このような情勢のなかでモロッコとアルジェリアとの間で緊張が高まり、一九七七年一月には西サハラで両軍の激しい軍事衝突が生じた。他方でポリサリオ戦線は、モーリタニアに対してゲリラ部隊が急襲や妨害活動を繰り返す形で攻撃をしかけ、一九七八年七月一〇日にモクタル・ウッド・ダッダ大統領が政権を失ってからはモーリタニアは紛争から離脱することになった。ポリサリオ戦線はリン酸塩が豊富な西サハラの北部を領有しようとするモロッコに対してもゲリラ活動を展開した。一九八二年二月に、アフリカ統一機構（ＯＡＵ）が「サハラ・アラブ民主共和国」を承認し、さらに一九八四年、同国のＯＡＵ加盟を承認したことでＯＡＵはモロッコとの深刻な対立に陥り、モロッコはアフリカで孤立を深めるようになり、自治に関する住民投票実施の原則を受け入れざるをえなくなった。

この西サハラをめぐる動きはあくまでもＯＡＵの脆弱性を示す一例に過ぎない。ＯＡＵは「パン・アフリカ主義」の理想を実現することもできず、アフリカの国家元首の単なるカルテルのような機能しか果たすことができなかった。ＯＡＵは、加盟国間の問題を解決する能力を持つにはほど遠く、むしろＯＡＵ憲章第三条の「国内問題への不干渉」を口実に、なんら行動をとろうとはしなかったのだ。アフリカは「バルカン化」の危機に陥りつつあり、外交は国内の下位レベルで実行されるようになっており、それぞれの国内には穏健派と革新派、フランス語圏、英語圏、ポルトガル語圏といった言語集団があり、小国と大国などというように、多数の対立軸が存在した。たとえば、八三〇〇万人の人口と大規模な軍事力を擁する西アフリカの大国であるナイジェリアに対抗するために、西アフリカのフランス語圏の七つの国家が、一九七七年六月九日、不可侵と防衛協力に関する協定（ＡＮＡＤ）を締結した。

これらに示されるように、アフリカは国際的な対立の舞台であり続けたのである。

南アフリカ　南アフリカ問題は、一九七〇年代を通じて国際的な課題であり続けた。かつて英自治領であった南アフリカは、独立を達成した後の一九五〇年代に、ヘンドリック・フルウールト（首相在任期間一九五八－一九六六年）、バルタザール・フォルスター（同上一九六六－一九七八年）、ピーター・ウィレム・ボータ（首相在任期間一九七八－一九八四年、大統領在任期間一九八四－一九八九年）という三人の指導者の統治の下で、人種隔離政策（アパルトヘイト）が進められた。

南アフリカでは、少数派の白人（二〇％）が、多数派の黒人（七〇％）およびインド系・混血系（一〇％）との対立を深めていた。アフリカで独立が進み、ポルトガル植民地の独立が実現し（一九七四年）、さらにマダガスカルの強権的なフィリベール・ツィラナナ大統領が一九七二年に権力の座から降ろされると、南アフリカは自国を取り巻くこれらの国際的な潮流と無関係ではいられなくなった。南アフリカが外部世界から自らの国内政治を守っていた防波堤を失ったことで、一九一二年に創設され、それまでたびたび弾圧を受けてきた反アパルトヘイトの黒人ナショナリズム運動であるアフリカ民族会議（ＡＮＣ）が、再び勢いを取り戻しつつあった。南アフリカは、よりいっそう激しい批判にさらされるようになり、ブラックアフリカ諸国からは孤立していった。南アフリカ政府に対する国際社会の圧力は、強化されていった。非常事態宣言が発せられたにもかかわらず、有色人種の居住区域では暴動が続発していた。アフリカ民族会議が主導した一九七六年六月と一九七七年一〇月のソウェトの暴動がその一例であった。

英米両国政府は、南アフリカに対し経済的な圧力を加えることに反対し続けた。国民の多数派を構成する有色人種との連帯もたしかに重要であるとはいえ、経済的および戦略的要因を無視することはできなかった。南アフリカは、地政学的な要衝に位置しており、喜望峰を通るルートは世界でもっとも利用されることの多い航路で、とりわけペルシャ湾から来る石油タンカーの航行が多く見られた。また、金、プラチナ、ダイヤモンドといった貴重な鉱物や、クロム、マンガン、バナジウムといった高度に戦略的な資源が、南アフリカには多く埋蔵されていた。そして何よりも、南アフリカは、サハラ以南のアフリカにおけるソ連の影響力が拡大するのを食いとめる役割を担っていた。

よりいっそう孤立を深めていた南アフリカは、近隣のアフリカ諸国に対して優位な立場をとろうとして、「バントゥースタン」と呼ばれる黒人居住地域を創設した。シスカイ、ヴェンダ、ボプタツワナ、トランスカイといった「独立国」がそれに当たる。これらの「国家」は形式的には独立していたものの、経済的には南アフリカに完全に依存する状況であった。ボータ大統領が率いる南アフリカ政府は、隣国に対する軍事的な優越性を誇示することで、国境の内側の安全を確保することに成功した。南アフリカは、アンゴラとモザンビークにおける反ゲリラ勢力への支援を続ける一方で、ナミビアの民族解放運動組織であるSWAPO（南西アフリカ人民機構）を鎮圧するという口実で、アンゴラの領土に繰り返し軍事介入を行っていた。ナミビアとローデシアもまた、南アフリカ防衛軍の活動の拠点となっていた。

ナミビアとローデシア　このようなナミビアの情勢は、特殊なものであった。かつてのドイツ領南西アフリカであったナミビアは、その後は南アフリカの委任統治領となった。その八二万四〇〇〇㎢もの広大な領土には、膨大な量の鉱物が埋蔵されており、MPLA（アンゴラ解放人民運動）およびソ連の双方から支援を受けていたSWAPOが戦闘を続けていた。他方ローデシアでは、一九六五年に、全人口の四％を占めるに過ぎない少数派の白人がイギリス直轄植民地から独立することを一方的に宣言し、黒人による抵抗運動の弾圧に成功した。イギリスの調停に基づいて、白人と黒人が協力して政府を構成することに合意し、それまでのローデシアは新たにジンバブエとして発展を遂げることになる。英領植民地に戻っていたジンバブエは一九八〇年四月に、正式に独立を達成した。

3　太平洋地域

一九四五年以降、太平洋地域は大国の利害が衝突する舞台となり、時間を経るとともにその重要性は増大していった。太平洋戦争の終結後、朝鮮戦争や植民地独立戦争が勃発し、この地域においては冷戦が現実の戦闘となっていた。太平洋の島嶼は、徐々に独立を実現していった。一九七〇年にフィジーの島嶼群が独立国となったのを皮切りに、一九七四年九月にはパプアニューギニア、一九八〇年七月には英仏の共同統治領であったニューヘブリディーズ諸島がバヌアツとして独立した。太平洋地域は、超大国からの圧力や近接地域における経済発展の影響を受けて、それまではアメリカの影響下にありながらも「力の真空」であったのが、四つのプレイヤーを擁する巨大なチェスボードのような空間となった。その四つのプレイヤーとは、アメリカ、ソ連、中国、そして日本である。

一九九二年九月までアメリカはフィリピンのスービック湾の海軍基地やクラーク空軍基地を擁しており、またさらにはハワイと韓国に前哨基地を置いていたことで、アラスカからフィリピンにかけて巨大なプレゼンスを維持していた。それに対抗するため、ソ連はカムチャツカ半島、樺太、ウラジオストク、そしてベトナムのカムラン湾とダナンと、海軍基地を増やしていった。

むしろ、太平洋が「アメリカの湖」ではなくなってからアメリカはこの地域に多大な関心を寄せるようになり、アメリカの対外政策の中心が大西洋から太平洋へと移り、さらには太平洋地域との貿易額が大西洋地域との貿易額を上回るようになった。たしかに日本や「アジア四小龍」の韓国、台湾、香港、シンガポールとの経済摩擦は過熱していったが、それでもアメリカは中国との国交を回復し、さらに鄧小平が中国の近代化を前進させ改革開放政策に伴う市場経済を導入したことによって、アジア・太平洋地域によりいっそう深く関与していくようになる。

南太平洋は、オーストラリアが一九五一年に調印されたＡＮＺＵＳ（オーストラリア、ニュージーランド、アメリカ）条約を通じて、あたかも「治安警察」のようにこの地域の小国に対し保護者のような役割を担ってきたために、伝統的に平和が維持されてきた。ところが近年は、政治的対立が顕著となっており、植民地時代の遺産である安定的な秩序が崩れていき、フィジーのようにクーデタの勃発や、暴動や政治体制の動揺が頻繁に見られ、危機が起こるようになった。原子力船の寄港を禁止するニュージーランドでは、孤立主義的な傾向が強まることでＡＮＺＵＳの存在意義が問い直されるようになり、オーストラリアがこの地域では軍事大国であることが、よりいっそう明瞭となった。太平洋地域もまた、大きく変動する国際政治と無縁ではいられなかった。

ニューカレドニアは、そのような国際政治の変動の舞台となり、また対立の一例となった。ニッケルを豊富に埋蔵し、人口一五万人（メラネシア人とフランス人）で構成されているこのフランスの海外領土は、太平洋地域諸国の関心を惹きつけるようになった。ニューカレドニアの独立運動である社会主義カナク民族解放戦線（ＦＬＮＫＳ）は、「本島」を意味する「グランドテール（*Grande Terre*）」、すなわちこのニューカレドニアに対してフランスが擁する主権を強く拒絶したため、非常事態宣言が発せられた。一九八五年九月の地方選挙では、反独立主義勢力が勝利したものの、暴動は続いていった。一九八八年一一月六日、ニューカレドニアの地位に関する国民投票が行われ、事態は沈静化し対立は収束していった。フランスにとって、経済的および戦略的に重要なこの地域で、自らのプレゼンスを維持できるかどうかが問われていた。というのもフランスにとっては、タヒチから一二〇〇㎞に位置するムルロア環礁にある太平洋核実験場を、はたして自由に利用することができるかどうかが重要であったからだ。フランスがこの実験場を失えば、それは自らが保持する核の抑止力に重大な欠陥をもたらし、核実験を継続していくことが難しくなるからである。この太平洋にある核実験場の周辺に位置する諸国と、平和運動を続ける団体であり環境保護団体でもあるグリーンピースは、このフランスの核実験に対する抗議を行っていた。そのグリーンピースの抗議活動をめぐり、一九八五年七月一〇日にはフランスの諜報機関によってグリーンピースの活動船であるレインボー・ウォーリア号に爆発物が付着され、死者一名を出して沈没するという事件が起きた。

アジア・太平洋地域は、経済規模が大きくなり、戦略的に重要性を増したことで、きわめて重要な地域となっていったのである。

第五章　二極化した世界の終わり（一九八五―一九九二年）

一九八九年以降、驚くほど速い速度で歴史が展開していった。この展開の始まりを理解するためには、一九八五年にまで遡ることが重要である。実際に、一九四五年以降のみならず、一九一七年以降につくられた世界秩序のあらゆる基盤が崩壊していった。第二次世界大戦によって生み出されたものは、次々に消え去っていったのである。統一ドイツと日本は、大国の地位に復帰した。共産主義は動揺し、市場経済が世界のあらゆるところで勝利したかのようであった。ソ連は、その衰退がより深刻化していき、いくつもの共和国へと分裂していった。冷戦の終焉による恩恵によって、それまでの緊張は和らいでいき、議会制民主主義の西洋型モデルが世界中に広がっていった。はたして民族という論理が復活するなかで、「新世界秩序」はそれまでの国家間対立を終わらせることができるのだろうか。あるいは、これからは無秩序が広がっていくのだろうか。

「歴史の終わり」への確信が強まることなく、逆に湾岸戦争によってむしろ戦争の空気が世界中に広がっていった。一九九二年に世界は根本的に変化したが、平和や民主主義が世界中に浸透したわけではなかった。経済秩序と政治秩序という二つの領域において、一九八五年に起こった変化を次のような新しい潮流が明示していくのである。

西側の経済成長　一九七三年以来世界が経験した経済危機の終わりは、次のような二つの要因によって説明できるだろう。第一に、石油価格の下落は、需要の後退やＯＰＥＣ（石油輸出国機構）非加盟諸国（ノルウェー、イギリス）が石油生産国として登場したこと、さらには代替エネルギー（原子力エネルギー）の増加が、その要因ということができる。消費の落ち込みは、生産の増加とあいまって、莫大な規模での余剰石油をもたらした。経済危機が終結した第二の要因は、経済成長の回復であり、これはアメリカの財政引き締め政策をもって経済が活況となったことが原因であった。物価上昇率は頭打ちとなり、失業率が著しく低下するとともに、アメリカの新たな経済成長が世界経済によい影響を与えていった。ドル高の是正のために、先進七カ国の蔵相はニューヨークでのプラザ合意（一九八五年九月二二日）やパリでのルーヴル合意（一九八七年六月二二日）において、具体的な通貨安定策に合意した。一九八五年から八九年にかけての西側世界では、技術革新、コンピューターの開発、貿易とサービスの拡大といった要因によって、再び経済成長の時代が到来していた。しかしこのような経済成長への回帰はあくまでも儚《はかな》いものであって、アメリカやいくつもの債務国では失業率の急増が見られ、株式相場の変動（一九八七年一〇月一九日のウォールストリートの株価大暴落）や国際金融システムの脆弱性が、不安定さをもたらしていた。

湾岸戦争（一九九〇－一九九一年）以前からすでに西側世界では、原油価格の一時的な急騰、株式市場の脆弱性、経済活動の縮小、失業率の増加など、景気後退局面に入っていた。金融政策をめぐる各国の足並みの乱れが、ますます目立つようになっていたのである。

政治秩序の変動　一九八五年三月一一日には、ミハイル・ゴルバチョフがソ連共産党書記長に選出されて、新しい政権が成立した。このことは、国内政治に新しい潮流をもたらすだけではなかった。「ペレストロイカ（再建）」は、社会のあらゆる局面に影響を及ぼし、さらに、「グラスノスチ（情報公開）」によってソ連は分裂へと向かう。ソ連の指導層において変化が見られるようになり、また一九八〇年以来ゴーリキー市（現在のニジニ・ノヴゴロド市）に国内流刑され、その後亡命した反体制派の学者であるアンドレイ・サハロフが一九八九年五月に帰国し、さらにはゴルバチョフが国家元首に選出（一九八九年五月）されたことによって、ブレジネフ時代の保守主義がもはや過去のものとなったことが明らかになった。対外政策においても、巨大な変化がもたらされるようになった。というのも、経済再建へと国力を集中させなければならなくなり、ゴルバチョフはそれまでのソヴィエト連邦の対外関与を縮小しなければならなかったからである。

一九八五年の経済再建の始動とゴルバチョフ革命は、巨大な衝撃を与えることになった。その結果、アメリカとソ連の間では新たに建設的な対話が始まり、また東欧革命や世界全体を包み込んだデタントが見られるようになった。国際秩序の変動が、いよいよ始まったのだ。

I 冷戦の終焉

冷戦の終焉は、ただちに望ましい帰結をもたらすことになった。それは地域紛争の解決であり、民主化の拡大であったが、一部で想定されていたような「歴史の終わり」が訪れることはなかった。新世界秩序の樹立からはほど遠い状況であり、冷戦の終焉はむしろ無秩序をもたらすことになる。

1 秩序か無秩序か？

閉塞した状況や永久に持続すると思われていた対立が、数年ではなくなんとわずか数カ月の間に、驚くほど容易に解消されてしまった。分断されていた二つのドイツは統一され、ベルリンの壁は崩壊し、ソ連の軍隊はアフガニスタンから撤退した。また、イラン゠イラク戦争は終結し、ベトナムの軍隊はカンボジアから撤退し、南アフリカ政府はナミビアの独立を承認した。ユーロミサイルは撤去されただけではなく、東西関係の新しい精神の模範とされた中距離核（ＩＮＦ）条約を適用して解体されることになった。デタントの兆候が世界各地で見られるようになり、ポリサリオ戦線（一九八八年八月三〇日）やギリシャとトルコの間（一九七八年以来初の両国間のサミットが一九八八年一月に開催）、ギリシャ領キプロスとトルコ領キプロスとの間（一九八八年八月二四日）、そして北朝鮮と韓国との間（一九九〇年九月）で対話が開始されたのである。一九八七年には秩序回復命令を受けて、インド軍が段階的に撤退を開始し、一九八九年七月にはスリランカからの撤退を完了した。エチオピアはカーター元大統領の調停を受けて、エリトリアとの間で一九八九年九月に交渉を始めた。アルゼンチンとイギリスは一九九〇年二月一五日に外交関係を回復した。二つのイエメンは一九九〇年五月二二日に統一国家を成立させたが、一九九四年から再び戦闘が始まった。アイルランドで対立し続けていたカトリックとプロテスタントは、一九九一年六月に両者が交渉テーブルにつくようになり、イギリス政府とアイルランド政府の共同声明（一九九三年一二月）によって内戦の終結を宣言した。イスラエルとパレスチナは、一九九三年九月九日には相互に政府承認を行った。はたして、世界はそれまでよりも平和になり、民主主義に向かって歩み始めたのだろうか。そのようななかで、中東欧、アジア、アフリカにおいては、それまで眠っていたナショナリズムが覚醒し、宗教的な原理主義が誕生する。

2　民主主義への体制移行

冷戦終結の時期に至るまで、民主主義はヨーロッパや北米、日本など、あくまでも限られた国々のみにおいて見られる政治体制に過ぎなかった。一九八〇年代末の世界はあたかも民主主義が普遍的に広がっていく劇場のようであった。ヨーロッパでは、それは東欧の民主化から始まった。人民民主主義を国名に冠した社会主義諸国では、ポーランド（一九八八年八月の「連帯」運動の合法化）とハンガリーで、一九八九年の夏から秋にかけて見られた民主化運動と同じような道程をたどった。これらの諸国では、非共産党政権や非共産党が多数派となる連立政権が成立した後に、民主的な選挙が行われたり、共産党体制を拒絶することが認められるような議会政治が行われることになった。ポーランドでは、「連帯」運動の元指導者であるレフ・ワレサが、一九九〇年一二月九日に大統領に選出された。ルーマニアでは、独裁体制が一九八九年一二月二二日に崩壊し、独裁者ニコラエ・チャウシェスクは処刑された。ヨーロッパにおけるスターリン主義の最後の砦であったアルバニアも、民主主義の波に飲み込まれることになった。旧ソ連内部では、保守派のクーデタの挫折（一九九一年八月一九日）以後、民主化が加速していった。

ヨーロッパ以外の地域においても、新デタントが独裁体制を終焉に導いたり、より自由主義的な体制の成立に帰結することになった。アルゼンチンやウルグアイ、そしてブラジルにおいて、新しい大統領は普通選挙によって選出されている。チリにおいては、一九八九年一二月、ピノチェト将軍の後継者が、円滑にその地位に就くことになった。パラグアイでは、ストロエスネル将軍が一九五四年以来独裁体制を率いていたが、一九八九年二月の投票結果により、新たな将軍が政権を継承し、新憲法に従い、任期満了で退いた。ニカラグアにおいては、自由主義勢力の野党の候補がサンディニスタ民族解放戦線の候補に対して、一九九〇年二月の選挙で勝利を収めた。一九九二年一月に実現したエルサルバドルの国民和解は、一九九二年一二月には確固たるものとして確立した。

韓国においては一九九三年二月に、三〇年ぶりに軍人ではない大統領が選ばれた。またフィリピンでは、二〇年以上に及ぶ権威主義体制（一九六五－一九八六年）の後に大統領選挙が実施されて、マルコス大統領が民衆や軍の一部、さらにはアメリカから圧力を受けることによって国外逃亡に追い込まれ、コリー・アキノが一九八六年二月二五日に大統領の座に就いた。ガボン、コートジボワール、ザンビアというように、アフリカのさまざまな諸国において、マルクス＝レーニン主義のイデオロギーよりもプラグマティズムが優先されるようになり、複数政党制が普及していった。ベニンでは、一九七二年に軍事クーデタにより成立したマルクス＝レーニン主義的な政治体制が、一九九〇年二月二八日には自由主義的な体制への移行を実現した。エチオピアでは、一九七七年以降続いてきたメンギスツ・ハイレ・マリアム大佐の独裁体制が一九九一年五月に終幕を迎えた。マダガスカルでは一九九三年二月に大統領選挙が行われ、ついに民主的な政権交代が実現した。南アフリカでは、一九八九年九月一四日に新しく国家元首となったフレデリック・ウィレム・デクラークが、国境を接する諸国における共産主義勢力の退潮に安堵し、アパルトヘイトを撤廃する意思を確かなものとした。デクラークは一九九〇年二月一一日にネルソン・マンデラを釈放した。アフリカ民族会議（ANC）において、マンデラは黒人指導者たちとの意見交換を始めた。アパルトヘイトに関する最後の法律が一九九一年六月に廃止され、はじめて多様な人種の有権者が参加する選挙が一九九四年四月に実施されて、ANCが政権を担う結果となり、マンデラが大統領に選ばれた。

しかし、民主化が広がっていく一方で、その例外も存在した。たとえばアジアでは、一九八九年五月から六月にかけて、西側諸国からの批判にもかかわらず、北京の天安門広場での学生集会に象徴される、自由主義と民主化を求める運動が弾圧された。そして一九八九年五月二〇日に戒厳令が敷かれて、ようやく一九九〇年一月一〇日に解除された。インドでは、一九九一年五月にラジヴ・ガンディー（一九八四年から一九八九年までの首相）が暗殺され、インド全土に衝撃を与えるほどの危機となった。また、インドとアフガニスタンの間の宗教的な対立は、流血の惨事を招いた。ラテンアメリカでは、ジャン・クロード・デュヴァリエ大統領が一九八六年二月七日に国外に亡命したことで、ハイチにおけるデュヴァリエ家の支配は終焉を迎えたが、一九九一年から九四年にかけてクーデタによって誕生した政府が国を統治し、民主主義が回復することはなかった。ラテンアメリカのその他の諸国でも、実力行使による政権奪取が衝撃を与え、それはヴェネズエラ（一九九二年二月と一一月）でも見られた。また一九九二年一一月にはセンデロ・ルミノソのゲリラが、ペルーの政治を疲弊させていた。コロンビアの政治も、麻薬取引によって蝕まれていた。ブラジルはこのころに深刻な政治危機を迎え（一九九二年一二月）、フェルナンド・コロール・デ・メロ大統領が辞任を余儀なくされた。他方でアフリカにおいてはトーゴとザイールで暴力的な衝突が頻発して、政治が動揺した。アルジェリアでは、一九八八年一〇月の暴動の後に生まれた民主化路線が一九八九年二月には挫折した。イスラーム救国戦線への支持が広がり、一九九二年二月一一日には軍部が政権を掌握し、シャドリ・ベンジャディードが大統領に就任した。

3　米ソ交渉

ゴルバチョフがソ連の指導者になる以前の一九八四年からすでに、軍縮交渉の再開を契機として米ソ関係の進展が始まっていた。アメリカの大統領選挙の年の初めから、レーガン大統領はソ連との間で現実主義に基づいて対話を再開していくことを望んでいた。一月には、ヨーロッパでの信頼醸成と安全保障を議題にした会議がストックホルムで開かれ、ヘルシンキ宣言に調印した三五カ国がこの会議に参加した。このとき、米ソそれぞれで外交を担っていたジョージ・シュルツ国務長官とグロムイコ外相は、中欧相互兵力削減交渉（ＭＢＦＲ）と戦略核兵器削減に関する交渉をウィーンで再開することに合意した。両者は同時に、ユーロミサイルと戦略核削減、および宇宙の軍事利用といった三つの領域での交渉を行うことについても合意した。

（1）　対話の再開

ゴルバチョフが権力の座に就くとともに、ソ連は軍縮に向かって本格的に動き始めた。ところが、このことは西側諸国にとっては、ソ連外交がそれまで繰り返しもたらしてきた問題を内包するものでもあった。すなわちゴルバチョフが「ヨーロッパ共通の家」という美名の下で実現しようとしているのは、非核化されて中立化されたヨーロッパであって、それこそが隠されたソ連の外交目的であったからである。最終的にソ連は財政的な制約を直視し、あまりにも巨大な重荷となっていた軍事費を削減しなければならなくなったのだ。このときソ連は利用可能な統計に基づけば、ＧＮＰのおよそ一六％を軍事費に割いており、ＧＤＰ比で六・五％であったアメリカや、三・九％であったフランスを大幅に上回っていた。

一九八五年一〇月にパリでゴルバチョフが、アメリカによるいわゆる「スターウォーズ計画」の中止を条件として、東西両陣営における戦略核兵器を半減することを提案し、英仏両国政府に向けて直接、適切な抑止力を維持するための交渉を行う旨を伝えた。

一九八五年一一月一九日から二一日にかけてジュネーヴで行われたレーガン大統領とゴルバチョフとの会談は、一九七九年以来はじめてとなる米ソ間の首脳会談となった。この首脳会談によって、その後の米ソ間の対話が継続するための基礎がつくられた。二人の首脳は、より深く相互に理解し合おうとする姿勢を共有していた。イラン・ゲート事件や、ニカラグアのコントラへの援助など、対外政策上の挫折が続いた後、レーガン大統領は軍事介入ではなく、平和的手段を通じて自らの目的を達成し、任期を終えることを求めていた。ゴルバチョフもまた、対外政策における成果を必要としていた。対話は再開されながらも、SALT(戦略核兵器制限交渉)を通じて合意された戦略核の均衡の原則を覆すものとしてゴルバチョフが非難した、「スターウォーズ計画」をめぐる軋轢が、依然として続いていた。レーガン大統領は、アメリカや世界の世論からの批判にさらされながらも、「スターウォーズ計画」を放棄することを断固として拒否して、むしろソ連の側が軍縮義務を遵守していないことを責め立てた。とはいいながらも、「ゼロ・オプション」、すなわちソ連のSS20とアメリカのパーシング型巡航ミサイルを解体することを基礎とした、INF条約に関する合意の見通しが立ってきた。

一九八六年の一年間を通じて、ゴルバチョフは核兵器と「新型」兵器(レーザー兵器の構想)を二〇世紀末までに廃棄することをめざすような軍縮提案を繰り返し行っていた。

レイキャビクでの米ソ首脳会談(一九八六年一〇月一一日・一二日)において、こうした議題が検討されることになった。レーガンとゴルバチョフの間の対話は進展していき、大陸間弾道ミサイルの数量の半分までの削減、一〇〇〇km以上の射程距離の中距離弾道ミサイルの撤廃、さらには中距離核ミサイル(INF)の凍結など、広範囲にわたる合意に達しようとしていた。しかしゴルバチョフ大統領は、アメリカが進めていた宇宙を利用したあらゆる研究を放棄することに同意するよう要求した。この瞬間に、両者の間の合意が崩れることになった。レーガンはヨーロッパ諸国と協議することなく、交渉の対象に含まれていた、ヨーロッパに配備されたアメリカの核ミサイルの廃棄にあやうく合意するところだった。アメリカの核ミサイルが廃棄されても、ワルシャワ条約機構がそれまで維持してきた通常戦力における優位性は揺るがなかった。このことが契機となって、アメリカに対する不信感が増大し、フランスとドイツは防衛面での協力を発展させていくようになる。すなわち、共同演習を開始し、仏独合同旅団および仏独防衛評議会を新たに創設することになったが、独自核を持つ核保有国のフランスと、非核保有国であるドイツとの間の違いはそのまま残されていた。

(2) 軍縮をめぐる合意

一九八七年に入ると交渉が再開し、最終的にワシントンで中距離核（ＩＮＦ）条約が締結された。二月二八日、ゴルバチョフは軍縮に関する包括合意をめざすことを断念して、中距離核戦力に関する軍縮を他の議題から切り離して協議することを提案した。四月一三日にゴルバチョフは、射程一〇〇〇㎞を超える中距離弾道ミサイルだけではなく、射程が五〇〇㎞から一〇〇〇㎞までの短距離弾道ミサイルもあわせて削減する、いわゆる「ダブルゼロ」オプションの提案を繰り返し主張した。ユーロミサイル配備をめぐって、とりわけドイツ国内では政府内や世論のなかで激しい対立が見られる一方で、シュワルナゼ外相とシュルツ国務長官の間では条文を調整する作業が迅速に進められていた。一九八七年一二月八日に、レーガンとゴルバチョフとの間でＩＮＦ条約の調印がなされた。これは三年以内に、ヨーロッパに配備される射程五〇〇㎞以上五五〇〇㎞未満の中距離弾道ミサイルを全廃することを想定したものである。この合意は、ソ連側からすると重要な譲歩を含むものだった。というのも、ヨーロッパにおける核戦力の均衡のなかに、イギリスとフランスの核戦力を入れていなかったからだ。ソ連は、アメリカと比べて二倍も多く核弾頭を廃棄しなければならなかった。アメリカのパーシングⅡ型ミサイルが最新でありまた高性能である一方で、ソ連のＳＳ20型ミサイルが旧式なことは事実であった。これによって米ソ間ではじめて核軍備制限のみならず、核兵器の廃棄についても合意に達した。とはいえ、この合意によって削減される核兵器は、米ソ両国が保有する核弾頭全体のわずか四％に過ぎず、それに加えてこれらの核ミサイルは、二つの超大国の領土の域外に配備されていた。

もう一つの重要な事項は、二つの超大国が査察に関する手続きの詳細について合意したことである。この合意の重要性は、ある意味で自明であった。というのも、二つの超大国は核軍縮について合意をしながらも、自国の領土は聖域化して、そこでの軍縮は行わなかったからである。ヨーロッパにおける核保有国であるフランスとイギリスは、核の均衡における最前線に置かれることとなった。そして「トリプルゼロ」（射程五〇〇㎞以内の短距離ミサイルも廃棄）オプションをめぐる激しい論争が、ドイツの完全な非核化への道を開いたのである。

一九八八年五月二九日から六月二日までモスクワで開催された、第四回目となるレーガン大統領とゴルバチョフ書記長との間の首脳会合では、ミサイル発射実験や核実験に関する技術的な合意に達したものの、そこではむしろ実際には人権が中心的な議題となっていた。

一九八八年一二月七日の国連総会の演壇においてゴルバチョフは、ソ連軍の五〇万人規模の兵力の一方的な削減と、東ドイツ、チェコスロヴァキア、ハンガリーに配備されている六個師団、五〇〇〇輛の戦車、八〇〇機の戦闘機を撤去することを発表した後に、レーガン大統領とブッシュ副大統領との会談を行った。ソ連軍の装備面と兵力数における優位性はそのまま維持されていたが、この提案が大西洋同盟の内部に問題を広げることになった。一九八九年五月二九日から三〇日にかけてにブリュッセルで開催されたNATO加盟国首脳会議では、短距離弾道ミサイルの近代化を進める基本方針は維持されたが、これは通常兵器の分野の開発と並行して進められていた。目に見えるような成果もなく一九八九年二月に交渉が中断したMBFRの後に、一九八九年三月以降は東西両陣営の二三カ国が集まる形で、欧州通常戦略（CFE）に関する会議が始まった。

一九八九年一月にパリで開催された化学兵器禁止会議では、化学兵器の使用を禁じた一九二五年の議定書を再確認したが、その製造を禁止するという合意には至らなかった。またアラブ諸国は、イスラエルが核施設の査察許可を拒否したことに対抗して、これまで長い期間にわたって化学兵器の製造禁止には反対してきた。

ブッシュとゴルバチョフのマルタでの米ソ首脳会談（一九八九年一二月二日・三日）では、両首脳は国際関係の新しい時代の幕開けを宣言し、軍縮に関する交渉を加速することを決定した。そして、一九九〇年二月一三日には、NATO加盟国とワルシャワ条約機構加盟国の外相がオタワに集まり、中欧と東欧で米ソ両国の兵力一九万五〇〇〇人を削減する方針が示され、さらには「オープンスカイ」合意と呼ばれる、NATOとワルシャワ条約機構の双方の領域上空を相手側の航空機が自由に飛行できるしくみも成立した。

表5-1　START I 以前（1991年7月31日時点）の米ソ超大国の戦略核兵器数（5,500km 以上の射程）

	アメリカ		ソ連	
	ミサイル	弾頭	ミサイル	弾頭
ICBM*	1,000	2,261	1,398	6,424
SLBM**	640	5,632	922	3,232
爆撃機	317	4,956	160	不明
合計	1,957	12,849	2,480	10,000以上

＊　地上配備の大陸間弾道ミサイル
＊＊　潜水艦搭載ミサイル
出所：*Le monde diplomatique*（1988年1月）.

ワシントンとキャンプ・デーヴィッドにおける首脳会談の際（一九九〇年五月三〇日-六月三日）に、ブッシュ大統領とゴルバチョフ書記長は戦略核兵器削減をめぐる大枠の合意に到達し、戦略核の半減で一致を見た。一九九〇年から二〇〇〇年までには化学兵器の備蓄分を半減させる方向で、米ソ両国はこの問題に取り組んだ。

一九九〇年一一月一九日にパリで、NATO加盟の一六カ国とワルシャワ条約機構の六カ国が、欧州通常戦力条約（CFE）に調印した。これは、ヨーロッパ（大西洋からウラル山脈まで）における奇襲攻撃の可能性を低減するための取り組みであり、五つの分野での兵器（戦車、装甲戦闘車、大砲、戦闘機、攻撃型ヘリコプター）の上限値と、東西間のパリティ（均衡）の尊重によって成り立っていた。ところがワルシャワ条約機構が消滅し、ソ連邦が解体したことにより、CFE条約はもはや無効となった。

一九九一年七月三〇日と三一日に開かれた、「冷戦後初めてのサミット」ともいえるモスクワでの米ソ首脳会合では、ブッシュとゴルバチョフの二人の大統領は、永続的なパートナーシップを構築することを求めた。中東平和に関する会議を、米ソ両国が共同議長国として開催したことがその象徴ともいえるものであった。何よりも重要なこととして、七月三一日に米ソ両国の国家元首が、射程五五〇〇km以上の戦略核兵器を、二五%から三〇%削減することに合意する戦略兵器削減交渉（START）条約に調印した。それは、五〇%の削減を宣言していた交渉が始まった頃からは、かなり離れた数値であった。実際には、二つの超大国が保有する核弾頭数は、アメリカは一万二〇八一発から一万三九五発へ、ソ連は一万八四一発から八〇四〇発へと削減された。一部の分野の兵器（ＳＬＢＭ：潜水艦発射型弾道ミサイル）に関しては、規定された上限となる保有量を上回っており、軍備の再編に向かっていった。とはいえ、この合意は、一九四五年以来これまで両大国が締結した軍縮合意のなかでは、もっとも重要なものであった。

ブッシュ（一九九一年九月二七日）とゴルバチョフ（一九九一年一〇月五日）の二人の指導者は、それぞれ大胆な提案を行い、それを競い合った。アメリカは陸上発射型および海中発射型の戦術核の一方的な廃棄を決定し、また多弾頭化された核弾頭ミサイルの全廃を提案した。他方でソ連の提案は、海中および空中、さらには陸上発射型の戦術核の全廃に加え、ソ連軍の兵力削減と核実験の凍結が想定されていた。

一九九二年二月一日にキャンプ・デーヴィッドで短時間の会談を行ったあとに、ジョージ・ブッシュとボリス・エリツィンの両首脳は、一九九二年六月一六日・一七日のワシントンでの米ロ首脳会談において、「協調と友好のための米ロ憲章」に調印して、戦略核兵器を削減することで合意した。リスボン議定書（一九九二年五月二三日）によってアメリカは、ロシア以外の旧ソ連邦を構成するすべての共和国の非核化について同意を得た。実際に、一九九二年五月以降、ソヴィエトが保有していたすべての戦術核が、ロシア領内に移送されることとなった。そして、アメリカは陸上および海中発射型のすべての戦術核を、アメリカ国内に移送させた。

一九九三年一月三日、ブッシュ大統領と独立国家共同体（ＣＩＳ）を代表するエリツィン大統領という二人の指導者は、モスクワにおいて第二次戦略兵器削減条約（ＳＴＡＲＴⅡ）に調印した。この条約は、核軍縮を野心的で新たな段階へと導くものであり、一〇年以内に地上発射型の複数目標弾頭（ＭＩＲＶ）を全廃し、さらには戦略核を三分の二ほど削減して約一万発ほどの備蓄を三〇〇〇発から三五〇〇発にまで削減して廃棄することを想定していた。第一次戦略兵器削減条約（ＳＴＡＲＴⅠ）が依然として批准されていなかったために、それが実現するまではこの条約が発効されることはなかった。

Ⅱ　新しいヨーロッパの誕生

ヨーロッパは再び、国際関係の中心舞台となった。それには、いくつもの要因が複雑に結びついていた。ヨーロッパ統合は低迷の時期の後に、世界情勢に大きな影響を与えたり、また影響を受けたりするようになっていた。それには、超大国間の軍縮交渉が大きな影響を与えていた。新デタントや東欧における共産主義の崩壊が決定的となり、肯定的な影響をもたらしながらも、同時にそれによって不安定さも生まれていた。ソ連の軍事力によって支えられてきた現状維持も崩れていき、また「鉄のカーテンが戦後という劇場において、時代に逆行するものとなった」ことによって、不透明さが増していった。ドイツ統一とソ連邦の分裂は暴力が伴うものにはならなかったが、他の場所ではそのようにはいかなかった。国境紛争が再び浮上し、民族主義が再燃した。ヨーロッパの中心で戦争が新たに勃発した。経済的側面でも軍事戦略的側面でも、そしてイデオロギー的な側面でも、ヨーロッパという地図が根本から書き換えられていった。政治的な側面でも同様に、それは大きな動揺を見ることになった。

1　後退するソ連、解放される東欧

軍事的な側面では、ヨーロッパにおけるデタントはかなりの成果をあげた。このプロセスがどのような影響をもたらしたのかを理解するためには、一九八〇年代の終わりに見られた過度の軍事的緊張を考慮に入れなければならない。たとえば、兵力面から考えると、一九八九年当時、フランスの国土よりも狭小なドイツの国土のなかに、一五〇万人もの兵力が配備されていた。東ドイツには、一七万三〇〇〇人の東ドイツ軍と三八万人のソ連軍の兵力が配備されていた。他方で西ドイツには、四九万人の西ドイツ軍、二六万四〇〇〇人の米軍、六万七〇〇〇人のイギリス軍、そして五万人のフランス軍（さらにはそれらに加えてカナダ軍、オランダ軍、ベルギー軍）が配備され、それとは別に西ベルリンには一万一〇〇〇人の西側諸国からの兵力が置かれていた。装備の面では、NATO軍の二万二〇〇〇輛の戦車（そのうちの一四〇〇輛はフランス軍所有）に対抗して、ソ連軍の六万一〇〇〇輛の戦車が配備されていた。

一九八九年一〇月二三日、ソ連の外相は二〇〇〇年までに国外に駐留する兵力と同様に、国外のすべての軍事基地を撤去することを示唆した。一九九〇年一一月一九日にパリで調印された欧州通常戦力条約（CFE）によって、この条約が適用される大西洋からウラル山脈までの地理的範囲において、二つの同盟の間に軍事的な均衡が確立した。ワルシャワ条約の消滅によって、条約の実現やそれをめぐる交渉は困難に直面したが、一九九二年六月三〇日にようやくヘルシンキにおいて、二九カ国によってCFE条約発効を可能とするような兵力削減に関する合意に達した。そのなかでもとりわけ重要なのが、地上兵力の保有数の上限として、ロシア軍は一四五万人、ウクライナ軍は四五万人、ドイツ軍は三四万五〇〇〇人、フランス軍は三二万五〇〇〇人と規定していた点である。ヨーロッパ諸国からの要請もあり、ヨーロッパ駐留軍を削減していたアメリカは、ヨーロッパ大陸配備の米軍については現状を維持することを決定した。

イデオロギーと政治の領域において、東欧での共産主義の崩壊によってソ連による新しい政策の失敗が明らかとなった。共産主義体制が崩壊したそれ以外の要因としては、ローマ教皇の権威が大きな影響を及ぼし、とりわけポーランド訪問（一九七九年、一九八三年、一九八七年、一九九一年）など、数多くの外国訪問によってその権威が高まっていたことや、キリスト教会やテレビ放送を通じて流れてくる自らが知っているヨーロッパとは異なるイメージなど、ヨーロッパの分断の要因となっていた多くのものが揺らいでいたことが指摘できる。

一九八五年以降、とりわけ一九八九年以後に、人々は東欧での共産主義体制の崩壊を目撃することになるが、その始まりはソ連と東欧諸国との間のイデオロギー的な結びつきが弱まっていったことだった。かつては、東欧の一国で動乱の兆候が見られると、「ビッグブラザー」が眉をしかめただけで、その国の秩序が回復することになることが多かった。この介入主義は、一九六八年にブレジネフ・ドクトリンという形で結晶化された。ところがソ連の指導者たちは、東欧における自らの支配を緩めただけではなく、ワルシャワ条約によって東欧の衛星国の国内問題には介入しないということと、ハンガリーとチェコスロヴァキアの国内に駐留していたソ連軍を撤退させることを明らかにした。さらには、一九八九年一二月に開催されたワルシャワ条約機構の首脳会議において、一九六八年のチェコスロヴァキアへの軍事介入が非難された。その変化は大きなものであった。だからといってソ連はヨーロッパを放棄したわけではなく、「ヨーロッパ共通の家」という理念に示されるように、依然としてソ連外交にとってヨーロッパは外交の中心舞台となっていた。ソ連国内の経済問題や民族問題に直面したゴルバチョフは、ロシアの伝統的なやり方で譲歩を示しながら、同時に時間稼ぎをすることになった。

東側ブロックの一体性は、このようにして著しく失われていった。一九九〇年一月九日と一〇日にソフィアで開かれた経済相互援助会議(COMECON)の首脳会議では、その活動が再検討され、抜本的な改革の必要が提起された。一年半ほど後の一九九一年六月二八日に、この経済機構は消滅した。ワルシャワ条約機構も、同様であった。そこで、チェコスロヴァキア駐在ソ連軍(七万五〇〇〇人)の撤退と、ポーランド(四万五〇〇〇人)とハンガリー(六万人)に駐留するソ連軍の撤退が決定的となった。一九九一年二月二五日、ワルシャワ条約機構の首脳たちはブダペストでの会合で、軍事組織としての同条約機構の解体を決定し、一九九一年七月一日には完全に消滅した。そして一九九一年六月には、ソ連軍がハンガリーとチェコスロヴァキアからの撤退を完了した。

エルベ川からコーカサス山脈にかけての共産主義ブロックの崩壊は、民族対立やナショナリズムの再興をもたらし国境問題を再燃させた。一九八九年一二月に、大西洋同盟加盟諸国の首脳と、ワルシャワ条約機構加盟諸国の首脳がはじめて、現存する国境線とヨーロッパにおける政治的および軍事的な機構を維持する自らの意思を確認しあった。一九九一年夏以降、西側諸国は東欧諸国の独立への動きを支援することを決断し、それは東欧諸国を根本から動揺させるような深刻な危機に帰結する移民を生み出すことになり、さらには数が増していた紛争を支援することになった。市場経済や民主主義への移行は困難を伴うものであり、ロシアでは旧共産党勢力が勢いを取り戻し、一九九五年の議会選挙で勝利を収め、さらにはポーランドでは一九九五年一一月の大統領選挙でレフ・ワレサの敗北をもたらすことになった。

2 ドイツ統一

「ドイツ問題」は、東ドイツの体制が崩壊した後に、急激に、かつ突如として浮上した。

ベルリンの壁が建設されるまでの間、三万人にものぼる東ドイツ市民が、西ベルリンへと徒歩で流出していったことは、いわば東ドイツの体制に対する一つの意思の表明であった。はたして、そのような人口の流出をくい止めることで、赤いプロイセンともいえるマルクス主義国家を、本当に樹立することなどできるのだろうか。また、ベルリンの壁を建設すれば、「東方政策」によって東ドイツを結束させることができるといえるのだろうか。実際のところ、現実はそのようにはならなかった。かつてそうであったように東ドイツの人々は国外への脱出を求め、一九八九年八月から九月にかけてはベルリンの壁を迂回して、大量の人々が国境を越えてハンガリー経由で東ドイツを離れていった。東ドイツ国民の国外流出に加えて、指導者たちに対する街頭でのデモが見られるようになった。ついに一九八九年一一月九日には、西側からは「恥辱の壁」と呼ばれていたベルリンの壁と、東西ドイツ間に引かれていた国境線は、東ドイツ政府の行政官の判断によって開かれることになった。一一月一〇日の朝には、すぐ後にはまた自宅に戻ることになるのではあるが、東ベルリンから何千人もの人々が西ベルリンに殺到した。これは、冷戦とドイツ分断の最大の象徴であったが、国外流出は続き、東ドイツと比べて物価が二倍から三倍にもなったにもかかわらず、毎日二〇〇〇人もの人々が東ドイツを離れていった。

このような東ドイツの国境線の開放と国内政策の変革は、ドイツ統一という問題を浮上させることになった。たとえば、ライプチヒで一九八九年一一月に起きたデモでは、人々は迅速な統一を要求した。東ドイツの体制が内部から崩壊していったことで力の空白が生まれ、ドイツ連邦共和国はそれを埋める計画を進めていた。ヘルムート・コール首相は一九八九年一一月二八日に、連邦制の枠組みのなかでドイツ統一を実現するための「一〇項目計画」を急遽、公表することになった。そこでは、とりわけオーデル＝ナイセ線をはじめとする、それまでの国境線には手を触れないことを前提としていた。実際には、事態は急速に進展していき、一九九〇年三月一八日の東ドイツの総選挙では、迅速な統一を求める政治勢力が勝利を収めて、それまでの政治的なスケジュールが覆され、それによって大使館は混乱した。

諸外国の反応は、慎重なものであった。一九八九年一二月八日と九日に開催されたストラスブールでの首脳会議において、EC加盟一二カ国は、民族自決権に基づいて、ドイツ国民自らの決定を受け入れることに合意した。フランスはドイツ再統一にブレーキをかけることはせず、強化されたECと民主化した東欧諸国の間での連合を提唱した。一九九〇年一月三日に、ソ連は東西ドイツを統一するという考えはもはや避けがたいことであるとして受け入れることになったが、ここではじめてソ連は、統一ドイツがNATOに加盟するという構想に反対する意向を示した。ポーランドは、ドイツ＝ポーランド間の国境を固定化する条約を要求し、コール首相はそれに躊躇する姿勢を示したが、最終的にドイツは隣国からの要求に応じることになった。

「ドイツ問題」は、もっとも重要な時事問題となった。再統一には、実際のところ数多くの不透明性が横たわっていた。八〇〇〇万人もの人口を擁するこの「大ドイツ」は、欧州共同体の中心であまりにも巨大な経済力を持つことになり、それがヨーロッパにとってのリスクとなりはしないだろうか。再統一したドイツはNATOの加盟国にとどまるのだろうか、それとも中立国となるのだろうか。西ドイツは、再統一の交換条件として、中欧を非核化して中立化しようという提案に惑わされることにはならないだろうか。西ドイツの連邦制は確固たるものとして定着していたものの、再統一を求めるダイナミズムは、西ドイツ政府にとってほかのあらゆる政策領域よりも優先されるべきものとして考慮されていた。コール首相は東ドイツに向けて、「ダブルゼロ」や「トリプルゼロ」も受け入れる姿勢を示し、さらには一九八九年四月には兵力の駐留期間を延長することを取りやめた。一九八九年六月にはゴルバチョフ書記長の訪問を受け入れた際に、彼が提唱していた「ヨーロッパ共通の家」構想に賛意を示した。再統一を実現するための唯一の可能性として、西ドイツが東側に引き寄せられているのではないかという懸念が人々の間に見られていたが、実際に行ったのはそれとは反対のことであった。

東ドイツの共産主義政権が崩壊し、一九九〇年三月一八日の総選挙で西ドイツの首相の立場に近い政党へと人々の支持が集まったことによって、ドイツ統一実現への道が開けた。東西二つのドイツ国家の間での通貨同盟が、一九九〇年七月一日に発効した。東西ドイツ二カ国と、ドイツの地位を保障する旧占領四カ国（アメリカ、イギリス、フランス、ソ連）との間で交渉が始まった。ソ連は一九九〇年一月になるともはやドイツの再統一は不可避であると認識していながらも、二月一二日の時点では統一ドイツのNATO加盟を拒絶した。他方でゴルバチョフはコーカサスでの「歴史的合意」（七月一六日）により、一九九四年末までにドイツの兵力を三七万人以下に削減することと、さらには東ドイツ駐留のソ連軍撤退のための費用を支出することを条件に容認した。ドイツに関する最終規定条約が、九月一二日にモスクワで調印された。完全に主権を取り戻したドイツは、しかし、実質的な兵力の上限および核兵器の不保持を受け入れることになった。統一への道のりは開かれており、一九九〇年一〇月三日にそれは達成された。最後のロシア軍兵士が一九九四年八月三一日にベルリンから撤退し、西側の兵力は九月八日に撤退した。ドイツは八〇〇〇万人の人口を擁する新しい「大国」となり、そのような新しい大国が中核となる「ドイツのヨーロッパ」へと向かっていくことの懸念が示された。それと同時に、統一のコストは当初予想されていたよりもずっと高くついた。新しいヨーロッパにおいて、先行きが不透明だったのは「ドイツ問題」だけではなかった。

3　ソ連帝国の解体

東欧におけるソヴィエト型の共産主義体制の崩壊は、次のような三重の危機に直面していたソ連邦の解体に帰結した。

第一は、イデオロギー的な危機である。というのも、共産主義の指導層およびソ連共産党そのものが一九九〇年三月一三日の危機の原因となったのみならず、クーデタの挫折（一九九一年八月一九日）の後には、ロシア共産党の全活動が禁止されることになったからである。

第二は、経済的危機である。すなわち、インフレや財政赤字、対外債務といった事柄が、ソ連経済の崩壊の原因となった。そして第三が、政治的危機である。つまり、民主的な改革がソヴィエトの政権を不安定化させ、抜本的にシステムを変えなければ改革することができないことを証明するという形で、悪循環となっていた。ミハイル・ゴルバチョフはソ連大統領となり、一九九〇年にノーベル平和賞を受賞するというように国外では高い評価を受けていたが、国内では保守派と改革派の間の対立を仲裁することができず、一九九一年八月二四日にはソ連共産党書記長の地位から退く結果となった。

ソ連という帝国の解体が加速していったことは、共産主義の終焉の原因であると同時に、帰結でもあった。ソ連邦を構成していた共和国が、次から次へと自らの独立と主権を要求するようになった。

リトアニア、ラトビア、エストニアのバルト三国の地域は、何世紀にもわたってスラブ人、ドイツ人、スウェーデン人によって争奪されてきた。一九二〇年から一九三九年にかけて独立を達成したバルト三国は、独ソ不可侵条約の規定に基づいて一九三九年八月二三日にはソ連により併合され、その後一九四一年から四四年にかけてはドイツ軍によって占領されたが、その後は再びソ連の領土となった。一九八九年八月のデモでは、ソ連邦から独立した三つのバルト国家の主権を回復する要求がなされた。緊迫した状態のなかでの対立がしばらく続いた後に、一九九一年八月にこの三カ国の独立が承認された。その三年後には、ロシア軍がバルト三国から撤退した。

ソ連共産党や軍部、さらにはKGBにおける保守派勢力により引き起こされた、一九八九年八月一九日から二一日のクーデタが失敗に終わったことを契機に、連邦関係を規定する新しい条約の調印の直前に、国家評議会が連邦内のそれぞれの共和国に巨大な権限を移譲することとなり、「中央」である連邦はあくまでも対外政策と軍事の領域における監督権を保持するのみとなった。ところが、それらの共和国は徐々に、自らの主権に制限があることに不満を抱くようになっていった。まさにこのときから、ソ連は解体へ向かって加速していったのだ。一九九一年四月九日のジョージアに続いて、一九九一年八月にはモルドヴァが独立を宣言していた。モルドヴァとは、一九三九年のモロトフ＝リッベントロップ協定において、ソ連がルーマニアから奪取して、戦争を契機にソ連邦に併合したかつてのベッサラビアである。それに続いて、アゼルバイジャン、キルギス、ウズベキスタンが独立を宣言した。ウクライナの分離独立（一九九一年一二月一日）とその連邦条約の調印拒否は、ソ連邦の死滅を意味することになった。ロシア、ウクライナ、ベラルーシの大統領は、一九九一年一二月八日に独立国家共同体（CIS）を設立することで意見が一致し、一九九三年九月に遅れて加盟することになるジョージアを除くすべての共和国が、一九九一年一二月二一日にそこに加盟することになった。ロシアは旧ソ連の国家を継承し、国連の安全保障理事会常任理事国の議席、さらには戦略核の管理責任を受け継ぐことになった。他方、ウクライナ、モルドヴァ、アゼルバイジャンは、国軍創設の権利を手にした。孤立し、すべての権限を剝奪されたゴルバチョフは、一九九一年一二月二五日に大統領の座を退くことになった。

実体を持たない独立国家共同体が数々の欠陥を抱えていたことから、旧ソ連邦を構成していた諸国は、自らの意思で関係を構築していた。中央アジア諸国（カザフスタン、トルクメニスタン、ウズベキスタン、タジキスタン、キルギス）は、この地域での和解を示すようになった。ロシアとウクライナは、一九九二年六月に政治・経済協力協定に調印した。いたるところで、遠心力が働いた。ジョージアでは、キリスト教徒であるアブハズ人とオセット人が、イスラーム教徒であるイングーシ人と敵対していて、宗教上の亀裂があった。アゼルバイジャンでは、ナゴルノ＝カラバフ（イスラーム圏に位置するキリスト教徒のアルメニア人がいる飛び地）地方にアルメニア人が居住していた。ロシアは、ウクライナとの間では黒海におけるロシア艦隊

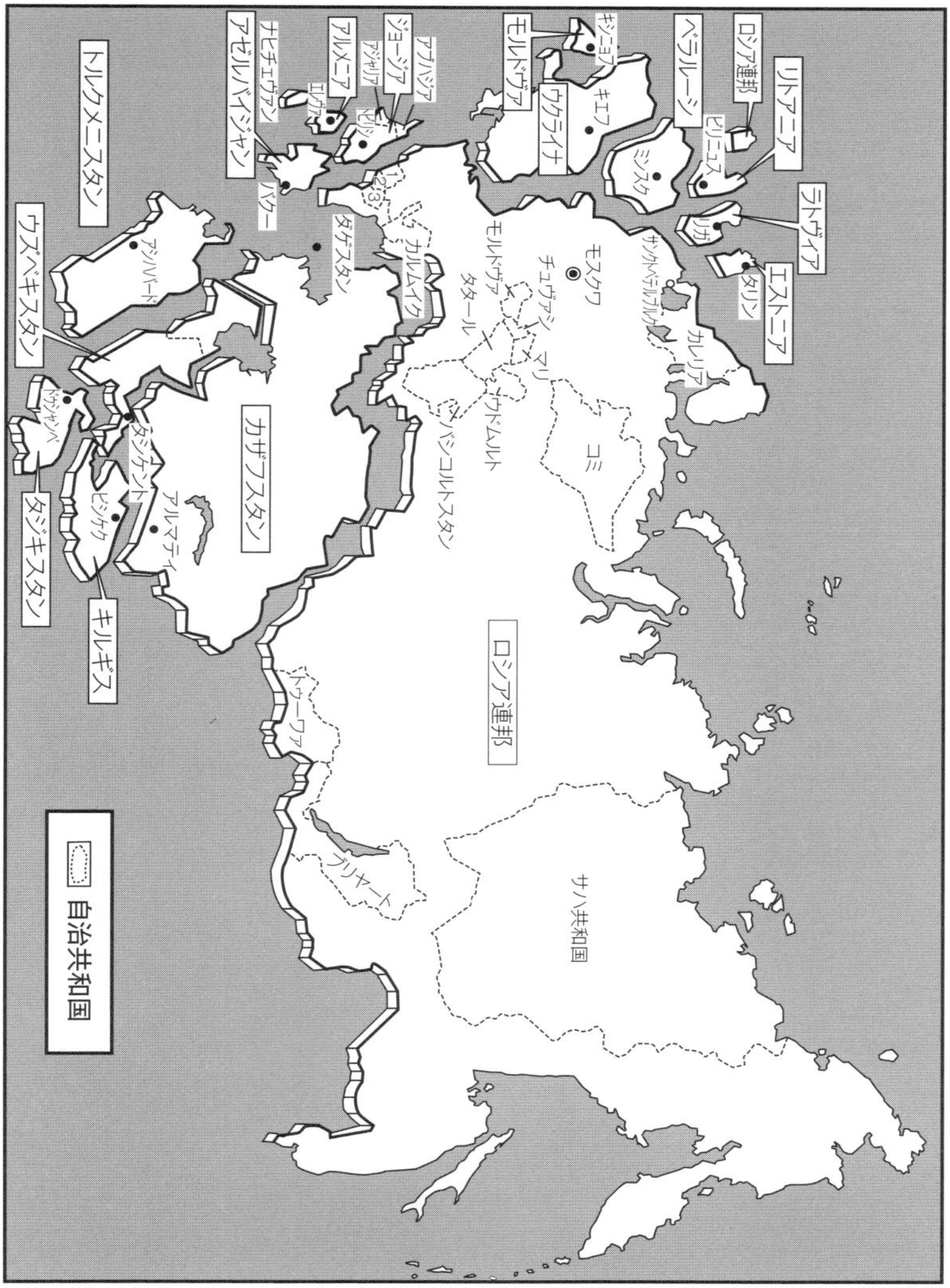

図5-1　ソヴィエト連邦崩壊後

をめぐり、さらにはベラルーシやカザフスタンとの間では核兵器の管理をめぐり、関係が困難なものになっていた。

ロシアにおける変化は、急進的であった。ロシアは、マルクス゠レーニン主義を根拠とすることや、世界において果たすべき歴史的使命をすべて放棄したまったく新しい国家となった。強大な権限を持つ大統領制への移行という政治改革や、市場経済へと移行する経済改革は、困難な状況、さらには短期的な政変（一九九三年九月二一日–一〇月四日）に帰結した。対外的にはロシアの目的は、ＩＭＦや世界銀行といったあらゆる国際機関に加盟して「文明世界」の一員となることや、二級国として見られないように自国の価値を高く吊り上げ、アメリカの政策により接近しようとすることであった。このように断固として西洋世界の方を向いた政策は、明らかにロシアが期待するような利益が得られるものとみなされていた。ロシアはまた、G7サミットの会合にも参加を要請された。国内の状況では、ロシアは分裂の危機にあった。旧ソ連のそれと比べた場合にロシア国民はより同質的であったが、それでも自治を求める各共和国では動揺が見られていた。ロシアは、少数民族であるロシア人やロシア語圏の人々の保護をそれらの共和国に要求したが、それはロシアの影響力を確保することが目的であった。

4　ナショナリズムの覚醒

東欧の共産主義体制崩壊とともに、ナショナリズムが再び勢いを増し、国境問題が再燃した。冷戦時代においては、人々が語る唯一の境界線は、「鉄のカーテン」であった。プロレタリア国際主義ドクトリンによって、民族としての要求や領土的要求は封じ込められていた。共産主義体制下では、民族問題の解決はもっとも優先度の高い問題の一つであった。そうした共産主義体制が消滅したことによって、一時的に凍結されていた民族間のそれまでの対立がよみがえった。ナショナリズムが覚醒したことによって、第二次世界大戦が生み出した国境線が直接、脅かされることになった。

国境線をめぐる問題は、再びもっとも重要な問題となった。ヨーロッパは突如として、一九一四年の悲劇を生み出した魔物にとりつかれ、中欧の諸民族を結集させたハプスブルク帝国には大きな長所があったことを再認識した。ポーランドの再興は、カトリック教会を基礎としたポーランド国民としての精神に大きく依拠していた。ハンガリーでは、ハンガリー王室最後の皇后であるツィタが亡くなった一九八九年三月一四日に、ナショナリズムが表出した。ルーマニアでは、かつてハンガリー領であったトランシルヴァニア地方在住の三〇〇万人のハンガリー系少数民族が、自らの自治を要求するようになった。旧ソ連邦のモルドヴァでは、ルーマニア系少数民族が民族的主張を行っていた。また、ハンガリー人とスロヴァキア人の間で、緊張が生まれた。もっとも劇的にナショナリズムが再興したのは、ユーゴスラヴィアにおいてであった。

ユーゴスラヴィアでは、一九八〇年にチトーが死去してからゆるやかに共産主義体制が崩壊していくと同時に、第二次世界大戦後にチトーが毅然たる態度で六つの共和国からなる連邦国家を樹立して封じ込めることに成功した民族主義的な熱狂が、再び噴出してきた。共産主義後の時代には、ユーゴスラヴィアはヨーロッパ大陸においてもっとも紛争が燃えあがりやすい地域であって、その原因は非常に古い時代にまで遡る。ローマ皇帝テオドシウス一世の死（三六五年）以降、旧ユーゴスラヴィアの地域は、西ローマ帝国とビザンチン帝国の間に、さらにはカトリック教会と東方正教会の間に、そしてクロアチア人とセルビア人との間で分断されていた。スラブ人による征服によっても状況は何も変わらず、さらにトルコ人の征服によってオスマン帝国とハプスブルク帝国の間に国境線が引かれて、それがユーゴスラヴィアの中心部に境界線をもたらした。それによってギリシャ正教徒のセルビア人の多くが移住して、カトリック教徒のクロアチア人の近隣に居住するようになる。いくつもの帝国が崩壊して、第一次世界大戦の原因となるバルカン危機（一九一四年六月二八日のサライェヴォ事件）という喧騒のなかで、三つの言語圏（スロヴェニア語、セルビア・クロアチア語、マケドニア語）、さらには三つの宗教（カトリック教、東方正教会、イスラーム教）で分断されているセルビア、クロアチア、スロヴェニアという三つの王国を樹立した。それらは崩壊の種を含んだ王国であった。第二次世界大戦中には、対立関係が激化して王国が分裂し、さらにはクロアチア人のファシズム政党のウスタシャによってセルビア人が虐殺され、集団的記憶のなかに深い傷跡を残した。セルビア人のクロアチア人やスロヴェニア人に対する古くからの敵意は、少数民族問題を熾烈化させた。なぜなら、いずれの共和国も、同質的な一つの民族によって成り立っていたわけではなかったからだ。これは特に、全人口のうちイスラーム教徒が四四％、セルビア人が三一％、クロアチア人が一七％を占めている、民族がモザイク状に混合していたボスニア・ヘルツェゴヴィナの場合において顕著であった。ユーゴスラヴィアの分裂は、共産主義体制が崩壊することは多民族国家が崩壊することを意味するということを、明らかにした。国家分裂のドラマは、一九九一年五月の連邦評議会議長選挙に端を発した。スロヴェニアとクロアチアが、複数の主権国家への解体を主張したのだ。これによって、民族間対立が勃発した。大部分がセルビア人により構成される連邦軍が、クロアチアにおけるセルビア人の権利を擁護するという名目で軍事介入したことを理由として、スロヴェニアとクロアチアは一九九一年六月に国家としての独立を宣言した。交渉による解決を奨励する欧州共同体（ＥＣ）による仲裁は、限られた影響しか及ぼさなかった。

オーストリア＝ハンガリー帝国の崩壊によって第一次世界大戦後に建国されたチェコスロヴァキアは、七五年間にわたる共存の後、一九九三年一月一日にチェコ共和国とスロヴァキアへと、平和裏に分離した。ナショナリズムの帰結としてのバルカン化によってヨーロッパの空間は侵食され、そこでは一二カ国からなるＥＣが、残された唯一の安定性の基軸を提供することとなった。

5　ヨーロッパ連合への道

一九八八年六月一三日のルクセンブルク財務相会合において、一九九〇年七月一日以降、ＥＣの域内での資本移動の完全自由化に関する決定がなされたことは、機械の歯車を始動させる役割を果たした。これは、三億四五〇〇万人の消費者を擁する新たな市場の形成に向けての、決定的な一歩となった。一九九三年一月一日の市場統合実現の直前になると、域内市場へのアクセスが困難となることへの批判から、この「要塞化したヨーロッパ」に対して、アメリカや日本から非難が浴びせられた。調整を進めて、自由化を進展させるための大変な努力の末に内部に国境のない巨大な市場を実現させたことは、ヨーロッパ統合にとって重要な画期となった。

実際には、ＧＡＴＴの交渉によって域内共通関税は大幅に引き下げられると同時に、世界貿易の顕著な拡大へと帰結していた。貿易に関する最初の四回の交渉（一九四七年、一九四九年、一九五〇年、一九五六年）に続く、ディロン・ラウンド（一九六〇―六二年）、ケネディ・ラウンド（一九六四－六七年）、東京ラウンド（一九七三－七九年）によって、工業製品の関税率は大幅に引き下げられていた。一九八六年九月以来プンタ・デル・ソルで開かれていたいわゆるウルグアイ・ラウンドでは、農業産品、サービス関税、そしてＡＶ関連商品をめぐり交渉が難航した。アメリカとカナダはヨーロッパに対し、とりわけ植物油（大豆とヒマワリ油）の分野での農業補助金の廃止を求め、さらには市場参入のためのよりよいアクセスを要求した。それに対してヨーロッパは、すぐさま日本の輸出攻勢や航空産業の分野でのアメリカの保護主義について批判を繰り返した。欧州委員会は共通農業政策の改革（価格保証システムではなく農業生産者への直接援助システムの導入と、休耕地への一五％の課税と穀物価格の二九％の引き下げの同時導入）の直後に介入して、アメリカとの間でブレア・ハウス合意（補助金を用いた輸出品額の削減と植物油用植物の耕地面積の上限設定）を結んだが、この合意はヨーロッパの主要な農業品生産国であるフランスによって激しく拒絶された。一九九三年一二月一四日に妥協が実現し、マラケシュでウルグアイ・ラウンドの最終議定書の調印が行われ（一九九四年四月一五日）、参加一二一カ国が前例のない水準での関税撤廃を義務づけられた。

マーストリヒト条約へ向けての交渉は困難を極めたが、とりわけ財政政策の調和と通貨同盟をめぐる交渉がそうであった。一九九〇年九月八日には欧州通貨制度にポンドが参加したにもかかわらず、イギリスは単一通貨構想からは距離を置いていた。ドイツでは、通貨統合をめざす性急な展開に対しドイツ連邦銀行と産業界が反対していた。一九八九年一二月九日のストラスブール欧州理事会の会合は、共通通貨の導入に象徴される経済通貨同盟（ＥＭＵ）の構想を、三つの段階に分けて実現していくことに合意した（最初の段階は一九九〇年七月一日施行）。もしこれが実現すれば、このＥＭＵはかつてのあらゆる領域のなかでももっとも重要な領域に関する主権を委譲されることを意味した。一九九〇年四月二八日のダブリン欧州理事会では、ヨーロッパの政治統合を加速させる必要性が強調された。湾岸戦争ではまったく重要な役割を果たすことができず、またユーゴスラヴィア危機でＥＣが無力であったことからも、共通防衛政策が必要であることは明らかであった。閉塞状況を打開するためにも、フランスとドイツは一九九一年一〇月一四日に防衛の領域に関してもヨーロッパの組織としての責任を強化することを提案し、またベルギー、ルクセンブルク、スペインの兵力を含めた形での独仏合同旅団を創設することを宣言した。

交渉が進展したことによって、一九九一年一二月九日と一〇日のマーストリヒト欧州理事会では、経済および通貨統合や政治統合に関する合意に達した。共通対外安全保障政策に関しての基本原理、またＥＣ加盟国域内では自国以外の加盟国の在留者がそれぞれの居住国で地方選挙に参加する権利が認められることについて合意がなされた。また、三段階を経て導入される予定の経済通貨同盟構想については、もし経済政策が十分に収斂すれば、一九九九年一月一日までに単一通貨を導入すること

図5-2　1995年のヨーロッパ

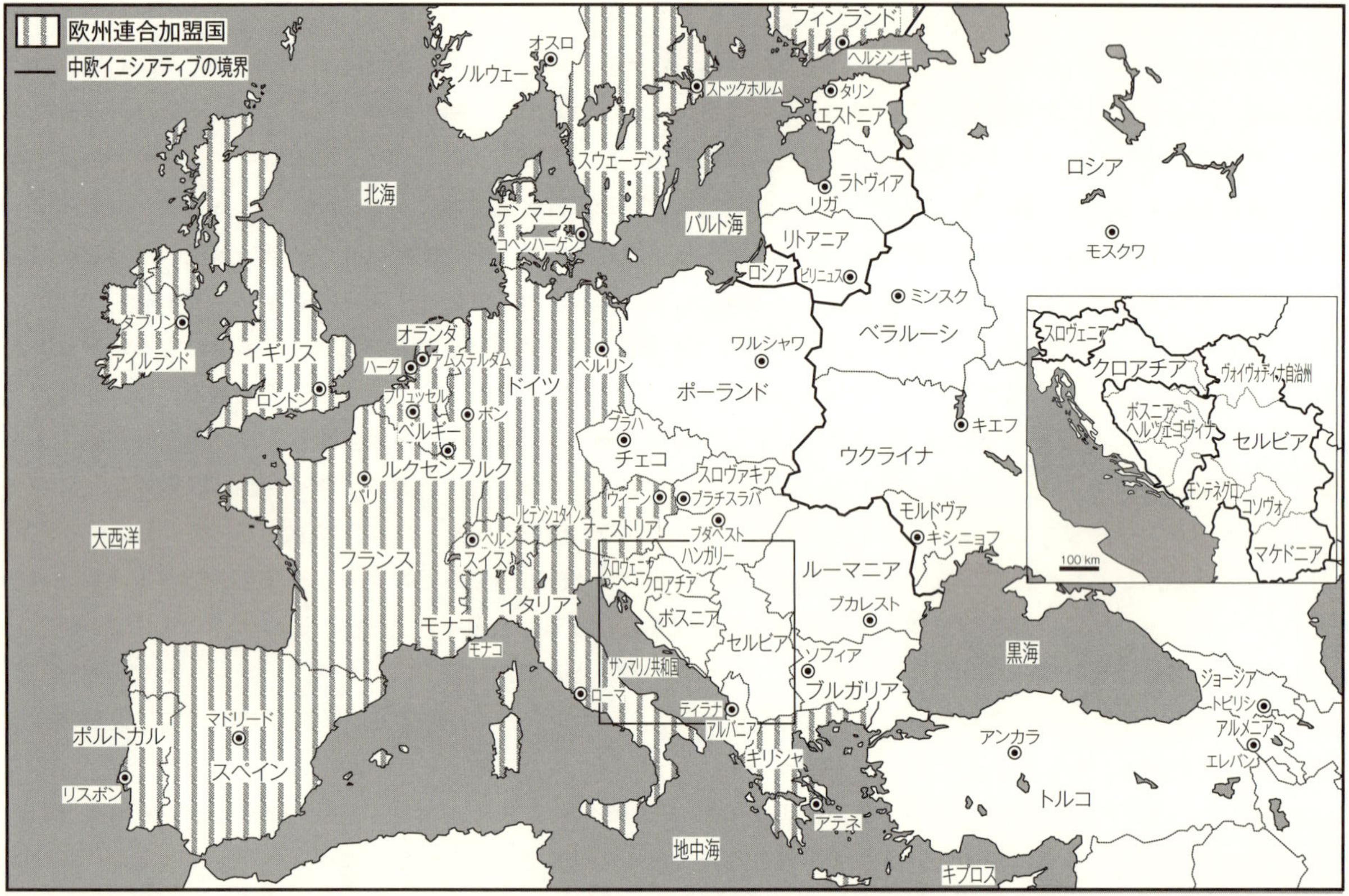

としたが、それは通貨政策の領域で各国の主権が失われることを意味した。一九九二年二月七日に調印された欧州連合条約（マーストリヒト条約）では、ローマ条約の改定がそのもっとも重要な位置を占め、共同体における多くの政策領域を組織化するという野心的な目標を持っており、通貨や対外政策といった中核的な領域で超国家性を持つ欧州連合（ＥＵ）の実現をめざした。補完性原則に従って、共同体はあくまでも、加盟国のレベルでは十分に効果的に実施することができない領域に限定して、政策を実現することになる。しかしイギリスは、経済通貨同盟への参加や、社会政策の領域では適用除外されることとなった。条約の批准過程は一カ国のみを例外として、問題なく進んでいった。デンマークが一九九二年六月二日に批准を拒否して、その後一九九三年五月一八日に再度の投票により批准を実現した。フランスは一九九二年九月二〇日にかろうじて批准を達成し、最後にはイギリスが一九九三年八月二日に批准を行った。

このような混乱にもかかわらず、西ヨーロッパは巨大なソフトパワーを持っており、世界における一つの極を構成していた。ＥＥＣは、東欧からも、また第三世界からも、援助を提供するよう強い要請を受けていた。ＥＥＣは一九八九年一二月一五日には、アフリカ・カリブ海・太平洋地域（ＡＣＰ）諸国である六八カ国との間で第三世界におけるヨーロッパの援助を増加させるための合意に達し、これは第四次ロメ協定と称されている。またＥＥＣは、東欧諸国への財政支援を目的とした欧州復興開発銀行（ＥＢＲＤ）を創設した。すなわち、西ヨーロッパは逆説的な立場に立っており、世界における安定化のための中軸となっていながらも、世界の勢力均衡において決定的な影響力を行使できるような見通しはなかった。西ヨーロッパは、自らの未来に関しても、あるいは自らの世界での地位についても、さまざまな迷いが見られたのである。

６　多様でありかつ一つのヨーロッパ

ベルリンの壁と鉄のカーテンが消え去ったことで、ヨーロッパ統合は広大な領域を視野に入れることになった。同時に、ソ連の覇権が消失したことによって小国へと細分化されるようなバルカン化の危険が浮上し、また、一二カ国から構成される統合されたヨーロッパは、拡大によってそれまで持っていた多くの利益やアイデンティティを失ってしまってもよいのだろうか。ＥＣ加盟の一二カ国とＥＦＴＡの七カ国によって、共同体加盟の前の助走期間としての役割を果たすともいえる欧州経済領域

（ＥＥＡ）が一九九一年一〇月二二日に設立が決定された。しかしながら、一九九二年一二月六日にスイスがＥＥＡ批准を拒否したことに示されるように、この二つの機構の接近には障害がなかったわけではない。それでは、ＥＥＣ加盟により豊かになることを望む東欧諸国は、それにどのように対応したのだろうか。ポーランドとハンガリー、チェコとスロヴァキアは、ヴィシェグラード・グループを構成し、加盟に先立つ準備のような形で、地域協力の予行練習を行っていた。国境線確定と国内少数民族の問題に対処するために一九九五年三月二二日に欧州安定化協定が採択されて、予防外交を促進することになった。

アメリカとカナダに加えて、一九九一年六月に加盟したアルバニアを含めてすべての欧州諸国により構成される唯一の機構である欧州安全保障協力会議（ＣＳＣＥ）が、より大きな役割を担おうとしていた。一九九〇年一一月二一日に開催された第二回ＣＳＣＥ首脳会議で、「新しいヨーロッパのためのパリ憲章」が調印された。三四カ国の加盟国が、「ヨーロッパの対立と分断の時代の終結」を祝福し、「唯一の統治形態としての民主主義」を承認して、ＣＳＣＥの機構化を決定した。一九九一年六月一九日と二〇日のベルリンでの会議において、危機が生じた際の協議メカニズムが採択されたにもかかわらず、ＣＳＣＥは短期間でその実効性の限界を露呈した。

ＮＡＴＯは、重要な転換点にさしかかっていた。ワルシャワ条約機構という脅威に対峙することが想定されていたＮＡＴＯは、大きく異なる新しい事態にその軍事機構を適合させていかなければならなくなった。すなわちソ連の軍隊が撤退する一方で、アメリカの兵力は一九九〇年の三二万人から一九九四年の一三万三〇〇〇人へと削減されていた。勝利を収めたこの軍事機構は、「力の真空」のなかで不安に陥っていた中東欧諸国の安全保障上の要請に応えねばならなかった。ＮＡＴＯはまた、一二カ国からなるヨーロッパが、ＥＵとして安全保障政策を持つことが検討され（一九九一年六月六日から七日にかけての会合）、西欧同盟（ＷＥＵ）によってその安全保障上の機構と位置づけられるようになっていたことも考慮に入れなければならなかった。これらの問題をめぐり、多様なイニシアティブが見られた。ＮＡＴＯは、一九九一年五月二八日から二九日にかけての会議において、「即応部隊」を創設して、その軍事機構を再編することになった。とりわけ、欧州軍の萌芽となるような仏独両国による「欧州合同旅団」の創設の決定と並行して、一九九三年四月の米独合同旅団のような多国籍からなる旅団を創設することに力点が置かれた。一九九一年一一月のＮＡＴＯの首脳会議では、ＥＣ、ＷＥＵ、ＣＳＣＥのような機構もまた、防衛や

図5-3　ヨーロッパ各国の加盟状況（1999年4月）

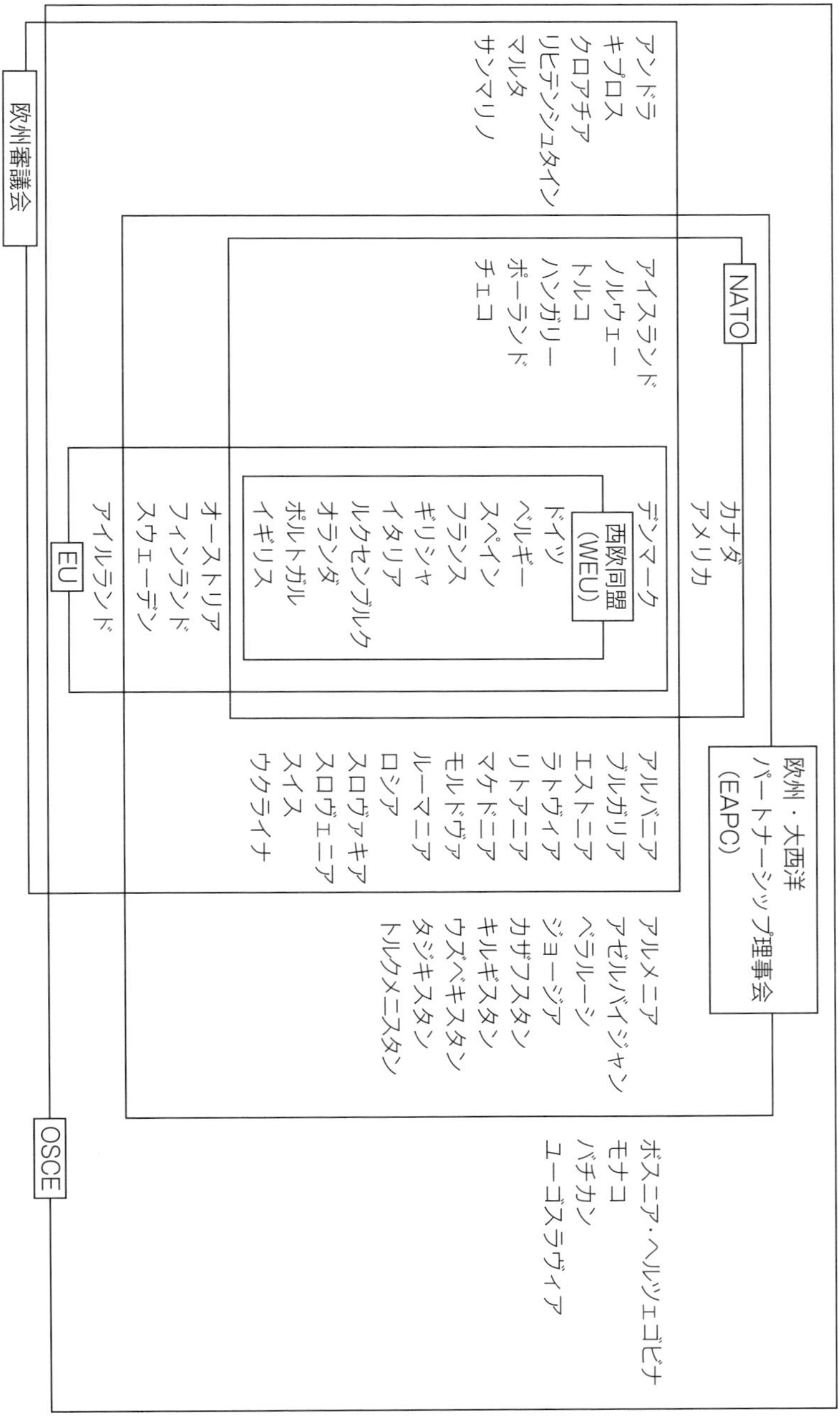
欧州審議会
アンドラ
キプロス
クロアチア
リヒテンシュタイン
マルタ
サンマリノ
NATO
アイスランド
ノルウェー
トルコ
ハンガリー
ポーランド
チェコ
カナダ
アメリカ
デンマーク
西欧同盟（WEU）
ドイツ
ベルギー
スペイン
フランス
ギリシャ
イタリア
ルクセンブルク
オランダ
ポルトガル
イギリス
EU
オーストリア
フィンランド
スウェーデン
アイルランド
欧州・大西洋パートナーシップ理事会（EAPC）
アルバニア
ブルガリア
エストニア
ラトヴィア
リトアニア
マケドニア
モルドヴァ
ルーマニア
ロシア
スロヴァキア
スロヴェニア
スイス
ウクライナ
アルメニア
アゼルバイジャン
ベラルーシ
ジョージア
カザフスタン
キルギスタン
ウズベキスタン
タジキスタン
トルクメニスタン
OSCE
ボスニア・ヘルツェゴビナ
モナコ
バチカン
ユーゴスラヴィア

安全保障の分野で一定の役割を担うことが承認された。一九九二年六月四日に、CSCEがNATOの資産を使用して、平和の維持のための任務を行えるようになったことは、NATOがはじめて条約で規定された域外に関与する可能性を提供することになった。しかし、旧ユーゴスラヴィアにおける国連保護軍（UNPROFOR）に関しては、NATOの役割は限られたものであった。ボスニアにおいては、和平履行部隊（IFOR）としてNATOの即応部隊を創設したことによって、旧敵国や中立国などとの協力に基づいて、NATOは新しい種類の介入を行うようになる。

Ⅲ 冷戦後の世界

冷戦の終焉によって、紛争の種子がなくなるということはなかった。一九八五年以後に見られた世界的な規模でのデタントは、二つの超大国の間での緊張緩和から始まり、その後はソ連軍が大規模な撤退を始め（それはキューバ軍にその任務を委譲するという体裁がとられていた）、最後にはソ連の崩壊に帰結した。このデタントは、緊張の緩和や多くの地域紛争の終結、そして民主化といった、さまざまな様相を示すことになった。他方で経済発展の遅れた地域では勢力圏争いや部族間の対立、さらには民族や宗教の独自性を求める衝突が、あらゆるところで再燃していた。

1 矛盾あふれるアジア

アジアにおいては、カシミール地方を除いて紛争は沈静化していくと同時に、地域による格差がよりいっそう見出されるようになった。すなわち中国沿岸部を含め東アジアが経済成長を実現しているのに対して、インド亜大陸では貧困が続いていた。

もっとも劇的であったのが、アフガニスタンからのソ連軍の撤退であった。アフガニスタンへの軍事介入を行っていたソ連は、植民地戦争と同様の状況に陥り、それは次第に泥沼化していった。ゴルバチョフがソ連共産党の書記長に就任したときにはすでに戦争は五年も続いており、ますますベトナム戦争に似てきていた。強大な装備と物資を備えたソ連軍はその力を十分に発揮することができず、パキスタンやアメリカ、中国、そして湾岸諸国から結集する、貧弱な装備しか持たない勢力による抵抗に直面し、自らの目的を達成することができなかった。紛争はよりいっそう熾烈なものとなっていった。アフガニスタンの抵抗勢力がスティンガー型地対空ミサイルを保有していたことで、一九八七年になるとソ連軍は制空権を失った。抵抗勢力の手中にあった拠点を解放しようとする作戦は、短期間で挫折する結果となった。ゴルバチョフにとって、泥沼のアフガニスタンからソ連軍を撤退させることは最優先課題であった。というのも、アフガニスタンが占領されている限りは、ソ連の平和攻勢が信用されることはなかったからだ。ジュネーヴで行われた外交交渉が、決定的な転換点となった。このときアフガニスタンの政府首脳であったバブラク・カルマルは、一九八六年五月四日にムハンマド・ナジーブッラー将軍にその地位を譲った。

一九八九年一二月、ワシントンで行われたレーガンとゴルバチョフとの間の米ソ首脳会談によって、事態の進展は加速した。ソ連外交は、停戦を成立させ連立政府を樹立させるためにできるすべてのことを行った。一九八八年四月一四日には、アフガニスタン、パキスタン、ソ連、そしてアメリカの四カ国政府による交渉の結果、ソ連軍の撤退に関する合意がなされた。それが実現するまでに若干の混乱が見られたものの、予定通り一九八九年二月一五日にはソ連軍の撤退が完了した。

ソ連はほかの紛争に関しては、アフガニスタン戦争ほどには深くはなかったものの政治的および財政的に関与していたが、およそ同様の理由から手を引くことにした。ベトナムのカンボジアに対する軍事介入も、これに該当した。一九八七年一一月以降、ベトナムはいくつかの部隊の帰還を開始し、さらに一九八九年四月五日になるとベトナム軍の完全撤退を宣言した。フランス政府の提唱により、かつての国王ノロドム・シアヌークからフン・セン第一首相に至るまで、すべての勢力を集結させてカンボジアの将来を考える会議に招請したが、この会議は一九八九年八月にパリで開かれたものの、成果を生むことはなかった。ベトナム軍が撤兵した後には、カンボジア内戦は新たな憎しみを生み出した。カンボジア内戦終結に向けて国連が中心的な役割を担うために、一九九〇年九月にシアヌークの下でクメールの四つの派閥が再編成され、停戦の準備を行うこととなった。一九九一年一〇月二三日にはついにすべての勢力によって和平協定が調印され、民主的な選挙が実施されるまでの間カンボジアは国連の統治下に置かれることとなった。国連安保理第九四五号決議（一九九二年二月二八日採択）によって、二万二〇〇〇人の要員が派遣されることになり、カンボジアの安定化を目的とした国連カンボジア暫定統治機構（ＵＮＴＡＣ）が設立された。クメール・ルージュの妨害にもかかわらず、一九九三年五月には普通選挙の実施を成功させて、ＵＮＴＡＣは一九九三年一一月に成功裏にその任務を終えた。

インドシナ半島における緊張の緩和は、ゴルバチョフが中国との対話を再開する努力が実ったことの結果でもあった。一九八六年七月二八日、ウラジオストクにおいてゴルバチョフは、近隣諸国との良好な関係を構築する環境が整っていると述べて、一九八九年五月一六日から一八日までの自らの中国公式訪問によって、中ソ関係の正常化を実現した。それはまた、一九九一年五月の中国共産党総書記のモスクワ訪問と、一九九四年九月の中国国家主席・江沢民のモスクワ訪問によって、より確かなものとなった。

イラン゠イラク戦争は一九八八年八月二〇日に終結し、八年間続いて一〇〇万人もの犠牲者を生み出した紛争は幕を閉じた。イラクは、自国軍による積極的な介入と軍事的優位にもかかわらず、イランの原油施設や都市部、そしてイランとの国境地帯に対するあらゆる攻撃がほぼ失敗に終わり、イラン軍の強固な防護に直面した。一九八六年二月にはイラン軍の反撃によりイラクの都市アル・ファオが奪取されて、一九八八年四月にようやくイラク軍によってそれを奪い返すことができる始末であった。戦闘は激化して、ミサイルや化学兵器も使用された。戦争が泥沼化して国際社会がそれに対して深刻な懸念を抱くまで、戦争当事国が相互にあらゆる種類の兵器を使用するということに、人々はどうにか順応しなければならなかった。そのようになってしまったことには、二つの要因があった。第一にはイランが破壊行為やテロリズムといった策略を用いたことである。一九八六年九月のパリで起こった人質拘束とテロ事件という陰謀によって、イランとフランスの間の外交関係が断絶し、また一九八七年七月三一日のメッカでの暴動によって、イスラーム教の聖地の治安部隊とシーア派巡礼団との衝突がエスカレートしていた。

イラン゠イラク戦争が国際問題化していった第二の要因は、ペルシャ湾に関連していた。海上交通に対する攻撃や、石油供給に重大な影響を及ぼすような脅威が存在することにより、ペルシャ湾は潜在的に戦争の舞台となった。西欧諸国は一九八七年八月になると、ペルシャ湾岸の産油国に安全を保証し、さらにはソ連に対してこの危機の機会に便乗させないように、原油への自らのアクセスを安定的に維持するためにもペルシャ湾への戦艦の派遣を決定した。

最終的に、戦争が続いたことによる疲弊やイラン軍の挫折、そして国際的な圧力によって国際社会で孤立していたイランは、一九八八年七月になると国連が提唱した停戦合意を受け入れた。その後イラクも同様に七月二二日の停戦合意を受け入れたことによって、和平交渉が始まった。国連事務総長のペレス・デ・クエヤルが一九八八年八月八日に停戦合意を発表し、三五〇人ほどの国連監視団の下で八月二〇日にこの合意が発効した。

イラン゠イラク戦争の終結後にはフランス人の人質は解放され、それに続いて一九八八年六月一六日にイランとフランスとの外交関係が回復した。とはいえ、一九八九年六月三日のホメイニー師の死去の後にも、ペルシャ湾岸地域の国際的な緊張が緩和されることはなかった。

イラクのクウェート侵攻に始まる湾岸戦争は、実際の戦闘が行われたのは六週間のみだったものの、七カ月もの間、世界を再び戦争の空気で包み込んだ。イラクとクウェートが対立していた背景として、一方ではアラブ世界で指導的な地位に立とうと試みるイラクの野心があり、他方ではペルシャ湾における「原油の生産拠点」を保護するための西側先進国によるイラクの野心への対抗の必要性があった。イラクは、ペルシャ湾に出ることができる港湾を確保するためにも、かつてはイギリス保護領でサバーハ家の首長が統治し、一九六一年以降は独立国家となったクウェートの領土の一部、あるいはその全体を渇望していた。クウェートは、莫大な天然資源と原油の備蓄を持っており、イラクのような債務国にとっては何よりも魅力的な獲物であった。イラクはクウェートに対し、原油価格の低迷の原因となっている責任を批判し、一九九〇年七月二七日にはＯＰＥＣに対して、一バレル当たりの価格を一八ドルから二一ドルに引き上げるよう圧力をかけることに成功した。

何週間にもわたる緊張状態と、時間の浪費に過ぎない交渉が続いた。その後、イランとの戦争で強大化し、さらにはソ連製とフランス製の装備で武装したイラク軍が、一九九〇年八月二日にクウェートに侵攻し、八月八日には同地を併合した。国際法の明確な違反に直面して、湾岸諸国をイラクの膨張主義の脅威から守り、さらには国連安保理第一六六一号決議に基づき経済制裁を通じてイラクに圧力をかけるためにも、アメリカは他の数カ国とともにサウジアラビアに兵力を展開することで、危機に対応することになった。

イラクはこのような包囲網を緩めるためにも、八月一五日になると一九七五年の合意に基づいてそれまで八年間にわたって戦争の争点となってきた占領下にあったイランの領土を返還することを決定し、他方でクウェートとイラクで外国人を監禁し

図5-4　中東の政治地図（1985年）

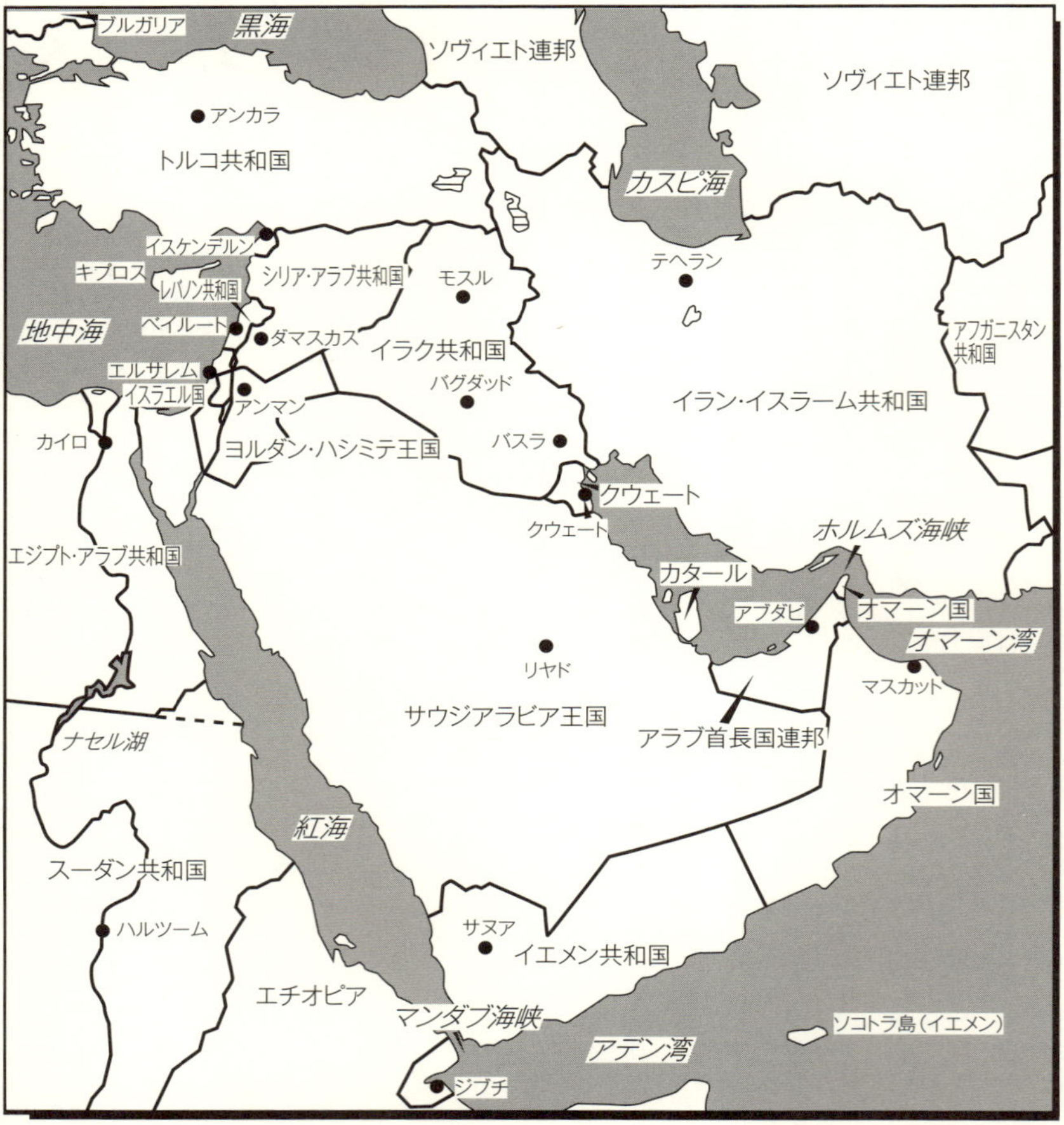

て人質とした。湾岸危機は、国際的な緊張の高まり、原油の供給とその価格高騰、さらには金融市場の不安定化といったいくつもの深刻な事態を生み出すようになった。

冷戦後に勃発した最初の深刻な危機に直面して、国際社会は結束してこれに対処することとなった。アメリカとソ連は、このイラクの侵略を一致して非難した。国連安保理は、常任理事国の拒否権によって阻まれることなく、危機を解決するための決議を採択することが可能となった。アメリカはこの目的のために、ヨーロッパに駐留させていた兵力の三分の一をアラビア半島へと結集させて、巨大な勢力を展開した。このことは、ソ連とイラクとの緊密な関係を考慮すれば、冷戦の終結とクレムリンの消極的な姿勢なしにはけっして実現することがなかったことは明らかである。こうしてソ連は中東における重要な従属国を見放したのである。

ペルシャ湾において米軍がさらに増派されるなかで、ワシントンにおいてよりもバグダッドにおいて、よりいっそう恐怖心と頑迷さが増していった。イラクに対する多国籍軍は、四〇万人の米軍を中心に、西欧諸国からは二万九〇〇〇人のイギリス軍と一万二〇〇〇人のフランス軍が、さらにはアラブ諸国からはサウジアラビア軍、エジプト軍、シリア軍、モロッコ軍がそこに加わっていた。「砂漠の嵐」と名づけられた作戦は、二つの段階を経て進められた。すなわち第一段階は、一九九一年一月一七日に始まる激しい空爆であり、第二段階は二月二四日から二八日まで続いた地上軍の投入である。この軍事作戦はクウェートの解放とイラクの部分的な占領を目的としたものであって、サダム・フセイン大統領の打倒をめざすものではなかった。フセイン大統領は、シーア派とクルド人との間で起きた国内の暴動を制圧する手段を保持していた。クルド人に対する激しい弾圧が行われていたにもかかわらず、アメリカは軍事介入を行うことに躊躇していた。一九九一年四月、国連安保理第六八七号決議によって停戦のための条件が固まり、戦争によって生じた損害を弁償させ、攻撃能力を剝奪するためにも、大量破壊兵器の廃棄をイラクに強制することになった。

2 見捨てられたアフリカ大陸

冷戦の終結によって、アフリカにおけるそれまでの主要な紛争はなくなっていったと、多くの人々は考えるだろう。だが、実際にはまったくそのようにはなっていなかった。莫大な債務を抱え、発展途上で、絶望的な状況にあるなかで、部族対立や収奪の増加が、膨大な債務と経済発展の遅れと重なって、いわばアフリカは見捨てられた大陸となった。東西ブロックが消失したことにより、二つの陣営の間でアフリカをめぐって利害が対立するというようなこともなくなり、アフリカの戦略的および外交的な価値は失われていたが、他方で、さまざまな敵対関係が混在する状態となっていた。それらはたとえば、イスラーム原理主義の台頭であり、またカトリック教会の積極的な活動であり（ローマ法王ヨハネ・パウロ二世による一九八二年、八五年、九〇年、九二年、九三年、九五年のアフリカ訪問）、さらには独裁体制と対峙する民主主義の進展である。

ナミビア事件とアンゴラ内戦　一九七五年の独立以降、アンゴラが平和を経験することはなかった。アンゴラ解放人民運動（MPLA）には、アンゴラ民族解放戦線（FNLA）とアンゴラ全面独立民族同盟（UNITA）という二つの対抗勢力が存在した。このUNITAは、一九八六年にアンゴラの国土の少なくとも三分の一を支配していたジョナス・サヴィンビに率いられていた。ソ連とキューバ、そして東ドイツからの援助に支えられたアンゴラ政府と対峙するなかで、UNITAはアメリカと南アフリカからの支援を受け、ナミビアに過激な民族主義をもたらしていた。ナミビアは、実質的に南アフリカ共和国によって統治されており、南アフリカは一九二〇年に国際連盟によってナミビアが自国の委任統治領とされたことをその根拠としていた。だがそれは一九六六年の国連総会で撤回され、一九七三年にはゲリラ組織であった南西アフリカ人民機構（SWAPO）が、ナミビアを代表する正式な政府として国連によって承認された。ソ連とキューバによる援助を受けていたMPLAと対峙するなかで、UNITAは反マルクス主義闘争を持続させることに成功し、アンゴラ政府がその政府予算の半分以上を軍事費に費やさざるをえないようにした。紛争は一九八五年以来激化していったが、それとともにアメリカからの圧力も増していき、また一九八六年五月にはソ連との関係強化が進展した。一九八七年末から八八年初頭にかけて、東西両陣営のどちらも軍事的に優位に立つことができないまま、大規模な戦闘が行われた。南アフリカ政府が自国の部隊のナミビアからの撤退やナミビアの独立承認を拒否したため、交渉による解決へ向けたあらゆる試みは挫折に追いやられた。このことは、キューバ軍がアンゴラに駐留し、SWAPOの軍事組織を支援する間ずっと続いていた。アンゴラ、キューバ、南アフリカ、そしてアメリカの四者間の交渉は、一九八八年八月八日に停戦合意に達し、アンゴラにおける南アフリカ軍は一九八九年一一月二二日までに撤退することが決定した。一二月二二日に国連において調印された二つの条約のうち、第一の文書はナミビア独立に関する合意であり、一九九〇年三月二一日に実際に宣言された。もう一つの文書は、一九九二年七月一日までのキューバ革命軍の撤退に関するものであった。一九七五年以降、ナミビアへの駐留とアンゴラの首都ルアンダにおける親ソヴィエト政府の維持を許容してきたキューバ革命軍の撤退は、アフリカにおけるソ連の野望の挫折を意味するものであった。一九九一年五月、国連の監視下で実現した和平合意は、アンゴラに平和をもたらした。UNITA議長が抗議したにもかかわらず、アンゴラ解放人民運動（MPLA）議長のエデゥアルド・ドス・サントスが一九九二年九月の大統領選挙で勝利したことは、国全体に広がる新しい内戦のきっかけになった。その後アンゴラ政府とＵＮＩＴＡとの間で結ばれた和平合意が一九九四年一一月に成立し、二〇年に及ぶ内戦を経てアンゴラに希望をもたらすと同時に、モザンビークでは一九九四年一〇月に同国初の自由選挙が実施された。

西サハラ問題　西サハラでは、武装組織であるポリサリオ戦線が外交と軍事の双方において成功を収めていたが、モロッコはよりいっそう態度を硬化させていた。一二年にわたる外交断絶の後に、一九八八年五月にアルジェリアとの間で画期的な和解が実現したことは、それまでのポリサリオ戦線のアルジェリアへの無条件の支持を取り下げることになり、モロッコの利益となるものであった。一九八八年八月三〇日以降、ポリサリオ戦線は国連の監督下での停戦の実現と政府組織の成立、さらには一九九一年四月に成立した平和維持軍と住民投票の実施を受け入れ、人々はモロッコからの独立か、併合かのいずれかを選択することになった。

チャド　チャドでは、一九八七年九月一一日の停戦以来、和平プロセスが着実に進展しているように思われていた。チャドとリビアは、一九八八年一〇月三日に国交が正常化し、チャド＝リビア間の領土規定のための基本協定が一九八九年八月三一日に調印された。一九七三年以来リビア軍によって占領されていたアオゾウ地帯（一一万四〇〇〇㎢）は、一九九四年二月にチャドが主権を持つ領土として認められた。しかし、この国家の政情は不安定であった（イッセン・ハブレ大統領は一九九〇年一二月一日に、かつての自らの補佐官であり、リビアの支援で武装したイドリス・デビによって権力の座から追われた）。

3　不安定な中東

テロリズムの頻発　中東は不安定で動乱に満ちた地域であり、安定性を損なういくつもの要因を内包していた。それは、原油価格の変動による歳入の悪化、人口急増、国家の構造の脆弱性、過剰な軍備拡大、テロリズム、そしてイスラーム原理主義の台頭などである。

一九六〇年代以降、恒常的に続いてきたテロリズムは、一九八〇年代によりいっそう深刻化していった。レバノンにおいてはとりわけ一九八三年のテロが顕著であり、他国においては、交通機関を用いたテロ行為（たとえば一九八六年のＴＷＡ社のボーイング機ハイジャック事件や、一九八五年一〇月のアキーレ・ラウロ号事件、さらには一九八六年に見られた複数の海賊襲撃事件）や、一九八五年一二月のウィーン、一九八六年四月のベルリン、一九八六年九月のローマとパリで見られたような、西欧諸国の首都で勃発したテロ事件がそれにあたる。それらのテロリストは、形式的には国家から自立した小集団に過ぎないが、ときにはリビア、シリア、イランといった国家から報酬を得てテロリズムを行っていた。それらの諸国は、彼らをあたかも国策の道具のように利用しているのだ。

このような新たな事態に直面して、諸大国は慎重な姿勢を示した。ソ連は、イスラーム過激派へのあらゆる形の支援も中断し、他方でイスラエルとの外交関係回復への努力を始めた。アメリカは、レバノンへの関与を行わないことを決定した。しかし、アメリカはテロ攻撃に対して、何も対抗せず静観するような姿勢をとることはなかった。それは、アキーレ・ラウロ号のシージャック犯を運ぶ旅客機を米軍機が追跡したことや、一九八六年四月にリビアのトリポリとベンガジへの空爆を行ったこと、そして一九八九年一月にリビア空軍のミグ23戦闘機を二機撃墜したことなどによって示されている。

レバノンにおけるシリアの介入

レバノンでは、一九八四年二月に多国籍軍が撤退し、レバノン南部を占領していたイスラエル軍もそこから撤退した。その後一九八二年八月にレバノンからの撤退を余儀なくされていたシリア軍が一九八六年七月に戻ってきた。レバノンは、スンニ派とシーア派の宗派対立の泥沼に陥り、さらには外国人部隊が介入したことによりシリアとイランの間の勢力争いの対象となってしまった。一九八八年九月にアミン・ジェマイエルの大統領任期満了に伴い、事態はよりいっそう錯綜していった。シリアは、レバノンが独立国家として自立することを嫌って、ベイルート東部に激しい爆撃を行った。六カ月間にわたり戦闘が続いた後に、一九八九年九月二二日に停戦協定が合意された。一九八九年一〇月二二日のターイフ合意（国民和解憲章）によって、アラブ諸国はレバノンにおけるシリアの特別な役割と存在を認めることになった。大国から支持されたこの合意によって、一九八九年一一月にはレバノン共和国の新しい大統領を選出することが可能となり、それにどのように対応するかをめぐって分裂していたキリスト教徒は大規模な混乱に陥った。一九九一年五月二二日に、シリアとレバノンの間で結ばれた条約によって、レバノンではシリアが圧倒的な役割を担うようになった。

中東和平への希望

一九九三年に至るまで、イスラエル政治の硬直化とパレスチナにおける過激派の抵抗によって、パレスチナ問題解決の見通しは悪化していた。一九八七年一二月の蜂起を契機として生まれ、占領地域の深部にまで浸透していったのが、インティファーダと呼ばれる民衆蜂起である。弾圧に刺激を受けたインティファーダはイスラエル社会において暴動を扇動し、パレスチナ問題を国際化の方向へと進めていった。

勢力が弱まり失速状態であったPLOは、一九八八年五月七日から九日までアルジェリアで開催されたアラブ連盟サミットを契機に再び活力を回復し、さらにはPLOのヤーセル・アラファト議長が一九八八年九月一三日と一四日に開催されたストラスブールの欧州議会へ招待されたことで、それはよりいっそう顕著となった。一九八八年一一月一五日に、パレスチナ民族評議会は「パレスチナ国家」の樹立を宣言し、国連決議第二四二号（六日間戦争後に採択された決議）を受け入れ、イスラエル国家の存在を暗黙のうちに承認した。このとき、二つの超大国の役割に重大な変化が見られた。ゴルバチョフ書記長が権力の座に就いてから、ソ連はイスラエルに対して新しいアプローチを示すようになった。たとえば一九八八年七月にはイスラエルの訪問団がモスクワで歓待され、またソ連のユダヤ人がイスラエルに移住することが許可されるようになった。

アメリカもまた新しい姿勢を示すようになり、一九八八年一二月一四日にPLOの代表団と本格的な対話を開始する用意が整っていると発表した。その対話は、チュニスで行われた。しかし、イスラエルで一九九〇年三月から六月まで長期にわたって続いた政治危機とイツハク・シャミール政権の硬直的な態度によって、エジプトのムバラク大統領とアメリカのジェイムズ・ベーカー国務長官が相互に和平案を示して努力したにもかかわらず、あらゆる前進が阻まれた。流血を伴う衝突が頻発したことを契機として、一九九〇年一二月二〇日には占領地でのパレスチナ人保護を目的とする安保理決議が採択され、国連が関与するに至った。湾岸戦争とイラクに対する多国籍軍が結成されたことを契機として、ベーカー米国務長官は、中東に関する国際会議の開催へ向けて、各国代表を集結させた。アメリカとソ連という二つの超大国からの支持を得て、一九九一年一〇月三〇日にマドリードで開かれた和平会議では、イスラエルと近隣アラブ諸国、そしてパレスチナが初めて一堂に会した。一九九二年六月二三日のイスラエル議会選挙で労働党が勝利した後には新政権が中東和平プロセスを再開し、国連安保理決議第二四二号を部分的に受け入れて、緊張状態にある占領地でのユダヤ人入植を部分的に凍結するとの発表を行った。

イスラエルとPLOとの間の秘密交渉の後に、一九九三年九月一三日にワシントンでその承認に基づく合意文書への調印が行われた。「暫定自治政府原則の宣言」は、占領地における自治と「ガザ・エリコ先行自治区」からのイスラエル軍の撤退について合意したものであった。パレスチナの自治は、一九九四年五月に始まった。また、イスラエルとヨルダンは一九九四年一〇月二六日から二七日にかけての会合において和平条約を締結し、一九九四年一一月に外交関係を樹立した。

4　中南米の情勢

冷戦期と比較するなら、中米での政治情勢は改善に向かっていたといえる。ニカラグアでの内戦が終結し、エルサルバドルは国民の和解を祝福した。多くの諸国において、自由選挙が支障なく行われていった。ＩＭＦの支援の下、アルゼンチンとチリなどの諸国では、構造改革による経済の健全化がその成果を生みつつあり、南アメリカ南部共同市場（ＭＥＲＣＯＳＵＲ）に見られるような、地域的な経済統合が始まった。

ソ連とアメリカ　中南米におけるソ連の地位には、大きな変化が見られた。一九八九年四月にキューバを訪問したとき、ソ連のゴルバチョフ書記長はフィデル・カストロ議長にペレストロイカの意義を十分に伝えることができなかった。ソ連政府は次第にキューバとは距離を置くようになり、一九九一年夏にはソ連軍を撤退させ、さらにはカストロに対してもはやこれ以上経済的支援を与えないことを決定した。アメリカの場合、キューバは自らの「裏庭」に位置することもあってより重要な問題であった。米州機構という多国間組織の関与にとどまる不介入主義と、介入主義の間で揺れ動いていた。介入主義については、国家の安全保障上の理由からの介入の正当性はもはや見出せなかったが、麻薬撲滅のための戦争という目的でその正当性を主張した。

ニカラグア　ニカラグアでは、アメリカ連邦議会の反対にもかかわらず、レーガン大統領がサンディニスタ革命に対抗する反政府ゲリラ組織であるコントラを支援しようとした。その資金は違法な裏取引に流用されており、イランゲート事件で明るみに出た。結果的に、一九八九年三月にレーガン政権はコントラへの軍事支援を停止する決定を行ったが、その一方でソ連からのサンディニスタ革命派への装備の流入の継続を認めなかった。

一九八七年八月七日に中米五カ国首脳によって提唱された政治路線とは、民主化、平和、そして地域間協力であった。ニカラグアでは、一九八八年三月二三日にオルテガ大統領とコントラとの間で停戦協定が結ばれた。一九九〇年二月には自由選挙が実施され、国連による国際監視の下で、大方の予想に反して国民野党連合のビオレタ・チャモロ候補が、サンディニスタ革命派の候補者で任期満了を迎えた現職のオルテガ大統領を破り、勝利を勝ち取ることになった。アメリカはこれに伴って、ニカラグアへの経済制裁を停止し、コントラは武装解除された。しかしこれがニカラグアでの内戦の終結となるかどうかには、疑問が残った。

パナマ　パナマに対しては、二年間の外交的圧力の後に、一九八九年一二月二〇日にアメリカは軍事行動「正当な理由作戦」を展開し、民主化プロセスの回復をその目的だと宣言していた。実際のところは、マヌエル・ノリエガ将軍を権力の座から追放し、逮捕することがその目的であった。ノリエガは一九八九年五月の大統領選挙で、本来は野党が勝利を収めていたにもかかわらず結果を歪めて権力を掌握していた。サンディニスタ革命政権に対抗するためのアメリカからの協力の要請をノリエガ将軍が拒否したことは、アメリカが軍事行動を始めたことの説明として十分ではなかった。むしろ両国間の対立はパナマ運河地帯に関連しており、一九〇三年にアメリカがパナマ運河条約によって永久租借権を得ており、さらには一九七七年九月にカーター大統領とパナマのオマール・トリホス大統領によって調印された条約に基づきパナマ運河地帯には一万二〇〇〇人が居住し続けることになり、一九九九年一二月三一日までにパナマ共和国にパナマ運河が返還されることが規定されていた。

エルサルヴァドル　エルサルヴァドルでは、一九九一年一二月三一日に政府と反政府勢力が停戦協定に合意し、それまで一二年間におよそ九万人の犠牲が生じた内戦に終止符を打った。これは国民的な和解に帰結し、一九九二年一二月には正式合意が調印され、国連平和維持活動のミッション・国連エルサルヴァドル監視団（ONUSAL）の監視の下に置かれた。

ハイチ　ハイチでは、独裁者のジャン・クロード・デュヴァリエが一九八六年に亡命した後に、政情の安定も民主主義の回復も、実現することはなかった。一九九一年九月に、軍事クーデタが起きたからである。国連により科された制裁とアメリカによる圧力によって、この軍事政権は一九九四年九月に政権を返上した。国連ハイチ・ミッションと米軍の監視の下で、アリスティド大統領の後継者を選ぶための平和的な選挙が実現した。

図5-5　中米の政治地図

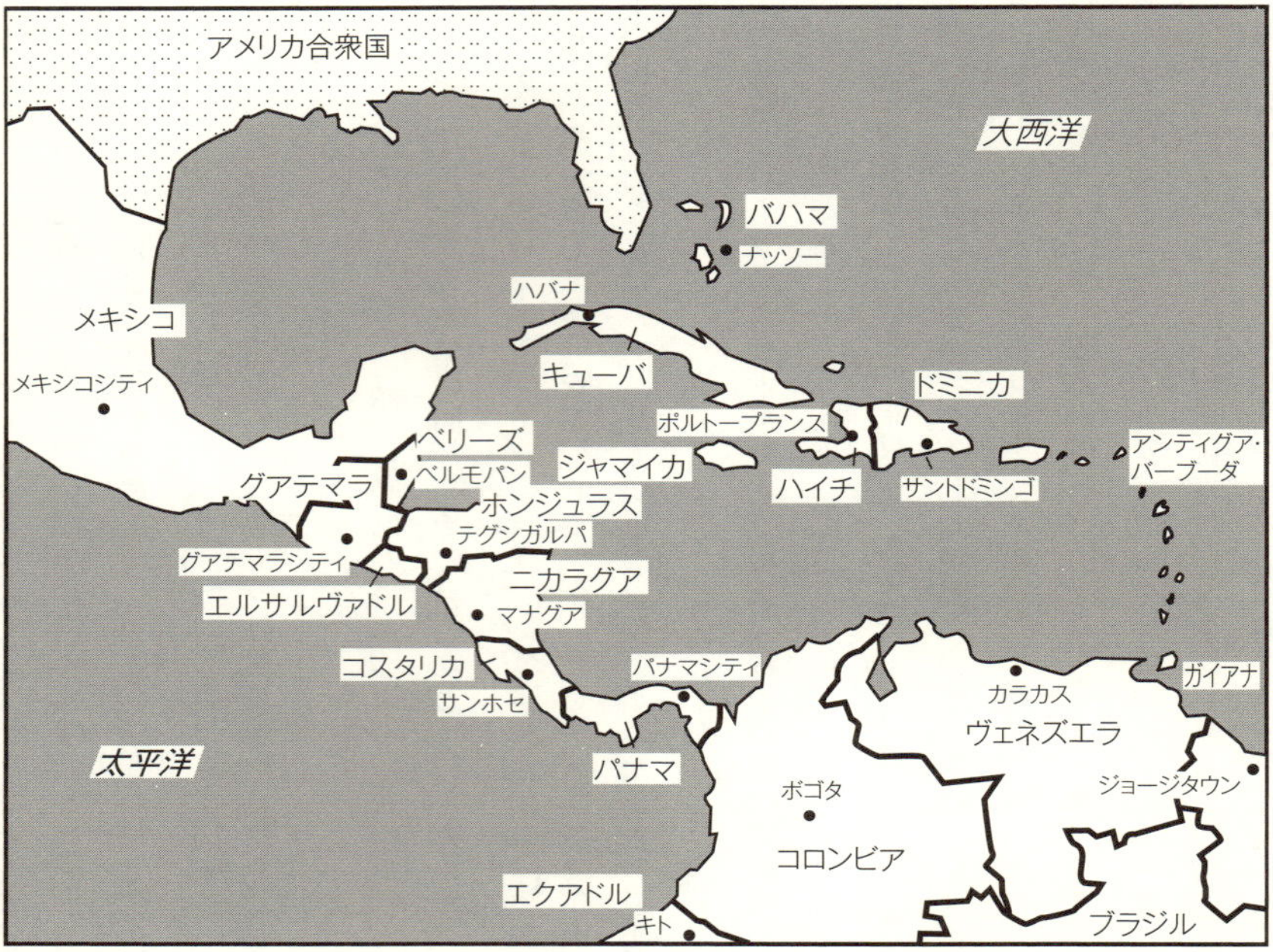

国連の再生　世界情勢の再編に伴うもう一つの重要な側面が、国連の役割の再生であった。長い間、平和を遵守するうえで国際機構は非力であり、紛争を予防するうえでも無力であった。国連は、軍縮の領域においてはかろうじて成果を生み出すことができたが、とはいえむしろそれは米ソ間の二国間交渉によって進められた要素が大きかった。国連のなかで、国土面積が大きく巨大な人口を擁する中国やインドのような国と、セーシェル共和国やサントメ・プリンシペ民主共和国のような小国とが共存していることは、財政の過剰な浪費に帰結することになり、さらには国家間の平等原則がありながらも国家の拠出金の負担はまったく平等にはなっておらず、アメリカ一国で国連予算の二五%も負担することになっていた。

　国連は、一八五カ国が加盟する地球規模のフォーラムであり、多極的な世界におけるさまざまな対立を反映するとともに、多様な交渉とイニシアティブの枠組みとして用いられてきた。国連は対話の場としての地位を回復し、一九八八年のノーベル平和賞が国連平和維持活動に与えられたことは国連の権威が回復した証明となった。イラクによるクウェート侵攻の際に、それに立ち向かう強固な意思を示したことは、一定の範囲で国際法を遵守し、国連の役割を尊重しようとする新たな意思が生まれていることを示していた。このことは、地域紛争を解決するためのプロセスとして、これまで以上に国連の活動が要請されるようになることを意味した。それには、ナミビアの独立承認やアンゴラ問題の解決、湾岸戦争、カンボジア政府の平和的樹立、西サハラでの住民投票、クルディスタン地方・ソマリア・ユーゴスラヴィアなどにおける紛争が含まれている。一九八八年から一九九二年にかけて、国連はそれまでの四〇年間とほぼ同じ件数の平和維持活動を行った。八万人ほどのブルー・ベレー（非軍事部門要員）とブルー・ヘルメット（軍事部門要員）が、地球上のすべての大陸に派遣された。とはいえ、新世界秩序構築に参画するためには、国連は多くの課題を抱えていた。

第六章　新世界秩序の模索（一九九二―二〇〇一年）

二〇世紀も終わりに近づきつつあるころになると、流動的で予測不可能な新しい世界の黎明が視野に入ってきた。戦後世界の基礎のみならず、二〇世紀全体の基盤となっていた構造が根底から揺らぎ始め、それを支えていた価値や規範が意味を失いつつあった。原油価格が低下したことにより世界経済は成長軌道に戻り、一九九二年から九三年にかけて緩やかに景気が回復した後には、一九九四年から二〇〇〇年にかけて鮮やかな経済成長を示すことになった。それは、米英両国における経済成長や、新興工業国とりわけアジア諸国の台頭を意味しており、さらにはそれまで不況と失業に陥っていたヨーロッパにもその恩恵が広がっていった。

グローバル化の進展に伴って、それまで計画経済を採用していた諸国においても自由貿易が適用されるようになり、市場経済が基本となると同時に、いわゆるニューエコノミーが急速に普及していき、資本移動の自由化が進んでいった。その結果として地球規模で相互依存が進展していったが、それに対する規制が十分に備わっていたわけではなかった。それを確かめるかのように、一九九七年七月にタイで始まった金融危機は、その後にロシア（一九八九年八月）やブラジルにおける金融危機へと連鎖して、世界経済の繁栄を根底から脅かした。一次産品の価格が急落したことで、ラテンアメリカ、アジア、アフリカの三つの地域はいずれも、大きな影響をこうむった。他方で産油国は、年間に一バレル当たりの原油価格が三倍になった二〇〇〇年を例外として、ＯＰＥＣ加盟国が産油量の制限を行わなかったために新たな石油ショックの懸念に直面したが、ＯＰＥＣ（世界の産出量の四〇％、世界の埋蔵量の四分の三を占める）が石油消費国と産油国との間で無視できない重要な役割を果たすようになった。

一九四五年以降、冷戦によって軍事的および戦略的な現実や国家間の外交関係が重要な意味を持っていたが、情勢はよりいっそう複雑になった。すなわち、核兵器の重要性は低下し、先進国間での戦争勃発の可能性は遠のいていたが、ほかの地域では現状は改善せず、あるいは戦争の方法が変質していた。たとえばアメリカは、ミサイルを用いることで遠隔地での軍事作戦を行うことが可能となっていた。また、非国家アクターやトランスナショナル（脱国家的）なアクターは、国際関係においてよりいっそう重要な役割を担うようになっていた。二極化の世界の後に出現したのは、多極化の世界ではなくて、混沌とした世界であり、そこでは圧倒的な力を保持しながらも実際の影響力には限界があるアメリカ、より不透明となったロシア、混乱が深刻化しているアジア、困難な問題に満ちあふれたアフリカ、そして閉塞状況に陥った中東によって、世界は構成されていた。問題を抱えるそれぞれの地域に新興大国が出現して、その地域の安定を確保するための役割を担おうと試みるようになっていった。

I　東西対立の構造の終わり

東西対立という構図は、すでになくなっていた。第二次世界大戦の帰結として誕生した二極化された世界秩序は、冷戦終結後には国際政治空間において再編されていった。たしかにアメリカと、ソ連の戦略核ミサイルを継承したロシアという二つの大国は、その軍事力により超大国としての地位を維持していた。

軍事的な領域においては、アメリカとロシアの両国は、核軍拡競争から撤退したのみならず、ユーロミサイル撤去や戦略核の部分的な解体や戦術核の削減というように、実際にそれらの削減を進めていった。冷戦の終わりによって、世界全体で防衛装備調達費の支出が減少し（一九九一年に比べて九二年では一五％の減少）、また核兵器が持っていた重要性が部分的に失われていった。世論がよりいっそう敏感となっていったことで、核戦力はより大きな制約の下に置かれ、より周辺的なものとなった。核保有国であるアメリカ、イギリス、フランス、ロシア、中国の五カ国は、依然として大量の核兵器を保有していたが、核戦力を削減することを強いられていた。それまでとは脅威が変質すると同時に予算の制限もあるなかで、アメリカは一九九三年五月一三日に戦略防衛構想（ＳＤＩ）の計画を断念することを決定し、その代わりにそれほど非現実的ではないミサイル防衛計画を促進することにした。一九九四年一月一四日にモスクワにおいてクリントン米大統領は、ウクライナのレオニード・クラフチュク大統領およびロシアのボリス・エリツィン大統領とともに、ウクライナに配備されている核兵器の解体を進めるための協定を結んだ。同年の九月二七日と二八日にはワシントンで、エリツィン大統領とクリントン大統領が、核軍縮を加速して、米ロ間で新しい「パートナーシップ」を発展させていくための合意に達した。一九九五年四月から五月にかけて国連で開催された会議において、一九六八年七月に締結され一九七〇年に二五年の期限で発効し、一九九一年にはフランスと中国も参加した核兵器不拡散条約（ＮＰＴ）を無期限で延長する合意に達した。いくつか例外が見られながらも、非核兵器国は恒久的に核兵器を放棄することが規定されている。一九九五年四月一一日に、核保有国である五大国は、ＮＰＴに加盟する非核国に対しては核兵器を使用しないことを確約した。中国とフランスは核実験中止のモラトリアムを尊重せず、なかでもフランスは最終的な核実験（一九九五年九月－一九九六年一月）を行うことを、一九九五年六月に決定していた。中仏両国は、一九九二年以降には核実験中止のモラトリアムを一方的に放棄していたが、南太平洋でのフランスの核実験は激しい抗議活動を招き、イギリスを除くフランスの同盟国からも遺憾の意が伝えられた。一九九六年三月には、アメリカ、イギリス、フランスの三カ国が、一九八五年に締結した南太平洋の非核地帯化をめざすラロトンガ条約（南太平洋非核地帯条約）を再確認するための会合を行った。また、一九九五年一二月一五日には、東南アジアの一〇カ国がバンコクで東南アジア非核兵器地帯条約を締結した。一九九六年八月一一日にはアフリカ諸国がアフリカ大陸の非核化のためのペリンダバ条約（アフリカ非核兵器地帯条約）に調印し、そこにはフランスも参加していた。核実験を禁止するための包括的核実験禁止条約（ＣＴＢＴ）が一九九六年九月二五日に調印されたが、インドの反対によって暗い影が落とされた。それに加えてインドは一九九八年五月には、新たに何度かの核実験を実行し、それに対抗してパキスタンが六回にわたり核実験を行った。一九六八年のＮＰＴにも、一九九六年のＣＴＢＴにも参加していないこの二つの新しい核保有国の出現は、アジアにおける戦略バランスや核不拡散体制の将来にとって、深刻な不安要素となった。さらには、アメリカの上院が一九九九年一〇月に、包括的核実験禁止条約の批准を否決した。二〇〇〇年五月に、核保有国である五大国が核兵器削減に合意したにもかかわらず、この合意が単なる形式的なものにすぎないことが明瞭となってしまった。アメリカが核弾頭を三五〇〇発以下に削減し、ロシアが三〇〇〇発以下に削減することに合意した第二次戦略兵器削減条約（ＳＴＡＲＴⅡ）の批准はロシア下院によって延期が決まったが、最終的には二〇〇〇年四月にロシアによって批准された。この条約は一九九七年三月にヘルシンキで協議が再開されたが、一九九八年九月一日から三日まで行われたモスクワにおける米ロ首脳会談の際にロシアが拒絶したものであった。

大量破壊兵器を配備した国が弾道ミサイルを用いてグローバルな脅威を生み出すなかで、二〇〇五年に米本土ミサイル防衛を配備する予定だったアメリカ政府は、ミサイル防衛（ＮＭＤ）に反対する意見に理解を示した。アメリカのミサイル防衛計画は、二〇〇〇年六月三日から四日にかけての米ロ首脳会談の機会に、クリントンからエリツィンに向けて説明された。エリツィン大統領は、そのことが一九七二年のＡＢＭ制限条約を基礎とした戦略的なアーキテクチャの崩壊の危機につながると考え、軍備管理の原則に戻るべきだと考えた。ヨーロッパ諸国は、アメリカとの間で安全保障において分離が進むことへの懸念を抱いていた。それまでの核抑止のドクトリンが二一世紀の現実にそぐわないと判断し、Ｇ・Ｗ・ブッシュ大統領は二〇〇一年五月に弾道弾迎撃ミサイル計画（スロベニアのルブリャーナでの六月一六日開催のウラジーミル・プーチン大統領との米ロ首脳会談での議題の中心となった）の促進を約束し、あわせてソ連時代の一九七二年に調印したＡＢＭ制限条約に代わる枠組みが必要だと宣言した。

国内の問題に目を向けねばならなかったロシアは、対立をあおることを控え、内向きとなっていった。ゴルバチョフ後のロシアの対外政策は、ブレジネフ政権期のそれとは対照的なものであった。ロシアが示した譲歩は驚くべきものであり、また西側諸国との和解は劇的なものであり、ドイツ統一ばかりか統一ドイツのＮＡＴＯ加盟をも容認することになった。戦争を経ることなく、ヨーロッパを分断する城壁を放棄したのだ。ロシアは、かつてはソ連の衛星国のような存在だったイラクに対するアメリカの軍事行動に反対しなかった。ロシアは国連において協力姿勢を示し、拒否権を行使することはなかった。要するに、ロシアはいわば「物乞いの身分に落ちぶれたかつての超大国」であった。すなわち、改革を断行するために、西側諸国に支援を強く要請してきたのだ。一九九一年七月には、Ｇ７サミットはソ連が市場経済に移行することを承認しながらも、即座に支援を約束することはしなかった。一九九二年四月と一九九三年の四月と、立て続けにＧ７諸国は独立国家共同体（ＣＳＩ）への支援プログラム（無償援助、融資、信用供与などが含まれる）を決定し、さらには一九九二年七月のＧ７サミットにおいて旧ソ連の対外債務を軽減することを決めた。しかしながら、ハイパーインフレを生み出す市場経済への移行は、リスクを伴う挑戦だった。債務返還に関しては、新規の融資についての合意にかかっていた。ロシアは、IMFと世界銀行に日常的に依存しており、両者はロシアに対して融資(一九九六年二月)、銀行からの債務返済の日程繰り延べ、ロンドン・クラブ(一九九七年一〇月)での返済日程の再調整、財政赤字の半分を帳消しにするための新しい支援(一九九八年七月)に頼らざるをえなかった。ところがロシアはこのときにきわめて急激なインフレや、一九九七年から九八年にかけて見られた景気後退、そして解消し難い財政破綻(一九九八年夏)に苦しめられていた。ハリファクスでのG7サミット(一九九五年六月)と、その翌年のリヨン・サミット(一九九六年六月)の際に、ロシアは政治的議題に加わることが認められた。デンバー・サミット(一九九七年六月)では、ロシアはすべての議題に加わることが可能となったが、日本が北方領土をめぐる問題の存在を理由にロシアの正式なG7への加入に反対したために、七カ国はサミットの参加国拡大に合意することはなかった。一九九八年五月一六日と一七日にバーミンガムで開催されたG7サミットで、ロシアは初めてサミットのメンバー国として迎え入れられた。ロシアの方向転換がどの程度本質的なものであるのかについての疑念は残っていたが、一九九九年九月にはロシアへの経済支援が約束された。

ロシアが直面する問題は、財政危機だけではなかった。一九九四年一二月にロシア連邦を構成するイスラーム教徒が多数のチェチェン共和国に対して、ロシア軍は軍事侵攻を行い、進行しつつあった連邦が解体する過程をどうにか阻止するために熾烈な戦闘行動へと進んでいった。ロシア軍は戦争の泥沼にはまって、たびたび戦闘が中断し、和平合意が争点となった(一九九六−九七年)。西側諸国から好意的な反応を得ながらも、エリツィン大統領が一九九六年七月に再選されたことは必ずしも政治的な問題が解決することにはつながらず、NATOの進化と拡大に直面したロシアは、もはや形骸化し、非効率的となった独立国家共同体のパートナー諸国との間で、法的な結びつきを再び創出することを求めていた。ロシア゠ベラルーシ間の政治経済同盟や、ロシア、ベラルーシ、カザフスタン、キルギスタンの四カ国間の関税同盟のように、かつてとは大きく異なる地域協力体が存在するようになっていた。

このような動きと並行する形で逆方向へと向かう動向も見られ、一九九二年にはアゼルバイジャン共和国内のアルメニア系住民の自治区であるナゴルノ・カラバフで独立が宣言された。民主化移行期のこの時期には、ロシアは自分の運命を選択することを躊躇しており、どのような方向へと向かっているのかは不確実であった。一九九九年一二月にエリツィン大統領は辞任を表明し、ロシア連邦の大統領としてウラジーミル・プーチンを後継者として指名し、二〇〇〇年三月二六日にプーチンは新大統領に選出された。プーチンは首相として、一九九九年のチェチェン危機において再び戦争に突入する決断を下しており、国民の間での人気は高まっていた。

ロシアの国力が低下してアメリカより低い地位に甘んじることになったことで、新たなパクス・アメリカーナの時代が始まったのだろうか。その時代と地域に応じて、細部まで慎重に検討する必要がある。湾岸戦争の際の鮮烈な軍事力の展開によって、アメリカの「世界の警察」としてのイメージは強まっていた。しかし、湾岸戦争におけるアメリカのこの軍事力の展開は、ドイツと日本、さらにはサウジアラビアによる財政的な貢献によってはじめて可能となったものであった。また、一九九二年一一月の大統領選挙でのジョージ・H・W・ブッシュ大統領の敗北は、アメリカ国民がまず何よりも国内に目を向けていることを示していた。一九九九年のユーロの導入はドルの覇権的な地位に対する挑戦であると同時に、国際通貨体制が問題を抱えていることを示していた。

実際のところアメリカは、あまり目立つことのないような対外姿勢と、自らが「法の名の下」に積極的に介入する政策との間で、揺れ動いていた。そして、敵国であると同時にパートナーでもあったソ連が消失したことによって、自らが独特な地位に位置するようになったことに戸惑いを見せていた。アメリカ政府には、積極的な経済政策と慎重な外交政策との間で、どちらを選択すべきかについて、迷いが見られた。一九九二年に当選し、一九九六年一一月に二回目の当選を果たしたクリントンの政権は、当初は消極的な対外政策がその特徴とされていた。ところがそれ以後、ホワイトハウスは旧ユーゴスラヴィアの問題に関与するようになり、ボスニアへの軍事介入を行い、NATO再編を推し進め、さらには中東の和平プロセスにより深く関わっていき、グローバルなリーダーシップを発揮しながらも、同盟国からは不十分だと受け止められていた。アメリカ政府が示していた躊躇は、国際的な緊張が高まった場合よりもむしろ平穏な時期の方がより重要となる、とりわけ議会が求める国内政治的な要請から来るものであった。アメリカが単独行動主義を求める傾向は、外交の挫折を一定以下に限定することが目的であった。クリントン大統領の関与（一九九八年一一月のワイリバー協定やガザでの演説、また第二回キャンプ・デーヴィッド会談）にもかかわらず、イスラエル＝パレスチナ間の交渉は行き詰まっていた。アラブのイスラーム諸国では、不穏な活動をする諸国やイラクのような「ならず者国家」に繰り返し脅かされるうちに（一九九八年八月に在タンザニアと在ケニアのアメリカ大使館に対するテロ行為）、新たな反米主義や暴力活動が浮上していた。

エリツィン大統領が二極体制の様相を維持することが得策と考え、しばしばアメリカに対して反対を表明したことに示されるように、ロシアはアメリカの覇権を十分に支持することはなかった。かつてのワルシャワ条約機構加盟国や旧ソ連を構成していた共和国にまでNATOをいやおうなしに拡大していくことを目的として、一九九一年一二月二〇日にはアメリカのイニシアティブの下で、NATOの意思決定機関の上位に、北大西洋協力理事会（NACC）が設立された。また、一九九四年一月にブリュッセルでのNATOサミットで、「平和のためのパートナーシップ（PfP）」が発表され、そこではかつての敵対勢力同士の軍事協力の促進が目的として設定された。同年一月一〇日に、「平和のためのパートナーシップ」に参加するよう旧共産主義諸国に対して提案する政治文書にNATO加盟の一六カ国が署名したことは、事実上のNATO加盟に向けた最初の段階とみなされるようになったが、それに対してロシア政府は根強い不信感から反対の立場を示した。同様に一九九五年五月一日のモスクワでの米ロ首脳会談においても、エリツィン大統領はクリントン大統領からの、NATOの中欧諸国への拡大とイランへのロシアの核協力の停止の要請を拒絶した。一九九七年三月二〇日と二一日のヘルシンキでの米ロ首脳会談の際にも、エリツィンは依然としてNATO拡大には反対の姿勢であったが、ロシア外相であるユーゲニー・プリマコフがNATO事務総長のハビエル・ソラナと一九九七年五月に会談を行った際には、最終的にこれを受け入れることを決めた。NATO拡大を受け入れる代わりにロシアが得たものは、欧州の安全保障に関してロシアがあらゆる決定につねに関与が可能となるNATO・ロシア常設合同評議会（一九九七年五月二七日にパリで調印）であり、さらにはNACCの後継となり軍縮と安全保障に関する協議と協力のためのフォーラムである欧州・大西洋パートナーシップ理事会（EAPC）の創設であった。一九九七年七月のマドリードでのNATO首脳会議において、ポーランド、ハンガリー、チェコ共和国の三カ国が加盟を前提に招聘され、さらにはルーマニアとスロヴェニアが次期加盟候補国として議題にあがった。

一九九六年六月三日から四日に開かれたベルリンでの北大西洋協力理事会で採択された同盟の再定義によって、NATOは冷戦後の新しい任務により適切に対応できるようになり、また、「欧州安全保障防衛アイデンティティ」が現れたことで、より自立的な役割を担おうとするヨーロッパの意思が見られるようになった。これはとりわけ、共同統合任務部隊（CJTF）として、アメリカが参加することなくNATOの装備を用いてヨーロッパ独自の作戦を行う可能性に関する合意を含むものであった。しかし、このような動きが、ヨーロッパ地域の軍事指揮権の「ヨーロッパ化」に関わるものであることは明らかであった。それに対して、アメリカ政府は自国の考えをヨーロッパ側に押しつけた。一九九五年一二月にフランスはそれまで離脱していた軍事機構に復帰し、さらには一九九六年六月にはNATOの国防相理事会にも再び参加したが、そこで、これらの提案について何の説明もなされていないとアメリカ政府を批判した。だが、それ以外の西欧同盟はフランスの主張に追随することはなかった。他方で一九九七年にはアムステルダムにおける会議で、イギリスはEUとWEUの統合を拒絶した。一九九七年七月のNATOサミットでは、フランスは統合された軍事機構への復帰に際して、十分に条件が満たされていないと判断した。ヨーロッパ防衛の構想の進展を示すいくつかの兆候が見られたが（たとえばヨーロッパ諸国がよりいっそう「防衛負担」を担うことを求めるアメリカの強い意向や、ハビエル・ソラナをCFSP（共通外交・安全保障政策）の上級代表に任命したこと、さらには一九九八年一二月の英仏首脳会談におけるサンマロ合意）、アメリカが圧倒的な地位にあったNATOにおいては欧州防衛に関する将来の補完的な関係に関するさまざまな対立する見解が見られた。スペインが一九九七年一二月にNATOの軍事機構に加入する一方で、東欧諸国は自国の安全を確保できる唯一の国際枠組みであるNATOに加盟することを強く求めていた。一九九七年一一月一六日には、ハンガリーの八五％の有権者がNATO加盟に好意的であった。拡大の見通しが得られるなかで、地域司令部の再編についても一九九七年一二月に合意が得られ、一九九九年三月にポーランド、ハンガリー、チェコ共和国の三カ国が加盟したことで、NATO加盟国数は一六カ国から一九カ国となった。NATO創設五〇周年となる一九九九年四月には、NATOの任務の性質と行動範囲、さらには軍事行動を行う際の国連による明示的な委任の必要性など、「新戦略概念」の定義をめぐって加盟国間で意見が対立した。コソヴォ戦争は、ヨーロッパの安全を確保するうえでの鍵となっているNATOの軍事的優越性を証明するものとなった。ロシア政府はセルビアの体制を維持しようとしたがそれも東西協力の努力に終止符を打ってまで、めざすような争点ではなくなった。

アメリカの覇権は世界のいたるところで明らかであり、自らの政策を受け入れさせるためにさまざまな手段を効果的に用いていた。国連では、アメリカがブートロス・ガリ事務総長の任期延長に拒否権を行使し、ガーナのコフィ・アナンを一九九六年一二月に事務総長にすることを受け入れさせたが、とはいえアナンのイラク危機の展望を共有することなく、アメリカは多国間主義的な政策を選択せずに、単独行動主義をとっていた。経済政策に関しては、アメリカが自国の構想を他国に受け入れてもらうことには多くの困難を伴い、そのことがヨーロッパを苛立たせることになった。ヘルムズ＝バートン法（一九九六年三月）は、キューバに対する輸出禁止を強化するため、キューバ政府と通商関係にある外国の会社に罰則を与えることを目的にしていた。アマート＝ケネディ法（一九九六年八月）は、イランとリビアの国内の石油とガスに対して四〇〇〇万ドル以上の投資を行うすべての外国企業に制裁を科した。WTOへのEU加盟一五カ国による提訴があって、これらの法律は執行停止となり、アメリカ政府は一九九八年五月に施行を断念した。一九九九年七月になるとWTOは、よりいっそう多くなっていたEUとアメリカの間での紛争（ホルモン剤を投与された北米の肉牛のEUへの輸出禁止や、不当な貿易の実践）の仲裁を求められた。

多国間投資協定（MAI）に向けた交渉は、投資をより拡大するという理由からいくつかの地域的な経済統合協定に疑問が投げかけられるようになり、一九九八年四月以降は、たとえばEUとアメリカ間で検討されていた環大西洋に新しい統合市場をつくろうとする試みは、それを自由貿易地帯構想の復活と見て反対したフランスの見解に他の欧州諸国が共鳴し、環大西洋経済パートナーシップ構想に取って代わられて、一九九八年五月に断念される結果になった。一九九八年一一月OECDの枠組みのなかでアメリカは、もしもロメ協定を通じてEUと結びついているACP諸国のバナナ輸入割当をブリュッセルが見直さずにアメリカの多国籍企業に対して欧州市場を完全に開放しなければ、EU製品の不買運動を行うと威嚇してきたのである。

世界情勢が急転してから、ヨーロッパは自らの歴史と地理を回復していった。しかし、ヨーロッパは統一性を十分に回復するまでには至らなかった。一九九四年一二月五日と六日にブダペストで、欧州安全保障協力機構（ＯＳＣＥ）に改組されたＣＳＣＥの五二の加盟国が首脳会合を開催したが、ヨーロッパ安全保障の機構化の方法をめぐって見解の対立が見られた。一九九九年一一月一八日と一九日には、イスタンブールでＯＳＣＥ首脳会合が開催され、参加した五四カ国の首脳が通常兵力に関する新条約と欧州安全保障憲章に調印した。

Ⅱ　通貨同盟のヨーロッパ、火薬庫のバルカン

ＥＵに関しては、第四次拡大に向けた交渉が妥結した。一九九五年一月には、それまでの加盟一二カ国にオーストリア、フィンランド、スウェーデンの三カ国を加えて、一五カ国体制となった。他方でノルウェーは、一九九四年に二度目となるＥＵ加盟を問う国民投票が行われ、それが否決されたことで加盟が実現することはなかった。一九九五年一月にはルクセンブルクのジャック・サンテールが、ジャック・ドロールを継いで欧州委員会委員長に就任した。たびたび先延ばしになりながらも、ＥＵ加盟国の七カ国間で適用される「人の自由移動」に関するシェンゲン協定が、一九九五年三月二六日にようやく発効した。このようにして、欧州統合の進展とともに巨大な経済ブロックが政治統合へと進化する道が開け、それにより統合の深化が可能となった。ボスニアにおけるヨーロッパの挫折は、共通外交・安全保障政策（ＣＦＳＰ）の必要性を認識する結果となり、それは一九九六年三月から一九九六年六月にかけて度々開かれたＥＵ政府間会議（ＩＧＣ）において、機構改革と並ぶ重要な議題となっていた。東方拡大の前に機構改革を実現することはできず、ＩＧＣでは委員会の委員数の削減や、特定多数決で政策決定する領域の拡大など、限られた範囲での合意文書の採択にとどまり、混乱が見られた。一九九七年一〇月二日には、ＥＵ加盟一五カ国の外相がアムステルダムで新しい条約に調印した。これは、一九九一年のマーストリヒト条約を改定するものであった。六月に採択されたこの新しい条約、すなわちアムステルダム条約では、共通対外政策における法人格をＥＵに付与することになった。また、「欧州安全保障防衛アイデンティティ（ＥＳＤＩ）」を発展させる意思が表明され、一九九九年五月三日と四日のケルン欧州理事会では、ハビエル・ソラナが初代のＣＦＳＰ上級代表に任命された。また、ＷＥＵの防衛領域で

の権限がＥＵに移譲されることになった。一九九九年一二月一〇日と一一日に行われたヘルシンキ欧州理事会では、二〇〇三年までにヨーロッパ独自の即応部隊を創設することが決定した。二〇〇〇年一二月七日と八日のニース欧州理事会では、ＥＵの防衛領域に関する常設機構化が進展した。このことはすなわち、ＮＡＴＯに依存することなく自らの安全保障に関してヨーロッパ諸国が貢献できるような、共通防衛政策を成立させることを意味するものであった。

国境のない巨大な市場を求める論理からも、通貨統合は必要不可欠であると考えられるようになった。さまざまな試練にさらされたことによって、欧州通貨制度（ＥＭＳ）に対する疑念が次々と浮上した。イタリア・リラと英ポンドがＥＭＳから離脱し、スペイン、ポルトガル、アイルランドで為替管理が再開し、さらには為替変動幅を一五％に拡大することが決定した（一九九三年八月一日と二日）。すなわち、欧州通貨制度は崩壊の危機に直面していたのである。通貨同盟のメカニズムを再び軌道に乗せるために、一九九五年一二月一五日と一六日のマドリード欧州理事会では、単一通貨への移行に向けた日程を確定し、さらにはそれを「ユーロ」と呼称することに決めた。一九九九年一月一日に単一通貨を導入するために必要となる収斂基準の遵守は、そこに参加する諸国に困難をもたらした。というのも、それらの諸国は、一九九七年に採択された安定・成長協定に従わなければならず、また通貨主権をＥＵに移譲しなければならなかったからだ。ユーロ参加国のたった一つの国が財政規律を守らないせいで、ユーロ圏全体の安定性が損なわれることがないように、ユーロ圏参加一五カ国は単年度の財政赤字がＧＤＰの三％を超えた際に制裁が科されることに合意した。

一九九八年五月一日と二日の欧州理事会で、ユーロ誕生に向けた最終的な合意がなされた。一九九九年一月には、電子決済通貨としてのユーロが導入され、収斂基準を満たした一一の加盟国（イギリス、スウェーデン、およびデンマークの三カ国はユーロ不参加を決定）が、最終的にユーロに参加することになった（ギリシャのみ収斂基準を満たしていなかった）。ヨーロッパにおける通貨統合の目的の一つは、統一されたヨーロッパ、および欧州中央銀行が、通貨同盟のなかでの物価の安定を監督し、さらにはドルという巨大なパワーに対抗できる地位をユーロに与えることであった。しかし、ユーロはドルと同等の地位を手に入れることはできなかった。というのも、ユーロが通商取引通貨として認められることはなかったからである。ドルに対抗する通貨として利用される代わりに、ユーロはむしろヨーロッパ大陸経済がアメリカ化するのを促進したのである。他方で、ＥＵ諸国は自国の失業対策を他国と調整する困難を経験しなければならなくなり、一九九七年一一月には雇用に関するＥＵ特別首脳会議がルクセンブルクで開催され、ＥＵ域内の失業者数は一八〇〇万人にものぼっていたことがわかった。

ＥＵが苦悩していたのは、統合の深化の問題だけではなかった。狂牛病問題をめぐる危機や、欧州中央銀行の総裁ポストをめぐるフランスとオランダの間の対立のような域内での対立関係のみならず、それに加えてヨーロッパは中・東欧諸国からの加盟申請に応じなければならなかった。東方拡大の交渉は、一九九八年三月に開始された。一九九九年一二月一〇日と一一日のヘルシンキ欧州理事会では、加盟一五カ国が拡大に関する合意を採択し、中欧一二カ国の加盟申請（エストニア、ラトヴィア、リトアニア、ポーランド、チェコ、スロヴァキア、ハンガリー、ルーマニア、スロヴェニア、ブルガリア、マルタ、キプロス）を受け入れる決定を行い、最終的に二〇〇四年にはこれらの諸国のＥＵ加盟が実現した。二〇〇〇年一二月一〇日と一一日のニース欧州理事会では、一五カ国の首脳が限定的ながらも妥協を受け入れた。将来の欧州委員会の委員数と、欧州理事会における拒否権の放棄に関しては見送られた。閣僚理事会の特定多数決の際の各国に割り当てる票数については大国の間で対等な票数が維持されたが、欧州議会でのドイツの議席数は増加することになった。九九議席を保有するドイツに比べて、フランス、イギリス、イタリアは七八議席にとどまっていた。この会議における唯一の明白な成果は、それまでの一五カ国から二八カ国へと加盟国数を拡大することが合意されたことである（加盟候補国となった一二カ国は前述の諸国にヘルシンキ欧州理事会で「加盟候補国」の地位を与えられたトルコを加えた数である）。しかし、機構改革をしないまま新規加盟国を受け入れたＥＵが、単なる自由貿易地帯となってしまわないようにするには一体どうしたらいいのだろうか。この会合では、それ以外にはＥＵ予算に関する「アジェンダ二〇〇〇」が議題となっており、ドイツやオランダのようにそれにもっとも多く貢献している諸国は、他の加盟国の反発を受けながらも拠出金を縮小することを望んでいた。ＥＵの財政状況、すなわちＣＡＰ改革や最貧地域への援助の拡大などに関しては、ウィーン欧州理事会（一九九八年一二月一一日と一二日）でその問題が提起されて、重要な合意文書が作成された。

ヨーロッパはこの時期には、サンテール委員長の欧州委員会の汚職という危機によって、大きく動揺していた。一九九九年三月の欧州委員会委員の総辞職は、欧州議会の権限が強化されていることを象徴することになった。その欧州議会の選挙では、欧州人民党（ＥＰＰ）が勝利を得ることになった。

一九九八年一〇月のドイツ総選挙は、ヘルムート・コール首相の敗北に終わった。その後に成立したドイツのゲアハルト・シュレーダー政権は、社民党と緑の党との連立政権となった。失業対策の領域では軋轢が見られながらも、独仏枢軸は堅固なままであった。これによってヨーロッパでは、大西洋主義、欧州共同体、汎ヨーロッパ主義、そしてナショナル・アイデンティティというように、異なるいくつものアイデンティティが併存することになった。ヨーロッパのいくつかの諸国は、その国土面積や人口には不釣り合いなほど大きな役割を保持していた。すなわちイギリスとフランスは、ヨーロッパ地域に限定されない世界大国としての野心を保っていた。そしてこの両国は、核抑止力、およびコモンウェルスやフランス語圏を通じた世界規模での影響力を用いることができ、さらにはドイツが欲していた安全保障理事会での常任理事国の議席を持っていた。

外交的な影響力は、経済的なそれと同等ではなかったものの、ドイツは東西統一によって、それまで戦争を通じては手に入れられなかったヨーロッパにおける優越的な地位を、平和を通じて得ることに成功した。一九九四年七月一二日のカールスルーエ裁判所での判決に基づき、地域紛争が急速に増加したことを受けて、ドイツは国連の枠組みのなかでＮＡＴＯ域外の平和維持活動にドイツ連邦軍を派遣させることを決定した。ＥＵの域内と域外の双方において、ドイツの影響力は大きくなっていた。すなわち、和平履行部隊（ＩＦＯＲ）に四〇〇〇人規模のドイツ連邦軍部隊を参加させ、ドイツはＮＡＴＯの域外における軍事ミッションに加わることになった。統一性を回復し拡大したヨーロッパにおいて、ドイツは実に圧倒的な地位を手に入れたのである。

一九九一年のユーゴスラヴィアの分裂は、その後の一連のバルカン半島における戦争の契機となり、バルカン半島は再び火薬庫となった。締結された停戦合意は守られることはなく、同時にＥＣ加盟国は仲裁に必要となるヨーロッパの部隊を組織するための合意を形成することができなかった。ヨーロッパは一九九一年一一月に国連安保理の招集を要請する一方で、一九九二年一月一五日にはスロヴェニアとクロアチアの独立、一九九二年四月六日にはボスニア＝ヘルツェゴヴィナの独立を承認することになった。ユーゴスラヴィア社会主義連邦共和国が崩壊した後に、セルビアとモンテネグロは一九九二年四月二七日に新たにユーゴスラヴィア連邦共和国の成立を宣言し、そのうえでセルビアは、クロアチアとボスニア＝ヘルツェゴヴィナに居住するセルビア人を結集して自らの統治下に置くことを求めるとともに、セルビア軍を率いてサラエヴォを包囲して爆撃を行った。内戦は継続し、「民族浄化」を逃れ多数の難民が国外に流出しているなかで、一九九二年二月二一日に国連保護軍（UNPROFOR）の派遣が決定され、一万五〇〇〇人規模の部隊が係争中の国境地帯に派遣され、そこに駐留するとともにサラエヴォへと物資を供給する任務を担った。

しかしながら、一九九二年一〇月に派遣された六〇〇〇人規模の第二次国連保護軍（UNPROFORⅡ）では、停戦を遵守させ、難民を移送させることに失敗した。軍事的解決策を強制することを断念した国連とEECは、ボスニアにおける紛争解決の方法を模索するために協力した。一九九二年一〇月にヴァンス゠オーウェン計画が拒絶された後に、分割構想提案（オーウェン゠ストルテンベルグ構想）が提唱された。この分割構想は、セルビアとボスニアにとっての勝利となった。というのも、両者はこの構想に基づいて国土の大部分を支配することが可能となり、また「コンタクト・グループ」（アメリカ、ロシア、ドイツ、フランス、イギリス、イタリアから構成）による構想を一九九四年七月に拒絶していたからである。NATOによる空爆の効果は十分とはいえず、一九九五年三月に任期延長となった四万四〇〇〇人規模の国連平和維持軍を、目的が曖昧なまま駐留させたうえで、戦争はさらに続いていた。

フランスのジャック・シラク大統領の提唱により、ボスニアにおける平和維持軍を支援する目的で、一九九五年六月一六日に国連は緊急展開部隊（RRF）を創設することを決定した。国際社会が毅然たる態度で関与することによって、一九九五年一〇月にはボスニア゠ヘルツェゴヴィナの全土で停戦が成立した。アメリカのデイトンで一九九五年一一月に開かれた和平交渉は、一二月一四日のパリでの合意文書の調印へと帰結した。ボスニアの国境自体に変更はなかったが、クロアチア人とイスラーム教徒が中心のボスニア゠ヘルツェゴヴィナ連邦（領土の五一％）と、セルビア人が中心のスルプスカ共和国（同四九％）という、二つの自治共和国からなる連邦国家となった。国連保護軍は、その任務を和平履行部隊に譲った。この部隊は、NATO指揮下の六万三〇〇〇人規模の兵力からなる多国籍部隊であり、そこには約二万人の米軍兵力が加わっていた。

バルカン諸国はコンタクト・グループの監視下にありながら、依然として火薬庫のままであった。一九九六年一一月に成立して一九九八年七月に改組された米軍の指揮下にある多国籍の平和安定化部隊（SFOR）のプレゼンスのおかげで、ボスニアにもようやく平和が訪れた。戦争犯罪人が捜索され訴追が行われたことで、選挙の実施とあわせて社会は平常へと戻っていった。

だが、旧ユーゴスラヴィアの他の地域では、内戦が勃発していた。これは、とりわけコソヴォにおいてあてはまるものであった。歴史的にコソヴォは、セルビア正教の聖地であった。一九八九年六月二八日には一〇〇万人ものセルビア人が、オスマン帝国がセルビアに勝利したコソヴォの戦いの六〇〇周年を記念した。コソヴォの人口の九〇%がムスリム系アルバニア人であり、セルビアからの独立、あるいはアルバニアへの併合を試みた。一九九八年になると、コソヴォでは分離独立を目指すアルバニア系住民と民族浄化を行っていたセルビア人との間の対立が熾烈化していった。

そもそも、バルカン半島の崩れやすい安定性を損なうことなく、コソヴォの独立を受け入れる方法などがあっただろうか。国際社会はユーゴスラヴィア政府に対して、政治的な解決策を見出すよう説得したが、ユーゴスラヴィア政府はあくまでもこれは国内問題であるという立場を崩さなかった。仲裁に挫折したことで、EUは制裁を科すことを決断し、またNATOは一九九八年六月にセルビアに対する報復的措置を実行した。停戦合意の遵守を求めて、OSCEは査察使節団を急遽派遣し、NATOは警察ミッションをアルバニアに駐在させた。ランブイエとパリでの交渉の失敗（一九九九年二－三月）の後に、NATOは一九九九年三月二四日から六月一〇日にかけて、ユーゴスラヴィアに対する空爆を実行した。これは、セルビアによる民族浄化の後のコソヴォ難民の大量流出に責任があるスロボダン・ミロシェヴィッチを、権力の座から降ろすことが目的であった。

ミロシェヴィッチは一九九九年五月二八日にNATOの提示した条件を受け入れたが、それとともに譲歩を強いられた。その条件とは、コソヴォからのセルビア軍の撤退とそれと入れ替えに三〇カ国で構成される約五万人のコソヴォ治安維持部隊（KFOR）を受け入れること、加えてコソヴォ人難民の帰還、そして国連コソボ暫定行政ミッション（MINUK）が管理する形でのコソヴォの独立的地位の確保であった。

二〇〇〇年九月二四日のセルビアでの総選挙では、ミロシェヴィッチは国民から拒絶され、一〇月五日には権力の座を退いた。ユーゴスラヴィア連邦共和国は、ミロシェヴィッチを犯罪人として引き渡した（二〇〇一年六月）のに続いて、ハーグで

図6-1　旧ユーゴスラヴィア諸国

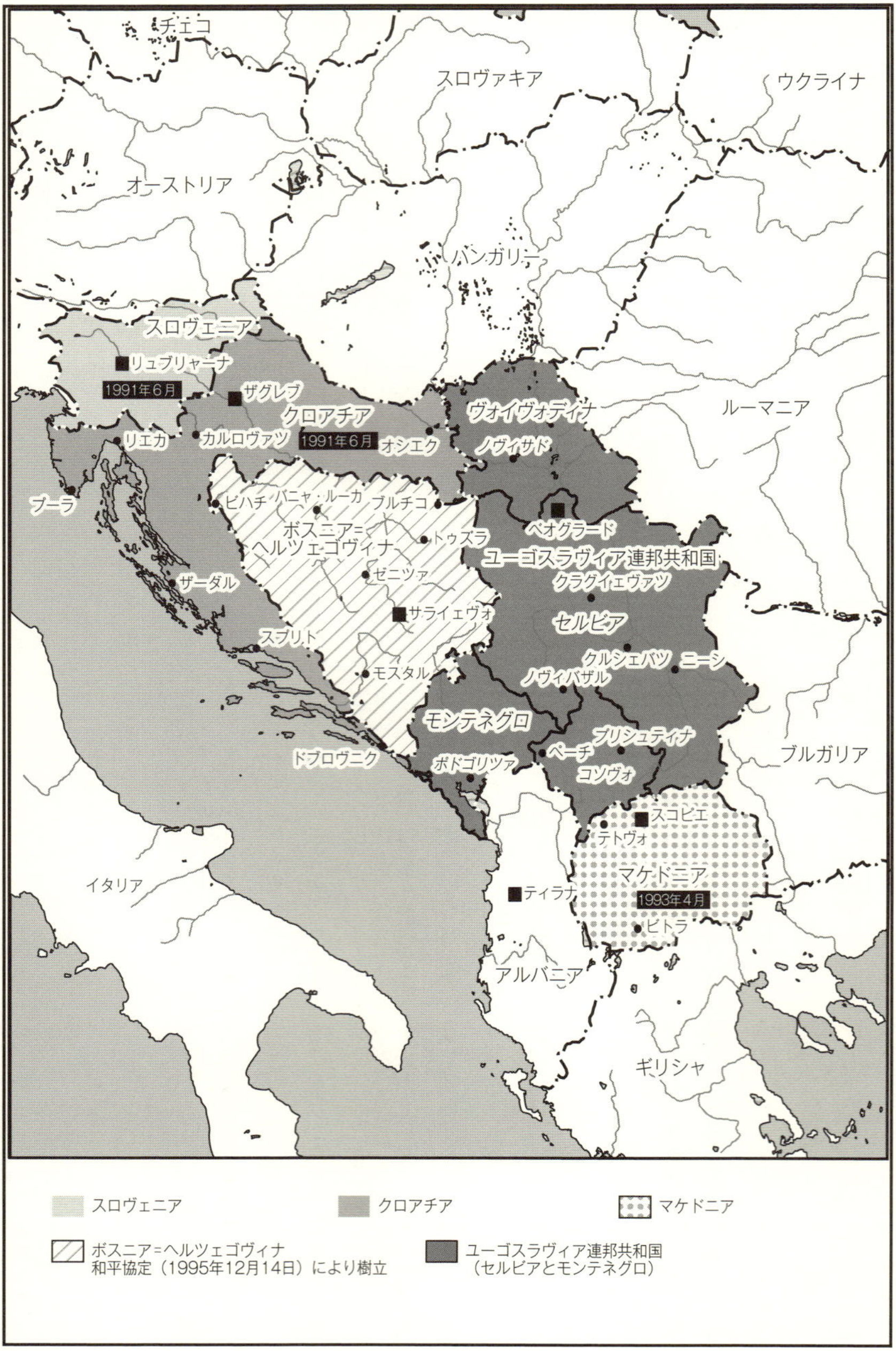

行われる国際刑事裁判所（ＩＣＣ）での裁判に同意するというように、徐々に国際社会との結びつきを回復していった。セルビアに対するＮＡＴＯの軍事作戦と、コソヴォにおけるアルバニア系難民の帰還によって、マケドニア国内では新たな緊張が生じていた。ＮＡＴＯは、マケドニア国内におけるアルバニア系武装組織を武装解除する目的で、二〇〇一年八月には「欠かせない収穫作戦」を開始した。モンテネグロ共和国は最終的に、セルビアとともにユーゴスラヴィア連邦共和国を構成することになった。

アイルランドでは、一九九六年夏にデモと暴力行為が発生した後に、一九九八年四月に北アイルランドのベルファストでプロテスタントとカトリックの間で結ばれた和平合意が一九九八年五月の国民投票によって承認された。これは、北アイルランドがイギリスとの結びつきを維持するのと同時に、一九九九年一一月から一二月にかけてこの地域とアイルランド共和国との和解を促進し、また両者が参加する自治政府の成立を定めることになった。

Ⅲ　対照的な南北の関係――より暴力的な世界へ

それまで第三世界が持っていた結束が失われ、それはもはや過去のものとなった。他方で、先進諸国は繰り返し到来する経済危機と排外主義の潮流によって、深刻な傷を負っていた。そうしたなかで、それまで先進国と発展途上国とを隔てていた障壁は次第に不明瞭なものとなり、両者の違いは曖昧となっていった。ヨーロッパ域外は、グローバルなレベルで三つの脅威にさらされていた。第一は過剰な軍備増強であり、第二は膨大な債務であり、第三は人口急増の問題である。その帰結として、南北対立は消え去ることなく、むしろ悪化していった。経済水準とは無関係に、旧ソ連圏の中央アジア諸国からアフリカ諸国に至るまで、世界の多くの地域がイスラーム原理主義によって動揺していた。アメリカは、いくつかの中東諸国と敵対関係となって、あたかも「十字軍」を彷彿とさせるような軍事介入を行ったが、それはまるで現実に「文明の衝突」が起きているかのようであった。

北半球の先進国が軍縮を進めたこととは対照的に、発展途上国ではむしろ苛烈な軍拡競争が進行していた。外貨不足に苦しむ旧ソ連邦諸国は、自国の軍事産業が生産した装備を熱心に売り込もうとした。こうした装備が流出を続け拡散する危険が高まった。また核兵器を開発する能力を持った国家も増えていった。イスラエルのほか、一九七四年にはインド、一九七九年には南アフリカ、一九九八年にはパキスタンが核兵器保有を実現させる一方で、イラク、イラン、北朝鮮が、その地位を欲していた。それ以外にも一部の国家が、安全保障上の自らの脆弱性を補うためにも、化学兵器の保有を考慮し始めた。最先端の装備の技術開発が、その地域の安定性と国際安全保障を脅かす脅威となっていたのだ。こうした事態の進展を防ぐためにも、一九八七年には大量破壊兵器の運搬手段となる弾道ミサイル、およびその開発に寄与しうる関連汎用品とその技術の輸出を規制することを目的とした、ミサイル技術管理レジーム（ＭＴＣＲ）が成立した。それにもかかわらず、中東地域に弾道ミサイルの配備が集中していることが一九九一年の湾岸戦争の際に明らかとなったことは、記憶に新しいであろう。当時、この戦争を機にブッシュ大統領は、中東における大量破壊兵器を廃棄するための計画を発表した。一九九一年七月にはロンドン・サミットにおいて、「通常兵器の移転、ならびに核兵器、さらには生物・化学兵器の不拡散に関する宣言」が発表された。一九九三年一月一五日にはパリで、化学兵器禁止条約の調印が行われ、そこには一三〇カ国が参加した。条約に調印した国家は、一〇年以内に化学兵器の備蓄をすべて廃棄しなければならず、その保管施設とそれらが廃棄されたことを確認するための査察検証に応じる必要があると規定されていた。

一九九五年の初めに発展途上国の債務は二兆ドルに達した。その一方で、政府開発援助は一九七〇年以来で最低の額を更新していた。一九八〇年代の初頭以降、五〇カ国以上が継続的に過剰債務に苦しんでいた。いくつかのラテンアメリカ諸国、リビアとアルジェリアを除くアフリカ諸国、さらにはフィリピンとベトナム、東欧諸国が、そこに含まれていた。こうした悲惨な状況に陥るなかで、債務に苦しむこれらの諸国の政府は、例外的な措置をとるほかなかった。たとえば、メキシコとヴェネズエラの両国は対外債務の再編を行った。一九八七年、膨大な債務を抱えていたコートジボワールは、カカオ豆とコーヒー豆の価格下落によって、債務支払いが不可能になったことを発表した。世界各地で、デモとストライキが勃発した。こうした債務超過に陥った諸国では、ＩＭＦは政治指導者たちによる批判のために攻撃の対象となった。このような経緯からも、一九八七年の国連貿易開発会議（ＵＮＣＴＡＤ）と、一九九五年にコペンハーゲンで開催された社会開発サミットでは、債務軽減が主要な議題の一つとなったのである。ラテンアメリカ諸国のいくつかでは、自助努力を続けることで苦境を乗り越えることが可能となった。一九八九年五月と七月、西側諸国はアフリカの三五カ国が抱えていた債務の一部を帳消しにし、さらには一九九一年一月にポーランドとエジプトの公的債務の軽減に応じたのである。こうした策にもかかわらず、経済的な不安感は拭えなかった。旧フランス領西アフリカやフランス領赤道アフリカで用いられていた通貨であるCFAフランが一九九四年一月一二日に五〇％切り下げられたことは、フラン圏の諸国にとってショックとなった。一九九五年一月には、メキシコ・ペソが急落して危機に陥ったことから、アメリカとIMFが介入せざるをえなくなった。発展途上国で構成されていたG15諸国のなかでは、「新興国」と呼ばれていた諸国が先進国に対して、国内市場を開放するよう要求した。G7は、一九九六年六月に開催されたサミットで、世界の最貧困諸国の債務を軽減することを決定した。世紀転換点となる二〇〇〇年には、もっとも経済的に豊かな国家は、もっとも貧しい国家の債務を帳消しにすることに合意した。

ヨーロッパ以外の諸国では、人口問題をめぐって二重の不均衡に直面していた。第一には、人口が増加する一方で、地球の資源の増加がそれに追いついていないという点である。第二には、経済的に豊かな諸国が低い出生率に苦しむ一方で、貧困諸国は人口の爆発的な増加によって弱体化しているという事実である。一九九九年、地球の人口は六〇億人に達した（一九六〇年には三〇億人）。しかし先進国は、そのうちの四分の一を占めるに過ぎなかったにもかかわらず、地球で生み出された富の四分の三を保有していたのである。そのため、一九九四年九月にカイロで開催された国際会議の場で、人口の増加を抑制する必要性が要請されたのである。三〇年の間に、豊かな国と貧しい国との間の経済力の差は、二倍に広がった。政府開発援助は十分ではなく、南北間の格差を埋めるにはほど遠い状況にあった。「人口爆発」と人口の移動は、まさに国際政治の現実となっていた。貧しい国家に対する支援は必要不可欠といえども、発展途上国はそれぞれが固有の問題を抱え、経済成長の速度もそれぞれ異なっており、格差の問題の解決はきわめて困難であった。発展途上国のなかでもいくつかの諸国は世界経済に組み込まれ、それによる利益を得る一方で、いくつかの諸国はむしろ逆境に陥っていた。一九九八年に原油価格は四〇％も下落し、産油国経済を直撃した。なかでも経済成長を天然ガスの輸出に依存していたアルジェリアやインドネシア、そしてナイジェリアのような急激に人口が増加している諸国は、それによって巨大な損失をこうむった。

一九九〇年代には、アジアではさまざまな要因が重なって不安定化が進んでいた。さらにはアフリカもまた深刻な危機に陥っていた。人口の急激な増加と、それまで原油輸出によって得られていた利益を防衛費につぎ込んだことが要因となり、原油価格の下落に苦しむ中東ではパレスチナ＝イスラエル間の和平プロセスが袋小路に陥ったのである。

一九九〇年代初頭のアジアでは、域内貿易が活発化し経済的にも豊かになったことで、領土問題や軍備競争が沈静化していくものと思われていた。ところが一九九〇年代後半には、アジアは地球上でもっとも危険に満ちた地域とみなされるようになった。というのも、イデオロギー対立が後退しても、対立関係の構図は消失しなかったからである。それゆえ、危機のエスカレートを防ぐために、一九六二年以降に外交関係が断絶していた中国とインドは、領土紛争を棚上げにして一九九三年九月に対話を始めた。一九九六年四月には中国とロシアの両国が、関係緊密化へ向けた動きを示すようになった。

一九九七年から一九九八年には、深刻なアジア経済危機がタイからアジア全体へと広がっていき、この地域の人々を極度な貧困へと追い込んだ。もっとも深刻な損失をこうむったのは、インドネシアであった。日本では、一九九八年一二月の段階での失業率は四・四％であり、その数値は他国に比べて低かった。とはいえ、日本はそれまで維持してきた雇用制度を見直さなければならない状況に追い込まれた。さらには、国際政治のなかでのアメリカの相対的な地位の低下とソ連の崩壊によって、核兵器を保有しているインドとパキスタン両国が、対峙したままの状態に置かれていた。中国、日本、ＡＳＥＡＮ諸国に加えて、インドネシア、イラン、トルコが、地域大国の地位にのぼった。日本は、国際経済以外の分野でも活躍する機会を求めるようになり、国際政治アクターとしての揺るぎない地位を求め、安保理常任理事国の地位を渇望し、アジア域外でも存在感を示すようになった。日本は、対ロ関係の将来については、北方領土返還に対するロシアの姿勢次第とするようになっていたが、一九九二年九月にエリツィン大統領の訪日が延期されるなど、日ロ間の領土問題は大きく進展することはなかった。

中国の軍事的台頭は、この地域におけるきわめて重要な動きであった。一九九七年の香港返還によって脚光を浴びていた中国は、南シナ海と東南アジアで海洋活動を活発化させていた。この地域では、いくつかの小国がアメリカとの関係強化に動く一方で、中国もそれに対抗することでさまざまな提携強化へ向けた競争が進行していた。一九九六年春と一九九八年秋の二度にわたって、中国は台湾侵攻の野心を明らかにすると同時に、日米同盟の枠組みを用いて台湾防衛に関与しようとするあらゆる動きに対し、猛烈な不満を表明していた。中国の改革開放政策の主導者である鄧小平は、一九七八年から七九年にかけて見られた「北京の春」と呼ばれる民主化運動に対しては、弾圧の指導者でもあった。

また、一九九七年二月に死去した鄧小平から江沢民への権力の委譲は、成功のうちに行われた。一九九七年一〇月に江沢民総書記が訪米すると、その翌年の一九九八年六月から七月にかけてアメリカからクリントン大統領が訪中し、両国首脳の相互訪問が実現した。この首脳往来は、米中関係の正常化と中国の人権問題に対する西側諸国の姿勢に変化が見られたことを象徴する出来事となった。同時に、中国は東南アジアにおいてアメリカに取って代わり、同地域でのプレゼンスをより強固なものにしようと模索していた。またアメリカは、パキスタンが核兵器を保有する際、中国の技術協力を得たことで対中関係を強化していたことを憂慮していた。二〇〇一年四月にアメリカの無人偵察機を中国の戦闘機が撃墜し、またアメリカが台湾への武器売却を行ったことで、米中関係は悪化した。アメリカはフィリピンから兵力を撤退したが、韓国と日本での軍事的プレゼンスを維持することにより、日本の軍国主義の再来と、中国の軍事的脅威の拡大を抑制し、地域に安定をもたらそうと試みていた。

アジアでは、多くの諸国でそれぞれ困難な問題を抱えていた。カンボジアは、一九七五年から一九七九年にかけての内戦と、クメール・ルージュによる蜂起から回復しておらず、また一九九八年に選挙が行われポル・ポトが死去したにもかかわらず、政治的安定を回復できなかった。

アフガニスタンでは共産主義者による政権が、穏健派の反乱組織とイスラーム原理主義の義勇兵などが提携した反政府勢力に対抗しなければならなくなり、一九九二年四月には権力を失った。一九九六年九月にはアフガニスタン内戦が鎮静化し、パシュトゥン人が多数を占めるイスラーム勢力のタリバンが、首都のカブールを奪取した。しかしタリバンは、アフガニスタン全土を制圧できたわけではなく、内戦は続行していた。反タリバン勢力の司令官となったのが、二〇〇一年九月九日に暗殺されることになるアフマド・シャー・マスード大佐であった。

経済危機によって動揺したインドネシアでは、一九六七年以降権力の座にあり一九九八年三月に再選されたスハルト大統領が、五月に勃発した暴動によって辞任に追い込まれた。それを契機として、インドネシアの領土的統一性が脅かされる事態が起こった。東ティモールに危機が訪れたのだ。東ティモール独立に反対する親インドネシア派民兵が虐殺を行っていることを認知した国連は、一九九九年九月に平和維持軍を派遣する決定を行った。このようにして、二〇〇二年五月には東ティモールが独立を達成した。

朝鮮半島においては、アメリカが北朝鮮の核開発への野心に警戒感を強めていた。数カ月に及ぶ緊張状態の後、一九九四年八月から一〇月にかけて北朝鮮は核開発計画の凍結に同意した。韓国と北朝鮮は、アメリカと中国の参加を得て、一九九七年一二月に朝鮮半島における恒久的な和平枠組みを構築するための四者会談を行った。二〇〇〇年六月一四日には、南北間の首脳会談が開催されたことで、「和解と協調の時代」が訪れたとみなされるようになり、朝鮮半島の統一に向けたプロセスが始動したと考えられた。

南アジアでは、一九九六年にインド政府がカシミール地方の自治を認めるに至ったが、依然としてインドとパキスタンとの間で領有権をめぐる対立が続いていた。分離独立をめざすゲリラの活動が続く一方で、一九九七年八月から翌年の五月と六月にかけて、印パ両軍が国境付近で衝突を繰り返した。一九九八年五月、すでに核兵器を保有していたインドに続いてパキスタンも核保有に至ったことで、この地域の緊張は一気に高まった。

アフリカでは、一部に民主主義が根づいた国家が存在しながらも、他方では蔓延する貧困が民主主義を麻痺させた国家が存在しており、この両者は対照的な状況にあった。ナイジェリア、ギニア、コンゴではクーデタが勃発した。一九九六年にはリベリアとニジェール、一九九六年から九七年には中央アフリカ共和国、一九九七年六月にはコンゴ共和国、一九九七年から一九九八年にかけてはシエラレオネ、一九九九年から二〇〇〇年にかけてはコートジボワールで、略奪と虐殺を伴う内戦が繰り広げられていた。こうした内戦ではほとんどの場合、アフリカ諸国の部隊で構成される兵力が、紛争の仲裁のために国連の枠組みの下で秩序を回復する活動に取り組んだ。一九九八年のレソトやコンゴにおいて見られたように、南アフリカは地域大国としての地位を確立しようと積極的に介入した。

アフリカのいたるところで武装した分離独立運動が国家の権威を傷つけており、それまでは絶対的とみなされてきた国境線の不可侵性が揺らいでいった。エチオピアは、エリトリア人と北部のティグレ人のゲリラに脅かされ、エリトリアは、一九九三年五月二四日にエチオピアとの三〇年にわたる戦争の末、独立を勝ち取っている。それでもこの両国間では国境線をめぐる紛争が続いていたが、二〇〇〇年六月にはついに停戦合意が成立した。一九九一年一月にソマリアでは、一九六九年一〇月以降ずっと権力の座にあり続けたモハメド・シアード・バーレ将軍が権力を失い、それ以降は南北に分かれて内戦が勃発し、混沌とした状況に陥った。一九九二年一二月には、混沌のみならず飢餓にも襲われたソマリアに向けて、アメリカの指揮の下で多国籍軍の統合任務部隊（「希望回復作戦」）が派遣された。この作戦が閉塞状況となったことに伴い、一九九三年五月四日には国連が二万八〇〇〇人規模の平和維持軍を、第二次国連ソマリア活動（UNOSOMⅡ）として派遣した。これは国連史上で、その人員と費用において最大規模のものであった。治安悪化を理由に、一九九四年一一月に国連はUNOSOMⅡの活動終了を宣言し、それまでソマリアに展開していた部隊は一九九五年三月までに撤退した。

もっとも深刻な事態となっていたのは、アフリカ大陸中央部に位置する地域であった。一九九四年四月に、ルワンダとブルンジ両国の大統領が搭乗する飛行機が撃墜され両大統領が暗殺されたことを契機に、ルワンダ国内ではツチ族とフツ族との間の内戦が勃発し、四月から六月にかけてツチ族がフツ族によって虐殺された。これによって五〇万人以上の人々が死亡し、フランスは国連の枠組みの下で、一九九四年六月から八月にかけてルワンダへの人道的介入である「トルコ石作戦」を実行した。一九九五年三月から翌年の春にかけて、ブルンジは暴力行為の舞台となっていた。一九九六年一一月にブルンジの人道支援を目的とする多国籍軍が結成されたが、それも翌月には活動を停止した。

内戦状態に陥ったザイールでは、一九九七年の春に反政府勢力が優勢となり、この年の五月には三〇年にわたり権力の座にあったセセ・セコ・モブツ大統領が失脚した。ザイールにおける反政府勢力の指導者であるローラン・デジレ・カビラが大統領に就任し、あわせて国名がコンゴ民主共和国に改称された。しかしカビラ大統領は、治安の回復に失敗した。長年にわたり民族紛争が続き、地域間の争いも絶えず、さらには野心的な隣国ルワンダとウガンダの両国と停滞的な関係となっていた。そして、二〇〇一年一月にカビラ大統領は暗殺された。これによって、アフリカ大陸の中央部とソマリアを合わせた「アフリカの角」と呼ばれる地域が、混迷する危険が高まった。コンゴ民主共和国を舞台として、近隣諸国の軍隊と国内の武装勢力が衝突し、解決困難な危機的な状況に陥った。

一九九四年に停戦合意が結ばれたアンゴラでは、ようやく平和が訪れたかのように思われたが、統一政府の成立にもかかわらず再び内戦に突入した。スーダンでは、北部のイスラーム教徒と、南部のキリスト教徒およびアニミズムを信仰する人々との間で対立が生じ、南部に自治政府が成立することとなった。他方でジンバブエでは、二〇〇一年から翌年にかけて白人所有の大農場が占拠されるという政治的および経済的危機が起き、国内が混乱した。

アルジェリアでは軍部が権力を掌握し、非常事態宣言を発したにもかかわらず、テロは増えていった。たとえば一九九二年六月二九日には、モハメド・ブディアフ大統領が暗殺されている。混乱が続くなかで、その混乱の一端をつくった軍出身のリアミヌ・ゼルアル大統領が、再当選を果たしたりもした。アルジェリアはテロが繰り返されることによって内戦状態となり、外国人もその犠牲となって、一九九六年の五月と八月にはフランスの聖職者が殺害された。一九九七年に入ると暴力の規模が拡大し、ヨーロッパ諸国は情勢を把握するために使節団をアルジェリアに派遣した。ところがゼルアル大統領との会談以外は大した成果をあげられず、その大統領も任期満了前の一九九九年に辞任した。このことは平和への希望に結びついたが、アブデルアズィーズ・ブーテフリカ大統領が就任してもそのような状況に変化はなかった。二〇〇一年八月には、アルジェリア北部のカビリ地方でとりわけ情勢が悪化していた。さらには北アフリカでは西サハラ問題が依然として未解決だった。モロッコがその領有権を主張する一方で、ポリサリオ戦線は独立を主張していた。一九九一年にはモロッコとポリサリオ戦線との間で、西サハラの住民の自治権をめぐる住民投票の実施に関する合意に調印がなされた。この住民投票は一九九二年一月に実施される予定だったが、西サハラにおける投票権の帰属をめぐってモロッコ側とポリサリオ戦線の間で対立が生じ、住民投票は延期されることになって現在に至っている。

中東では、イスラエル＝パレスチナ間の和平プロセスが、過激なイスラーム主義運動が台頭することによって崩壊寸前となっている。そのような過激派によるテロとして、一九九六年二月と三月にエジプトで勃発したものを指摘できる。そのうえ近隣国であるシリアでは、和平プロセスをめぐる交渉への反発が生じ、一九九六年五月から一九九九年五月まで権力を握っていたベンヤミン・ネタニヤフ政権の強硬な姿勢が、和平プロセスの障害となってしまった。ネタニヤフ首相は、オスロ合意が正当性を持つとは考えておらず、そのためヨルダン川西岸地区とガザ地区への入植活動の再開を容認し、そのことが一九九六年六月のアラブ連盟の緊急サミットで示されたような、アラブ諸国の不満と懸念を喚起する結果となった。ネタニヤフ首相が一九九六年に聖地エルサレムやヨルダン川西岸地区に関して語った言説や、エルサレム旧市街の「嘆きの壁」にトンネルが開通したことにより、激しい暴動が起こった。テロとそれへの報復作戦という悪循環が、頻繁に繰り返される状況に陥った。ヒズボラがイスラエル北部のガリラヤ地方にロケット弾を撃ち込んだのに対し、一九九六年四月にイスラエル政府はレバノン南部のカナ村を爆撃し、多数の一般市民が死傷した。アメリカは、和平実現に向けた努力を続け、両者に圧力をかけるとともに、一九九六年一〇月にワシントンで和平のための会合を開催した。フランスのシラク大統領もまた、混迷する事態を収束させるための演説を行った。アラブ諸国政府は、このような動向に警告を発していた。一九九七年七月には国連で、安保理決議第一二二一号によって、レバノン暫定駐留軍の駐留期間延長への動きが見られた。一九九三年にオスロで合意された和平プロセスは暗礁に乗り上げ、イスラエル政府は依然としてパレスチナの本来の領土の九〇％を占領していたのである。

一九九八年一〇月には、アメリカ政府が再び調停を試みた。クリントン大統領はメリーランド州のワイリバー・プランテーションにネタニヤフとアラファトを招き、そこで合意がもたらされた。その合意は、イスラエルがヨルダン川西岸地区の一部から撤退する代わりに、パレスチナ側もテロを取り締まることを規定していた。一九九八年一二月にクリントン大統領はガザ地区を訪問したが、和平プロセスを再始動させるまでには至らなかった。他方で、一九九九年五月にイスラエルで行われた総選挙および首相指名選挙で労働党のエフード・バラクが首相に就任したことで、和平に向けて新たな希望が灯《とも》った。バラク首相は、イスラエル国防軍をレバノン南部における泥沼から撤退させることに成功した。その結果として、シリアとレバノンとの間で合意は形成されなかったが、一九七八年以来続いてきたイスラエルによる占拠を二〇〇〇年五月に終わらせることになった。

他方で、バラク首相はパレスチナ問題を解決に導くことには失敗した。一九九九年九月のシャルム・エル・シェイク合意以降、パレスチナの最終的地位に関する決定を導くために、二〇〇〇年四月からワイリバー合意の履行に向けた交渉を行いながらも進展には至らなかったのだ。ヨルダン川西岸地区の入植者数は、一九八八年の二万三〇〇〇人から二〇〇〇年には二〇万人にまで膨れ上がった。クリントン大統領は自らの大統領任期の終わりに至るまで、パレスチナ問題の解決に尽力した。その

表6-1　パレスチナ和平プロセス

1993年9月13日	イスラエルとPLOがワシントンでオスロ合意に調印：相互承認、パレスチナの自治権のため「5年間の仲裁期間」を盛り込む
1994年5月	ガザ地区とエリコの自治で合意
1994年7月1日	アラファト議長のパレスチナ帰還、ガザ地区にパレスチナ人自治区を作る
1995年9月28日	新暫定協定（合意Ⅱ）がヨルダン川西岸全地区の自治の延長を規定
1995年11月4日	イスラエルのラビン首相暗殺、ペレス首相に交代
1996年1月20日	アラファト議長がパレスチナ自治政府長官（大統領）に選出
1996年	リクードの権力復権
1998年10月23日	ワイリバー合意、ヨルダン川西岸からイスラエル兵力13%撤退
1998年12月14日	パレスチナ立法評議会がイスラエルの破壊を呼びかける憲章の条項を無効にする
1999年9月5日	バラク首相とアラファト大統領がシャルム・エル・シェイク（エジプト）でワイリバー協定の改訂版に調印
2000年3月21日	パレスチナがヨルダン川西岸の40%近くを支配
2000年7月11–25日	キャンプ・デーヴィッドでの会談（クリントン大統領、アラファト大統領、バラク首相)、難民と聖地の主権の問題で進展なし
2000年9月20日	リクード党首アリエル・シャロンのモスク広場訪問後に第2次インティファーダ（民衆蜂起）開始
2000年10月16–17日	シャルム・エル・シェイクでの首脳会談
2001年1月21–27日	タバ（エジプト）での交渉、合意ならず
2001年2月6日	シャロンがイスラエル首相になる
2001年5月4日	ミッチェル特使による暴力の停止とユダヤ人入植の凍結と交渉再開を呼びかけ
2001年6月	ジョージ・テネットCIA局長のミッション失敗
2002年3月28日	サウジアラビアによる和平イニシアティブ（1967年当時の国境線の復活とそれとの交換のイスラエル承認）がベイルート開催のアラブ諸国の首脳会談で採択されたが、イスラエルによって拒否される
2002年6月24日	ブッシュ米大統領、パレスチナ人に「代表者を代えるべき」と呼びかける演説
2002年12月	4カ国（アメリカ、EU、ロシア、国連）による「ロードマップ」作成
2003年6月3日	シャルム・エル・シェイクでの首脳会談で、ブッシュ大統領が「世界は平和なパレスチナ独立国家を必要としている」と宣言
2003年12月1日	ジュネーヴ・イニシアティブ開始
2004年11月11日	アラファト死去
2005年2月9日	シャルム・エル・シェイクでシャロン首相とアッバス議長が停戦順守を約束
2005年9月	ガザ地区からのユダヤ人入植者撤退
2008年12月27日–2009年1月17日	ガザ地区でのイスラエル軍による「鉛鋳造作戦」展開
2011年11月	パレスチナ国家の国連加盟拒否
2012年11月	パレスチナ国家、国連での「オブザーバー」となる

クリントンの仲介によって、二〇〇〇年七月一〇日から二四日にかけてキャンプ・デーヴィッドでバラク首相とアラファト議長が会合を重ねたが、合意にまでは至らなかった。この会合では、イスラエルが実効支配し、パレスチナが首都ととらえている東エルサレム、そしてイスラエルが入植した地域、さらにはパレスチナ難民の帰還問題など、もっとも重要な課題について協議がなされながらも、最終的に交渉は決裂して情勢は悪化していった。二〇〇〇年九月、後に第二次インティファーダと呼ばれる、イスラエルとパレスチナとの間での大規模な衝突が起きた。パレスチナにとってインティファーダの目的は、武力行使によって交渉を有利に展開することであった。しかし、肝心のバラク首相自身がその対応に失敗し、二〇〇〇年一二月には辞任することになった。そして二〇〇一年二月、首相指名選挙の結果、リクード党首で強硬派のアリエル・シャロンが勝利し、それによって内戦に近い状態に陥った。イスラエル国防軍がレバノン、ヨルダン川西岸地区、ガザ地区に介入する一方で、テロが再び活発化していった。

イラクをめぐる問題はきわめて厄介であり、深刻な危機をもたらす原因となっていた。湾岸戦争の直前まで、イラクは世界最大の原油輸出国であった。だが、その後厳しい経済制裁が科されたことで、イラク国民の生活は困窮していた。それでもフセイン政権の政治基盤が揺らぐことはなかった。イラクが保有する大量破壊兵器の解体を監視する役割を担っていた国連査察団に対する妨害行為や、フセイン大統領の挑発的な言動が、繰り返し生じる危機の原因となっていた。これらの理由から、一九九三年一月にはアメリカ主導の下、イギリスとフランスがトマホーク・ミサイルによる爆撃を行った。一九九六年一二月に、国連はイラクに対する経済制裁の一部解除に踏み切った。それは、一九九五年の「食糧のための石油」決議と呼ばれる国連安保理決議第九八六号に基づくものであり、イラク政府が食糧品や医薬品など市民にとって必要不可欠な物資を入手するために、石油を輸出できるようにするプログラムであった。イラクのクルディスタン地域では、クルド人が反乱を起こし、それに対してイラク軍が鎮圧に向かった。さらに、アメリカはイラク軍が飛行禁止区域に進入しないよう監視するために、介入を行っていた。とりわけ、国連大量破壊兵器廃棄特別委員会（ＵＮＳＣＯＭ）を中心としたイラクの大量破壊兵器の解体へ向けた国連査察団への妨害行為が、一九九六年、一九九七年、とりわけ一九九八年には危険なレベルにまで達した。そのような危機は、コフィ・アナン国連事務総長がイラクを訪問し、調停にあたったことで鎮静化した。しかし、一九九八年一二月にアメリカとイギリスが「砂漠の狐」作戦を実施し、イラクに対しミサイル攻撃を行い、またフセイン政権のレジーム・チェンジ（体制転換）を望んでいたことで、再び査察活動は暗礁に乗り上げた。

イランは、一九八八年にイラクとの戦争を終えて以降、それまでの革命外交を転換して、再び重要な地域アクターとなり孤立からも脱却した。また、ロシア国内のイスラーム系共和国を通じてロシアとの協力を模索し、さらにはアメリカとの対話にも乗り出そうとしていた。他方で、トルコは地域のなかで孤立していった。一九九七年一二月にEUは、ルクセンブルク欧州理事会でトルコを加盟候補国から除外した。そのためトルコは、アメリカの支援や、イスラエルとの水面下での友好関係に依存するようになった。トルコは、クルド人の反政府勢力と戦い、またキプロスのトルコ系住民に目を向けていた。

そのキプロスでは、一九八三年に独立宣言をした北キプロス・トルコ共和国が、キプロス政府に独立を承認するように要求し、さらにそれをギリシャ系キプロス共和国が拒絶したことで、南北間の交渉は挫折した。二〇〇三年末にはキプロスのEU加盟が予定されていたので、それによって状況が変わり統一に向かうことが期待されていた。しかし、二〇〇四年のキプロスのEU加盟後も、状況は変わっていない。

一九九〇年代に入ると、ラテンアメリカ諸国の経済成長が顕著となっていった。とはいえ、一九九九年一月に深刻化したブラジルの通貨危機によって、こうした経済成長にも歯止めがかかった。経済成長によって得られた成果が社会の亀裂を埋めるにはほど遠く、むしろ豊かなエリートと貧困化した大衆との間の溝は深まった。ブラジルでは人口の五％が所得の二五％を占有しており、汚職が克服すべき新たな課題として提起された。他方でコロンビアでは、内戦が猛威を振るっていた。その一方で、一九九八年一〇月にペルーとエクアドルの両国は、五六年に及ぶ国境紛争に終止符を打った。一九九八年一二月にヴェネズエラでウゴ・チャベスが大統領に当選したことは、かつてのボリビアの独裁者ウゴ・バンセル・スアレスの時代や、パラグアイで見られた政治危機の時代のように、権威主義的なポピュリズムの再来を特徴づけることとなった。また、南米におけるアメリカの麻薬取引に対する闘争が大規模になり、軍事化していくにつれ、覇権的政策の一環ととらえられることもしばしばであった。一九九九年、キューバのフィデル・カストロは自らの独裁体制の四〇周年を祝った。一九九八年一月にキューバを訪れたローマ法王ヨハネ・パウロ二世は同国に対するアメリカの経済制裁を批判したが、その後も制裁は続いた。

Ⅳ　統合と分裂の交じり合う世界

二〇世紀が終わるころから、相互に矛盾した状況が、世界中で見られるようになった。世界は統合されると同時に、分裂してもいたのである。一九四五年以降の国際社会は、統合という色彩のみで彩られたわけではなかった。他方で、国際社会では均質化も進んでいた。たとえば一九三九年以前の国際社会には、支配する国家と支配される国家という関係が存在していたが、三〇年間で主権国家の数が三倍に増えたことに示されるように、理論上では国家間の平等が実現していった。このようにして第三世界が成立し、多様性が増していった。経済成長が停滞し、内戦の泥沼にはまる発展途上国が存在する一方で、「アジアの四小龍」と呼ばれる香港、台湾、シンガポール、韓国のような新興国が、一九九七年のタイを起点とするアジア通貨危機で後退しながらも、著しい経済成長を遂げた。一方で、一九一七年のロシア革命や、中国や東欧で勃発した共産主義の拡大という歴史的衝撃は、歴史の闇に消えていった。ソ連の後継諸国にしても、中国にしても、東欧諸国にしても、国際社会の一員としてふさわしい地位を望んだのである。こうして世界はより均質化され、同時によりいっそうイデオロギーには左右されないシステムへと変わっていった。

紛争が増加するなかで、国連に対する要請は増加の一途をたどり、また国連ミッションはよりいっそう複雑なものとなっていった。カンボジアやソマリアのケースで見られたように、何もできずに泥沼にはまる危険もあった。ユーゴスラヴィアでは、平和維持活動の一環として国連保護軍（ＵＮＰＲＯＦＯＲ）が派遣されたが、戦闘中に派遣されるミッションとしては、「中立」を維持するという観点からも、適切なものではなかった。紛争予防に向けた国連の能力への評価は、低下していった。国連安保理は五大国の拒否権によって機能しなくなり、無力化されていった。東西対立の終焉によって拒否権を行使する機会も減るようになったが、ソ連とその後継国であるロシアがアメリカの外交政策を管理しようとする場合には、国連がそのための唯一の枠組みであった。というのもアメリカ自身は、むしろＮＡＴＯをとおした軍事行動を望んでいたからである。

一九九五年の国連創設五〇周年に際して注目を浴びたのは、国連が財政的に破綻に瀕しているという事実であった。平和維持活動の領域における国連の役割が拡大する一方で、ますます費用がかさむようになり、期待と現実の状況との間の溝は深まるばかりであった。いずれにせよ、国連は頻繁に利用されるようになった。イラク、カンボジア、アフリカ大湖沼周辺地域の紛争をはじめ、アフリカのその他の地域や、旧ユーゴスラヴィアのほか、アルバニアでは安保理決議によって一九九七年四月から八月にかけて多国籍軍を展開させるなどの動きが見られた。一九七六年にインドネシアに併合された旧ポルトガル植民地の東ティモールでは、反政府ゲリラが猛威を振るい、一九九九年八月に実施された自治拡大を要求する住民投票では、住民の多数が自治拡大といった中途半端な措置を嫌い、独立を求めたのである。治安が悪化するなかで、国連は同年九月から東ティモール国際軍（INTERFET）として多国籍軍を派遣することになった。ソマリアとルワンダでの和平工作失敗の後、国連はアフリカへの関与には慎重になっていた。だが、アフリカの人々の要請によって、一九九九年一〇月にシエラレオネにPKOを派遣し、それから間もなくコンゴ民主共和国にも停戦監視のためのPKOを派遣した。国連以外の国際的枠組みとしては、同じ言語を話すコミュニティの集合体が数多く誕生した。一九九七年一一月にはフランス語圏として、ベトナムのハノイで第七回フランコフォニー・サミットが開催された。またスペイン語およびポルトガル語圏では、イベロアメリカ・サミットが開催された。他方で、海洋諸国が集合する枠組みもあり、たとえば一九九八年一一月にマレーシアのクアラルンプールでアジア太平洋経済協力会議（APEC）首脳会議が開催されている。そのほか大陸ごとの枠組みとして、一九九八年四月にチリのサンティアゴで開催された米州首脳会議、あるいは大陸間のものとして、アジア欧州会合（ASEM）が存在する。しかし、二〇〇一年九月に世界の差別撤廃をテーマとして南アフリカのダーバンで開催された反人種主義の会議が失敗に終わったことは、依然として世界には対立が色濃く残っていることを示していた。

地球全体を一つとしてとらえる認識は、政治やイデオロギーの領域に限られたものではない。経済の観点から考慮した場合、地球はよりいっそう均質的であるといえる。というのも、世界はアメリカ資本主義によって加工されているからだ。GATTの後継として一九九五年一月一日に創設されたWTOは、貿易自由化によってさらなる交流を広げ、それによってグローバル化を推し進めていった。一三億の人口を擁する中国が加入したことで、WTOの重要性はさらに増していった。一九九九年一一月三〇日から一二月四日までシアトルで開催されていた第三回WTO閣僚会議は、アメリカとヨーロッパが対立したことで、失敗に終わった。

人口の爆発的増加、ＳＮＳなどの登場に伴うコミュニケーション手段の世界規模での拡大、環境問題、死活的に重要な天然資源の浪費、一九八六年四月二六日に当時のソ連（現在のウクライナ）で起きたチェルノブイリ原子力発電所四号炉の爆発事故、一九九九年一二月にフランスのブルターニュ沖で発生したタンカー「エリカ号」の沈没に伴う大量の原油流出事件などの自然災害や人的災害は、地球に住む一人ひとりの日常生活に大きな影響を及ぼした。これらは人間が抱えているあらゆる敵対関係を越えて起こり、そこでは国境は意味をなさない。ヨーロッパでは、消費者が「狂牛病」の発症に怯えた。原子力エネルギーの利用に賛成する人々と反対する人々との間には、深刻な亀裂が生じた。一九九七年の秋に、東南アジアで大規模な森林火災が起き環境が破壊された。国際社会は、地球温暖化に対応すべく、温室効果ガスの削減に取り組むための協力枠組みを構築しようと模索しているが、その効果はあくまでも限定的なものである。

一九九七年六月二三日から二七日にかけてニューヨークで開催された国連環境開発特別総会は、アメリカが消極的であったこともあり、未来に対して楽観的な展望がなされるような状況とはほど遠かった。一九九七年一二月一日から一一日にかけて京都で開催された気候変動枠組条約第三回締約国会議では、二〇〇八年から二〇一二年の温室効果ガス排出量を、一九九〇年比で五％削減するという目標を掲げた。しかし、一九九九年一一月にボンで開催された締約国会議でも、翌年の一一月にハーグで開催された締約国会議でも、京都で合意された目標が守られていないことが判明した。そのうえ二〇〇一年三月にアメリカのブッシュ政権は、京都議定書に明確に反対する意向を示した。

精神的な側面では、ヨハネ・パウロ二世の外国訪問のうちのいくつかは、きわめて大きな反響があった。一九九七年八月一八日から二四日にかけてパリで開催された青年カトリック信者の年次集会であるワールドユースデーや、大聖年（ジュビリー）である二〇〇〇年のエルサレム訪問などである。さらに、一九九七年八月三一日にウェールズ公爵夫人のダイアナ妃が事故死した際には、世界に衝撃が走った。

世界はよりいっそう統合される一方で、よりいっそう分裂している。経済資源が不均等に配分され、政治的な影響力や軍事力、そして人口でも格差が見られるなかで、世界では地域ごとの集合体が構築される傾向が見られる。世界経済がよりいっそう緊密化していくなかで、ＧＡＴＴによって提唱され牽引されてきた多国間主義は、むしろ地域ごとの経済ブロックによって打撃を受けることになった。それらは経済のグローバル化において、避難所となっている。EEC、アラブ・マグレブ連合（AMU）、ASEAN、一九九四年一月一日に発効したアメリカ、カナダ、メキシコによる自由貿易地帯である北米自由貿易協定（NAFTA）のほかに、一九九四年一二月にはマイアミで開催された第一回米州首脳会議によって、南北アメリカ大陸全域を含む自由貿易圏を構築する構想が浮上した。一九九五年一月に発足した南米南部共同市場（MERCOSUR）は、アルゼンチン、パラグアイ、ウルグアイ、ブラジルの四カ国でスタートし、一九九六年六月にチリとボリビアが準加盟国として加わり、アジアにはAPECが存在していた。二〇〇〇年六月二三日にEU一五カ国とアフリカ・カリブ海・太平洋（ACP）諸国の七一カ国との間で、ロメ協定に代わりその内容を引き継ぐコトヌー協定が調印された。コトヌー協定では、人権の侵害や汚職が判明した場合、EUとその違反国との間での開発協力の一部か全部かのいずれかが停止され、協定が凍結されることが定められている。そして、いずれEUとACP諸国とは、自由貿易圏の創設をめざすこととされた。そのアフリカでは、二〇〇〇年七月一二日、トーゴの首都ロメで、アフリカ統一機構（OAU）首脳会議が開催され、OAUはアフリカ連合（AU）として発展的に改組することとされた。経済ブロックの間で貿易戦争ともいえるような状況が生じることもあり、またアジアの生産者が貿易で攻勢を示すようになると、その反動で保護主義的な衝動が浮上することもある。また、APECのなかでアジア諸国がアメリカに対して自国の国益を最優先することもある一方で、EUはMERCOSURと良好な関係を維持し、一九九五年一二月にはマドリードでEU・MERCOSUR首脳会合が開催された。そこでは経済分野での連携協定交渉の準備を目的とする地域間枠組協定が調印され、一九九九年七月に発効した。

第二次世界大戦後に成立した国際秩序は、冷戦が終焉を迎えたことで動揺していた。冷戦の時代に守られていた規律とルールは、構造が崩壊し不安定なシステムに変容した。すなわち、それまでの国際秩序を支えてきた三つの柱が脆弱化したのだ。それは、第一には国家モデルであり、第二に国境の不可侵性であり、そして第三に内政不介入の原則である。

地球レベルでの影響を及ぼす環境問題に加え、マフィア、違法薬物の取引、不法移民など、国際秩序を損なうあらゆる要因が浮上したことで、国家モデルがもはや問題解決の枠組みとして機能しなくなっていることは、ソ連邦とユーゴスラヴィアの解体に顕著に見ることができる。独裁者とそれに伴う恐怖が消え去ったことにより、すでに治まったと考えていた、長年抱いてきた憎悪の感情や古くからある傷痕の痛みが、戻ってきたかのようである。それは、インド、トルコ、メキシコ、カナダにおいても同様であり、多様な民族や言語、宗教に対して統治機構が十分に対応できていないのである。

国家分裂の危機は、すでに東ティモールの独立で衝撃を受けたインドネシアにおいて明瞭に現れていた。長い歴史を持つヨーロッパの国家においてさえ、ベルギーや一九九六年九月のパダーニャ（北イタリアを意味する）のように、国家分裂の危機が見られる。スペインでは地域主義が伸張したが、これはイギリスのスコットランドとウェールズの両地方においても同様であった。地球上のあらゆる場所で人やモノが国境を越えて移動し、金融市場や情報や違法薬物もまた容易に国境を越えてしまい、それらのことによって国民国家の役割は再定義を迫られている。発展途上国の多くが、国家の構造の融解という問題に直面している。多くの紛争を見ると、内戦や国家間戦争のいずれの場合でも、国家機能の限界に関わる問題が浮上する。主権の獲得とは、しばしば幻想に過ぎない。これは多くの小国にあてはまり、人道的な理由から軍事介入をされたり、国連による介入を受け入れたりすることで、それらの保護下に自らが置かれていると感じることもあるであろう。ソマリアやカンボジアは、まさにそのような国家にあてはまるといえる。先進国ですらも、普遍主義を求める圧力や国際的な合意に基づく制限によって、主権原理が大きく侵食されている。

これまで絶対的なものと考えられてきた国境の不可侵性という概念もまた、揺らいでいる。アフリカでは、それまでアフリカ連合が、国境の不可侵性を絶対的な教義にまで昇華させていた。ところがこれがエチオピア、スーダン、ソマリアにおいて、崩れようとしている。ヨーロッパでは、第二次世界大戦後の戦後処理のなかで、国境線をめぐる現状維持こそが国際社会において広く受け入れられていたルールであった。一九七五年のヘルシンキ宣言においても、国境の絶対性が再確認されていた。また、一九九〇年のドイツ統一によっても、国境線をめぐる紛争が勃発することはなかった。一九九一年六月一七日に調印されたドイツ・ポーランド善隣友好条約では、一九四五年にポツダム会談で設定されたオーデル・ナイセ線を両国の国境として確定した。ところが、国家意識の高まりとアイデンティティをめぐる要求が現状の国境線を揺るがすことになり、さらには国家の存在そのものを動揺させた。ソ連邦の解体、ユーゴスラヴィアの崩壊、そしてチェコスロヴァキアが友好裡に二つの国家に分割されたことは、ヨーロッパの地図を塗り替え、ヨーロッパ全体をバルカンの火薬庫のようなものにする可能性のある、

図6-2　2005年のPKO活動

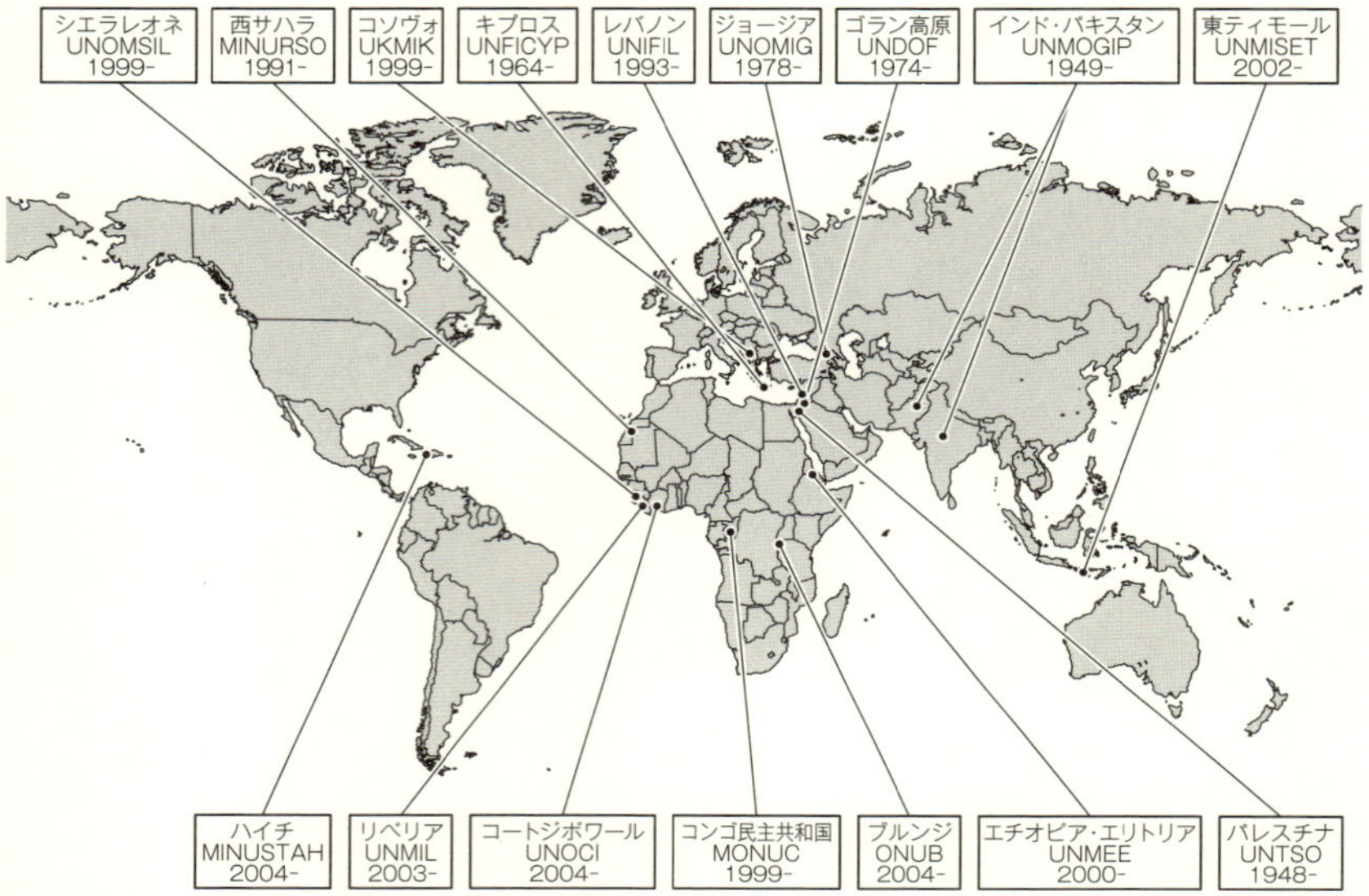

出所：国連

重大な動きであった。このような空間の断片化は、紛争の連鎖をもたらす危険性をはらんでいた。

暴力や分裂という危険に直面し、もう一つのタブーもまた再検討を強いられている。すなわち、国内問題に対する不干渉原則である。一九九一年四月五日に国連安保理決議第六八八号によって、国内で行われた深刻な人権侵害が平和と国際安全保障を脅かす恐れがある場合に、軍事介入することが容認された。すなわち、国連によるイラクとソマリアへの介入が、人道上の理由から正当化されたのである。このように、人権は新たな形に進化していった。一九九三年に旧ユーゴ国際刑事裁判所（ＩＣＴＹ）が国連により設立され、一九九六年五月以降は旧ユーゴスラヴィアでの戦争犯罪を裁くことが可能となった。一九九七年、深刻な暴動に見舞われたアルバニアに対し、国連は多国籍軍を派遣して同国を救済したのである。

国連の枠組みのなかで一九九八年六月にローマで協議が始まり、ジェノサイドや人道に対する犯罪、また戦争犯罪や侵略犯罪を裁くための国際刑事裁判所（ＩＣＣ）の設立規程が、アメリカによる反対にもかかわらず、一二〇カ国の賛成を得て一九九九年七月に採択された。そのようなかで、一九九八年にはイギリスで逮捕されたチリの元独裁者アウグスト・

ピノチェト大統領がスペインに引き渡され、スペイン国内で裁かれそうになったが、結局それは実現しなかった。ピノチェトの事例とは異なり、ユーゴスラヴィアのミロシェヴィッチ前大統領を旧ユーゴ国際刑事裁判所に移送したことは、重要な進展を示すものであった。一九九九年三月にＮＡＴＯは、国内における人道的危機を理由として、主権国家であるユーゴスラヴィアの国内問題に干渉し軍事攻撃を行った。この事例に関しては、深刻な人道上の危機が、主権の絶対性の原則よりも重要視されたのである。

冷戦が終わったからといって、安全保障の重要性が低下したわけではない。安全保障は依然として、脅威にさらされている。ナショナリズムの覚醒、絶望と飢餓から逃れて流出した大量の移民と難民の発生、急増する内戦、テロの勃発、また国際法上違法な核兵器の使用の危険性など、世界には安全保障上の問題が溢れている。冷戦終焉の前と比較して、脅威が減ったわけでもなければ、増えたわけでもなかった。脅威はつねに姿形を変え、抑制されることなく、断片化されており、突如として襲ってくる。冷戦が終結しつつあった一九九〇年の春には、手を伸ばせばすぐに届きそうなところにあると思われた恒久平和は、実際には、不安定で不明瞭で不確実性に満ちた国際秩序に取って代わられたのであった。

第七章　帝国がつくる無秩序（二〇〇一―二〇〇八年）

グローバリゼーションがもたらすさまざまな現象に加えて、二〇〇一年九月一一日のアメリカ同時多発テロの衝撃によって国際システムの根幹が大きく変化しており、その影響の及ぶ範囲はいまだ広がり続けている。コミュニケーション手段の発達、アジア諸国の経済成長、さまざまなリスクに対する先進諸地域における脆弱性、そして自国の国内秩序をそのまま他国に強制しようとしたアメリカの試みの失敗がもたらす困難が、その帰結であった。

先進国と新興国の間では、経済成長の速度に歴然たる差が見られた。すなわち、二〇〇〇年以降、ユーロ圏やアメリカの経済成長率は非常にゆるやかであるか、ほとんど成長が見られないかであったのに対して、新興国の経済パフォーマンスは鮮やかなものであった。

たとえば、二〇〇三年の中国の経済成長率は七％、また二〇〇六年から二〇〇七年にかけてのインドの経済成長率は九％であった。二〇〇七年一二月の世界銀行の統計に基づけば、中国は、アメリカ、日本、ドイツに次ぐ世界第四位の経済大国となった。中国やインドとともにロシアとブラジルもまた、グローバル化を促進する役割を担う主要な経済アクターとなった。インドのミッタル・スチールはヨーロッパのアルセロール・グループを傘下に収め、二〇〇六年六月には世界最大の鉄鋼生産量を誇る企業となった。日本のトヨタ・グループも、自動車生産台数で世界第一位となった。こうした例から、アジアの経済力は世界的に注目を集めるようになっていく。

だが、問題はそれにとどまらなかった。これらの諸国における原料の需要が増大したことで、原料価格と商品価格はともに高騰した。二〇〇八年にはそれらの原料の供給をめぐる熾烈な競争が起こり、それによって実際に世界食糧危機が勃発し、アフリカやアジアのいくつかの国では飢饉が発生し、暴動にまで発展した。エネルギー問題は、よりいっそう重要となっていっ

図7-1　戦後の石油相場

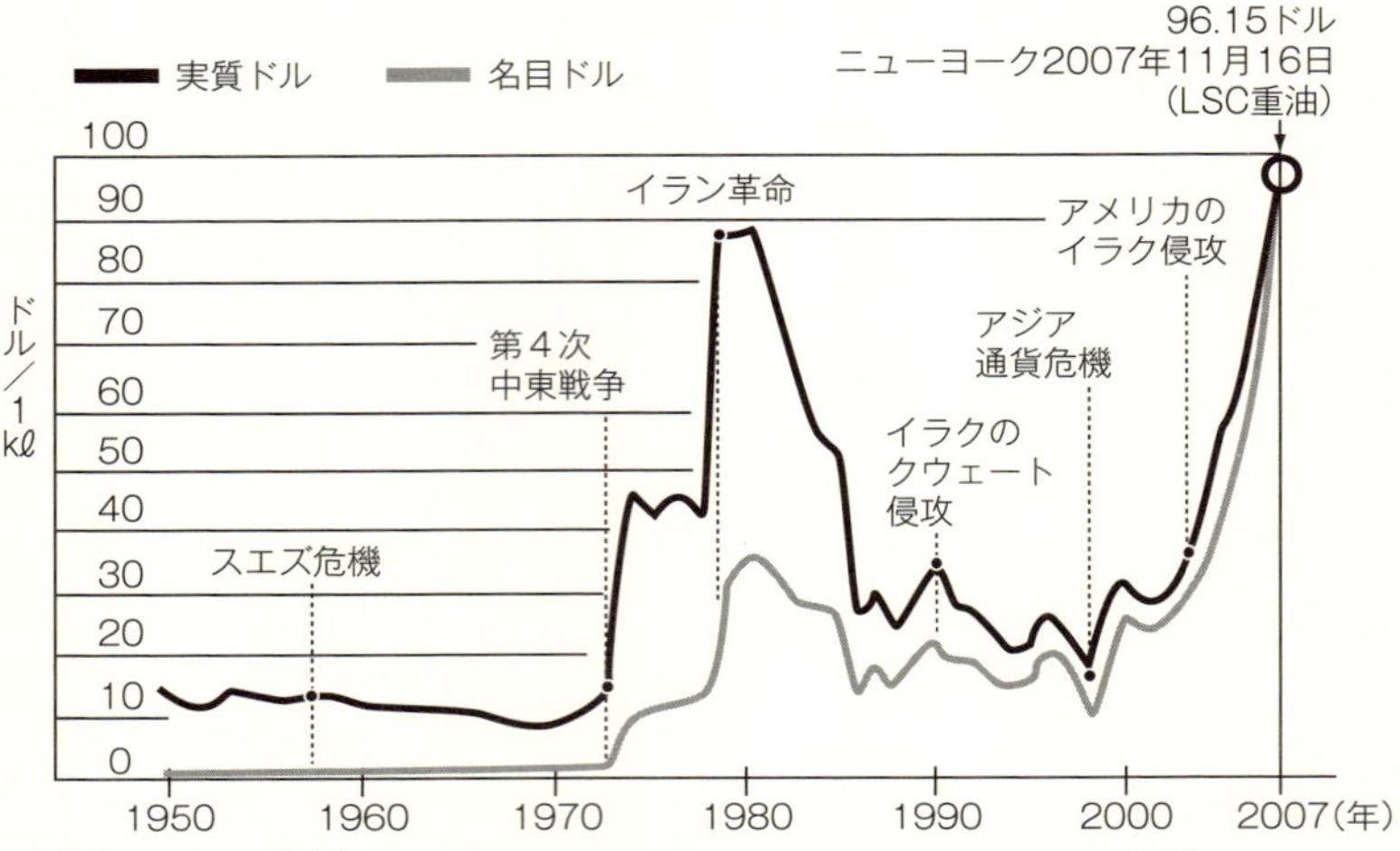

出所：アメリカ商務省, AIE, Platts, *BP Statistical Review of World Energy*, 2007年6月

た。そのことは、たとえば、ロシアがウクライナに対して天然ガスの供給停止を威嚇手段として用いたり、またアゼルバイジャンのバクーからジョージアのトビリシを通過し、トルコのジェイハンへと抜けるパイプラインが建設されたことにより、ロシアやイランを通過せずにカスピ海から地中海まで原油を輸送することが可能になったりしたことに鮮やかに示されており、さらにはグリーンランドの鉱脈探査や、米・印間、仏・中間、そして仏・リビア間の原子力協力の合意などが重要な動きであった。

原油価格の高騰によって、二〇〇八年春には一バレル当たり一四〇ドルを超えた。それに伴って、ロシアやアルジェリアが債務を完済する一方で、欧米先進国の経済においてはリストラが必要となったり、産業空洞化が生じたり、それらに起因する雇用の削減が必要となったりして、二〇〇七年から二〇〇八年以降には、インフレ圧力や融資の焦げつきが要因となった経済危機に苦悩する結果となった。

核兵器や弾道ミサイルの拡散、そして武器密売やテロリズムは、世界秩序に対する深刻な脅威となっていった。先進国の社会はよりいっそう脆弱さを増していき、自然災害や環境破壊、伝染病のリスクに矢継ぎ早に対応していった。それらはすなわち、インド洋沿岸に被害を与え、二〇万人以上の死者を出したスマトラ島沖地震（二〇〇四年一二月二六日）や、アメリカのルイジアナ州でのハリケーン・カトリーナの被害（二〇〇五年八月）、インドネシアの洪水（二〇〇七年二月）

である。また二〇〇二年には、エイズで三〇〇万人が亡くなり、さらには二〇〇五年夏から二〇〇六年冬にかけては、鳥インフルエンザH5N1ウイルスが猛威をふるい、感染が拡大していった。

国連への信頼を基礎とした国際システムが危機に直面したときに、アメリカは、自らの力で新秩序を生み出そうという野心を持ち、それを世界全体に強制しようとした。しかし、経済危機、とりわけ二〇〇七年八月からのサブプライム問題に端を発する金融危機と、イラン＝イラク戦争、そしてイスラエル＝パレスチナ紛争のような問題に見られる帝国的な秩序の挫折によって、アメリカに対する信頼は大きく損なわれ、さらには西側の擁護してきた価値までもが、疑問視されるようになっていく。

Ⅰ　対テロ戦争

二〇〇一年九月一一日に勃発した、ニューヨークの世界貿易センタービル、さらにはワシントンのペンタゴンに対するテロ攻撃は、新しいテロリズムの時代が到来したことを告げた。このテロ攻撃はその目的、手段、効果のすべてにおいて常軌を逸したものであった。それは、国際ビジネスと軍事大国としての拠点という、二つの象徴に対しての攻撃であって、政治的な目的の実現を意図したものではなかった。そのために用いられた道具は、航空機とナイフ、そして殉教者の犠牲であった。その結果、犠牲者は約三〇〇〇人にものぼり、いわば大量殺戮のようなものとなった。

少数のイスラーム過激派の犯行によるテロの犠牲者を悼み、西側の人々の間には怒りの感情が高まっていた。一二億人の信者を抱えるイスラーム教には、いくつかの宗派が存在する。イスラーム社会の八五－九〇％はスンニ派だが、他方でイラクには多くのシーア派が含まれており、それは全体の約五〇％を占め、またイランやイエメンでは九〇％を占めている。イスラーム教社会は、決して一枚岩のような同質的な社会ではない。またイラン革命のさなかに台頭したシーア派は、現在ではサウジアラビアのようなスンニ派の諸国でも活発な活動を見せている。サウジアラビアでは、ワッハーブ派がイスラーム教の普及という目的で年に一〇〇億ドルを支出し、イスラーム復興運動に対する財政支援とプロパガンダを行っている。

これらのテロ事件は、イスラーム主義が勢力を増していることについて、いくつかの疑問を提起することになった。はたしてこれは、イスラーム主義の発展が予期していたものを否定するものなのか。それとも、イスラーム教が国家という機構を征服しようとする野心であったり、あるいは信仰者の結集を模索するものであったり、さらには最終的には生活習慣におけるイスラーム主義のさらなる厳格化によって示されるような、いわゆるポスト・イスラーム主義への移行を裏づけているのだろうか。イスラーム原理主義者は何よりもまず、物質主義と市場経済を憎悪しており、それらをアメリカと同一視していた。すなわち、アメリカによるイスラエル政府への支援や、サウジアラビアにおける米軍駐留、イラクに対する制裁と軍事攻撃などを理由に、アメリカの政策に対して憎しみの感情を抱いてきたのだ。そのような感情は、イスラーム教世界で広く共有されるものであった。二〇〇六年にはヨーロッパ諸国において、一月に預言者ムハンマドの風刺画が新聞紙面に掲載されたことを契機としてそのような憎悪の感情が広がっていき、さらに九月一二日のローマ法王ベネディクト一六世のレーゲンスブルク演説によっていっそうそうした感情は高まっていった。

二〇〇一年九月一一日の衝撃的事件の後に、アメリカ政府は対テロ戦争の開始を宣言したが、それに対してほとんどの諸国が賛意を示し、とりわけ国連安保理による承認とNATO加盟国による北大西洋条約第五条の発動をめぐる結束が示された。テロの衝撃が少しずつ薄れていくと、ブッシュ政権は自らにとっての主要な敵を明言した。それは、一九九六年以降にアフガニスタンで権力を掌握していたタリバン政権だった。タリバン政権は、サウジアラビア出身で、異教徒を敵とみなし狂信的に闘っていたウサーマ・ビン・ラーディンが率いる、イスラーム過激派組織アルカーイダをかくまっていたのである。アフガニスタンはたちまちニュースの焦点となった。この国家は、地理的には大国に囲まれた緩衝国に位置しており、周辺国の欲望の対象となることが多く、それによって勃発した戦争や、部族対立、民族紛争、近隣国による干渉、そして大量の難民という数々の悲劇によって国土は荒廃していた。タリバンが一九九六年に権力を掌握して以来、この政権は国連（二〇〇〇年一二月一九日の安保理決議）による制裁対象となっていた。アメリカはそれに基づいて、アフガニスタンに対する戦争へと突き進んでいった。それによってつくられた「有志連合」は、対外軍事行動を行ううえでの新しい考え方を示すものとなった。むしろ、NATOよりも有志連合は広範な枠組みであり、またイスラーム系諸国も包摂するものであった。その軍事行動は、直接的なものでも全面的なものでもなかった。アメリカはもはや「世界の警察官」などではなく、むしろ正義の名の下、志願して自らの周りに集まった騎馬隊を率いる、「無法者を追跡する保安官」のような存在であった。

当初は、その軍事行動が泥沼化してパキスタンの不安定化にもつながるという悲観的な憶測がなされていたが、アルカーイダとタリバン政権に対するアメリカの軍事攻撃は成功に終わった。当初の「無限の正義作戦」から「不朽の自由作戦」へと名称が変更されたアメリカによる軍事攻撃は、効率的に進められた。二〇〇一年一〇月七日に始まった空爆の後には、反タリバンで少数民族から構成される北部同盟の勢力が地上戦を展開し、迅速にタリバンを政権から引きずり下ろした。一一月一三日には首都カブールが、一二月六日には続いてカンダハルが陥落している。そして、国連からの委任による国際治安支援部隊(ISAF)が、カブールおよびその周辺地域に配置され、国連による支援の下でアフガニスタンのあらゆる勢力を結集した暫定政府を樹立するとの合意がなされた。

しかしその後は、とりわけ二〇〇五年以降になると、米軍、イギリス軍、カナダ軍から構成されるNATOの部隊は、よりいっそう熾烈化するゲリラ攻撃や繰り返される自爆テロに苦しんだ。こうした事態を受けて、四万人規模のISAF(その主要部隊は米軍、イギリス軍、ドイツ軍により構成)は、恒常的に兵力の増派を求めることになり、ついに二〇〇六年にはアフガニスタン全土を範囲に収めるほどの活動範囲の拡大に至った。フランスのニコラ・サルコジ大統領は二〇〇八年三月から四月にかけて、数百人規模のフランス軍兵力の増派を決断し、フランスが継続してアフガニスタンに関与することを約束した。

1　テロの脅威に立ち向かうアメリカ

こうしたテロ攻撃によって、アメリカと世界の関係に根本的な変化が生じたことが明らかになっていった。ブッシュ政権は、政権成立当初の数カ月は、「ならず者国家」によるミサイル攻撃からアメリカ本土を守るためにミサイル防衛システムの配備を進めることを除けば、対外関係に関心を持つことがほとんどなかった。しかし、九・一一テロがそのような事情を一変させた。たしかに、日本の真珠湾攻撃やソ連のスプートニク打ち上げのような歴史上のいくつかの衝撃的な出来事によって、アメリカ国民は自らの安全に関する神話を動揺させていた。だが、九・一一以後に新たに明らかになったことは、開放的であることによって、アメリカが脆弱であるということであった。一九九九年三月から六月までのコソヴォにおける軍事作戦の経験からアメリカが得た教訓は、対テロ戦争においては自らが完全な行動の自由を得る必要があるということであった。アメリカは、さまざまな国際的な制約にこれ以上束縛されることを嫌った。とりわけ軍事力行使の際の行動の自由を強硬に要求したことによって米欧関係が悪化したため、できるだけ国連による干渉を回避するようになった。

それから数カ月にわたってジェルバ、カラチ、バリ、モンバサ、アデンのようなさまざまな場所でテロが繰り広げられたが、このことはテロリストの脅威のグローバル化を証明していた。テロの犯行声明が繰り返される状態が続き、そのなかには実際に実行されたテロもあれば未遂にとどまったものもあった。二〇〇四年三月一一日のマドリードでのテロでは、ヨーロッパでは前例がないほどの多数の犠牲者を生んだ。また、二〇〇五年七月には、世界中で複数のテロ事件が勃発し、七日と二一日にはロンドンの地下鉄と路線バス、二三日にはエジプトのシャルム・エル・シェイクが攻撃の対象となった。さらに、バリ島では二〇〇五年一〇月一日、アマンでは同年一一月九日、カサブランカでは二〇〇七年四月、パキスタンでは同年七月から八月にかけて、さらにアルジェリアでは同年七月、八月、一二月と三度にわたって、テロが繰り返し実行された。

対テロ戦争を遂行するうえで「有志連合」の形成がもたらしたもう一つの影響は、結果的に外交を大幅に方向転換させたことである。それはたとえば、ワシントン、モスクワ、北京との間の接近であり、またNATOの役割の周辺化であり、さらにはヨーロッパにおける国家間関係の再編である。ロシアは、戦略核兵器をめぐる協議以外の領域でも、アメリカに対して対等な地位を得られるような役割を模索していた。二〇〇一年一一月一三日から一五日にかけてのワシントンでの米ロ首脳会談において、G・W・ブッシュの立場にプーチンが支持を表明したことは、対テロ戦争においてアメリカとの間に信頼と協力関係を築きたいという、プーチンの意図を示すものであった。ロシアは、ビン・ラーディンとの戦いにおける連帯に加わることで、チェチェン紛争での自らの対テロ戦争における全面的な行動の自由を確保することを欲していた。同様の理由から中国もまた有志連合に原則的に協力する準備ができており、テロリズムをめぐる協力は上海協力機構においてロシア、中国、タジキスタン、カザフスタン、キルギスが協力を行ううえでの中心課題であった。こうした米ロ間および米中間で新たに見られた連帯は、二〇〇一年一〇月二〇日に上海で開かれたAPEC首脳会議における会談や、またその際に撮られた、江沢民国家主席、プーチン大統領、ブッシュ大統領の三人の指導者が並んでいる写真に、象徴的に表れている。他方で江沢民とプーチンの二人は、同年七月にモスクワにおいて中ロ間の善隣友好協力条約に調印し、アメリカのミサイル防衛計画に繰り返し反対した。

2 イラク——新しい標的

アフガニスタン戦争の後に、アメリカは武力行使をめぐって、「予防」という新たな発想を生み出し、サダム・フセインのイラクに対抗するとの主張を展開し始めた。すなわちアメリカは、民主主義や自由の擁護、そして人権に基づいた新たな地域機構を創出することで、中東における秩序の再編へと動き始めたのである。

湾岸戦争以来、アメリカ政府にとってイラクはつねに軍事攻撃の対象から外れたことはなかった。アメリカ政府は、フセイン体制の転覆を目標として、大量破壊兵器やイラク政府とテロ組織との結びつきの危険を強調して、最終的には民主化したイラクを誕生させる意思を示すことになった。他方で、国連安保理の「石油と食糧交換プログラム」決議（第一四〇九号決議によって二〇〇二年五月には緩和された）に基づいて制裁が行われたことに、イラク政府は反発した。その後二〇〇二年になると一貫して緊張は高まっていき、アメリカは湾岸地域に大規模な兵力を展開した。大量破壊兵器を製造し、さらには核兵器開発まで視野に入れていると非難されるなかで、イラク政府はこれを否定し、結局、国連とＩＡＥＡによる査察を受け入れた。一九九八年一二月に国外退去を命じられ、査察が中断させられていた国連とＩＡＥＡは、再び査察のためにイラクに入国した。

アメリカ政府は、イラクへの軍事介入の準備を進めるためだけでなく、大量破壊兵器の存在を明らかにすることでフセイン大統領には査察に協力する意思が欠けていることを浮き彫りにするためにも、最初の段階では国連安保理で合意を形成し、イラクでの査察を継続することを了承した。二〇〇二年一一月八日、国連安保理決議第一四四一号（イラク政府に対する武装解除と査察全面受け入れの要求）が、全会一致で採択された。しかしこの決議については、もしイラクが全面的な協力に応じない場合にはこれを根拠に武力行使が可能だと解釈したアメリカ政府に対し、フランス政府はその場合には、最終的判断は国連における審議に委ねるべきだという立場であった。フランス、ドイツ、ロシアの三カ国は、国連査察官の報告では武装解除がなされていないとはされていないことを考慮して、新たな安保理決議に基づかない軍事行動には反対した。他方で、世界中で反戦デモが広がっているにもかかわらず、米英両国政府は新たな安保理決議は不要であると認識した。二〇〇三年三月二〇日から四月三〇日にかけて、米英両国によって始められた戦争は順調に進展し、イラク軍は敗北した。

イギリスとオーストラリアの協力も得た多国籍軍の勝利の後、アメリカ政府は二〇〇三年五月にアメリカの指導の下でイラクの国家再建を進めるための「有志連合」による平和維持軍を組織した。イギリス、ポーランド、デンマーク、スペインなどの約一五カ国が加わったこの平和維持軍は、イラクの安定化を目的とした国際的な部隊だった。アメリカは国連やNATOを尊重することなく、二〇〇三年五月二二日には米英両国がイラクの占領管理と石油開発における特別な権限を持つという安保理決議を合意させ、さらには同年の一〇月一六日にこの米英の「連合軍」にイラク占領を委ね、アメリカの対イラク政策の計画を承認するための安保理決議第一五一一号を採択させた。

テロの凶悪化や人質の拘束と処刑、そして都市部での宗派対立がエスカレートすることによって、イラクという国家はよりいっそう血で染まっていった。他方で、二〇〇四年四月に米軍による捕虜虐待が明るみに出たことで、アメリカのイラク占領に対する信頼は失墜した。安全が欠如した状況が続いていたために民主主義体制への移行は遅れていたものの、二〇〇四年六月八日にイラク政府への権限委譲が安保理で承認された。スペインとフィリピンがイラク占領軍から離脱していたが、イラク政府への権限委譲の実現はアメリカによる外交の成果であることは疑いなかった。主要債権国会合（パリ・クラブ）は、二〇〇四年一一月にイラクの債務軽減に合意した。アメリカが提唱した「大中東構想」は、モロッコからアフガニスタンまでの広域秩序を再編するような壮大な構想であり、それはこの地域における経済発展と民主化を支援することにあった。これはさまざまな議論を喚起して、最終的には二〇〇四年六月八日から一〇日まで開催された米国シーアイランドG8サミットにおいて、より柔軟な計画である「共通の未来のためのパートナーシップ」として取り入れられ、同年一二月にラバトで開催された第一回会合で実施に移されることになった。とりわけ、二〇〇五年一月三〇日に国民議会選挙が成功に終わって、同年四月六日にクルド系政治家が共和国大統領に選出されたことで、イラクにおける民主化のプロセスが始動した。しかし、二〇〇五年夏から二〇〇六年にかけて自爆テロが頻発し、二〇〇六年夏にスンニ派とシーア派の間の抗争が激化すると、イタリア軍やポーランド軍、そしてイギリス軍の部隊の一部が撤退したことにより、アメリカは兵力の増派を余儀なくされた。

Ⅱ　帝国と世界

アフガニスタンとイラクにおいて安定化への道のりには限界があることに直面しながらも、アメリカは軍事力の価値を強く意識しながら、ネオコンの思想の影響の下で躊躇なく単独行動主義を実践していた。ブッシュ大統領が二〇〇四年一一月二日の大統領選挙で難なく再選すると、よりいっそう自らの価値観を世界に対して押しつけるようになっていった。

ブッシュ政権は、二〇〇二年一二月に実際に配備を開始することになるミサイル防衛システムを促進するために、二〇〇一年一二月一三日に、一九七二年に締結されたＡＢＭ条約からの離脱を発表した。さらにアメリカは、京都議定書からも離脱し、また国際刑事裁判所（ＩＣＣ）ローマ規定の批准を拒絶して、自国民が起訴されることのないように、同規定の改定を求めるようになった。またブッシュ政権は、化学兵器禁止条約の査察実施機関への参加を拒絶し、さらには核戦力を通常戦力と同等に扱う新しいドクトリンを発表した。また二〇〇三年には軍事予算の拡大を実現し、これによって世界の軍事費全体の四〇％をアメリカ一国が占めることになった。

アメリカ政府の進める政策に、同盟諸国は戸惑いを見せるようになった。たとえば、ウズベキスタンとタジキスタンへの米軍配備について、ロシアはそれを当初は受け入れる姿勢を示していたが、ロシアの伝統的な勢力圏にアメリカがそのまま関与を続けることになるのを懸念した。というのも、アメリカは二〇〇二年一月二九日のブッシュ大統領の演説で、イラン、イラク、北朝鮮の三国を「悪の枢軸」と呼び、テロリストを支援しているとの疑念を表明したからである。また、二〇〇五年一月一八日にコンドリーザ・ライス国務長官は、キューバ、ジンバブエ、ベラルーシ、イラン、ミャンマー、北朝鮮を、「圧政の拠点」と位置づけて、名指しで批判していた。アメリカ政府は二〇〇二年三月に、鉄鋼輸入に高率の関税を課すと決定したが、ヨーロッパ諸国から対抗措置をとると脅され、さらにはＷＴＯによる制裁措置の懸念に直面して、二〇〇三年末にはこれを撤回せざるをえなくなった。

表7-1　1945年以降のアメリカ大統領

フランクリン・D・ローズヴェルト	1933年３月－1945年４月
ハリー・S・トルーマン	1945年４月－1953年１月
ドワイト・D・アイゼンハワー	1953年１月－1961年１月
ジョン・F・ケネディ	1961年１月－1963年11月
リンドン・B・ジョンソン	1963年11月－1969年１月
リチャード・M・ニクソン	1969年１月－1974年８月
ジェラルド・R・フォード	1974年８月－1977年１月
ジミー・カーター	1977年１月－1981年１月
ロナルド・レーガン	1981年１月－1989年１月
ジョージ・H・W・ブッシュ	1989年１月－1993年１月
ウィリアム・J・クリントン	1993年１月－2001年１月
ジョージ・W・ブッシュ	2001年１月－2009年１月
バラク・オバマ	2009年１月－2017年１月
ドナルド・トランプ	2017年１月－

1　ワシントンとモスクワの関係

二〇〇二年五月、ブッシュ大統領はヨーロッパ歴訪中にプーチン大統領との間で核軍縮条約に調印し、これによって条約調印時（二〇〇二年五月二四日）に約六〇〇〇発あった両国の戦略核弾頭数を二〇一二年までに一七〇〇発から二二〇〇発にまで減らすことに合意した。削減した核弾頭については、それを解体するか、あるいは備蓄するかは、両国に委ねられた。また同日、米ロ両国は対テロ協力で一致し、中央アジア、コーカサス地方、中東で共同行動をとることを明らかにした。これによりアメリカは、中央アジアやコーカサス地方に関与する権利を確保した。アメリカとロシアとのパートナーシップは、同年五月二八日にローマで、「NATO・ロシア理事会」設置に関する協定に調印したことによって示され、これはロシアをNATOに関与させることを目的としていた。同年一一月二二日には、ブッシュ大統領はプーチン大統領とサンクトペテルブルクで首脳会談を行い、この際にも国際テロに対して米ロ両国が正真正銘の協力関係にあることを誇示した。

しかし、その後は米ロ間の摩擦は拡大していった。アメリカは、ロシアが権威主義体制になっていることを批判し、またロシアがシリアやイラン、北朝鮮に協力していることを非難した。他方でロシアは、イラク戦争を契機にフランスやドイツに接近し、とりわけ旧ソ連地域に長い期間にわたって駐留を続けるアメリカに対して疑念を抱いた。その結果、二〇〇五年二月二四日のブラチスラバでのブッシュ＝プーチン会談では、相互不信があらわになり、ロシアはむしろヨーロッパ諸国との関係構築を優先するようになっていった。すなわち、二〇〇五年三月一八日のパリ・サミットでは、フランスのシラク大統領、スペインのホセ・ルイス・ロドリゲス・サパテロ首相、ドイツのシュレーダー首相との間で、ロシアは四カ国首脳会談を行った。さらに、二〇〇六年九月二三日に行われたコンピーニュでの仏独ロ三カ国首脳会談でプーチン大統領は、フランスのシラクとドイツのメルケルに対して、ロシアのエネルギー政策に関する安全保障を約束することになった。

プーチンの数々の発言から、ロシアの外交が再びナショナリズムに基づいたものとなったことが、明らかになった。二〇〇六年五月一〇日にはプーチン大統領は、彼が「オオカミ」そして「要塞」と呼ぶアメリカに対抗するため、ロシアの軍事力と経済力を強化する必要があると呼びかけ、また二〇〇七年二月には、世界を支配しようとするアメリカの野心を非難した。そして、北朝鮮やイランからの攻撃に備えるという理由で、アメリカがミサイル防衛システムをチェコとポーランドに配備することを提唱したときに、米ロ間の緊張はよりいっそう高まった。こうしたなかでロシアは報復措置として、二〇〇七年一一月三〇日に、ヨーロッパ通常戦力条約の適用を凍結した。またプーチン大統領は、ウクライナとジョージアのＮＡＴＯ加盟に反対し、さらに後継者であるドミトリー・メドヴェージェフ大統領は二〇〇八年六月五日のベルリンでの演説で、ＯＳＣＥに代わる新しい欧州安全保障条約構想を発表した。

2　アメリカとヨーロッパの関係

ヨーロッパが分裂していることは、明らかであった。アフガニスタンで危機が深まった際にヨーロッパの役割は周辺的なものとなり、各国の対外政策は再び国家の枠組みでなされることになった。イギリス、フランス、ドイツの三カ国は、それぞれ独自に二国間関係の枠組みを通じてアメリカとの関係を構築していった。アフガニスタン戦争において、意思決定レベルで共通の立場を示すことができなかったＥＵは、政治および軍事の領域ではきわめて動きが遅いことが露呈してしまった。ヨーロ

表7-2　NATOの拡大

1949年4月4日	アメリカ、カナダ、アイスランド、フランス、イギリス、デンマーク、ノルウェー、ポルトガル、イタリア、ベルギー、オランダ、ルクセンブルクが北大西洋条約に調印
1951年	ギリシャとトルコが加盟
1955年	西ドイツが加盟
1982年	スペインが加盟
1999年	ポーランド、チェコ、ハンガリーが加盟
2002年	「NATO・ロシア理事会」創設
2004年	スロヴァキア、スロヴェニア、ルーマニア、ブルガリア、リトアニア、ラトヴィア、エストニアが加盟
2009年	アルバニアとクロアチアが加盟
2017年	モンテネグロが加盟

ッパがアメリカの単独行動主義を批判するという姿勢を示すならば、ヨーロッパ諸国間において共通の戦略を確立する必要があるが、そのための共通認識に達するのには大変な困難に直面していた。

イラクをめぐる危機は、ヨーロッパにより深刻な結果をもたらすことになった。実際に、この問題をめぐって、ヨーロッパが分裂していることが明らかになった。ヨーロッパ諸国の軍事的な弱さと、アメリカの軍事技術の圧倒的な優位を露呈させたのである。イラク危機をめぐって、「旧世界」であるヨーロッパは、帝国的な秩序を拒む「古いヨーロッパ」と、アメリカに追随する準備をした「新しいヨーロッパ」に分断された。対イラク戦争に反対していたフランスとドイツに対して、EU加盟国と加盟候補国のうちの八カ国が、アメリカの軍事行動に対する支持を表明した（二〇〇三年一月三〇日）。NATO加盟を求める旧共産圏諸国の一〇カ国からなる「ヴィリニュス・グループ」もまた、イラクのフセイン体制の大量破壊兵器の非武装化を実現するために、有志連合に参加する用意があると宣言した。二〇〇三年九月には、フランス、ドイツ、ベルギーのようないくつかのヨーロッパ諸国は、NATOの枠組みから自立した、独自の軍事任務を遂行できる能力を持った指令系統を確立する意思を表明した。これに対してアメリカは、きわめて否定的な反応を示した。

二〇〇二年のプラハでの合意に基づいて、二〇〇四年四月二日には東欧の七カ国（ブルガリア、ルーマニア、エストニア、ラトビア、リトアニア、スロヴァキア、スロヴェニア）がNATOの正式な加盟国になった。いわゆるNATOの東方拡大である。これによってNATOは、真の意味でのヨーロッパの軍事機構となったのだろうか。現実にはＮＡＴＯは、紛争地帯に緊急に展開できる部隊を創設することで、アメリカの政策を遂行するための軍事機構となったのだ。その後、このＮＡＴＯ即応部隊は、それまで伝統的に防衛対象とみなしてきた領域外に展開されることになった。二〇〇三年四月、ＮＡＴＯは、国際治安支援部隊（ＩＳＡＦ）と呼ばれるアフガニスタンの治安維持を支援するための国際部隊の指揮を担うことになった。また、二〇〇五年二月のニースにおけるＮＡＴＯ国防相会議では、アフガニスタンとイラクで委託されているＮＡＴＯの任務をいかに強化するかについて、議論がなされた。そして二〇〇五年二月二二日のブリュッセルでのＮＡＴＯ緊急会合においては、「戦略的かつ政治的な課題に関して、同盟国間の必要不可欠なフォーラムとしてのＮＡＴＯの役割を強化していく」ことを加盟国間で宣言し、また翌年一一月二八日から二九日にかけてのリガ首脳会議ではアフガニスタンへのＮＡＴＯの軍事的関与を確認した。

二〇〇七年六月一四日のブリュッセル首脳会議では、アメリカが求めていたミサイル防衛システムのポーランドとチェコへの配備について、原則合意がなされた。他方、二〇〇八年四月二日から四日にかけてのブカレスト首脳会議では、ウクライナとジョージアへのＮＡＴＯ拡大は見送られることとなった。その背景として、ロシアの反対と仏独両国の躊躇が挙げられる。とはいえフランスとドイツの両国は、アメリカの圧力を受けて、二〇〇九年四月のクロアチアとアルバニアのＮＡＴＯ加盟については受け入れざるをえなかった。これによりＮＡＴＯは二八の加盟国を擁するようになった〔現在は二九カ国〕。なおブカレスト首脳会議は、主要な政治・軍事的手段となったＮＡＴＯ統合軍事機構にフランスが復帰することを決定するうえで画期的な機会を提供した。

3　ヨーロッパの栄光と挫折

ヨーロッパ統合については、成功の後に失敗が訪れるような状況が続いていた。二〇〇一年一二月のラーケン欧州理事会において、加盟数カ国はエアバス社の軍用機Ａ４００Ｍの生産の開始に同意した。また、加盟一五カ国が測位システム「ガリレオ」の計画予算を組むことを決定し、それまでのＧＰＳにおけるアメリカの独占的な地位に挑戦することになった。しかし、財政難と加盟国間の利害対立からその実現は遅延した。また、二〇〇〇年に採択された「リスボン戦略」では「世界でもっと

図7-2　NATOの拡大

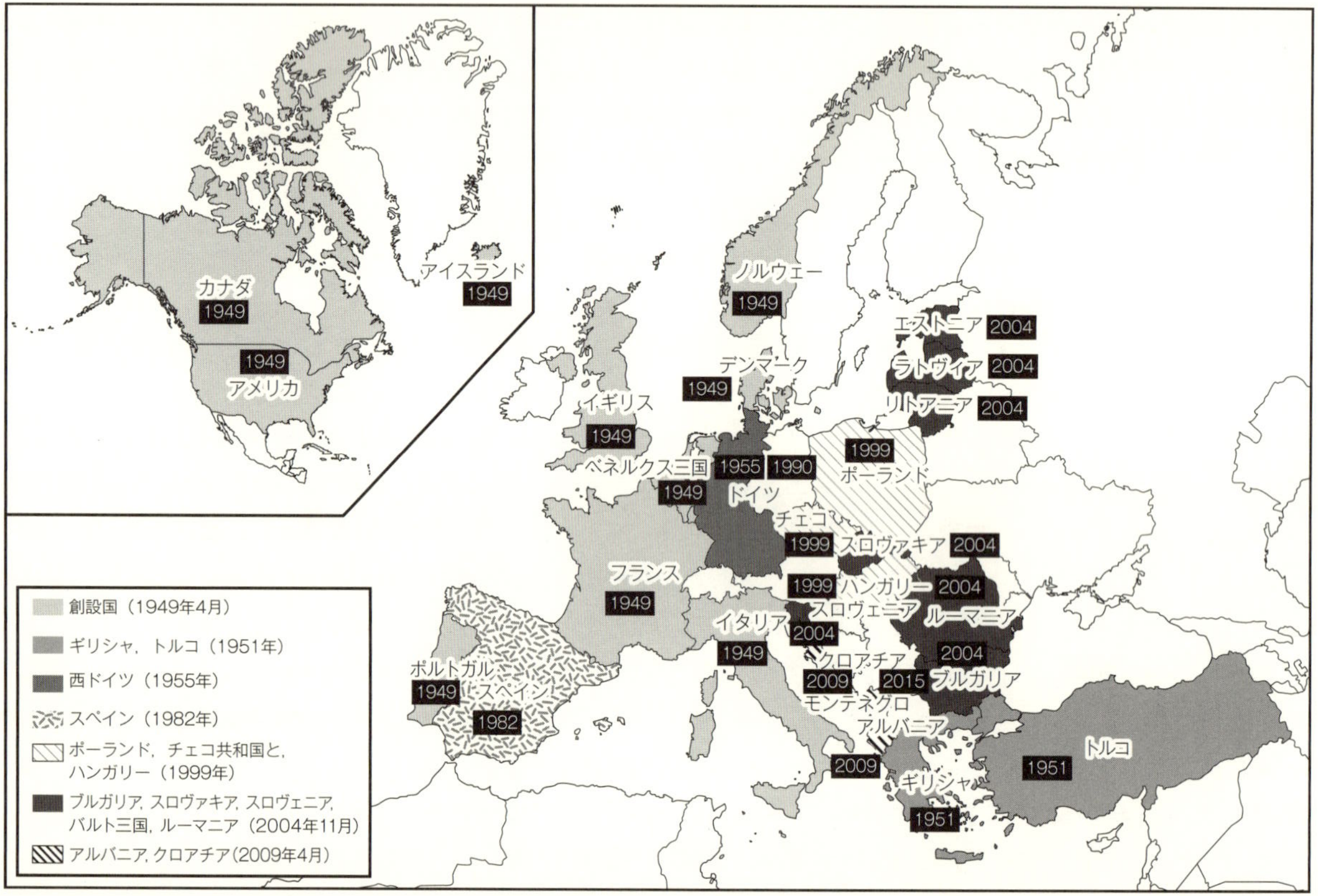
カナダ
1949
1949
アメリカ
アイスランド
1949
ノルウェー
1949
エストニア 2004
ラトヴィア 2004
リトアニア 2004
デンマーク
1949
イギリス
1949
ベネルクス三国
1949
1955 1990
ドイツ
1999
ポーランド
チェコ
1999
スロヴァキア 2004
1999 ハンガリー 2004
スロヴェニア
ルーマニア
フランス
1949
イタリア
2004
1949
クロアチア
2009
2004
2015 ブルガリア
モンテネグロ
アルバニア
2009
ポルトガル
1949
スペイン
1982
トルコ
1951
ギリシャ
1951
創設国（1949年4月）
ギリシャ，トルコ（1951年）
西ドイツ（1955年）
スペイン（1982年）
ポーランド，チェコ共和国と，ハンガリー（1999年）
ブルガリア，スロヴァキア，スロヴェニア，バルト三国，ルーマニア（2004年11月）
アルバニア，クロアチア（2009年4月）

も競争力がある知識集約型経済」へと、ヨーロッパ経済を転換していくという野心が語られた。だが、それが果実をもたらすことはほとんどなかった。

二〇〇二年一月一日に、約三億の人口を擁するヨーロッパ市民の日常生活に共通通貨「ユーロ」が導入されたことは、制度的な成功であると同時に、ヨーロッパ統合における歴史的な瞬間でもあった。マーストリヒト条約から一〇年を経て、EU一二加盟国（ドイツ、オーストリア、ベネルクス三国、スペイン、フィンランド、フランス、ギリシャ、アイルランド、イタリア、ポルトガル）は、単一通貨を持つことになったのである。そして、二〇〇七年一月一日にはスロヴェニアが、さらには二〇〇八年一月一日にはキプロスとマルタが、このユーロ圏に加わった。

しかし、EUの将来像については依然として不明瞭であり、また見解の対立が見られた。EUの拡大と深化の速度をめぐる軋轢が見られるなかでは、仏独枢軸はうまく機能しなかった。「ヨーロッパの将来に関するコンベンション」（議長はジスカール・デスタン）が、条約改定と欧州憲法の制定作業に取り組むようになる。

共通農業政策（CAP）の財源をめぐる独仏間の摩擦と、ニース首脳会議（二〇〇〇年一二月）の挫折を経て、シラク仏大統領とシュレーダー独首相が共通農業政策をめぐる合意に達したことによって、仏独枢軸は再び機能するようになった。シラクとシュレーダーは二〇〇三年一月にエリゼ条約四〇周年の式典を華やかに演出したが、このことは反対に他の加盟国が仏独による支配に対して懸念を抱くようになるリスクをはらんでいた。またフランスとドイツの両国がユーロの財政規律をめぐる安定成長協定を遵守できなかったことは、両国が改革の必要性を訴える一方でこの問題をめぐる不和の種を蒔くことになる危険も見られた。CAPに関しては、過剰生産への対策のためにも農家に対して直接的な補助金を支払ったり、あるいは二〇〇七年以降は生産量とは切り離して、穀物と牛肉の場合には分野ごとの補助金が支払われたりするようになった。CAPの補助金は、さまざまな規定を遵守することが求められるのと同時に、二〇一三年までは増額しないように上限が規定された。

二〇〇二年一二月のコペンハーゲン欧州理事会では、中東欧の八カ国であるポーランド、チェコ、スロヴェニア、ハンガリー、エストニア、ラトヴィア、リトアニア、スロヴァキアに加えて、マルタとキプロスのEU加盟が承認された。また、南北に分断されているキプロスについては、EU加盟前に国連による提案に沿って統一することが求められ、二〇〇四年四月二四日に

図7-3　EU 加盟28カ国

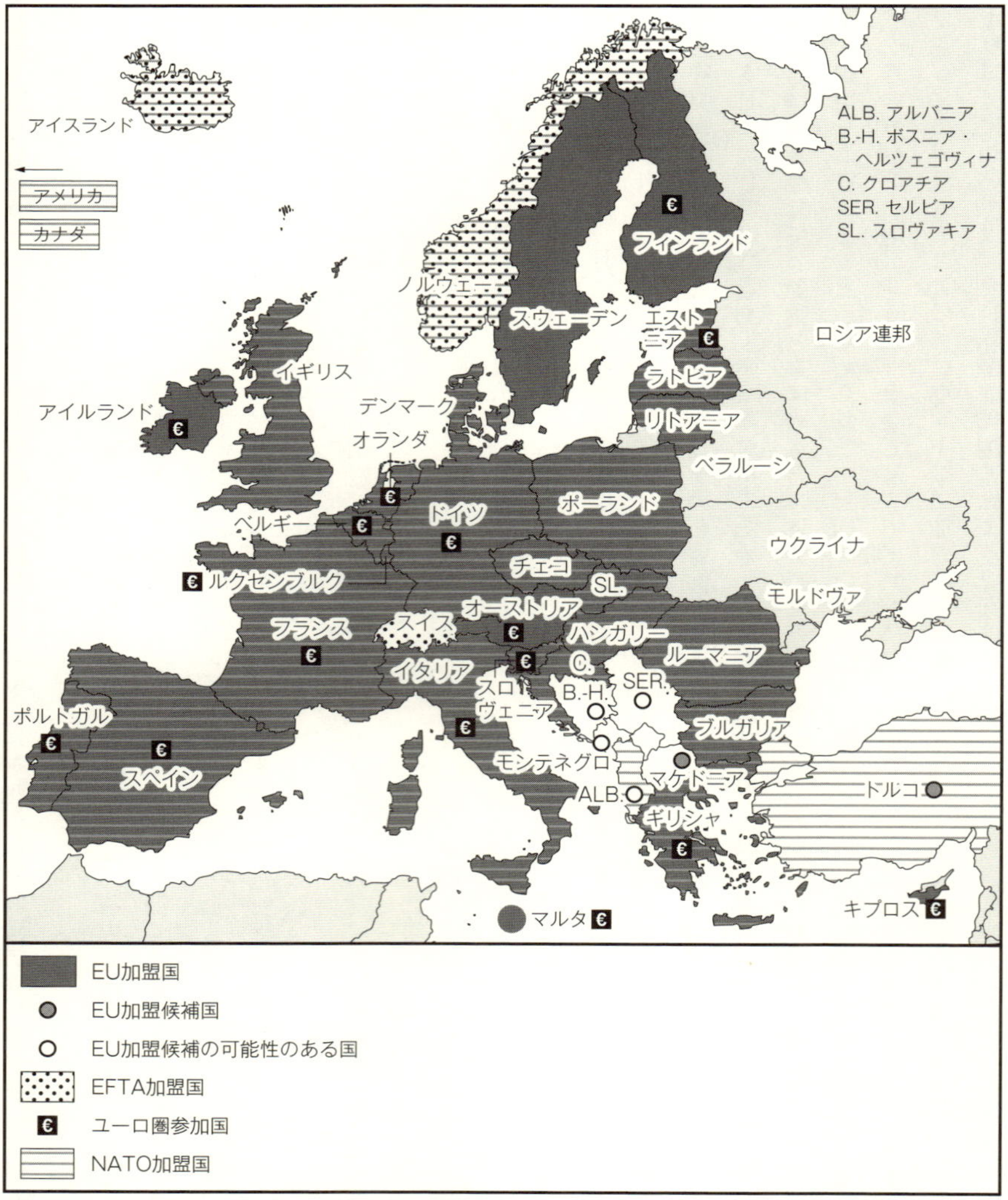

＊本書日本語版刊行時の加盟国（クロアチアは2013年に加盟）。

南北同時住民投票が行われたが、ギリシャ系の南部によって統一は拒否された。二〇〇四年五月一日、EUは正式に東方拡大を実現して、これによって七五〇〇万人の人口が新たに加わったものの、彼らの所得は西ヨーロッパの市民の三分の一にすぎず、その経済的効果は限定的であった。これはベルリンの壁崩壊とソ連解体に始まる一連のプロセスを締めくくるという点で、むしろ象徴的な意味が大きかった。というのも、この拡大は、ベルリンの壁崩壊とソ連崩壊によって始まったプロセスを締めくくるものだったからである。

二〇〇七年のルーマニアとブルガリアの加盟によって、EUは二七の加盟国を擁し、四億九三〇〇万人の人口を抱える巨大な政治的および経済的な空間を形成することになった。これまで多様な議論を喚起してきたトルコの加盟交渉は、二〇〇五年一〇月に始まった。この問題については、さまざまな立場が見られる。トルコ加盟への力強い支持者であったイギリスのブレア首相と同様に、ローマ教皇は二〇〇六年一一月二八日から一二月一日にかけてのトルコ訪問に際し、加盟支持の立場を表明したが、これはトルコ加盟に反対の立場を示していたジスカール・デスタンとは対極的な立場であった。EUの加盟国となったキプロスの国家承認を拒否するトルコに対して、二〇〇六年一一月に欧州委員会は加盟交渉の凍結を決めた。

EUは拡大よりも深化が先行することが期待されていた。だがそれは、実際に進めようとすると大変な困難が伴うものであった。「コンベンション」方式によって二〇〇三年六月に起草された憲法条約草案では閣僚理事会の加重投票方式に、修正が加えられ、もっとも人口が多い四カ国、すなわちドイツ、フランス、イギリス、イタリアにもっとも多い票数が割り当てられた。さらに、任期二年半（再選可・従来の六カ月ごとの議長国輪番制度の停止）の欧州理事会常任議長のポストや、EUにおける外相のポスト（同時にCFSP上級代表と欧州委員会の対外関係担当委員を兼任）が新設されることになっていた。しかし、これに対してポーランドとスペインは否定的な態度を示した。というのも、両国は二〇〇〇年一二月のニース条約で得られたメリットを放棄することには反対だったからである。二〇〇三年一二月一二日と一三日に開催された欧州理事会で合意形成に失敗した後に、二五カ国は翌二〇〇四年六月一八日にブリュッセルに集まり、全会一致で憲法条約草案を採択し、一〇月二九日にローマでこれに調印することになった。一一月に新たにスタートしたホセ・マヌエル・ドゥラン・バローゾが委員長となった新しい欧州委員会は、それまでの二〇人ではなく二五人の委員で構成されていた。そこには各加盟国から一人ずつ委員が選出され、二〇〇七年から二七人、二〇〇九年からは二八人となった。

防衛、財務、社会権、家族法、そして刑事協力といった分野で、それまで用いられていた全会一致方式では制度が麻痺することを回避するためにも、これらの分野の意思決定においては加盟国の票数の合計が全体の五五%となり、EUの全人口の六五%以上が支持することを要件とする、二重多数決の特定多数決制が新たに採用されることになった。なお、二〇〇五年の時点ではそれに該当する人口は二億九五〇〇万人相当であったが、これはドイツ、フランス、イギリス、イタリアとスペインの一部の人口の合計に匹敵するものであった。

この時期には、二〇〇四年一月一三日に欧州委員会で採択された「ボルケシュタイン指令」をめぐる対立も見られた。これは、EU内で一時的なサービスを提供する際に、サービス提供者の出身国の規則を遵守させるというルールを決めることで、これによって域内サービスの自由化を促進させようと意図していた。しかし、当時「ポーランドの配管工」という言葉が広まったように、他国の労働者が流入することへの強い恐怖心が、この欧州憲法の批准をめざす議論に重くのしかかった。

欧州憲法条約は、フランスとオランダにおける国民投票の結果、葬り去られた。フランスでは二〇〇五年五月二九日に批准のための国民投票を実施し、五四・六八%が、オランダでは同年六月一日に同じく投票を実施し六一・六%が、反対票を投じた。両国の国民による反対票により、ヨーロッパの信頼性は危機に瀕した。サッチャー首相時代にイギリスが確保した還付金と共通農業政策をめぐって英仏間の対立が悪化して、それによって危機は進行し、二〇〇七年から二〇一三年にかけての拡大後のEUに関する予算をめぐる合意の妥結も遅れた。これは最終的に、二〇〇五年一二月一五日から一七日にかけて開催されたブリュッセル首脳理事会で合意を見ることになった。イギリス政府は還付金の縮小について同意し、他方でフランスは二〇〇八年に共通農業政策の改革に賛同した。ローマ条約調印五〇周年となる二〇〇七年三月二四―二五日のベルリン欧州理事会では、EU加盟二七カ国政府の代表が、統合への意思を再確認する共同宣言に調印した。

フランスの大統領に新たに就任したニコラ・サルコジが発表した簡素化された条約案によって、EUはようやくそれまでの閉塞状況から脱出することができた。リスボンで二〇〇七年一二月一三日に調印された新しい条約では、それが発効した際に、欧州理事会から特定多数決で選出される欧州理事会常任議長（再選一回のみ可能で任期二年半、いわゆる「EU大統領」）と、

表7-3　６カ国から28カ国になったEU

1951年	６カ国（ベルギー、西ドイツ、イタリア、オランダ、ルクセンブルク、フランス）がECSCを創設
1957年	６カ国によるEEC設立
1973年	イギリス、アイルランド、デンマークの加盟によるEECの拡大
1981年	ギリシャのEEC加盟
1986年	スペインとポルトガルのEEC加盟
1995年	オーストリア、フィンランド、スウェーデンのEU加盟
2004年	キプロス、エストニア、ハンガリー、ラトヴィア、リトアニア、マルタ、ポーランド、チェコ、スロヴァキア、スロヴェニアのEU加盟
2007円	ブルガリアとルーマニアのEU加盟
2013年	クロアチアのEU加盟

ＥＵの外交を担当する上級代表（「ＥＵ外相」ではない）の新設が規定されていた。また、二〇一四年から一七年にかけて新しい選挙制度が導入されることで、欧州議会の権限も強化されることになっていた。ところが、二〇〇八年六月一二日のアイルランドの国民投票による批准の否決によって、ＥＵは新たな不確実の時代に入った。また二〇〇九年一月一日の条約発効を前提として、フランスが議長国（二〇〇八年下半期）を務めている期間に始まるべきであった交渉も、スケジュールが遅れることになった。二〇〇八年七月一三日にフランスによって開始され、ＥＵ加盟国と地中海沿岸の南と東に位置する諸国を一つにまとめあげるための「地中海連合」構想は、具体的な計画を通じてバルセロナ・プロセスの理念を継承するものとなった。

ＥＵ域外においては、旧ユーゴスラヴィア諸国の復興が軌道に乗るようになっていた。ボスニアは、一万二〇〇〇人のＳＦＯＲや、それを二〇〇四年一一月に引き継ぐために派兵されていた七〇〇〇人のヨーロッパの部隊の貢献で平和が見られるようになりながらも、つねに安定していたというわけではなかった。セルビアとモンテネグロからなるユーゴスラヴィア連邦共和国（一九九二年四月二七日成立）は、モンテネグロ独立（二〇〇六年五月二一日）をめぐる国民投票で賛成が多数を占めたことで、分裂する結果となった。またコソヴォにおいては、一九九九年に創設された国連コソヴォ暫定行政ミッション（ＭＩＮＵＫ）の下で、国連の暫定統治下に置かれることになり、平和構築と安定回復に向けたプロセスが長く続いていた。コソヴォの最終的な地位をめぐる交渉は、二〇〇五年一一月に開始したが、コソヴォ独立（これは国連の仲介によって推し進められた解決案であった）をセルビアとロシアの両国が受け入れなかったため、この交渉は妥結することはなかった。ロシアが拒否権を行使したことで国連の承認が得られないなか、二〇〇八年二月一七日にコソヴォは独立を宣言した。だが、すべてのヨーロッパ諸国からの承認を得ることができたわけではなかった。というのも、自国内の一部の地域が独立を宣言するリスクを恐れていた国が数カ国あったからである。

ウクライナでは二〇〇四年の大統領選挙が原因で危機が発生し、「オレンジ革命」の結果として親西側派のヴィクトル・ユーシチェンコが大統領に就任した。これは、ルーマニアとブルガリアに米軍を駐留させていたアメリカにとっては、好ましい結果となった。他方、これによって米ロ関係は再び緊張状態に入っていった。ソ連は一九九一年時点で、二二四〇万㎢の国土と二億九三〇〇万人の人口を擁していたが、ソ連崩壊以後は巨大なロシア帝国も縮小を続けていた。現在のロシアは、国土一七〇〇万㎢に人口一億四五〇〇万を擁するにすぎない。これによりなぜロシアが、たとえばモルドヴァの親ロ派分離主義地域である沿ドニエストル共和国が国民投票の結果、ロシアへの編入を求めているような状況で隣国を不安定化させようとしているのかがわかるだろう。

4　閉塞する中東

中東では、キャンプ・デーヴィッド（二〇〇〇年七月）やタバ（二〇〇一年一月）で行われた和平交渉で芽生えた希望が、暴力の連鎖やテロ、そして抑圧によって潰えてしまった。この地域の構造は、二つの要因によって生みだされていた。すなわち、程度の差がありながらも介入主義的な立場のアメリカのプレゼンスと、イスラエル＝パレスチナ紛争である。アリエル・シャロンが二〇〇一年二月六日にイスラエル首相に就任し、さらに二〇〇三年一月に難なく再選されると、イスラエルはパレスチナの暴力、とりわけきわめて悪質な自爆テロに対して、暗殺（たとえば二〇〇四年三月のハマスの精神的指導者であるヤシーン師の暗殺）や大規模な軍事作戦を用いて対抗した。後者に関しては、イスラエルはパレスチナ自治区の一部を再び占領し、またパレスチナ自治政府の行動に疑念を深め、その結果としてヤーセル・アラファトPLO議長を蚊帳の外に置くのみならず完全に孤立させた（二〇〇二年三－四月）。

アラブ世界は怒りをあらわにした。ヨーロッパの政治指導たちがイスラエル軍の撤退を要求しながらも、他方でアメリカは実質的にシャロン首相に行動の自由を認めていた。九・一一テロがもたらした影響は、両義的なものであった。ブッシュ政権はイスラエル政府に対して実質的には好意的な態度をとりながらも、初期の段階ではイスラエルとパレスチナとの対立からは距離を置くようになっていた。ところが九・一一テロが起こると、当事者同士が和平を求めていないにもかかわらず、アメリカはきわめて慎重ながらもこの問題に対する関与を再び深め、二国家の共存を求める国連安保理決議第一三九七号（二〇〇二年三月一二日）を提案した。

二〇〇二年三月にベイルートで開催されたアラブ連盟首脳会議で和平計画が発表されたが、これはいずれ失敗することが運命づけられていた。というのもこれは、パレスチナ難民の帰還の権利と、イスラエル国境を一九六七年六月以前に戻すことを前提にしていたからである。また、二〇〇二年秋には、「カルテット」（アメリカ、ロシア、ヨーロッパ、国連）によって、中東和平のロードマップが提唱された。これは三段階による和平構想であり、最終的に「独立し、民主的で、持続性のあるパレスチナ国家」を樹立することと、パレスチナとイスラエルの二国家の共存を提案していた。その第一段階は、すべての入植活動を凍結して、「テロと暴力」の停止を定着させることであり、第二段階（二〇〇三年六－一二月）は独立したパレスチナ国家の樹立に努力することであり、そして二〇〇五年に実現することを想定した第三段階は、「恒久的な地位」の確定とイスラエル＝パレスチナ紛争の終結を目標とするものであった。この計画は二〇〇三年四月に公表されたが、死文化した。一二月には、政府の枠組みの外で行われたイニシアティブであり、非公式な和平案であるジュネーヴ合意が発表された。このころにはヨルダン川西岸地区とガザ地区の経済は崩壊状態であった。また、二〇〇四年四月には国際司法裁判所（ＩＣＪ）が、イスラエル人が自らの安全確保のためにパレスチナ人居住区の周囲に構築した分離壁は国際法違反であるとの判決を下した。

「われわれの道は、バクダッドから始まる」。これは、アメリカの新保守主義（ネオコン）が掲げたプログラムのタイトルである。彼らが望んでいたことは、アフガニスタンでタリバン政権が崩壊し、イラクでフセイン大統領による独裁体制が打倒されれば、その後にこの地域で民主化が定着するということであり、またそれとともにイスラエル＝パレスチナ紛争が終結するということであった。イラク戦争によって始まった新しい潮流のなかで、ものごとが動き始めた。シャロン首相はアメリカの承認を得て、ガザ地区からの撤退計画、さらにはヨルダン川西岸のイスラエル人入植地の固定化計画を発表した。そして二〇〇四年一一月一一日のアラファト議長の死によって、和平プロセス再開に向けた最大の障害が取り除かれた。二〇〇五年一月九日にアラファト議長の後継者のマフムード・アッバースが自治政府の大統領に選ばれると、それから一カ月が経った二月八日にシャルム・エル・シェイクにおいて、シャロン首相はそれまで四年以上にわたって続いた武力闘争の停止を正式に宣言した。これに対して、「イスラーム抵抗運動」すなわちハマスは、パレスチナ自治政府の指導者の能力に疑念を示し、イスラエルの入植者たちもガザ地区からのイスラエル軍の撤退に反対する姿勢を示した。しかし最終的には二〇〇五年九月に、三八年にも及んだ占領の後にイスラエルのガザ地区からの撤退が実行されたのである。

ガザ地区からのイスラエル軍の撤退を自らの活動の成果として祝福したハマスが、二〇〇六年一月のパレスチナ評議会選挙で勝利すると、この地域は再び混沌に陥った。というのも、ハマスはイスラエルを国家として承認しておらず、イスラエルはたびたびパレスチナ自治政府に対して報復措置をとったからである。イスラエルは多数のロケット砲撃を受けたことで、二〇〇六年六月から七月にかけて国防軍をガザ地区に侵入させ、とりわけレバノンにおいて「適切な処罰」作戦を展開した。シーア派イスラム主義組織「ヒズボラ」は激しい抵抗を見せ、イスラエル北部のハイファに向けてミサイル攻撃を行い、泥沼の戦争が始まった。これは国境の両側で避難民の発生を引き起こした。この問題について、二〇〇六年八月一一日に国連安保理決議第一七〇一号に基づく合意が得られるまで、数週間が経過した。同決議は完全な停戦を呼びかけながらも、敵対行為の即時停止については言及しなかった。またこれにより、イタリアとフランスの部隊（数千人規模）からなる国連レバノン暫定駐留軍（UNIFIL）も強化されることとなり、さらに二〇〇七年春にイスラエル軍がガザ地区に介入してからは、ガザ地区はハマスの支配下にありながらも、イスラエルによる経済封鎖が続くことになった。アメリカのブッシュ大統領は和平プロセスの再開を試み、二〇〇七年一一月にイスラエルのエフード・オルメルト首相とパレスチナ自治政府のアッバス議長をアナポリスで開催した中東和平国際会議に招聘したが、その結果は期待はずれのものとなった。その結果、アルカーイダの活動が世界中に拡散し、イラクは破綻国家と同様の状態となり、ヨルダン川西岸とガザ地区の分断が進み、アフガニスタンではタリバン勢力が復活し、レバノンではヒズボラが再び台頭し、中東でのイランの影響力が強化されていった。

レバノンでは、ラフィーク・ハリーリ元首相を含む多くの要人が暗殺されたことで、「杉の革命」と呼ばれる大規模な民衆デモが生じた。デモ活動に参加した人々は、軍事的な駐留を通じてシリアがレバノンを保護下に置いている現状に疑念を募らせ、レバノンがシリアからの真の独立を達成することを求めた。二〇〇六年一二月、緊張は高まっていき、レバノン国内の宗派間の対立によってその不満はますます抑えられなくなった（二〇〇七－二〇〇八年）。かつてないほど国家が分裂したレバノンは、イスラム過激派組織「ファタハ・アル・イスラーム」と対立し、シリアの敵意に直面し、また宗派間の憎悪が噴出するなかで、大統領選挙の実施が困難となり、ドーハにおけるレバノン国民対話会議（二〇〇八年五月二一日）においてようやく、ミシェル・スレイマン将軍の大統領就任について合意がなされた。

アメリカは、中東の情勢を安定化させることには失敗したが、その代わり、核不拡散政策に関しては部分的な成果を生み出していた。リビアは二〇〇三年一二月に、国際的な監視の下での大量破壊兵器（ＷＭＤ）の解体を受け入れた。それ以降、リビアと西側諸国の関係は正常化した。リビアがパンナム機爆破テロ（一九八八年）とＵＴＡ航空機爆破テロ（一九八九年）に対する責任を認めたことで、二〇〇四年一〇月、ヨーロッパ諸国による経済制裁が解除された。また二〇〇六年五月にアメリカは、リビアとの間で国交を完全に回復した。二〇〇七年七月二四日、リビアの子どもにＨＩＶウイルスを感染させた容疑で死刑判決を受けていたブルガリア人看護師が解放され、さらにサルコジ大統領とカダフィ大佐が両国を相互訪問したことで、リビアの国際協調への回帰は確かなものとなった。

他方でイランは、それまで繰り返し国際的な規則に違反して核開発を進めてきたことが非難され、初期の段階で核施設の査察をよりいっそう強化することに同意した。しかし、マフムード・アフマディネジャードが二〇〇五年六月二四日に大統領選挙で勝利すると、ＩＡＥＡおよびヨーロッパ三カ国（ドイツ、フランス、イギリス）との交渉でイランの態度は硬化していった。ウランの濃縮を成功させたイランに対し、ＩＡＥＡは二〇〇六年七月にその核開発活動の停止を要求する国連安保理決議第一六九六号を通達したが、その結果は変わらなかった。イランは制裁が科されているにもかかわらず、核開発を進める自らの権利を主張し、二〇〇七年四月と九月に挑発的な態度を示した。イスラエルは自国の安全が脅かされているとみなし、戦争の勃発が懸念されるようになっていった。

5　脱植民地化後のアフリカの紛争

アフリカは世界の人口の一三％を占めているにもかかわらず、ＧＤＰは世界の三％を占めるにすぎない。とはいえ、アフリカ全体を単純に一体化して捉えて、悲惨な印象を持つことは慎まねばならない。アフリカは慢性的な貧困のなかにあるが、いくつかの国はグローバル化や天然資源の価格高騰から利益を得ている。アフリカにとって三番目に大きな貿易相手となった中国や湾岸諸国はアフリカへの直接投資を拡大しており、さらには原油からの利益によってたとえばアルジェリアは地域大国となった。

二〇〇二年二月のパリでの会議で採択された「アフリカ開発のための新パートナーシップ」は、アフリカ大陸の民主化と経済発展を結びつけようとしたものである。また、同年七月八日から一〇日にかけて開催されたダーバン会議で、アフリカ統一機構（ＯＵＡ）はアフリカ連合（ＡＵ）に改組された。二〇〇二年六月二七日のＧ８サミットに参加したアフリカ四カ国の首脳は、アフリカへの投資拡大を訴え、さらに翌年のエビアンＧ８サミットではアフリカに対する行動計画が採択された。しかし、アフリカにおける問題の多くは、脱植民地化後の紛争と深く結びついていた。

二〇〇二年一月に英仏両国の外相が、コンゴにおける和平プロセスの再開と、外国軍部隊の撤退を加速させるために合同アフリカ諸国訪問を行ったが、中央アフリカにおける紛争はやむことがなかった。二〇〇三年二月二〇日から二一日の第二二回仏・アフリカ・サミットでは、アフリカ大陸の半分ほどで紛争が進行していると想定された。かつてのザイールであるコンゴ民主共和国では北東部のイトゥリ地域が、民族対立と隣国であるウガンダとルワンダからの干渉に苦しめられていた。コンゴにおける和平に向けた努力は、二〇〇三年五月には国連からＥＵに託され、翌月からのアルテミス作戦の実施につながった。この戦争で、四〇〇万人近くが犠牲になったと見られている。その後、二〇〇六年七月には自由選挙が実施されたが、はたしてこの国が混沌と恐怖から脱出できたのかどうかは不明である。

マダガスカルは二〇〇二年二月から四月にかけて、深刻な政治的な危機に直面した。またアンゴラでは、ＵＮＩＴＡ（アンゴラ全面独立民族同盟）の指導者ジョナス・サヴィンビが二〇〇二年二月に死去したことによって、その年の四月には二七年

図7-4　脱植民地化後のアフリカにおける紛争

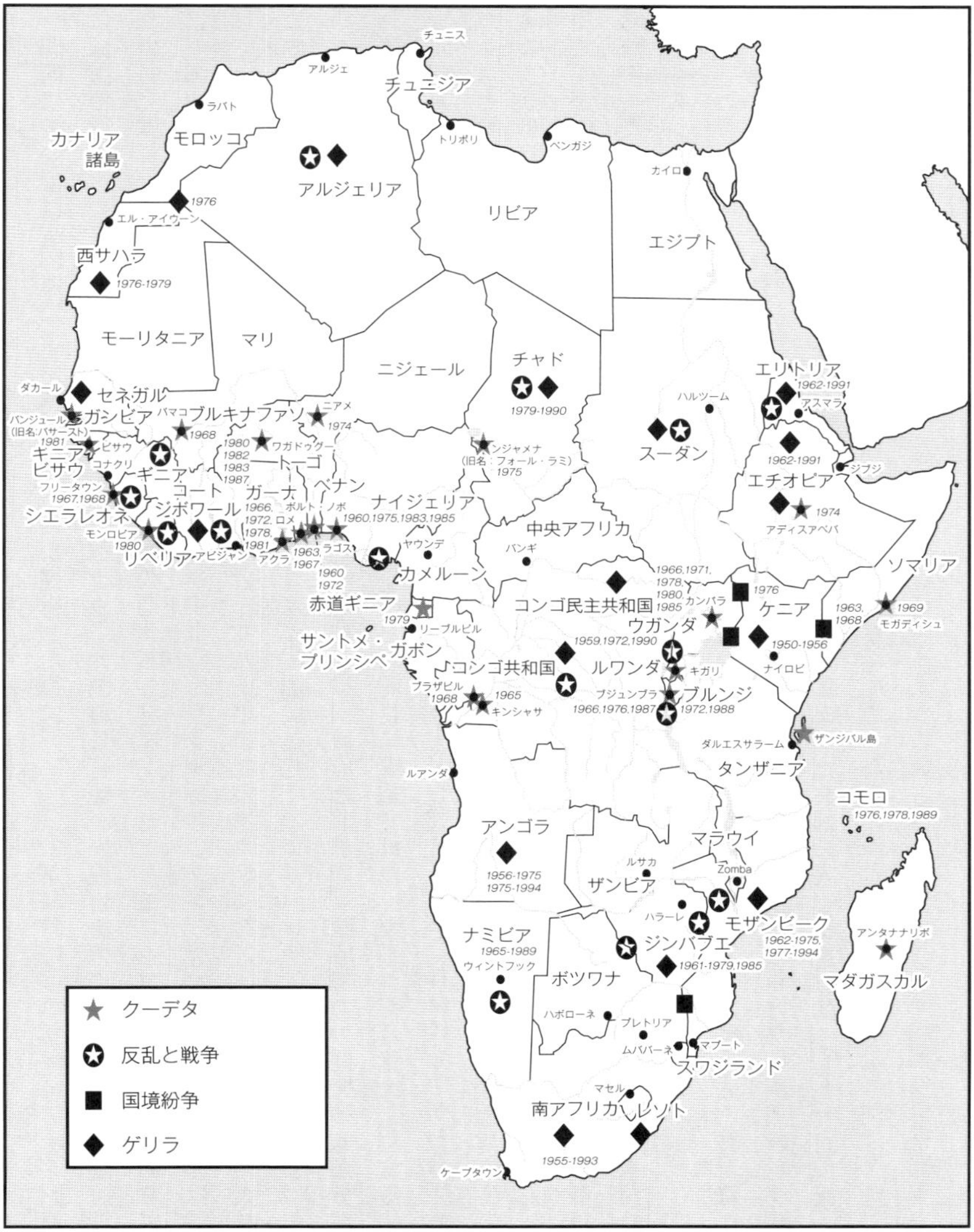

間にも及んだ内戦の停戦合意が結ばれた。リベリア共和国は、二〇〇三年夏に武力衝突が勃発したことで、大きく揺れ動いた。また、西サハラ問題については、国連による安定化の試みが挫折した後に、二〇〇二年二月にはコフィ・アナン国連事務総長が、翌年七月には調停役を担ったアメリカのジェイムズ・ベーカー元国務長官が、民族自決の理念に基づいた国民投票の実施を提案した。この対立は、一般国民の無関心の背後で問題が長期化し、アルジェリアとモロッコの軋轢の種であり続けた。二〇〇四年六月に、国連はブルンジへの介入を行った。また、コートジボワール、スーダン、ソマリアの三カ国では、とりわけ紛争が深刻化していた。コートジボワールは、一九六〇年から一九九三年までのフェリックス・ウフェ・ボワニ大統領による長い統治の後に内戦が勃発した。カカオ豆の輸出が停滞したことと、国民としてのアイデンティティの分裂によって内戦はさらに悪化していき、二〇〇二年秋から二〇〇三年春にかけての時期には、政府と北部の反政府勢力の間で国家が分裂した。フランス軍はこれに対して、和平の機会を模索した。二〇〇三年一月二四日に締結された「マルクシ合意」と称する和平合意は順守されず、翌年二月には新たに国連コートジボワール活動（ＭＩＮＵＣＩ）の部隊が派遣されたにもかかわらず対立は続き、一一月にはフランスとコートジボワールとの間の緊張も高まっていった。南アフリカのタボ・ムベキ大統領は、ＡＵから権限を与えられて、二〇〇五年四月六日から対立の解消に向けて交渉に乗り出したが、二〇〇六年一月のさらなる衝突を経てようやく同国は平和に向かい始めた。和平プロセスが再開して、南北間の境界線が解消されるのは、さらに二〇〇七年の春まで待たなければならなかった。それでも南アフリカによる仲裁は、自国が地域大国となることを望んだマンデラ大統領の後継者たちの意思の表れでもあった。

スーダンでは、二〇〇五年一月の一時的な和平合意によって、終わりの見えなかった南北間の内戦状態に終止符が打たれたが、同国西部のダルフールで勃発した紛争によって二〇万人を超える犠牲者が出た。二〇〇七年九月に国連は、フランスのイニシアティブの下で、ダルフール難民の保護とチャド東部および中央アフリカ北部の安定化を目的としたＥＵ部隊（ＥＵＦＯＲ）のチャド東部への派遣を決めた。この部隊は、二〇〇七年七月に派遣された国連とＡＵの混合部隊（国連ダルフール・ミッション（ＵＮＡＭＩＤ））、国連中央アフリカ・チャド・ミッション（ＭＩＮＵＲＣＡＴ）、および国連の警察部隊の支援を受けて活動を行った。

ソマリアでは、二〇〇六年六月五日に「イスラーム法廷会議」と称する組織の民兵が首都モガディシオを奪取した。アルカーイダの拠点となることが懸念されていたソマリアはこのときにイスラーム教国家となったが、二〇〇六年七月のエチオピアによる軍事介入によってソマリア政府軍は二〇〇六年一二月には治安を回復することに成功した。ケニアでは二〇〇七年一二月から二〇〇八年一月にかけて、政治的および民族的な問題をめぐって暴動が勃発し、他方でジンバブエでは二〇〇八年春にロバート・ガブリエル・ムガベ大統領に抗議する暴動が起こった。

6　左傾化するラテンアメリカ

アメリカ大陸においては、とりわけ問題は経済的な側面に見られたが、あわせてラテンアメリカでは一九九〇年代に民主化が進展した後に、政治的な不安定さが増していった。

ケベックでの米州首脳会議（二〇〇一年四月二〇―二二日）でアメリカは、二〇〇五年までにこの地域のすべての自由貿易協定を統合した自由貿易圏（米州自由貿易地域：ＦＴＡＡ）を形成することを要請した。これは、南北アメリカの三四カ国と八億人の人口を擁する、前例のない巨大な市場となると見込まれた。二〇〇四年一月のモントレーでの米州首脳会議では、自由貿易圏をめざす方針が再確認された。米ドルを、そこに参加する諸国の共通通貨として普及させることと並行して検討されたこの構想は、反グローバリズム運動の活発化に加え、イラクに対するアメリカの軍事介入への支持を拒絶したメキシコや、二〇〇二年一月にルーラ・ダ・シルバ大統領が就任したブラジルのようなアメリカに反発する国々に対して示された、アメリカのリーダーシップを誇示するものであった。しかし、二〇〇五年一一月四―五日に開催された第四回米州首脳会議において、ブッシュ大統領は自らが計画したアメリカ自由貿易協定の調印へと導くことができなかった。さらに、ＭＥＲＣＯＳＵＲ五カ国（アルゼンチン、ブラジル、パラグアイ、ウルグアイ、ベネズエラ）の関税同盟は二〇〇七年一二月に、ＩＭＦや世界銀行の代替としてのバンコ・デル・スル（南米開発銀行）の設立に合意した。

二〇〇一年以降に経済の崩壊に直面し、ＩＭＦからの支援も失ったアルゼンチン（それまで四年近く景気後退が続いていた）は、二〇〇一年一二月から二〇〇二年一月にかけて、かつてないほどの政治的・社会的な危機に陥った。そして二〇〇三年六月以降、経済は回復して二〇〇六年一月にすべての債務を返済した。

それぞれの国で差異が見られるが、この時期にラテンアメリカでは一般的な傾向として、左派政権の成立が目立っていた。たとえば、ボリビアでは社会主義者のエボ・モラレスが二〇〇五年一二月にインディオとしては初の大統領に選ばれた。チリでも社会党のミシェル・バチェレが、二〇〇六年一月に大統領に選出された。またニカラグアでは、すでに一九七九年から一九九〇年にかけて大統領を務めたサンディニスタ民族解放戦線のダニエル・オルテガが、二〇〇七年一月に再び大統領の地位に復帰した。

ラテンアメリカにおける左派グループのリーダーであったヴェネズエラのウゴ・チャベス大統領は、二〇〇二年四月には軍部によるクーデタによって一時的に政権の動揺を経験したが、二〇〇四年八月には自らの権威を回復させることができた。さらに二〇〇六年一二月に意気揚々と三選を果たしたチャベスは、炭化水素事業の国有化を進め、土地改革を断行し、国際舞台でより大きな役割を担おうと試みた。たとえば、二〇〇八年七月二日に六年以上の拘束の末解放されたコロンビアの元大統領候補で、フランスとも縁の深いイングリッド・ベタンクールを含む多くの人質を捕えていた反政府武装組織コロンビア革命軍（FARC）とコロンビアのアルバロ・ウリベ大統領との間を調停する役割を担ったのである。

キューバでは、二〇〇八年二月一八日にカストロが国家評議会議長と最高司令官を退任するまでの最後の数年間に、弾圧がより厳しくなった。ハイチは二〇〇二年以降に政治的な危機を何度か経験したが、それは二〇〇四年二月の軍の蜂起によって独裁に走っていたジャン・ベルトラン・アリスティド大統領が政権の座から追われたことが、大きな要因となっていた。再度、国連による介入が行われて、国連ハイチ安定化ミッション（MINUSTAH）の部隊が派遣された。

7　アジア――新たな危機の中心

アジアは、新しい対立の舞台となった。アフガニスタンから朝鮮半島に至るまでの地域で、紛争が持続的に見られた。二〇〇二年一二月に北朝鮮は、一九九四年以降に凍結していたプルトニウムの生産計画に改めて着手し、再び核開発をめぐる危機を引き起こし、さらに二〇〇五年二月には核保有国となったことを宣言した。二〇〇六年一〇月九日に北朝鮮は地下核実験も行い、国際社会からの非難を浴びた。二〇〇七年二月から北京で六者協議が始まり、その結果として北朝鮮はエネルギーの提供を受け、アメリカから安全の保証を得ることと引き換えに、核開発計画を停止することに合意した。さらに、二〇〇七年一〇月には核施設の解体についても合意している。韓国と北朝鮮の指導者は、二〇〇七年一〇月四日には平和協定をめざす宣言に調印した。二〇〇八年六月二六日に北朝鮮が核計画中止の申告書を提出したことと引き換えに、ワシントン政府は北朝鮮に対するテロ支援国家の指定解除を行った。

中国は、この地域の中軸的な大国として影響力が拡大し、アメリカが十分な影響力を行使することの困難な北朝鮮危機において、調停的な役割を担うことになった。さらに中国政府は、中国・アフリカ諸国サミット（二〇〇六年一一月三–五日）を開き、アフリカ四八カ国の首脳を迎えて対アフリカ支援を倍増する方針を発表した。中・台間で繰り返しなされる挑発的な非難の応酬がエスカレートすることを懸念して、日本はよりいっそう安全保障への関心を高め、とりわけ対中武器禁輸問題に見られるように、中国の動きに敏感になっていった。二〇〇四年二月のイラクのケースのように、日本はもはや躊躇なく自衛隊を海外へと派遣するようになった。

二〇〇一年七月一六日の、インドのアーグラにおけるインド＝パキスタン首脳会談は、カシミール問題をめぐって頓挫した。アフガニスタン戦争の影響を受けて両国間の対立は緩和したかのようにも見えたが、実際のところは二〇〇二年五月に軍事衝突が起こった後に、二〇〇四年春には関係正常化の意向が示されるというように、揺れ動いていた。パキスタンではパルヴェーズ・ムシャラフ政権が、イスラーム原理主義からの圧力と軍部の絶対的な権力の間で動揺していた。また、パキスタンがイランやリビア、北朝鮮における核拡散に関与したことも明らかになっているが、それでもアメリカはパキスタンを、二〇〇四年三月に表明したように、「NATO非加盟の主要なパートナー国」として扱うことにしていた。激しい暴力や多様な危機のなかで実施された選挙によって、国民和解を希求する意思は、悲劇的な結果となった。ベナジル・ブットー（一九八八–一九九〇年と一九九三–九六年の首相）は、亡命先からパキスタンに帰国して数週間経った後の二〇〇七年一二月二七日に、パキスタン北部のラーワルピンディーで暗殺された。他方で、サウジアラビアは改革派が疑問視するイスラーム原理主義にとっての「砦」であるが、この地域におけるアメリカの同盟国であると同時に、アルカーイダの攻撃標的となっていた。

図7–5　コーカサス地方

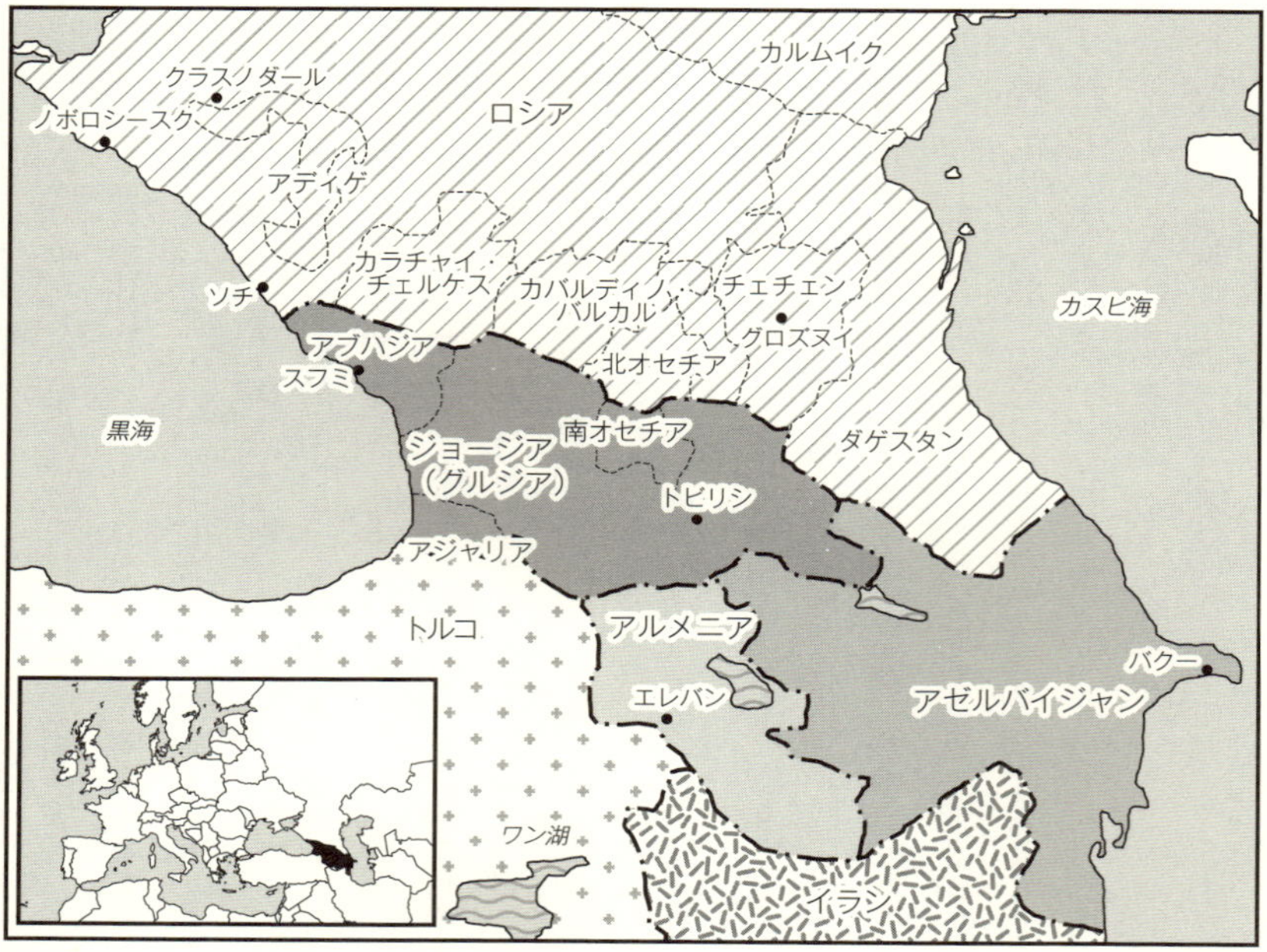

アフガニスタンは、二〇〇一年一一月一三日のタリバン政権の崩壊以降、国際社会の管理の下で安定的な制度構築に向けてようやく歩みだした。二〇〇一年一二月のボン合意（アフガニスタンの和平と復興に向けた政治的ロードマップ）から二年後、ロヤ・ジルガ（国民大会議）は、国連の支援を受けて起草された新国家の憲法を承認し、二〇〇四年一月に首都カブールでイスラーム共和国の樹立を宣言した。二〇〇四年一〇月にはハーミド・カルザイが初代大統領に民主的に選出されたが、NATOが指揮をとるISAFの駐留にもかかわらず国内情勢は不安定なままであった。

ミャンマーでは、二〇〇八年春に、一九六二年以来権力を握る軍事政権に対して仏教徒によるデモが起こり、結局、鎮圧された。同じようにチベットでも、中国政府の中央集権的な権力に対する暴動が起こった。

コーカサス地方と中央アジアは、石油・天然ガスの開発によって、新たな危機の震源地となった。コーカサス地方は、政治的に南北二つの地域に区分できる。北部は、ロシア連邦内で一定の自治が認められていた不安定な地域で、北オセアチアとチェチェン共和国がこれにあたる。南部は、ジョージア、アルメニア、アゼルバイジャンである。ソ連崩壊後に起こった民族紛争や領土紛争は解決からはほど遠い状況にある。アゼルバイジャン共和国の飛び地だったナヒチェヴァンがアゼルバイジャンへの再編入を要求する一方で、アゼルバイジャンに組み込まれているナゴルノ・カラバフにはアルメニア人が多く住んでおり、アルメニアへの編入を求める動きもある。

重要な油田の存在、石油輸送の問題、そしてロシア・中東間の十字路としての役割を考えれば、ロシアがこの地域にどれほど関心を持っているかが理解できるだろう。ロシアはこの地域を戦略的観点から優先すべき地域とみなしており、そのためこの地域に他国が干渉することを妨げ、好ましくない勢力の排除を試みている。たとえば、ジョージアは国民一人当たりの額で見ると、アメリカからの援助がイスラエルやエジプトに次いで、世界で三番目に多い国家である。またロシアは、チェチェン紛争の終結を求めているが、この紛争は、多くの犠牲者が生じた二〇〇四年九月のベスラン学校占拠事件によって大きな注目を集めた。また、ジョージア領内の南オセチアとアブハジアの住民は、コソヴォが独立したことに刺激され、さらにはロシアからの支持も得ていることから、ジョージアからの独立を希望し国際社会の承認を求めていた。これが原因となって、二〇〇七年八月にはジョージアとロシアの間で紛争が勃発し、両者の対立関係はその後も継続した。ジョージアがNATO加盟を求めるようになると、ロシアはジョージアに対する禁輸措置を開始した。ジョージアは、ロシアから天然ガスを絶たれ、またロシアに向けたワインの輸出もできなくなった。アメリカは九・一一テロ以降、この地域に経済的・戦略的なプレゼンスを確立し、さらにそれを強化しようとしたが、ロシアはこの地域での指導的な立場の維持に注力している。

Ⅲ　グローバル化をめぐる論争

九・一一テロにより、グローバル化に関する論争が再び激しくなった。二〇〇一年一二月一一日の中国のWTO正式加盟や生産工程の一元化、そして商品の流通におけるアメリカ化を促進するような市場経済化の進行に見られるように、グローバル化は確実に進行した。国際貿易体制への参画を求められるようになった中国は、競争力のある経済を持ち、一三億人もの消費者を抱える市場の開放を進め、中国製品を世界にあふれさせた。二〇〇一年には、世界の二〇％もの人口を占める中国が、二〇〇八年のオリンピック開催地を勝ち取り、その過程で経済力、政治力、そして外交力を強化させていった。そのようななかで欧州諸国は、とりわけ繊維部門で世界貿易の六％を占めている中国からの輸出の動向を懸念するようになった。

しかし、このようなグローバル化はよりいっそう大きな批判と抵抗をもたらすことにもなり、その最初の大きな契機となったのが、一九九八年のOECDでの多国間投資協定についての議論だった。もしこの協定が合意されていたならば、対外直接投資を行う多国籍企業に、自国企業と同等の権利を与えることになっていた。ところがその交渉は、反グローバル化運動の抗議活動により中断を余儀なくされた。こうした抗議活動によって、一九九九年一一月にシアトルで開催されたWTO閣僚会議は頓挫する結果となった。この会議では、新たな多国間貿易交渉（ラウンド）を開始することが想定されていた。抗議活動を行うこうした団体や労働組合、NGOは、二〇〇〇年一二月のニースでの欧州理事会、二〇〇一年一月の世界経済フォーラムであるダボス会議、二〇〇一年四月のケベックでの全米サミット、そして二〇〇一年七月のジェノバでのG8サミットというように、それ以降のあらゆる会議を、自分たちの主張を訴えるための機会として利用した。

国際金融機関であるIMF（国際通貨基金）は、よりいっそう大きな批判を受けるようになっていった。アルゼンチンを揺るがせた経済危機の責任は、同国への財政支援を中断したIMFに帰せられた。二〇〇二年二月、ポルト・アレグレ会議として知られる世界社会フォーラムは、ダボス経済会議（世界経済フォーラム。同時期にニューヨークで開催）に対抗する形で開催された。自由主義者の考え方とは逆に、反グローバル主義者による提案は資本フローへの課税（これは為替取引に対し税を課すトービン税の導入を求める団体ATTACの希望）、タックス・ヘイブンの廃止、開発途上国の債務の帳消し、グローバル・ガバナンスに関する新たなシステムづくり、環境保護、農業生産の再編（遺伝子組み換え作物の放棄）、参加型民主主義の促進を狙ったものだった。開発途上国の支援を目的として航空券に課す国際連帯税の考えは、フランスのシラク大統領とブラジルのルーラ大統領によって二〇〇四年九月に再び取り上げられ、二〇〇六年六月にはエイズ、マラリア、結核対策の資金を提供するUNITAID設立につながった。

ヨハネスブルクで二〇〇二年八月から九月にかけて開催された地球サミットでは、主要課題として環境問題とグローバルな開発の問題が取り上げられた。ジェノバ・サミット（二〇〇一年七月二〇－二二日）における暴力を伴う抗議デモを受けて、

表7-4　京都議定書をめぐる動きの推移

1992年６月	リオデジャネイロ（ブラジル）で気候変動に関する国際条約を採択
1997年12月	京都議定書調印。1990年に比べて2012年には温室効果ガスを＋5％に抑えるために参加国に義務を課す
2001年３月	京都議定書に対するアメリカの反対
2004年10月	ロシアの批准により京都議定書の発効要件充足
2005年２月	京都議定書の発効
2005年12月	モントリオール（カナダ）会議（COP11）で、京都議定書の2012年以降の延長を決定
2008年７月	Ｇ８で2050年までに温室効果ガス排出量の50％削減に合意
2009年12月	コペンハーゲン（デンマーク）会議（COP15)、失敗に終わる
2010年12月	カンクン（メキシコ）会議（COP16）

Ｇ８首脳はこれ以後にはあまり目立った形で会合の準備をしなくなっていき、さらには市民社会との対話を再開することで意見が一致した。また、世界的な感染症（エイズ、マラリア、結核）対策基金を設立し、アフリカにおける投資とビジネスの発展、公衆衛生と教育レベルの向上、および汚職対策と飢餓撲滅を目的とする計画を採択した。

だが、温室効果ガス排出対策に関しては、意見を一致させるのは困難であった。京都議定書は、二〇〇四年一〇月にロシアが批准したことで翌年二月にようやく発効にこぎつけた。ただし二〇〇五年七月六日から八日のグレンイーグルズ・サミットでは、Ｇ８首脳は気候変動問題を取り上げながらも、京都議定書についての立場は一致しないままだった。地球温暖化警告派（アラーミスト）の見解を取り入れた気候変動問題対策や、二〇〇七年のパリ会議でのグローバルな環境ガバナンスのためのプロジェクトが実施された。二〇〇七年三月にヨーロッパの指導者たちは、二〇二〇年までにＥＵ全体のエネルギー消費のうちの再生可能エネルギーの割合を二〇％にまで高めることで合意した。また、二〇〇七年六月六日から八日にかけて開かれたドイツのハイリゲンダムでのＧ８サミットでは、この問題をめぐってＧ８諸国は妥協に至った。ヨーロッパが提案した、二〇五〇年までに二酸化炭素の排出量を半減させるという目標を、アメリカは受け入れた。またアメリカは、アフリカの疾病対策の特別支援についても合意した。

ＷＴＯについては、二〇〇一年一一月のドーハ会議が、多角的な貿易自由化交渉（新ラウンド）開始のきっかけとなったが、二〇〇三年九月にメキシコのカンクンで開催されたＷＴＯ閣僚会議は決裂した。この動きは、富裕国の農産物輸出

表7-5　通商交渉の推移

1944年7月	国際貿易機関（WTO）の計画開始
1947年10月30日	ジュネーブでGATT（関税と貿易に関する一般協定）の協定調印
1947－1956年	GATTが多国間交渉ラウンドに着手
1960－1962年	ディロン・ラウンド
1964－1967年	ケネディ・ラウンド
1973－1979年	ニクソン・ラウンド、続いて東京ラウンド
1986－1994年	ウルグアイ・ラウンド
1994年4月15日	マラケシュ合意、WTOの設立
1999年11－12月	シアトル会議でのミレニアム・ラウンドの失敗
2001年11月	ドーハ・ラウンド
2003年9月	カンクン会議での失敗
2004年8月	国際貿易の自由化で合意
2005年8月	先進国の農産物輸出への補助金の段階的廃止で合意
2008年7月	ジュネーヴ会議での失敗

に対して補助金を給付することに反対するブラジル、インド、南アフリカに率いられた諸国によって始まった。二〇〇四年八月一日には、WTO加盟一四七カ国が、国際貿易の自由化を進めるための枠組み合意に達した。だが富裕国の農産物輸出に対する補助金をめぐって交渉は行き詰まった。二〇〇五年一二月のWTO香港会議は、二〇一三年までに輸出補助金を徐々に削減していくこと、そして南側諸国は二〇〇八年以降、自国の輸出品の九七％に対して流通の自由化が保障されることを決定した。二〇〇六年七月にアメリカとヨーロッパはドーハ・ラウンドを断念したが、二〇〇七年七月からはWTOがこの交渉の再開を試み、農業分野のみの協定を締結する結果となった。これはEU側、とりわけフランスが反対の立場をとり抵抗していたことであった。再開した交渉は、二〇〇八年夏に頓挫した。北側諸国が、農業分野での譲歩（二〇一三年までの輸出補助金の全面的撤廃）はたとえ工業分野とサービス分野において要求が実現しても、不十分であると判断したからだった。国際貿易の問題においては、長い期間にわたって繰り返し摩擦が見られる。EUは二〇〇四年、自国の輸出業者を優遇するアメリカに対して制裁措置をとることを、WTOから認められた。

1　貧困と開発

九・一一テロの衝撃は、世界の貧困と南北間の対立という大きな問題に光を当てることになった。貿易自由化によって、いくつかの国は西側の市場開放から利益を得て経済成長を実現したが、他方で一日二ドル以下で生活する絶対貧困層の人数は減少しなかった。ヨーロッパは移民の大量流入（たとえば地中海沿岸諸国とカナリア諸島）問題に直面したとき、人道危機にもかかわらずスペインやマルタは、押し寄せる移民からできるかぎり自国を守ろうとした。各国ともにさまざまな対策を講じ、たとえばデンマーク、イギリス、ドイツにおける国語力テストの導入や、移民を本国に強制的に送り返す航空機がいくつかの場所で見られ、ヨーロッパ各国間の警察機関の協力（海路と空路での警備活動）、個人情報の譲渡移転、人種間の緊張、イタリア（二〇〇六年七月）とスペイン（二〇〇五年）における五〇万人の不法移民の合法化、スイスでは二〇〇六年、ヨーロッパ域外からの移民や難民の受け入れを厳格化する道を選択した。これらの動きの本質的な背景には、グローバル経済秩序と先進国の支配を拒絶する姿勢があった。これに対してはいくつかの措置がとられ、とりわけEUによって、実施が遅れながらも、四九の最貧国からの農産物の輸入品に対して門戸を開放するという決定がなされた。それまで援助国という立場で、いわば高圧的な姿勢が見られた西側諸国に対し、発展途上国はより実効的な援助を要望した。たとえば、国連ミレニアム・サミット（ニューヨーク、二〇〇〇年）の計画目標を前提として、いずれの国も開発援助の比率をGDP比で〇・七％まで引き上げ、さらには二〇一五年までに絶対貧困層を半減させるという目標を掲げた。しかし、現実はこの目標値の達成からはほど遠く、ヨーロッパ諸国の平均はGDP比で〇・三三％、アメリカは〇・一％にとどまっていた。

一九九一年から二〇〇一年の一〇年の間に、世界は前例がないほどの経済の成長と先進国経済の停滞との双方を経験したが、それはまた反自由主義が反米主義と同一視されて、それがもはや終焉したかのようにみなされることでもあった。九・一一テロの衝撃によって、世界の貧困に対策を講じようという動きが再び進み始め、アメリカ政府は二〇〇二年三月のモントレー国際開発資金会議を控え、自国の援助拠出金の増額を発表した。

二〇〇五年六月には、G7諸国が一八カ国の貧困国（うち一四カ国はアフリカ諸国）の多国間債務の放棄に合意した。二〇〇五年七月六－八日に開催されたグレンイーグルズ・サミットで、G8諸国首脳はこれらの債務放棄を公式に宣言し、さらには二〇一〇年までに開発援助への支出を年間総額五〇〇億ドル増やしていくことを約束した。債権国が集まる「パリ・クラブ」では、二〇〇五年一〇月にナイジェリアの債務の六〇％の放棄に合意し、翌年六月にはカメルーンのほぼすべての債務を放棄することとなった。

国際開発協会（IDA、世界銀行の下部機関）は、二〇〇八年から二〇一一年の間に最貧困国のために約三〇〇億ユーロの援助を拠出する用意をした。一日当たり二ドル以下で生活する貧困層は約二五億人いるものの、貧困率はこの一〇年間でサハラ以南のアフリカを除いて着実に減少した（二〇〇八年世界銀行報告書による）。

2 グローバル・ガバナンスの限界

グローバル化に内在する本質的な問題とは、人間や経済そして社会の統合がよりいっそう確立されているにもかかわらず、深刻な分裂に直面している世界においてはグローバル・ガバナンスを規制する正統性を持つ機関が不在であることである。われわれは今、世界政府の出現を目撃しつつあるのだろうか。国連、G8、WTO、そして国際刑事裁判所（ICC）を通じて、規制を定める枠組みの萌芽が見られる。しかし、これらの機関はあくまでもそのようなガバナンスの萌芽にすぎず、批判もなされている。これらの機関のなかでももっとも新しいICCは、二〇〇二年七月の設立条約の発効を経て、二〇〇三年にハーグで設立された。二〇〇二年七月一日以降、ジェノサイド、人道に対する犯罪、戦争犯罪を裁く権限を持っていることから、当事国が戦争犯罪者を訴追できないと判断したときにのみ、裁判所が裁判権を行使することができる。逮捕されていたミロシエヴィッチ元大統領は、ハーグに設置された旧ユーゴスラヴィア国際刑事裁判所に召喚されたが、結審前の二〇〇六年三月に死亡した。自国民がICCの訴追対象とならないように圧力をかけていたアメリカは、もし国連の軍事任務に参加した自国民が保護されないならば、今後そうした任務には参加させないという脅しをかけた。その結果アメリカは、自国民をICCに引き渡さないという二国間協定を八〇カ国以上と結んだ。国際秩序を下支えする国連の役割は、旧ユーゴスラヴィア戦争、そしてイラク戦争で重大な問題を抱えることになった。またこれらのことは、二〇世紀に成立した国際主義の時代が終わりを迎えつつあることも想起させた。二〇〇五年九月一四日から一六日にかけて華やかな演出の下で行われた国連創設六〇周年の際の安保理の改革と拡大に関する提案も、その原則と意図を確認するだけの簡素な宣言にとどまった。したがって、現状が大きく変わることはなく、ガーナ出身のコフィ・アナンの後継者として、韓国出身の潘基文《パン・ギムン》が新たに国連事務総長に就任した。

G8サミットは、経済危機に対して行動計画を作成する能力が欠如しており、さらには新興国である大国（中国とインド）が構成員ではないという事実によって、その権威が低下していた。WTOもまた、ドーハ・ラウンドで繰り返された交渉の挫折と保護主義の潮流によって、その意義が深刻に疑問視されるようになった。

もしも二つの世界観が対立しているとした場合でも、それらの世界観は国境の壁と宗教の違いに関係なく存在している。宗教における原理主義と西洋的な資本主義は国境にとらわれない概念である。現実にいくつかの国では、不平等や貧困が近代に対する根深い恐怖心としてあらわれ、グローバル市場のなかの犠牲者であるという意識を芽生えさせている。そして、西側諸国が力によってその価値観を全世界に広げようとしたときに、そのことが拒絶反応を引き起こしている。

宗教が原因となった紛争、たとえば九・一一テロ、インド＝パキスタン紛争、ナイジェリアでの宗教対立、イスラエル＝パレスチナ戦争などが起きるなかで、二〇〇二年一月二四日に開催されたアッシジ宗教対話会議は、それらが「文明の衝突」論や宗教戦争に帰着することへの否定を試みるものであった。二〇〇五年四月二日に逝去したローマ教皇ヨハネ・パウロ二世の葬儀の際には、それまで教皇が人権や国際的な連帯に関して担った役割、さらには共産主義の崩壊やボスニア紛争、湾岸戦争、イラク戦争のような戦争が起こったときに果たした役割について、全世界から尊崇の念が表された。一〇四回の外遊に示されるように、宣教師のような使命感あふれる教皇の活動は、ある種のグローバル化を象徴するものでもあった。

西側世界とイスラーム世界の対話を促すため、二〇〇五年七月一四日に国連によって「文明の同盟」が創設された。第一回のフォーラムは、二〇〇八年一月一五－一六日にマドリードで開催された。しかし、グローバル化とは西側の価値を拡大することと同義ではなく、また主要な宗教間の平和的共存にとどまるものでもないことを示すその試みは道半ばで、むしろ「文明の衝突」はいたるところで見られている。むしろ国際社会のあらゆる場所で分断が広がっている。リビアの指導者のカダフィは、トーゴにおける演説のなかで、「イスラーム教以外の宗教に帰依する人間は、間違っている！」と語ったのだ（二〇〇八年六月一八日付『ル・モンド』紙）。他方で、サウジアラビアのアブドゥッラー国王は、二〇〇八年七月一六－一八日に、マドリードで開催された宗教間の対話に関する世界会議で議長を務めた。テロ対策が理由であれ、人権概念を守ることが理由であれ、自由はいたるところで後退しつつあった。二〇〇六年二月、イギリス人は史上はじめて外出の際、常に身分証明書を持ち歩かなければならないことになった。アメリカのグアンタナモ収容所に数十人ほどのテロ行為の「容疑者」が拘留されているが、彼らは法に守られることなく囚人として留置されている。アメリカでは、「愛国法（対テロ法）」が二〇〇六年三月に延長されていた。信用が失墜した国連人権委員会に代わり、二〇〇六年三月に新たに国連人権理事会が設置されたが、そこでも地域制の委員の割り当てと閉鎖的な投票制度を理由に、もっとも自由を侵害している国家（リビアやイラン）にも議席が割り当てられることになった。そのため、二〇〇九年の人権に関する国連会議（ダーバンII）についても、とても期待を寄せられるような状況ではなかった。二〇〇八年一二月、世界人権宣言の六〇周年を祝う準備が進められるなかで、人権をめぐる状況はむしろ後退していたのである。

第八章　大国のパワー・バランスの変動（二〇〇八―二〇一三年）

二〇〇八年の金融危機が起こるはるか前に起源を持つさまざまな国際情勢における動向が、この金融危機によって影響を受け、世界情勢を大きく変容させた。それは結果的に、国際政治におけるパワー・シフトを生じさせ、さらには国際政治構造を再編することになった。

それは、グローバル化した世界における市場の圧力であり、自由貿易を求める新興国の台頭である。そして、人の移動の拡大であり、さらにはインド、パキスタン、ナイジェリア、エジプト、インドネシアなどの諸国で見られるような宗教間の衝突であり、さらには欧州統合に対する懐疑的な勢力の浮上であり、何よりも重要なのが、世界各地で巨大な政治変動が起こったことである。

経済成長のダイナミズムは、北から南へとその軸が移っていった。この頃、WTOの事務局長であったパスカル・ラミーによると、「二〇一一年に、先進国の生産力の合計が発展途上国のそれを下回っていた」。中国が急速な成長を続けることによって、近隣のアジア諸国は不安を募らせていった。

他方で、他国に比べ多くの点で優越した地位にあるアメリカでさえも、「仕方なく大国の役割を果たしている」ような状況がますます強まっている。アメリカはもはや、ユーラシア大陸の外縁部の「危機の弧」と呼ばれる地帯において、深刻化している危機を解決できなくなっていた。また、経済成長が進むサハラ以南のアフリカとラテンアメリカは、政治的および社会的な安定を模索する努力を続けていた。

ローマ教皇にブエノスアイレスの大司教が選ばれたことは、南側の台頭を象徴するもう一つの出来事であった。というのもフランシスコ教皇の誕生は、それまで北半球にあったキリスト教世界の重心が南半球に移行したことを意味するからである。

アラブ世界は、民主化の波にのみこまれた後にも、その帰結は不透明である。小規模な紛争が止むことなく増加しており、内戦の数も急増している。テロは、例外なく世界のあらゆる地域に災禍をもたらしている（二〇一〇年と二〇一一年のモスクワ、二〇一一年のマラケシュ、二〇一三年のボストンとロンドンがその主要なものである）。なかでもとりわけテロの脅威にさらされているのが、アジアであった（パキスタン、アフガニスタン、イラク、インド）。

こうした事象に加え、大規模な自然災害が次々と世界を襲った。数々の例のなかの主要なものとして、二〇一〇年一月のハイチ地震で何十万人もの犠牲者が出たケースを挙げることができる。また、二〇一一年三月には、日本で巨大な地震が発生した結果、太平洋岸に津波が押し寄せ、さらに福島第一原子力発電所に深刻な被害をもたらした。この原発事故を受けて、ドイツのように原子力エネルギーへの依存を見直す国が見られるようになった。

Ｉ　金融危機

二〇〇七年夏の金融危機は、二〇年にわたり経済成長が続き市場に対する信頼がきわめて確かなものになっていたなかで起こった。それは、ただならぬムードを醸成し、パニックを引き起こした。金融機関がそれまで安易に融資を行ってきたことが、危機の原因だった。とりわけ、アメリカのサブプライム住宅ローン、すなわち金融機関が低所得層に対しその返済能力を度外視して行った抵当権付きのローンが、主要な原因である。不動産市場の動揺が市場全体に対する信頼の喪失をもたらし、アメリカ有数の大手投資銀行グループであるリーマン・ブラザーズが破綻する結果となった。

アメリカ発のこの金融危機は、世界経済に巨大な損失をもたらし、グローバリゼーションのもたらす利益に疑問符をつける結果となった。それまで危機を回避するために、各国の中央銀行による介入がなされたり、銀行を救済するために金利の引き下げが行われたり、金融市場の監視システムが強化されたり、あるいは規制改革が行われたりしてきた。それにもかかわらず、危機の深刻さは増すばかりであった。経済活動の冷え込みは世界中で見られるようになり、二〇〇八年から二〇〇九年の初頭にかけての経済成長は鈍化して企業が相次いで倒産した。かつては自動車販売台数で世界第一位を誇ったゼネラルモーターズも、二〇〇九年六月に経営破綻を余儀なくされた。もっとも、同社はその後再生し、経営は回復した。不安を増幅させたのは、格づけ機関が国家や企業に対して等級づけ（信用格づけ）を行うことで、その信用の実態が明らかとなったことである。国際経済の相互依存が進んでいたことから、中国や湾岸諸国の産油国ですら、そのような金融危機の影響を受けていた。その結果、二〇一一年の中国の経済成長率は九・二％と低迷し、アメリカに至ってはかろうじて一％に届く程度であった。新興国は、ヨーロッパ経済の悪化により世界経済の成長が鈍化することを懸念した。アメリカ、ヨーロッパ、そしてアジアでも、金融機関を救済するための大規模な資金援助計画が次々と発表され、これらの諸国の政府はさまざまな資金援助と投資を行うことによって、消費を回復させようと試みた。二〇一〇年に金融危機は落ち着きを見せ、経済は少しずつ成長軌道に乗るようになった。ドイツのように、他国よりもこのような危機を巧みに活用して経済力の強化につなげた国もあった。

金融危機に対処するため、世界中に深く浸透していた相互依存関係を基礎とする国際協調の強化が想定されていたが、諸国間の協調は不十分であり、実際にはむしろそれとは逆の方向へと事態は進展していった。二〇〇五年に国連安保理の拡大をめぐる改革が頓挫して以来、グローバル・ガバナンスは機能不全に陥るようになっていた。新興国もまた安保理常任理事国となるべきだったのだが、それを実現することはできなかった。二〇〇八年一一月一五日には、世界規模での金融危機に対応するために、各国政府の首脳が結集するG20サミットがワシントンで開催された。そこでの共同声明のなかで、金融危機に対処するための行動計画が発表され、IMFが金融安定化のために各国の財政政策を監督する役割を担うことになった。各国のコンセンサスで機能しているG20は、G8よりも現実に近い形で世界のパワー・バランスを反映していたが、同時に国連よりもガバナンスの面で問題が少ないことから、危機に対応して対話を円滑に進めるのに適していた。二〇〇九年四月一－二日に、ロンドンで第二回のG20サミットが開催され、その共同声明では経済成長の実現、貿易の促進、そして雇用を回復させるためのグローバル・プランが発表された。

二〇〇九年九月二四日と二五日にピッツバーグで開催された第三回のG20サミットでは、二〇一一年までを目標にして、IMFの枠組みにおける先進国のなかでももっとも出資額の多かったベルギー、オランダ、イギリス、フランスの割合額を減らし、その分を新興国のなかでも過小な中国、トルコ、韓国の出資割当額を拡大して均衡させることで合意に達した。続いて、

表8-1　G20サミットと開催地

2008年11月15日	ワシントン（アメリカ）
2009年４月１・２日	ロンドン（イギリス）
2009年９月24・25日	ピッツバーグ（アメリカ）
2010年６月26・27日	トロント（カナダ）
2010年11月11・12日	ソウル（韓国）
2011年11月３・４日	カンヌ（フランス）
2012年６月18・19日	ロスカボス（メキシコ）
2013年９月５・６日	サンクトペテルブルク（ロシア）
2014年11月15・16日	ブリスベン（オーストラリア）
2015年11月15・16日	アンタルヤ（トルコ）
2016年９月４・５日	杭州（中国）
2017年７月７・８日	ハンブルク（ドイツ）

（1999年にワシントンで開催されたＧ8の枠外で設けられた蔵相と中央銀行総裁の会合が起源）

G20とは、Ｇ８＋オーストラリア、韓国、南アフリカ、メキシコ、アルゼンチン、ブラジル、中国、インド、インドネシア、サウジアラビア、トルコおよびEU代表１人（スペインとオランダはメンバーではないが代表者を輩出）を指す。

二〇一〇年一一月一一－一二日にソウルで開催されたＧ20サミットでは、通貨切り下げ競争が繰り広げられている状況のなかで、為替レートと貿易の不均衡を必要最低限で是正するための合意に達した。さらに、ＩＭＦ改革に関しても合意に達することができ、新興国に対し六％のクォータ比率を移転することでも合意がなされた。

二〇一二年四月にＩＭＦと世界銀行は、財政難に陥った国家を救済するための融資枠を拡大させた。欧州債務危機に伴いユーロ圏が強い不安に覆われるなかで、二〇一一年一一月三－四日にカンヌでＧ20サミットが開催された。そこで議論の焦点となったのが、ユーロ圏に参加する諸国の債務超過問題であり、金融機関の監督体制の構築であった。危機に陥った加盟国の金融機関の資本を増強し、さらにタックス・ヘイブンを排除する必要があった。二〇一二年六月一八－一九日にメキシコのロスカボスで開催されたＧ20サミットにおいては、ＩＭＦによる融資枠の拡大を進めていくことで合意がなされた。二〇一二年五月一九日、キャンプ・デーヴィッドで開催されたＧ８サミットでは、景気刺激策の支持派と緊縮財政の支持派との間で論争が起きた。金融危機以外でも、懸念すべき問題はいくつもあった。その一つは化石燃料の価格上昇とともに再び見られるようになったインフレである。ＯＰＥＣは、加盟各国に割り当てられた生産量を増加させないことを決定した。さらに、生活必需品の価格の上昇と保護主義的貿易措置が顕著となっていたことも、不安を増幅させていた。

Ⅱ　多国間協力の発展

多国間協力に基づいた対応が必要だったのは、金融危機だけではなかった。このころには、ほかにも多国間協力による対応が必要な課題が数多くあったが、これはそれ以前からすでにそうした状況にあった。まず、テロへの対応措置は、多国間協力が不可欠な典型的な例であった。というのも、世界のあらゆる地域でテロが勃発し、治安当局間の協力がきわめて重要となっており、自由を制限することも必要とされていたからである。

テロだけではなく、汚職問題もまた同様であった。二〇〇八年一〇月、石油開発をめぐり、政府と企業との癒着によって首相以下の閣僚の約半数が辞任しなければならなくなったペルーの事例や、サハラ以南のアフリカでは政府首脳が公的資金の横領を行った事例などが見られた。また、海賊行為も後を絶たず、ＥＵが二〇〇八年一二月にソマリア沖で海上作戦を実施したが、二〇〇九年一月には国連もまた海賊に対処するための作戦を了承した。サイバー犯罪やサイバースパイも問題となっていた。さらには、世界のあらゆる地域で発生した大量の移民により人口のバランスが崩れて、移民に対する人々の認識にも変化が生じるようになっていた。アジアにおいてはアフガニスタン難民の問題があり、アフリカにおいてはソマリア、スーダン、中央アフリカでの人の移動が混乱をもたらしていた。ヨーロッパにおいては、移民が押し寄せたことによって、イタリアの最南端に位置するランペドゥーザ島やスペインの沿岸で悲劇的な海難事故が起こった。ＥＵは二〇〇八年一〇月、移民の庇護に関する協定を首脳会議で採択した。その目的は、各国の労働力の需要、ならびに各国の能力に応じた移民の受け入れを行うことであった。さらに、スイスも参加するシェンゲン協定の圏内での国境審査の再導入も検討されるようになった。

こうした事態を受けて、多国間協力を実践している国際機関の役割の重要性が高まり、さらに世界中で国家間の提携が強まっていった。二〇一一年九月に、そのなかでももっとも古くからある非同盟運動の五〇周年記念会合が開催された。ソ連解体に伴う国境問題の解決を円滑に進めることを目的に、ロシア、中国、カザフスタン、キルギス、タジキスタン、ウズベキスタンを参加国として、二〇〇一年六月に創設された上海協力機構（ＳＣＯ）のエカテリンブルク首脳会議で、中国はある提案を行った。二〇〇九年六月一五－一六日に開催されたこの首脳会議の場で、中国はこの上海協力機構を強化するとともに、金融危機に対応するために一〇〇億ドルの借款供与を行う意向を表明したのである。そして、二〇一一年六月の上海協力機構の首脳会議では、アメリカが導入を進めていた新たなミサイル防衛システムに対して警鐘を鳴らした。

ＢＲＩＣ（ブラジル、ロシア、インド、中国）は首脳会議を開催していたが、二〇一一年四月の首脳会議から南アフリカもそこに加わるようになって、呼称がＢＲＩＣＳとなった。これらの諸国は、より公正な世界秩序の構築を訴えるとともに、国連を西側の道具だと批判し改革の必要性を唱え、国際金融機関のなかでより重要な役割を求め、ドルに支配されている国際通貨体制に「より多様性をもたらすこと」を要求している。二〇一三年三月に開催されたＢＲＩＣＳ首脳会議においては、西側諸国によって支配された国際金融機関を代替するための新しい開発銀行の設立について合意するに至った。

他方で、ＥＵをモデルとした共同体を構築するために、さまざまな動きが見られるようになった。たとえば、中東では二〇〇八年に、湾岸協力理事会の六カ国によって共同市場を発足させた。アジアでは、二〇〇九年三月に「ＡＳＥＡＮ共同体ロードマップ──二〇〇九－二〇一五」が採択され、ＡＳＥＡＮもまたそうした共同体構築に向けて動き始めた。ＡＳＥＡＮは単一市場にまで到達することはとうてい不可能ではあったものの、二〇一〇年一月には中国と自由貿易協定を締結し、世界で最大の人口を擁する自由貿易圏が誕生することとなった。二〇〇九年九月二六－二七日に開催された、反米色の濃い第二回南米・アフリカ首脳会議では、両地域の間のエネルギー分野での協力、投資、貿易の拡大が提唱された。二〇一〇年七月一日に、東アフリカ共同体（ＥＡＣ）の加盟五カ国（ブルンジ、ケニア、ウガンダ、ルワンダ、タンザニア）が、共通市場を発足させた。

多国間協力が進展したといっても、それによってあらゆる問題が解決できるわけではない。なぜなら、新興国は西側の規範を強要されることを嫌い、あくまでも国益にかなう場合に限って、選択的に多国間協力を受け入れているからだ。ＷＴＯが、加盟国の間での新たな対立の舞台となりつつあることは、そのことの一つの証左といえる。ＷＴＯは、関税の引き下げと輸出補助金の削減を実現しようと努力したが、農業分野においてはそれに失敗した。他方で、アメリカとラテンアメリカ諸国がＥ

Uに対して仕掛けた「バナナ戦争」は、二〇〇九年一二月にEUがアフリカ・カリブ海・太平洋（ACP）諸国に含まれない国々からのバナナ輸入に関する関税を段階的に引き下げることで、解決するかに見えた。EUがロメ協定を締結した相手であるACP諸国からのバナナの輸入を優遇しているとして、アメリカや南米諸国が不満を表明したのである。

また、中国が不公正な貿易を行っているとみなされていることから、中国に対する提訴がますます増える傾向にある。たしかに中国は、自国の巨大な市場を開放して関税を引き下げたが、同時に世界最大の輸出国となることでWTOに加盟した恩恵を享受したのである。多国籍企業は、より低い労働コストで生産可能となるため、その生産拠点の多くを中国に移転したうえで、中国から全世界へ向けて輸出するのである。その結果、アメリカの貿易赤字は爆発的に増えた。さらに、人民元が過小評価されていることから、貿易面では中国に決定的に有利な状況となっていた。ドーハ・ラウンド交渉が始まってから一〇年が経ち、一五三カ国の間で合意に至ることの難しさを知ったWTOは、このときに隘路に陥っていた。

さらにはエネルギー問題が、国際政治における最大の紛争の種となっていた。まず何よりも、二〇〇八年のエネルギー価格の暴落のあとで、中東情勢が危機に陥ることで再び上昇し始めた原油価格の問題があった。枯渇に向かっていくことが予想される石油資源の問題のほか（アメリカではすでにシェールガスの生産がその埋め合わせとなりつつある）、ヨーロッパではエネルギー依存とその輸送をめぐる問題が深刻なものとして捉えられている。豊富な天然ガスを擁するロシアは、それを自らの大国外交のために利用している。二〇〇九年一月、ウクライナ市場向けのガスの供給を停止させたことが、その一例である。さらにロシアは、インド、ベネズエラ、トルコとエネルギー分野で特別な関係を構築した。二〇〇九年八月、トルコ政府は、ロシアとヨーロッパを結ぶ天然ガスのためのパイプラインであるサウス・ストリームが、黒海の自国領海を通過することを認めた。それは、ウクライナを経由するパイプラインを利用するのを回避することを意味した。その一方で、ロシアへの依存を避けるために、二〇〇九年七月にはトルコ、ブルガリア、ルーマニア、ハンガリー、オーストリアとの間で、カスピ海地域の天然ガスを西ヨーロッパに輸送するためのナブッコ・パイプラインの建設に向けた合意書が調印された。これに対してロシアはただちに反応を示した。ロシアの国営企業ガスプロムが、ヨーロッパに天然ガスを供給するために、ロシアからバルト海にまたがるパイプラインであるノルド・ストリームの稼働に着手したのである。

Ⅲ　新興国の台頭

新興国の台頭は、パワー・バランスを変容させ、戦略関係にも変化をもたらした。中国は一九七九年以降、とりわけ二〇〇一年一二月にWTO加盟を承認されて以来、いわば「世界の工場」となり、急速な経済成長を経験したが、他方、環境問題はなおざりにされてきた。そして二〇一〇年から二〇一一年にかけて、中国は世界第二位の経済大国となり、また世界最大の輸出国となった。二〇〇〇年には二五〇〇億ドルだった中国の輸出額が、二〇一一年には一兆九〇〇〇億ドルにまで伸び、それによって中国の外貨準備高は二兆六〇〇〇億ユーロに達した。中国の経済活動は、アジアにとどまるものではなかった。中国は、南米およびアフリカの諸国にとって、もっとも重要な貿易相手国となっていた。二〇〇九年二月の胡錦濤主席のアフリカ歴訪は、それを示すものとなった。中国はアフリカの豊富な天然資源に強い関心を持ち、アフリカに対するもっとも重要な投資国となったのである。

中国は国防予算も増額の一途をたどり、またその外交は大国にふさわしいものとなり、APEC、上海協力機構（SCO）、BRICSという国際組織のなかで、中核的な役割を担うようになった。二〇〇八年の北京五輪や二〇一〇年の上海万博など、世界的に重要なイベントが、中国で開催されるようになり、それにあわせて、中国は軍事大国、そして宇宙大国を自認するようになった。

他方で、人権抑圧、ならびに二〇〇八年三月のチベットや二〇〇九年七月の新疆ウイグル自治区での弾圧に対する西側の批判を、中国は聞き入れなかった。中国の帝国主義的な姿勢を反映するかのように、隣国との間で数々の緊迫した事態が発生した。中国は自国の周辺海域でのプレゼンスを強化することによって地域的な覇権を確立しようとする野望を隠さず、韓国と日本を不安に陥れた。また中国は、インドにとっての勢力圏ともいえるインド洋において、進出の機会をうかがっていた。「真珠の首飾り」と呼ばれる中国の海洋戦略は、南シナ海から中東に至るいくつもの拠点に、軍事および補給基地ネットワークを構築することを意図している。その目的は、中国の補給路の安全を確立することである。二〇〇九年八月、中国とインドは、ヒマラヤにおける国境線に関する紛争の解決策を探ることで合意した（一九一四年にイギリス政府とチベット政府との間で締結

表8-2　IMF 出資上位10カ国のクォータ比率と議決権

（%）

(1)アメリカ(17/43)	(2)日本(6/47)	(3)中国(6/39)	(4)ドイツ(5/59)	(5)フランス(4/23)
(6)イギリス(4/23)	(7)イタリア(3/16)	(8)インド(2/75)	(9)ロシア(2/71)	(10)ブラジル(2/32)

表8-3　中華人民共和国の歴代指導者

鄧小平	1978－1992年
江沢民	1992－2002年
胡錦濤	2003－2013年
習近平	2013年５月－

されたシムラ条約によって「マクマホン・ライン」として設定された国境線であり、中国は認めていなかった）。中国は国境や経済をめぐる問題でインドとの融和を希求し、二〇一三年五月には李克強首相がインドを訪問したが、領土をめぐる両国の緊張関係は依然としてくすぶっていた。

二〇〇八年七月と一一月に、インドでテロが連続して発生した。その大半は、インドとパキスタンとの国境問題を原因としているといえる。インドは、ロシアとともに、サハラ以南のアフリカ諸国との協調関係を強化することで、大国としての威信を高めることに成功した。その一方で、アメリカは中国とのバランスをはかるため、インドのパワーを強化することを目論んでいた。インド政府は核兵器不拡散条約（ＮＰＴ）に違反して核実験を実施していたことから、それまで核関連分野で経済制裁を受けていたが、アメリカが展開するこのようなパワーゲームを背景にして、二〇〇八年にはそれらが解除された。インドは、アメリカに対する「戦略的自立」を維持するという有利な立場を続けながら、核燃料と原子炉を購入し核関連技術の移転を享受できるようになった。二〇〇〇年代には年率八％から九％の経済成長率を実現し、ユーフォリアに浸っていたインドは、自国が抱える貧困問題から目をそらしていた。それでも、平均余命、就学率、識字率などを含む人間開発指数の順位では、インドは相変わらず世界のなかで低い水準にとどまっている。世界のＧＤＰランキングでは、ブラジルがイタリアを上回るようになり、独自の外交を貫く意思を示していた。ブラジルは、二〇一〇年五月の対イラン問題や、二〇一二年九月のシリア問題でも仲裁を試みた。また、国連持続可能な開発会議（リオ＋20）に見られるように、環境の分野でもブラジルは活躍している。新興国は、世界的な重要性を持つ議題を扱う際に、次第に共通の立場を構築するようになった。たとえば、核軍縮に向けた動きの進展を求め、西側によるアラブ世界への介入に対し疑念を表明するようになり、富裕な国家に対して輸出向け農産物に対する補助金の撤廃を求め、通商問題をめぐる交渉ではより重要な役割を担うようになった。その結果、交渉は立て続けに失敗し、新興国は経済的愛国主義ともいえるような、保護主義の傾向を強めていった。

環境分野では二〇〇五年二月に、二〇一二年までに温室効果ガスの排出量を一九九〇年比で五％削減することを参加国に求めた一九九七年一二月に採択された京都議定書が、ようやく発効した。京都議定書の第一約束期間が終了する二〇一二年一二月三一日までに、さまざまな国際アクターが立場を明確にした。新興国がヨーロッパ諸国の提案を拒否する一方で、先進国はすべての環境汚染国が拘束されるグローバルな取り決めが締結されない限り、京都議定書の内容を遵守することを拒否するとした。二〇〇九年一二月、コペンハーゲンで開催された第一五回気候変動枠組条約締約国会議（ＣＯＰ15）は失敗に終わったが、その理由の一つは中国が自国の経済成長を妨げる措置を拒否したことにあった。二〇一〇年一一月二九日から一二月一〇日にかけて、メキシコのカンクンで開催されたＣＯＰ16では、先進国と発展途上国双方の削減目標・行動が同じＣＯＰの決定のなかに位置づけられる「カンクン合意」が採択された。二〇一一年一一月から一二月にかけて南アフリカのダーバンで開催された会議（ＣＯＰ17）では、将来に向けた道筋が定められ、中国とインドが新たな枠組みが構築される二〇二〇年までに削減目標を実現することで合意した。二〇一二年六月に開催された国連持続可能な開発会議は、好ましくない結果に終わった。世界経済の状況が低迷するなか、限定的な成果しか得られなかったのだ。

Ⅳ　アメリカの戦略転換とロシアのナショナリズム

対テロ戦争と超大国アメリカの現実の力を世界に示したジョージ・Ｗ・ブッシュ大統領の時代が終わると、二〇〇八年一一月四日にはバラク・オバマが大統領に選ばれた。オバマの当選は、世界の超大国であるアメリカに、それまでとは異なる新しいイメージを与えるかに見えた。オバマはそれを証明するような政策を、次々と発表した。たとえばそれは、グアンタナモ収容所閉鎖の発表であり、対テロ戦争を大々的に宣伝するのをやめたことであり、二〇〇九年九月に東欧におけるミサイル防衛システムの見直しを発表したことである。さらに、二〇〇九年四月一七日から一九日にかけて開催された米州会議で、オバマ大統領はアメリカと大陸の他の国家との間の上下関係を否定し、対等なパートナーとして関係を構築していくことを約束した。

二〇〇九年六月四日、カイロで行った演説のなかでは、アメリカとイスラーム世界との融和を唱えた。また、国務長官となったヒラリー・クリントンのたび重なる外国訪問も、そうしたオバマ大統領の対外政策の刷新の表れだったといえる。

このようにして、世界が安定に向かう展望が開けるなか、二〇〇九年一〇月九日にオバマがノーベル平和賞を受賞したことは、スタートして間もない政策への評価というよりも、外交方針を変えずに継続するように激励したととらえた方がよいだろう。アメリカは膨大な公的債務を抱え、積極的な財政政策がとれない状況にあった。そのようななかで、アメリカはアジア太平洋地域に再び外交の重点を置くようになった。すなわち、リバランス政策である。それは、同地域がアメリカ最大の輸入元になったからであり、世界第二位の輸出先になったからである。いわば、アメリカにとってももっとも優先度の高い地域になったといえる。欧州駐留軍の部分的撤退と、太平洋における海兵隊の増強もまた、そうした政策の一つの帰結であり、同時に中国の軍備増強に対する懸念がその背景として存在していた。

米中関係は重要性を増し、両国政府間の会合はより頻繁に実施されるようになり、さながらG2時代の到来のような状況が続いた。これは、オバマ政権の中国重視の方針と、それと比べた場合のヨーロッパへの関心の低下を示したものであった。他方で、アメリカはドルと比べて著しく過小評価されていた中国の人民元の為替レートを引き上げるよう要求した。中国は、米国債をすでに約八〇〇〇億ドルも購入しており、アメリカの膨大な債務を支えていたのである。こうしたことから米中の間には、協調と警戒の入り交じった複雑な関係性が構築された。オバマは、ダライ・ラマ一四世と会談したり、台湾への武器売却を許可したりする一方で、中国は自らの周辺海域でより帝国的な様相を示すようになった。

二〇〇九年四月、アルバニアとクロアチアが加盟することで、NATOは加盟国が二八カ国となり、変容が進んでいくことになる。NATO軍の最高司令官は依然としてアメリカ軍人であったが、司令官のポストにはヨーロッパの軍人、とりわけフランス人が配属されるようになり、海賊対処やソマリアにおけるアフリカ連合への支援など、NATOの活動領域は次第にアジアやアフリカにまで広がるようになった。だが、NATOの防衛費の負担について、二〇〇一年から二〇一〇年にかけて八一%増額したアメリカと、一二%の増額にとどまったヨーロッパ加盟国との間の溝が深まった。そのうえ、同盟国の連帯は、金融危機によって大きく傷ついた。さらにNATOは、リビア危機への対応をめぐって内部の分裂を露呈させてしまい、この軍事作戦にドイツが参加しないという事態に陥った。

二〇〇八年夏のロシアとジョージアとの間の戦争（南オセチア紛争）の後、二〇〇九年七月にオバマ大統領はモスクワを訪問した。オバマがロシア側と対話を行ったことで、米ロ関係は好転し、アメリカがＡＢＭ条約を脱退したことで行き詰まっていた軍縮交渉についても、新戦略兵器削減条約という新たな条約の締結に結びつくこととなった。一九六八年のＮＰＴ条約以降、この条約に調印して核保有を国際法上認められた五大国は、その代わりに核廃絶を目的とした施策をとらなければならなくなり、それ以来核軍縮の問題は重要な課題であり続けていた。二〇〇九年四月五日に、オバマ大統領がプラハで核兵器のない世界をめざすと宣言する演説を行ったあとに、核軍縮に向けた環境が整った。二〇〇九年九月二四日、アメリカのイニシアティブで国連安保理決議第一八八七号が採択された。その決議では、核保有国に核削減を促し、ＮＰＴ調印国には条約遵守を要求し、非調印国に対しては条約をより普遍的なものとするために早急に調印するよう促すことが規定されている。二〇一〇年四月八日、プラハでアメリカとロシアは、第一次戦略兵器削減条約（ＳＴＡＲＴＩ）後継条約に調印し、これは二〇一一年から二〇二一年に至るまで有効な条約となった。戦略核弾頭を約一五五〇発に制限し、戦略核の運搬手段の上限を七〇〇基に設定するというのが、この条約の内容であった。これによって、アメリカ政府は核不拡散を支持する機運が高まることを期待した。

オバマは、二〇一二年一一月に大統領に再選された。任期一期目の成果は、あくまでも目標に至る途上にすぎなかった。優れた演説の数々に反して実際の成果があがらなかったため、人々がオバマに寄せた期待も空虚なものとなった。とりわけ、アフガニスタンへの関与やイスラエルとパレスチナ間の紛争については、期待に応える成果がなかった。たとえば、二〇一一年二月一八日の国連安保理で、イスラエルによるパレスチナへの入植活動を非難する決議案が提出されたのだが、一五カ国の安保理理事国のなかでアメリカのみが反対し拒否権を行使したため、決議案は廃案となった。国際秩序を創造するという理想は、現実の壁に直面した。ノーベル平和賞の受賞者は、米軍最高司令官として戦争指導者に変貌しなければならなかったのである。そしてロシアとの関係については、対立がよりいっそう顕著となっていった。それはたとえば、アメリカのミサイル防衛システム配備をめぐる問題であったり、ロシアの人権問題であったり、ロシア政府がシリア内戦においてアサド政権に軍事援助をしている問題などであった。米ロ関係の改善を意味する「リセット」は、いわば凍結状態に陥った。天然資源に恵まれる一方で、脆弱な経済と人口減少に悩まされるロシアは、ユーラシア連合の構築をめざす地域大国であると同時に、新興国として自国を再定義することになる。（一九八九年の段階では、ソ連は二二〇〇万㎢の領土と三億人の人口を有していた。二〇〇九年にはロシアは一七〇〇万㎢の領土と一億四二〇〇万人の人口を有していた。）

ロシアは、よりいっそう強硬な外交を展開するようになった。とりわけNATOがさらに東方に拡大しようとしているのではないかと懸念して、それに反対する厳しい態度を示した。二〇〇八年には、二〇〇〇年以降に大統領を務めていたプーチンからメドヴェージェフに大統領が代わったが、何ら変化は起きなかった。二〇一二年三月にプーチンが任期六年の大統領に再選されたことを考慮すれば、変化が訪れるはずがないことがわかる。ロシア連邦の八つの共和国を抱えるカフカス地方では、民族問題と地政学的問題という二つの問題に同時に直面していた。NATO加盟国になることを希望し、西側との接近を外交カードとして使っているジョージアとの対立を、ロシアは自らの優位を示す機会に利用した。二〇〇八年八月七日に、ジョージアのミハイル・サーカシュヴィリ大統領が、政府の支配が及ばないロシア寄りの南オセチアが自国の主権下にあることを確固たるものにするために軍事作戦を実施したのに対し、ロシアは衝撃的な報復攻撃を行った。ロシア軍は、ジョージアの領土の奥深くまで侵攻した。欧州理事会の議長国であるフランスのサルコジ大統領の仲介で、サーカシュヴィリとメドヴェージェフ両大統領の間で休戦協定が調印された。しかし、八月一六日の停戦合意にもかかわらず、ロシア軍は時間をかけてジョージアからの撤退を進めた。そのうえロシアは、二〇〇八年八月二六日から二八日にかけて、ジョージアからの分離を主張している南オセチアとアブハジアという二つの地方の独立を承認したのである。

このようにして、軍事介入を躊躇しないロシアに対し、ヨーロッパはさらに警戒を強めた。ロシアの強硬な外交はその後も続き、イランの核開発問題とリビア危機については、西側とは異なる立場をとり、シリア内戦をめぐる問題についても安保理で繰り返し拒否権を行使した。大統領に再選されるや否や、プーチンはキャンプ・デーヴィッドで開催されるG8サミットに自らは出向かず、代わりにメドヴェージェフ首相を出席させることにし、その一方で、二〇一二年六月七日から八日にかけて北京を訪問した。その背景にはアジアを志向するソ連外交へのノスタルジーがあった。

V　先の見えないヨーロッパ

ヨーロッパはEUを軸とした統合体としても、また各加盟国レベルでも、先行きが見えない状態が続いている。二〇〇八年と、二〇一一年から二〇一二年にかけて起きたユーロ圏の危機的な状況は、世界経済に深刻な影響を及ぼした。その影響の大きさは、EUのGDPが世界経済の四分の一を占める巨大な経済圏であることからもうかがえる。（一九八九年、欧州経済共同体には一二カ国が加盟していた。その数は草創期の一九五九年の二倍である。二〇一一年にはEUには二七カ国が加盟していたが、この数も一九八九年と比べて二倍である。）

EUは、拡大が進行してもそれに相応する機構の深化は進まなかった。二〇〇四年一〇月に調印された欧州憲法条約は、二〇〇五年にフランスとオランダで実施された国民投票が批准を拒否したことによって葬り去られた。その後、フランスの外交努力によって欧州憲法条約を簡素化しつつも、その基本枠組みを引き継いだ条約が二〇〇七年一二月一四日にリスボンで調印された。しかし、二〇〇八年六月にアイルランドで実施された国民投票によって条約批准が否決されたため、発効は二〇〇九年一二月一日まで待たなければならなかった。

リスボン条約では、欧州議会の権限が強化され、欧州委員会の委員長を欧州理事会と共同で選出できるようになり、さらには欧州理事会によって選出された欧州委員会の委員を承認することができるようになった。そしてEU基本権憲章に法的拘束力を付与し、EUが単一の法人格を持つこととなった。ただ、EUを象徴する連合旗や連合歌に関する条項は盛り込まれなかった。国際舞台でのEUの役割を強化するために、加盟二七カ国の政府首脳は、二〇〇九年一二月一日以降、ベルギー人のヘルマン・ファン・ロンパイを欧州理事会常任議長に任命した。欧州理事会常任議長の任期は二年半であり、再選は一度だけ可能である。さらにイギリス人のキャサリン・アシュトンを外務・安全保障政策上級代表に任命した。二〇一〇年一二月一日には、欧州対外行動庁（EEAS）が稼働し始めた。

ところが、欧州懐疑主義が蔓延し、統合に向けたそれまでの努力が切り崩されていった。二〇一二年一〇月にはEUにノーベル平和賞が与えられたものの、たび重なる金融危機と強いられた緊縮財政によって、人々はEUに対し根強い不信感を抱くようになったのである。

この時期にEUは、他のどの地域よりも深刻な経済危機に苦しめられた。その結果、生産力が落ちる一方で、失業率は上昇したのである。二〇一一年一月一日、エストニアが単一通貨ユーロを導入した。たしかに、ユーロ圏は豊かではあったものの、エネルギー供給の面では域外に依存していたため、危機の影響を深刻に受けることになった。そこで明らかとなったのは、EUが異なる制度を持った国家の集合体であり、真摯に協力して一つの統合体として行動しようとする意思が欠けているという事実であった。

この時期には複数の加盟国が、深刻な苦境に陥っていた。アイルランド、ギリシャ、ポルトガル、スペイン、イタリアである。深刻な欧州債務危機によって、EU域内では、ユーロ圏と非ユーロ圏との間で相互不信が高まった。また、二〇一一年一〇月には、各加盟国内で、緊縮財政に抗議する「憤慨した市民」のデモが頻発した。もっとも深刻な状況に陥っていたのはギリシャであり、二〇一二年五月には一時期、同国のユーロ圏離脱すら囁かれていたのである。ギリシャで起こったのと同じような事態が再び生じないように、ユーロ圏は二〇一〇年五月一〇日に欧州金融安定ファシリティ（EFSF）を設立した。EFSFは、危機に陥ったユーロ圏の国家に財政支援を行うことが目的の組織であり、総額四四〇〇億ユーロを融資枠として持ち、これにIMFと欧州委員会のそれぞれが行う融資が加わっていた。

とはいえ、景気後退、失業率の上昇、さらには国外への移住までも引き起こす緊縮財政策を強いることなく、どのようにして融資を行うことができるのであろうか。そして財政規律を強いることなく、どのようにして危機を脱することができるのであろうか。二〇一一年を通して、危機から脱出するためのさまざまな計画が立てられた。EUの政治指導者は、ギリシャの債務再編、銀行の再資本化、そしてEFSFの融資枠を増やし、強化することをめぐり、見解を一致させるべく努力した。二〇一〇年五月と二〇一一年七月に、EUとIMFの融資によるギリシャ救済策が実施され、続いてアイルランド、さらにポルトガルにもそれが実施された。

二〇一一年一〇月二七日の欧州理事会でユーロ圏のEU加盟国は、恒久的な金融支援メカニズムである欧州安定メカニズム

（ESM）の創設を決定した。だが、ESMの目的は、ユーロ圏での財政規律を強化することでもあった。さらなる財政規律の措置として、二〇一一年一二月八‐九日に行われた欧州理事会で、ESMへの参加を希望する政府間で条約を締結することが決定した。この決定に基づき、二〇一二年一月三〇日、新たな財政協約がブリュッセルで調印され、ついで同年三月二日、ユーロ圏の信用を高めるための常設の危機対応メカニズムであるESM創設条約が調印されたのである。この条約によって、調印国は厳しい財政規律を求められることとなり、遵守しない場合には罰則が科されることが規定された。

二〇一二年六月二八日と二九日に開催された欧州理事会では、政府首脳は投資を促すための「成長と雇用のための協約」を締結することで合意し、一二〇〇億ドルを早急に投入し、景気浮揚と雇用の創出をめざすこととなった。同時に、この協約によって欧州中央銀行（ECB）が各国の銀行を監視できるようにするための第一歩が刻まれた。二〇一三年三月、今度はキプロス（タックス・ヘイブンの地であり、銀行業界が肥大化している）が破綻の瀬戸際にまで追い詰められ、EUとIMFに救済された。キプロス政府は、一〇〇億ユーロの金融支援を受ける条件として、金融機関の構造改革を課せられた。

EUは、いまだこの危機から脱していない。そのうえ、主要国がそれぞれ異なる政策をとっていることが浮き彫りにされた。二〇一一年五月まで、ドイツのアンゲラ・メルケル首相は、提案されたすべての救済策を拒絶し、ユーロ加盟国に対しより厳格な財政規律を求めた。また、ユーロ圏共同債を発行することで債務を共有しようと唱える提案に対してメルケルは、さらなる主権の移譲と、財政・政治統合の深化を求めたのである。フランスは、緊縮政策と経済成長を促すための政策との間で揺れ動いていた。その一方で、イギリスのデーヴィッド・キャメロン首相は、ユーロ圏の諸国に苦言を呈する一方で、自らも財政規律が課されるようになる提案を一切拒否し、他のEU加盟国が調印した協定とは距離を置いたため、イギリスはよりいっそう孤立する結果となった。

たしかに、依然としてEUは国際政治において魅力的なモデルだったが、拡大に向けた動きは停滞していた。フランスのイニシアティブによって二〇〇八年七月一三日に創設された地中海連合は、このとき行き詰まっていた。というのも二〇一〇年一一月にスペインのバルセロナで開催が予定されていた首脳会議は、イスラエル＝パレスチナ和平プロセスの停滞により、延期を余儀なくされていたからである。さらに、二〇一〇年一二月から二〇一一年の春にかけて勃発したアラブ諸国の革命によって、フランス外務省が頼りにしていた政治指導者のうちの二人が失脚した。チュニジアのベン・アリ大統領と、エジプトのホスニ・ムバラク大統領である。

ヨーロッパの東方諸国との関係については、EUは二〇〇九年に旧ソ連邦諸国(アルメニア、アゼルバイジャン、ベラルーシ、ジョージア、モルドヴァ、ウクライナ)との間で東方パートナーシップを立ち上げた。これは、連合協定の締結やエネルギー供給の保障、さらに国境の管理などを内容としている。二〇一三年七月一日に二八番目の加盟国となったクロアチアを最後に、バルカン諸国のEU加盟はより慎重に検討されることになった。とりわけ、二〇〇八年二月一七日に宣言されたコソヴォの独立に反対しているセルビアは、そのようにして加盟実現が先延ばしにされた交渉国に該当する。独立したコソヴォは、アメリカにも多数のヨーロッパ諸国にも承認され、EUはアメリカなどとともに警察と文民による「法の支配ミッション」(EULEX)を組織し現地に派遣したのである。コソヴォは、二〇一二年九月一一日に「監督下の独立の終了」を果たし、完全に独立したものの、依然として国家としては脆弱であった。二〇一三年四月、EUからの圧力を受けてセルビアとコソヴォは関係を正常化させた。

ヨーロッパ諸国の内政は、この時期には動揺していた。たとえばイタリアでは、不安定な政権が続いていた。二〇〇八年一月、ロマーノ・プローディ首相が辞任し、シルヴィオ・ベルルスコーニが後継の首相となった。だが、スキャンダルなどを抱えたベルルスコーニに対する批判は強く、彼は二〇一一年一一月八日に辞任する。経済学者のマリオ・モンティが代わりに首相となったが、二〇一三年二月の選挙で敗北したことで四月には辞職した。ギリシャでは、政治と経済の両面において危機が生じ、二〇〇九年一月、コスタス・カラマンリス首相率いる内閣が倒閣された後には、EUが策定した救済策を実施するためのいくつかの内閣が続いた。ベルギーでは、連邦国家の改革がフラマン人とワロン人との間の摩擦を増幅させ、政治が行き詰まったことで二〇一〇年四月から二〇一一年一二月にかけて組閣ができない状況が続いた。さらには、欧州懐疑主義があらゆる国で蔓延していた。イギリスのスコットランドやスペインのカタルーニャ州に見られるように、国からの分離独立運動を求める地域がいくつかの諸国で出てきた。

ヨーロッパとアメリカとの立場の対立は、あらゆる領域に及んでいた。たとえば、スウィフト協定がその典型である。スウィフト（SWIFT）とは、金融機関が互いに行うあらゆる通信に、クラウド・サービスを提供する会社であり、協定締結はアメリカがヨーロッパの銀行が保有する情報にアクセスできるようになることを意味した。アメリカとEUとの間で行われる通商協定「包括的貿易投資協定（TTIP）」の締結をめぐる交渉では、関税の分野でも規制の分野でも、さらには文化セクターや音響・映像の分野でも、深刻な摩擦が見られるようになった。

Ⅵ 中東における「危機の弧」

モロッコからパキスタンへと広がる「危機の弧」と呼ばれる地域は、多極的な国際システムのなかで重要な意味を持つ地帯である。テロ、イスラム過激主義、豊富な天然資源の存在、そして最近の民主化のうねりなどが、この地域が重要であることの主な理由であるが、それだけではない。世界のあらゆる地域がこの「危機の弧」と呼ばれる地帯と密接に関わっており、この地帯は地域に限定されない世界的な重要性を持っているのだ。

中東では、二〇〇八年七月に始まったシリアとレバノンとの間の外交関係樹立に向けた動きが、レバノンのラフィーク・ハリーリ元首相の暗殺に関する特別法廷設置をめぐる問題で早々に頓挫してしまった。この元首相の政治運動は、スンニ派のリーダーで息子のサード・ハリーリに引き継がれたが、レバノンを中心に活動しているシーア派の急進的イスラーム主義組織ヒズボラの妨害にあって、一年足らずで挫折に追い込まれた。

イスラエルとパレスチナとの間の紛争をめぐっては、先の見えない状態が続いていた。二〇〇三年の中東和平に関するロードマップによって、二〇〇五年一二月にはパレスチナ国家が誕生することが想定されていた。だが、この間もイスラエルによるヨルダン川西岸地区への入植活動が続いていたことで、その合意も骨抜きにされた。パレスチナ解放機構の側では、対イスラエル強硬派のハマスと対イスラエル穏健派のファタハが対立していたが、二〇一一年五月三日にカイロで和解案に調印したことで、暫定的な統一政府が樹立された。しかし、両者の間で対立がなくなったというにはほど遠い状況であった。二〇〇七年以来、ハマスが統治していたガザ地区では、情勢がよりいっそう悪化していた。二〇〇八年一二月二〇日にパレスチナ側は、もしもイスラエルがガザの封鎖解除に応じないのならば、同年六月にエジプトの仲介でイスラエルとの間で締結された六カ月の休戦協定をこれ以上延長しないと決めたのである。

イスラエルが入植した地区に対して、ハマスはロケット弾や迫撃砲を撃ち込んだ。それを受けてイスラエル国防軍は、ガザ地区を標的とした「キャストレッド（鋳造された鉛）作戦」（二〇〇八年一二月二七日－二〇〇九年一月一七日）を実行に移し、峻烈な攻撃を加えたのである。この作戦は世界中から非難を招き、イスラエルのイメージは悪化し、トルコとの関係にもひびが入った。

二〇一一年三月、新たな危機が勃発した。ガザ地区とイスラエル南部との間で兵器を利用した応酬があり、全面的な紛争に発展するのではないかとの懸念が広がった。アメリカの仲介に期待が集まったが、それは必ずしも確実とはいえなかった。たしかにアメリカとイスラエルとの間には密接なパイプがあり、オバマ政権は二つの国家創設による共存、パレスチナ占領地区での入植活動の停止、そしてパレスチナ側との対話の再開を訴えたが、それは成果を生むことはなかった。イスラエルは、ヨルダン川西岸地区への入植活動の一時的停止の延期を拒否したため、アメリカの仲介の下でのパレスチナとの直接対話には至らなかったのだ。二〇一二年一〇月三一日、パレスチナがユネスコに正式加盟することが決定し、同年一一月二九日、パレスチナに「国家」として国連オブザーバーの地位（加盟国となったわけではない）を与える国連総会決議が賛成多数で採択された。二〇一二年一一月、イスラエルは「防衛の柱作戦」を実施し、ガザ地区のハマスに対し空爆を行った。ガザ地区からイスラエル南部の住民に向けてロケット弾攻撃が加えられていたからであり、「防衛の柱作戦」の目的は、それを抑えることであった。二〇一三年三月、オバマがイスラエルに加えてパレスチナ自治区も訪問したが、その成果は限定的なものであった。アメリカのイスラエルに対する圧力が十分ではないため、イスラエルとパレスチナとの間の紛争が解決する可能性は低い。

中東での他の地域でも、紛争が収まる気配は一向になかった。イラクでは、二〇〇三年の戦争とその後の米英両国による占領が悲惨な結果をもたらした。有志連合軍が徐々にイラクから撤退し、二〇一一年下旬にイラク駐留米軍が撤退することによって撤退は完了し、イラク自身が治安維持に責任を負うようになった。しかし、自爆テロや誘拐は続き、二〇一〇年三月にイラク政府が総選挙を実施したにもかかわらず、国民が和解に達するにはほど遠いのが現状であった。イラクには、再び外国からの投資が入るようになったが、シーア派とスンニ派との間、そしてアラブ人とクルド人との間での良好な関係の構築こそが、もっとも優先すべきことであった。長年にわたる戦争は、イラクに甚大な人的損失をもたらした。米軍は四五〇〇人ほどの兵士を失い、イラク国民は一〇万人ほどが命を落とした。それに加え、約一〇〇万人が難民となった。二〇一一年にはイラクの原油の生産量が一九八九年のレベルにまで回復したが、イラクは依然として脆弱な国家であり、アメリカのネオコンが夢見た民主主義のモデルとはならなかったのである。

二〇〇九年六月一二日、イランで大統領選挙が行われ、第一回投票で保守派のマフムード・アフマディネジャードが再選された。その後一二月にこの選挙結果について、「不正選挙」だとしてイラン国内で激しい抗議活動が繰り広げられた。反発はイラン国内にとどまらなかった。サウジアラビアは、イラン政府がイエメンの反政府勢力に武器援助を行い、地域を不安定化させているとして非難した。これは、シーア派のイランの影響力がますます強まっていることを意味する。イランの影響力は、イエメンの例でもわかるように、アラビア半島においても強まっていた。ペルシャ湾における権力闘争は、シーア派のイランとスンニ派のサウジアラビアの間の対立と重なっていた。同じように、シリア内戦の背後では、レバノンの連立政権で主導権を握ったシーア派政治組織ヒズボラに財政援助を行っているイランとサウジアラビアとの間で、シリア国内における影響力拡大をめぐっての闘争が見られた。イランは、イスラエルを「地図から消さなければならない」と主張し、またあわせて高濃縮ウランを自国で生産しようと画策しており、この地域における脅威となっていた。イランの核開発計画は、欧米の政府だけではなく、この地域の産油諸国をも不安にさせていた。二〇〇九年三月、IAEA理事会は、イランが策を弄し、秘かに核開発計画を進めていると判断した。イランおよび安保理の常任理事国にドイツを加えた六カ国は、新たな協議の枠組みを設けそこでさまざまな議題があがったが、それでもイランは自国の核開発計画をその場で議論することを拒絶した。

二〇〇九年九月、欧米諸国はイラン政府に対し国際法を遵守するようにと促す宣言を発し、さらに二〇一〇年六月には国連安保理で、武器禁輸の拡大、弾道ミサイル開発の規制、資産凍結、渡航制限対象などを盛り込んだ、イランに対する追加的な制裁措置を規定した決議を採択した。そうした動きを意に介さないイランは、第二のウラン濃縮施設を建設する意向を表明し、二〇一〇年五月にはミサイル発射実験を行った。イランは、核燃料交換に関してブラジルとトルコとの間で合意に達し、二〇一一年七月には経済制裁に対抗すべく、インフラ整備、鉱山開発、クリーンエネルギーの開発などを盛り込んだ幅広い内容の協定を中国との間で締結し、さらにはパキスタンとの間で天然ガスパイプラインの建設について合意した。二〇一二年夏、イランの拠点に対するイスラエルの攻撃可能性を憂慮したアメリカ政府は、二〇一三年になるとイラン政府との直接交渉を望むようになった。一九八〇年以来、この二カ国の間ではあらゆる外交関係が凍結されていた。

中東にはそのほかにも、いくつかの重要な国家が存在した。サウジアラビア、カタール、そして首都のアブダビにフランス軍の基地があるアラブ首長国連邦である。二〇〇九年一〇月、アルメニアと外交関係を樹立したトルコもまた、この地域の重要な国家であった。

中東周辺における危機の主要な震源地は、アフガニスタンとパキスタンであった。一億七〇〇〇万人弱の人口を擁するパキスタンでは、治安の悪化が続いていた。二〇〇七年一二月二七日のベナジル・ブットー元首相の暗殺の後、二〇〇八年に入ってもテロが頻発した。そのことは、同年八月一八日のパルヴェーズ・ムシャラフ大統領の辞任と、ブットー元首相の夫であるアーシフ・アリー・ザルダーリーの大統領当選という結果をもたらした。常時戦争状態にあったともいえるパキスタンの国家としての脆弱性が、国内の危機的な状況をさらに深刻なものにしていた。なぜならパキスタンは核保有国であるうえに、経済状態が危機的な段階だったので、国家崩壊の危機に直面し混乱していたアフガニスタンの情勢が、パキスタンにまで伝染する可能性があったからだ。そもそも、スンニ派過激組織アルカーイダの創設者であり、最高指導者であるウサーマ・ビン・ラーディンが、二〇一一年五月二日、アメリカ海軍の特殊工作部隊によって殺害されたのがアブタバードであり、それはパキスタン国内の北西部地域に位置していた。パキスタンに対するアメリカの配慮の欠けた行動が目立っていた。アメリカは、パキスタンとアフガニスタンの国境付近にドローンを飛行させ、パキスタンの主権を侵害していたが、それはパキスタン政府はイスラーム過激派のテロ組織と通じていると疑っていたからであった。結果的に、アメリカとパキスタンとの間には緊張した関係が続いた。パキスタンは、アメリカからの圧力を嫌い、よりいっそうイランと中国に近づいていった。アメリカとパキスタンとの間の友好関係が終焉に向かう一方で、インドとパキスタンとの間には協調関係が保たれていた。

アフガニスタンでは、安保理決議に基づく首都カブールとその周辺の治安維持などを担う国際治安支援部隊（ＩＳＡＦ）の存在にもかかわらず、依然として平和が訪れていなかった。アフガニスタンは三〇年にわたり、終わることのない暴力の連鎖に苦しんでいた。一九七九年から一九八九年のソ連の占領、一九九六年のタリバンによる首都カブールの制圧、二〇〇一年にはそのタリバン政権の崩壊、というように、戦闘による混乱が続いていた。アフガニスタンでは、二〇〇九年一一月二日にハーミド・カルザイが大統領選挙で再選されたが、公正な投票が行われたのかについて疑問視する声も上がった。ISAFの兵力は増強され、二〇一一年には一三万人に達したが、外国から来た部隊に対する攻撃はやまず死傷者が絶えなかった。反米的な武装闘争や、二〇一二年二月から四月にかけてタリバンが勢力を盛り返した地域はまさに泥沼状態となり、暴力の連鎖が激しくなった。

こうしたことが理由となって、アメリカの戦略に対する批判も拡大した。二〇一一年の段階で、ISAFに参加していた複数の国家が部隊の撤退の意向を表明した。二〇一二年一二月になると、その前月に戦闘部隊を撤退させていたフランスに対して、かつて自らが言及した、「アフガニスタンの内でも外でも協力する」という原則を守らなかったとする批判が加えられた。とはいえ、二〇一二年末の時点で、依然として一〇万人規模の国外からの兵力がアフガニスタンに展開していた。その後二〇一四年に、ISAFの任務は終了した。だが、アフガニスタンは依然として不安定な情勢下にあり、国際支援に頼らざるをえない状態であった。

Ⅶ　不安定な地域——サハラ以南のアフリカ、ラテンアメリカ、東アジア

サハラ以南のアフリカの諸国で、平和を享受できている国はきわめて少数であった。二〇一〇年一二月、および二〇一一年四月と一二月に、ナイジェリアは分離独立運動やイスラーム教徒とキリスト教徒との間の宗教対立に悩まされていた。また、ケニアでは、二〇〇七年一二月から翌年の一月、そして二〇一三年三月に暴動が勃発した。二〇〇八年一二月、ギニアではクーデタが起こり、それにより将校が大統領になった。二〇〇九年九月、その大統領への抗議集会に対し凄惨な弾圧が加えられた。絶え間ない内戦に苦しめられていたコンゴ民主共和国では、略奪が繰り返されていた。二〇〇八年三月から七月にかけて、ジ

ンバブエは政情不安に見舞われた。こうしたジンバブエに対し、欧米は制裁を加えた。中央アフリカ共和国も恒常的に政情が不安定となっている。

スーダンでは、イスラーム教徒が多数となっている北部と、アニミズムやキリスト教への信仰が見られる南部との間で、紛争が続いていた。またスーダンは、独裁者のオマル・アル・バシールが統治する隣国のチャドとの間で、緊張状態が続いている。バシールに対しては、国際刑事裁判所が二〇〇九年三月と二〇一〇年七月に逮捕状を出している。こうした困難な情勢を抱えたスーダンでは、内戦で多くの犠牲者が出ており、二〇一一年一月には南部の独立を問う住民投票が行われた。こうして二〇一一年七月九日に、南スーダン共和国は独立国となり、国連の一九三番目の加盟国となった。だが、スーダンと南スーダンとの間の国境地帯は、原油資源の豊富な地域でもあり、同地での紛争と暴力はやまず、国連は平和支援部隊を派遣した。そして、国連の制裁による圧力の下、二つのスーダン国家は、二〇一二年八月四日に共存の道筋に向けた合意形成で一致し、翌月の九月には合意への調印がなされた。だがアフリカ連合は、国際刑事裁判所にバシール大統領を引き渡すためのいかなる協力も拒否している。二〇〇九年七月には、アフリカ連合の制度的な協力体制が強化された。しかしアフリカ連合は、コートジボワールでもリビアでも秩序を回復させることはできず、二〇一二年一月にはアフリカ連合首脳会議が開催されたが、そこでもスーダンの和平に関する解決策のための見解の一致を見ることはまったくできなかった。

そうしたアフリカ連合の脆弱な立場もあり、ソマリアでは二〇〇八年一〇月に暫定連邦政府とイスラーム原理主義勢力との間の停戦協定が、アルカーイダと提携するアル・シャバブによって破られた。アル・シャバブは二〇〇九年三月に支配下に収めていた地域にイスラーム法であるシャリーアを適用し、二〇一〇年一〇月には支配下の地域を深刻な恐怖に陥れていた。ソマリアの事態が国際社会に与える影響を憂慮し、アフリカ連合が事態の収拾に動き始めた。そして二〇一二年二月に、イギリス政府主催のソマリアの安全保障や人道危機などを包括的に議論するための首脳会議が、ロンドンで開催された。だが、いずれにせよ実効的な成果をあげることはできなかった。また、コンゴ民主共和国では、フツ族系の武装勢力によって治安は不安定化し、さらにルワンダ政府の支援を受けたツチ族系の「三月二三日運動（内戦下の二〇〇九年同日に調印された和平協定に反対する武装勢力）」も暴動を起こしていた。コンゴ民主共和国の状況がきわめて悪化していったために、国連安保理は二〇〇九年三月二八日の決議第二〇九八号によって、国連コンゴ民主共和国安定化ミッション（MONUSCO）の枠内で、「武装勢力を無力化させるための的を絞った侵攻作戦」を実施するための多国籍部隊を創設した。そのほか、二〇〇九年三月以降には外交面で孤立状態にあったマダガスカルで、政治危機が続いていた。一九九九年以降、コートジボワールでも混乱が続いている。北部で反乱が起きたために国家が分断されているのだ。さらに二〇〇〇年一〇月に当選したローラン・バグボ大統領は、民主主義を擁護する意思が欠けており、大統領選挙を無期限に引き延ばしたうえに、二〇一〇年一一月の選挙では自らの敗北を受け入れることを拒否した。国連の制裁も効果があがらず、コートジボワールは内戦状態となっていった。二〇一一年四月にはフランス軍と国連コートジボワール活動（UNOCI）の支援を受けて、二〇一〇年一一月の大統領選挙で実際には勝利を収めていたアラサン・ワタラがようやく大統領の座に就いた。バグボは、ワタラの大統領就任の直前に逮捕されることになった。

このようにして、政治的混乱と内戦と暴力に包まれたアフリカだが、政治的安定を勝ちえた事例も見られ、それがセネガルとケニアであった。セネガルでは、二〇一二年一月から三月の間に行われた大統領選挙によって、現職のアブドゥライ・ワッドが対立候補のマッキー・サルに敗れ、緊張が走ったが、その後にワッドがサルの勝利を受け入れて、大統領選挙勝利の祝意を表し、同国の政治的成熟を示すことになった。ケニアでは、二〇一三年三月に新しい憲法の下での初の総選挙（大統領選挙、上下両院議員選挙、郡知事選挙など六つの選挙）が実施され、混乱も少なかったことから政治的な危機を脱したことがうかがえる。マリ共和国は、約一二〇万㎢という広大な国土を抱える巨大な国家であり、北部のトゥアレグ族と多数を占めるバンバラ族などとの間の対立で長らく国家は分断されていた。マリは、隣国のリビアやナイジェリアの混乱、あるいはイスラーム原理主義勢力によるテロの爆発的な増加の影響に加えて、南米原産でヨーロッパ向けに運ばれる麻薬の取引の要衝の地となっていたことで、それによる影響も受けている。二〇一二年一月に、北部のトゥアレグ系のアザワド解放民族運動（NMLA）に加えて、NMLAを超える勢力となることもあるジハード主義組織のアンサール・ディーンや、さらには西アフリカ統一聖戦運動（MUJWA）も加わって、マリ南部の政府軍との間で本格的な内戦が始まった。二〇一二年三月二二日、マリではNMLAと戦闘を行っていた政府軍が装備や兵站が不足していることに不満を抱いて軍事クーデタを起こし、アマドゥ・トゥマニ・

トゥーレ大統領が権力の座を奪われた。またマリ政府は、イスラーム主義勢力と戦うために国連からの支援を得るのに、北部を解放したうえで、二〇一二年九月まで待たなければならなかった。二〇一二年一二月二〇日、国連安保理決議第二〇八五号の採択によって承認された、アフリカ主導マリ国際支援ミッション（AFISMA）の部隊がマリに展開するまでには、時間がかかってしまった。そのために、旧宗主国のフランスのフランソワ・オランド大統領は、二〇一三年一月一一日にフランス軍の投入を決定し、イスラーム原理主義の武装勢力の前進を食い止めることに成功した。しかし、ジハード主義を標榜する勢力は、その後もフランスに挑み続けた。西アフリカのニジェールで、ニジェール軍の基地とフランスの原子力産業大手アレヴァのウラン加工施設が車爆弾攻撃を受けたが、その後にMUJWAが犯行声明を出したのである。

ラテンアメリカの国際関係は、二つの要因によって成り立っていた。第一に、アメリカとの力関係、第二には、メキシコで見られるように麻薬取引と組織犯罪とが結びついた国境問題である。二〇〇八年二月、キューバのカストロが国家評議会を辞任する意向を表明し、それから段階的に政治の表舞台から退くなかで、一九六二年以降に経済制裁を科してきたアメリカとの関係も徐々に改善に向かった。とりわけ、二〇一四年一二月一七日に、一九六一年以来断絶していた外交関係を回復したことが、大きな意味を持つことになった。両国間の対立は、冷戦の数少ない残滓だったからである。

他方で、反新自由主義的な姿勢をとっているいくつかのラテンアメリカ諸国との間で、アメリカは関係を悪化させていった。二〇一二年に四度目の大統領当選を果たしたものの、翌年三月に死去したヴェネズエラのチャベスがイニシアティブをとって実現した米州ボリバル同盟（ALBA）は、その代表例であった。ALBAの目的は、加盟国間の貿易を活性化させることであり、また域内統一決済制度（SUCRE）を導入することにあった。SUCREは、ラテンアメリカとカリブ海の域内での貿易決済制度で、ドルの使用を段階的に取りやめるためのものであった。ラテンアメリカ（アルゼンチン、ブラジル、ウルグアイ）ではじめての共同市場である南アメリカ共同市場（MERCOSUR）は、二〇一二年六月に石油輸出による経常黒字で蓄積された資本を意味するペトロダラーと称するオイルマネーが潤沢にある一方、深刻な社会問題を抱えたヴェネズエラを加盟国として迎えた。ボリビアでは、二〇〇九年と二〇一四年に大統領に再選されたエボ・モラレスが「反植民地主義と反帝国主義の勝利」を提唱して国の運営にあたり、天然ガスや石油の国有化を進めた。太平洋岸のラテンアメリカ諸国（メキシコ、コロンビア、ペルー、チリ）は、ラテンアメリカの経済統合をめざす太平洋同盟を締結した。その目的は、中国の投資を呼び込むとともに、オバマ大統領が進めた環太平洋経済連携協定（TPP）に参加することにあった。

とはいえ、ラテンアメリカはつねに結束を示すような状態からはほど遠く、「ビッグブラザー」であるアメリカとの対立姿勢についても、必ずしも立場が一致しているわけではなかった。それを端的に示しているのが、二〇〇九年六月にホンジュラスで勃発し、中道左派の大統領の失脚に至った軍事クーデタである。これは南米の左翼勢力にとって、衝撃であった。さらに、二〇〇八年八月一四日に、コロンビアとアメリカとの間で軍事協力協定が締結され、アメリカがコロンビアで七カ所の軍事基地を利用できるようになったことも、同様であった。南米の一二カ国は、コロンビアが外国軍の駐留を容認したことに警戒感を示すようになった。それによって、「南米におけるアメリカと仲のよすぎる同調者」と批判されているコロンビアのアルバロ・ウリベ大統領とヴェネズエラとの間に緊張が走ったが、二〇一〇年八月に、フアン・マヌエル・サントスが新たにコロンビアの大統領に就任したことにより、緊張は緩和した。アルゼンチンとチリはブラジルとともにG20サミットに参加している。インフレと汚職がヴェネズエラとアルゼンチンの国力を後退させた一方で、ブラジルではBRICSの連帯の名の下で、ロシアにも配慮を示した外交が展開された。ブラジルでは、景気後退がジルマ・ルセフ大統領の政治基盤をぐらつかせていたが、二〇一四年一〇月には大統領に再選されることになった。

アジアについては、すでにいくつかの危機について言及したように、地域全体に緊張が高まっているといえる。世界でもっとも国防費の増加が見られる地域が、アジアである。二〇〇七年から二〇一一年にかけての世界全体の兵器購入の約半分を、アジア・オセアニア諸国（インド、韓国、パキスタン、中国、シンガポール）が占めている。アジア太平洋地域の政治および経済面での重要性の高まりは、ASEANやAPECといったこの地域の組織へと、アメリカが再び「ピボット（中軸）」を移していることにも証明されている。

スリランカでは、国外からの仲裁がなされない間に、ヒンドゥー教徒が多数を占める少数民族のタミル人の反政府武装組織が、二〇〇九年一月から五月にかけて政府軍によって壊滅させられた。アジアではこれ以外にも領土紛争があとを絶たず、とりわけ中国周辺の海域で多くの問題が発生している。中国が実効支配しながらもベトナムが領有権を主張している西沙諸島や、

図8-1　東シナ海から南シナ海における紛争地域

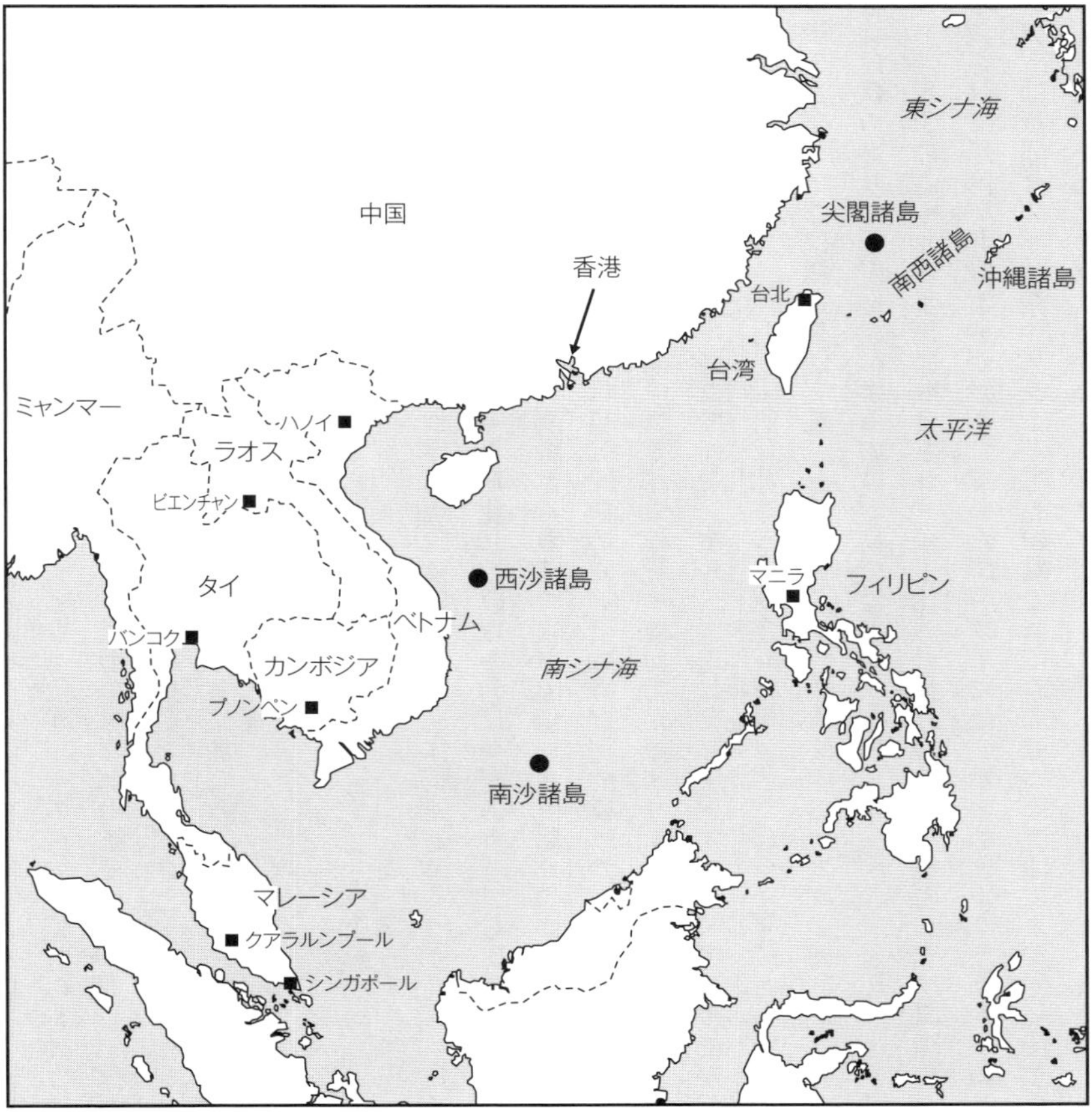

複数の諸国により領有権が争われている南沙諸島、そして韓国の実効支配に日本が反発を示している竹島、また日本が実効支配していながらも中国と台湾が領有権を主張している尖閣諸島（中国名は釣魚群島）が、そのような問題地域である。これらの問題から浮かび上がってくるのは、中国が自国周辺海域で野心を膨らませていることである。その結果、沖縄に軍事基地を保有しているアメリカが日本との同盟関係を強化するようになり、その日本では二〇一二年一二月から翌年の一月にかけてナショナリズムの高まりが見られた。朝鮮半島では南北間の緊張が続いているが、その要因は北朝鮮の過剰な軍備増強と衰弱した経済状態である。北朝鮮はＮＰＴから離脱し、二〇〇六年、二〇〇九年、そ

して二〇一三年と核実験を繰り返すという挑発を続け、対決姿勢を強めた行動をとり続けていた。二〇一一年一二月の金正日の死去に伴い、その三男の金正恩が政治指導者となったが、その後の北朝鮮の行動に変化は見られなかった。金正恩は、二〇一三年二月から五月にかけて、核実験やミサイル発射実験などの挑発を繰り返し、体制の存続を試みた。他方でミャンマーでは、民主化運動の指導者であり、それまで反体制的な運動を続けてきたアウン・サン・スー・チーが、二〇一二年四月に行われた議会の補欠選挙で大勝利を収め、七月から下院議会に加わるようになり、着実に民主化が進行していった。

Ⅷ 「アラブの春」とその後――イスラム原理主義の政権掌握

二〇一〇年一二月以降、アラブ世界は現政権に対する反体制運動によって大きく動揺していた。その背景には、スンニ派とシーア派との間の衝突やあまりにも長期化した政権への反発があり、さらには経済危機の結果として数多くの若者が失業状態にあるため、権威主義体制下での腐敗がそれまでよりもいっそう目立つようになったことがあった。しかし何よりもまず、独裁政治に対抗して、自分の運命は自分で決めたいという国民の欲求があった。混乱したほとんどの諸国で、このような好機を利用して、反体制組織であったイスラーム原理主義勢力がイスラーム法が支配する社会を生み出そうとした。チュニジアでは、一九八七年以来権力の座にあったザイン・アル・アービディーン・ベン・アリ政権が、突然、予期せぬ民衆の反乱によって打倒された。二〇一〇年一二月一七日に始まった民主化運動は、二〇一一年一月一四日のベン・アリ大統領の逃亡につながった。その後チュニジアでは総選挙が実施され、穏健イスラーム主義のナフダ党が勝利した。不安定な政情に加え政権移行の難しさと経済危機もあり、安定を回復するのは容易ではなかった。

チュニジアのこうした事例に触発され、民主化への移行の期待が他のアラブ諸国にも広がった。一九八一年にサダト大統領が暗殺されて以降、非常事態が敷かれていたエジプトでは、ホスニ・ムバラクが率いる権威主義体制が倒された。その結果、エジプトは軍部とスンニ派イスラーム主義組織であるムスリム同胞団によって統治がなされる新たな時代に突入した。そのムスリム同胞団が擁立した候補者のムハンマド・ムルシが、二〇一二年六月一八日に大統領に選ばれた。だが、それ以降も不満を訴える市民のデモが頻発し、政府組織が不安定な状況は続いていた。民主主義を求める情熱は、バーレーン、イエメン、シリア、モロッコにまで広がったが、これらの国ではイスラーム主義勢力が選挙で勝利を収めた。アルジェリアでは、アブデルアズィーズ・ブーテフリカが二〇〇九年四月一〇日に三選を果たし、一九九二年以降に発動されていた非常事態宣言を解除した。アルジェリアは、一九九〇年代の内戦のトラウマが鮮明に残っており、治安の維持がつねに優先されていた。さらには、石油による利益を得られていることの満足感が、他の地域と異なり、現状維持が可能となる要因となっていた。だが、バーレーンでは非常事態宣言が発せられ、反政府デモが徹底的に弾圧された。一九七八年以降、権力の座にあったアリー・アブッドラー・サーレハ大統領が率いるイエメンでも、政府側は反政府デモと徹底的に対決し、弾圧したために、事態を悪化させる道を歩むことになったのである。

マグレブ地域は、イスラーム原理主義の影響の拡大と経済危機という、二重の困難に直面した。西サハラ問題の将来に関しては、交渉が挫折したことによって打開策が見えなくなったことに加え、サハラ砂漠南部のサヘル地域でイスラーム原理主義の脅威が深刻なものとなっていた。イスラーム・マグレブ諸国のアルカーイダ（ＡＱＩＭ）が二〇一〇年九月にモーリタニアで聖戦の実行を唱え、その結果として誘拐などが繰り返されるようになった。

ムバラクが失脚した一週間ほど後に、リビアでは「二月一七日の革命」が勃発し、これがアラブ世界における三番目となる反政府運動となった。一九六九年以降、権力の座にあったカダフィ大佐の政権が、その蜂起によって七カ月ほどで崩壊した。それまでの数年来、西側諸国とリビアとの間では関係正常化と通商関係の回復が進んでいた。というのも、リビアはテロ活動を放棄すると決定し、さらには一九八八年のパンアメリカン航空一〇三便爆破事件と一九八六年の西ベルリンで起きたテロの犠牲者に対し補償を行うことを決定したからである。とはいえ、一方では脅迫を行いながら、他方で約束を実行するというカダフィ大佐の態度は、依然としてリビアが挑発的な姿勢を続けていることを示した。彼はパンアメリカン航空一〇三便爆破事件に関わったテロリストの釈放を要求し、またリビア領内のアフリカ系移民に脅迫を行っていたのである。国際社会は当初は、二〇一一年二月にリビア東部で起きた反政府デモに対する政権の容赦のない弾圧に当惑していたが、国連はリビアに制裁を科して、最終的にはイギリスとフランスの主導する軍事行動を容認する結果となった。その軍事攻撃はＮＡＴＯ軍に引き継がれ、

表8-4 「アラブの春」の経過

2011年	
1月14日	チュニジアのベン・アリ大統領がサウジアラビアに逃亡
1月25日	カイロのタハリール広場でデモ
2月11日	エジプトのムバラク大統領辞任
2月17日	リビアでのデモ
2月20日	モロッコでのデモ
3月15日	シリアでのデモで衝突、大虐殺、弾圧が発生
3月17日	国連がリビアでの民間人保護のための武力行使を容認する決議第1973号を採択
7月1日	モロッコの新憲法を国民投票で可決
10月20日	カダフィ大佐がリビアで殺害される
10月23日	イスラーム政党であるアンナハダ運動がチュニジアで選挙を延期
11月25日	イスラーム政党がモロッコの選挙で勝利
2012年	
1月10日	ムスリム同胞団がエジプト議会選挙で勝利
6月17日	ムルシがエジプト大統領に選出
7月19日	国連安保理のシリア非難決議でロシアと中国が拒否権発動
7月20日	シリア反体制派がアレッポ（シリア）に入る
9月11日	ベンガジ（リビア）でアメリカ領事館襲撃事件発生
11月22日	ムルシ大統領への抗議広がる
2013年	
6月30日	ムルシ大統領への反対デモ
7月3日	エジプト軍がムルシ大統領を解任
8月16日	シリア紛争がリビアまで飛び火
8月21日	ダマスカス（シリア）郊外での化学兵器攻撃
9月14日	シリア、化学兵器破壊に合意
12月25日	ムスリム同胞団、テロリスト組織と宣告される
2014年	
1月9日	チュニジアのイスラーム政党の首相が辞任
10月	チュニジア議会選挙で非イスラーム政党が勝利
12月	チュニジアで非イスラーム政党の大統領が選出

二〇一一年三月一七日から一八日にかけて国連安保理決議によってリビアに飛行禁止区域が設定された。欧米諸国による圧力の下で、新興国であるロシアと中国に加え、ドイツも棄権に回ったものの、国連安保理は決議第一九七三号を採択し、リビアに即時停戦を要求、さらには文民を保護する目的での軍事行動を容認した。これは、二〇〇五年九月、国連首脳会合成果文書で認められた、「保護する責任」の原則に基づいて軍事力行使が容認された、国連の歴史で初めてのケースとなった。「保護する責任」原則とは、自国民を保護するという国家の基本的な義務を全うする能力のない、あるいはその意思がないと認められた国家が存在する場合に、国際社会全体で当該国の国民を保護する、つまり「保護する責任」を担うというものである。二〇一一年三月一九日、フランス空軍が軍事攻撃を行い、政権側が反乱軍の拠点であるベンガジを奪還することを阻止した。このような空爆に加えて、リビア東部を支配する反カダフィ勢力を支えていた英仏両国軍も参加する「オデッセイの夜明け作戦」は、三月二七日にNATOの指揮下で「ユニファイド・プロテクター作戦」として引き継がれた。そこでの戦闘は泥沼状態に入り、アフリカ連合は和平に向けた打開策のための共同行動を見出せなかったが、その後二〇一一年八月二三日に反カダフィ勢力は首都トリポリを陥落させた。一〇月二〇日にカダフィ大佐は殺害され、一一月二二日にリビアで新たに暫定政府が誕生した。しかし、国民の和解、民兵の武装解除、そしてリビアの国家再建を同時に進めていかなければならず、民主主義体制への移行は困難なものとなっている。

シリアでは、イスラーム教の一派であるアラウィー派コミュニティに支えられているバッシャール・アル・アサドが、激しい弾圧と改革の宣言という二つの態度を、交互に示していた。二〇一一年三月以降、反政府運動が活発化し、犠牲者は数万人にも及んでいる。国際社会は、シリア問題への対応をめぐって分裂した。欧米諸国は、輸出禁止や資産凍結などの制裁を加え、アラブ連盟は、関係が悪化しているイランと盟友関係にあるシリア政府に対して、対外資産の凍結や同国高官の渡航禁止、さらには連盟の資格停止など、厳しい態度をとった。それに対し、ロシアと中国は、二〇一一年六月から一〇月、そして二〇一二年二月から七月にかけて、シリア政府の弾圧行為を人道に対する罪と関連づけようとする安保理の決議案に対し、頑なに反対したのである。そのうえ、この間にもロシアはシリア政府に対し、武器を売却し続けていた。シリアの反政府勢力に対する武器の売却については、欧米では大きな論争の対象となった。二〇一三年四月二日には、人権に対する「深刻な侵害」の危険性がある場合や、テロ組織への流出が懸念される諸国に対して通常兵器の国際移転を禁止する武器貿易条約（ＡＴＴ）が国連総会で採択され、この条約の重要性がよりいっそう高まる状況となっていった。

国民の支持や国家間の連帯意識、あるいは石油利権が社会不安を和らげていたことで反政府運動を抑圧しつづけた産油国を除き、アラブ・イスラーム世界に根づいていた権威主義体制はかつてないほど困難な状況に直面し、崩壊していった。とはいえ、こうした逆境に直面した国家にしても、深刻な経済・社会問題を解決できたわけではなく、政治体制の民主化の見通しは不透明となっている。

二〇一三年の世界は、多極化の様相を呈していると同時に、異質なアクターが存在し、グローバリズムが進行している世界でもあった。それはアメリカと中国が支配し、グローバル化が必ずしも西洋的な価値観の普及を意味しない世界である。そしてそれはまた、新たな大国が台頭し、パワー分布の構造が変化し始め、国際政治の重心が移動し始めた世界でもあったのである。

アメリカが「ハイパーパワー」と呼ばれた一九九〇年代は、もはや過去の時代となった。二〇一〇年代に入ると世界は徐々に多極化へと向かっていき、西側世界がつくった国際秩序が拒絶されるようになったことを背景に、世界は摩擦や対立に満ちあふれるようになった。そのような状況は「多極化した無秩序」と呼ぶこともできるのではないだろうか。

二〇〇八年の金融危機の後に世界経済は回復軌道に乗り、とりわけ二〇一三年夏には世界のさまざまな地域で活況が見られるようになった。とはいえユーロ圏では、国による違いは見られるものの、景気の回復はまだ脆弱であり（二〇一五年の経済成長率は一・九％、二〇一六年は一・七％）、それが失業率の低下につながることはなかった。ブラジルやインドのような新興国でも成長率は鈍化しており、中国でも同様に経済成長が減速した（二〇〇七年には一四％だったのが二〇一六年には六％）。他方でバングラデシュ、トルコ、ナイジェリア、インドネシア、そしてメキシコといった経済における新たな優等生が登場した。ブラジルのフォルタレザで二〇一四年七月に開催された第六回ＢＲＩＣＳ首脳会議では、ブレトンウッズ体制の諸機関とは別に、新開発銀行（ＢＲＩＣＳ銀行）の設立が決まった。このときＢＲＩＣＳに含まれるブラジル、ロシア、インド、中国、南アフリカ共和国の合計で、世界人口の四六％、世界のＧＤＰの二〇％以上を占めていた。また、二〇一五年七月にロシアのウファで開催されたＢＲＩＣＳ首脳会議では、新たな世界秩序を構築することで西側諸国の影響力に対抗しようという試みが示された。二〇一六年一〇月にインド南部のゴアで開催されたＢＲＩＣＳの首脳会議では、期待されたような世界経済の成長はなかったものの、西側諸国との対立姿勢が明確に再確認された。

世界経済はよりいっそう地域ブロックごとに再編されていき、また世界貿易も二〇一三年一二月にバリで開催されたＷＴＯ閣僚会議で合意に至った貿易円滑化協定にもかかわらず、さらに地域ごと、あるいはいくつもの多国間協定へとシフトしていった。これらの協定はときとして競合し、たとえば中国が主導しているアジア太平洋の自由貿易圏構想である東アジア地域包括的経済連携（ＲＣＥＰ）にはアメリカは含まれず、他方でアメリカは中国を除外した環太平洋諸国の協力を主導している。環太平洋パートナーシップ協定（ＴＰＰ）と称する野心的な自由貿易圏構想は、中国の影響力の拡大に対抗するためにオバマ政権のイニシアティブにより二〇一六年二月に調印されたものであったが、アメリカ議会での批准には至らなかった。二〇一六年一一月のアメリカ大統領選挙でドナルド・トランプが勝利したことは、このような状況を一変させた。大統領に就任してわずか三日後の二〇一七年一月二三日に、トランプはＴＰＰ離脱の大統領令に署名したのである。このことは、一九四五年以降アメリカが指導力を発揮して促進してきた貿易自由化の動きにとって、苦痛に満ちた後退となった。

中国の圧力を頻繁に感じていたＡＳＥＡＮ諸国は、二〇一五年一二月三一日に、資本、サービス、そして人の自由移動などの分野での市場統合をめざす、「ＡＳＥＡＮ経済共同体」を発足させた。さまざまな規制や中国のダンピングに対抗するための関税などによって、世界貿易における障壁は増大していた。このように新しい保護主義の時代が到来し、グローバリズムに対する不信感が増幅されていったが、それは、Ｇ20杭州サミットでも払拭することはできなかった。

そのほかにも、グローバル・ガバナンスに対する信頼を損なうような動きがいくつか見られた。たとえば、アフリカ諸国の多くが国際刑事裁判所（ＩＣＣ）を「白人の正義」だと批判し、アフリカ連合の総会議長にはそれまで非難されることの多かったジンバブエのロバート・ムガベ大統領が就任した。二〇一六年、チャドの元大統領イッセン・ハブレに無期懲役の判決を言い渡したのはＩＣＣではなく、ダカールに設置されたアフリカ連合の特別法廷であった。二〇一六年一一月にはロシアが、自らが調印していた国際刑事裁判所ローマ規程の批准を放棄し、そこから離脱することを宣告した。

気候変動に関する交渉はいまや国際関係における主要な議題の一つとなっており、二〇一五年一二月には世界の一九五の国と地域がパリで気候変動枠組条約に調印し、その後に発効した。

このパリ協定の目標は、二一世紀末までに世界の平均気温の上昇を産業革命以前と比べて二度未満に抑えることである。二〇一四年一〇月、ＥＵ加盟二八カ国は妥協の末に、二〇三〇年までに温室効果ガスの排出量を一九九〇年と比べて最低四〇％削減することに合意した。二〇一四年一一月には、世界でもっとも多く二酸化炭素を排出する二つの大国であるアメリカと中国が、排出量削減に合意した。そして、二〇一四年一一月一五－一六日にオーストラリアのブリスベンで開催されたG20サミットでは、気候変動に関して断固たる措置をとらなければならないという点で一致し、国連の「緑の気候基金」を支持することで合意した。二〇一四年一二月にリマで開催されたCOP20では、先進国と発展途上国との間で優先して取り組むべき課題に関して意見の対立が見られ、妥協によってかろうじて最低限の合意に達するにとどまった。二〇一五年一一月三〇日から一二月一一日にかけてパリ郊外のル・ブルジェで開催されたCOP21では、地球の温暖化を原則として二度未満に抑え、非化石エネルギーを推奨するという野心的な合意に達した。他方、合意に違反した諸国に対する制裁措置は一切なく、南半球の諸国が北半球の諸国に対しよりいっそうの資金援助をするように要求したことで、両者の間に摩擦が生じた。

（COP21：会議に参加するのは一九五カ国とEU。一九九二年にブラジルのリオデジャネイロで開催された地球サミットで調印された気候変動枠組条約の参加国を集めた「国連気候変動枠組条約第二一回締約国会議」のことである。）

気候変動の問題と直結しているエネルギー問題もまた、各国の政策に重要な影響を及ぼしている。たとえばロシアの天然ガスのヨーロッパへの供給の問題や原油価格の変動などが、そうした事例にあたる。中国における需要の減少や世界経済の成長の鈍化、シェールガス開発などによりアメリカの新エネルギーが市場に流入したことによって、原油価格は二〇一四年六月の一バレル一一五ドルから二〇一五年初頭の五〇ドルにまで下落し、二〇一五年の夏にはさらに落ち込んだ。このことが、ロシア、アルジェリア（原油や天然ガスなどの炭化水素部門関連の収入が財政収入の六〇%を占める）、ベネズエラなどの産油国に打撃を与えた。打撃をこうむった国家にはサウジアラビアも含まれており、その結果として二〇一六年一一月三〇日にはOPEC参加一三カ国が、原油価格の上昇を目標に減産に合意して（ロシアのようなOPEC非加盟国もこれに追随）、二〇一七年三月には一バレル五〇ドルを超えるところまで回復した。

だが、この時期におけるもっとも顕著な特質は軍事衝突が繰り返されたことであり、ベルリンの壁崩壊の後に感じられた平和への希望があたかも葬り去られたかのようであった。冷戦の再来ではないが、国際関係の規範に対して挑戦する論理が浮上して、それまでのルールを修正しようとする試みも見られ、またそうした動きを示している諸国が恐れるような「世界の警察官」も不在となっている。これらの紛争の多くは内戦であって、脆弱な国家において反体制派が政府に対決する構図となっている。その多くは南半球に位置しており、ギニア湾からサハラ砂漠南縁部に広がるサヘルまで、そしてメソポタミアからウクライナまでだが、これらの紛争は西側世界が象徴する世界秩序への挑戦でもある。同様にＢＲＩＣＳによるいくつかのイニシアティブも、ドルとアメリカが支配する従来の秩序を相対化する試みである。そもそもアメリカもまた、そのような「世界の警察官」という役割を担うことに疲弊している。ロシアの行動は、ウクライナ危機に見られたようにまさにそのような事例にあたり、数々の国際法によって規定された領土を修正しようと試みている。プーチン大統領は明らかに、冷戦終焉後に確立した国際システムに挑戦し、自らに有利になるように「ハイブリッド戦争」（プロパガンダ・非正規軍・サイバー攻撃などを組み合わせた戦争）を展開した。

ヨーロッパでは統合の理念が危機に瀕しており、各国でナショナリズムとポピュリズムが台頭している。他方でアジアは、世界政治の中心舞台としてますますその重要性が高まり、新興国も台頭している。そのような構図のなかで中国が政治的および経済的に急成長して、さらには領土紛争も広がっている。また、「アラブの春」は激しい内戦へと姿を変えて、国家の存在そのものが危機的状況にさらされるとともに、第一次世界大戦を契機に引かれた国境線もまた揺らいでいる。そして、世界の多くの地域ではイデオロギーがその効力を失う一方で、宗教をめぐる戦争が頻発している。それはたとえば、インドでのヒンドゥー教徒とイスラーム教徒、中央アフリカと西アフリカにおけるイスラーム教徒とキリスト教徒、さらには中東におけるスンニ派とシーア派の間の軋轢である。二〇一五年から二〇一六年には、アフガニスタンとシリアを筆頭に、戦禍に見舞われた祖国を離れる難民の数が急増した。カナダからオーストラリアに至るまで、テロはいかなる国家に対しても容赦なく襲いかかっている。

I　撤退するアメリカ、挑戦するロシア

1　オバマからトランプへ

バラク・オバマの外交政策は、緊張があふれる世界のなかで閉塞状況に陥ってしまったかのようだ。オバマは軍事介入を終わらせ、いわば好戦的な思考に終止符を打ち、軍縮、とりわけ核軍縮を自らの外交政策の中核に位置づけるために大統領に選ばれたのだ。二〇〇九年にはそうした姿勢が評価され、ノーベル平和賞を受賞した。二〇一三年の初頭には、「アメリカは常時戦争状態にあるような状況から脱しなければならない」という、以前から持っていた自らの考えを再び表明した。ところが、紛争解決に向けた政策を実施するために、オバマは再びイラクに軍事的関与を行い、過剰な関与を避けて限定的な空爆に踏み切ったのである。当然のことながら、このオバマの決断は当初の方針からの後退と受けとめられた。新戦略兵器削減条約（新START、プラハで二〇一〇年四月八日調印）に続き、オバマは二〇一三年六月一九日にはベルリンで演説し、米ロ両国が保有する戦略核弾頭を一〇〇〇発まで削減することを提案した。その一方でオバマは、イラクの脅威に対抗する目的でヨーロッパに配備する予定であったミサイル防衛システムの扱いについて、判断が揺れ動いていた。ロシアはこのミサイル防衛システムを、自国に対する戦略的な脅威ととらえていたのである。結果的に米ロ関係は冷却化した。二〇一二年に再選されたプーチン大統領は、アメリカのそのような姿勢を受け入れることはなかった。なぜなら、米ロ間で対立する争点が増えていたからである。具体的には、ミサイル防衛システムの導入、ロシア国内の人権問題、ウクライナ危機、シリア問題をめぐる意見の衝突、アメリカの通信傍受活動に従事していたエドワード・スノーデンのロシア亡命受け入れであった（アメリカは世界の通信データを監視していたが、その結果得られた極秘情報をスノーデンは漏洩した）。二〇一三年九月にサンクトペテルブルクで開催されたG20サミット（九月五－六日）の機会に行われる予定だったモスクワでの首脳会談が中止されるほどまでに、米ロ関係は冷え込んでいたのである。

こうしたことのなかでは、シリア問題がもっとも重要であった。二〇一三年八月二一日にバッシャール・アル・アサド政権は、ダマスカス近郊で住民に化学兵器を使用したことから、オバマ大統領は八月三一日に、シリアのアサド政権に対し空爆を行う計画であると表明した。ところが事態は急変した。オバマは、軍事介入の前提として議会の承認が必要であるとして、九月九日には、シリアの化学兵器を化学兵器禁止機関（ＯＰＣＷ）による国際管理下に置くというロシア政府の提案に対して、理解を示したのである。その結果、国連安保理決議第二一一八号で可決された（二〇一三年九月二七日）シリアに関する国際合意はアサド政権の立場を強化し、これはプーチンの勝利ととらえられた。アメリカ側は、シリア危機によってオバマ大統領の信頼が揺らぐこととなった。なぜなら、最大のパートナーであるヨーロッパ、とりわけフランスの頭越しに問題を解決しようとし、また主要な大国の地位に復帰しようとするロシアに自信を与えてしまったからである。

二〇一四年三月になると、ウクライナとクリミアをめぐる問題をめぐり、米ロ間の緊張はよりいっそう先鋭化していった。というのも、この件に関してロシアは直接の当事者であったからである。オバマ大統領は、リバランス政策によりアメリカ外交の重心をアジアにシフトさせ、ヨーロッパの問題からは距離を置くはずだったのが、ヨーロッパに再び深く関与することになり、ロシアに対してより強硬な姿勢で制裁を科すことになった。

アメリカは、イスラエルとパレスチナに対する影響力も低下させ、外交政策は動揺していった。政府債務や議会の機能麻痺という国内問題も抱えており、アメリカの信頼は大きく揺らいでいた。二〇一四年五月二八日にオバマ大統領は陸軍士官学校で演説した際に、アメリカは新たな軍事的冒険に乗り出すようなことは避けなければならず、もしも介入する際にはその条件を明確にしなければならないと論じ、アメリカがあらゆる国際的危機を解決できるわけではないことを明言した。だが九月一〇日には、オバマは、「イスラーム国（ＩＳＩＬ）」とはあらゆる場所で戦うという姿勢を明らかにした。イラクでは、アメリカが撤退してから三年も経たないうちにイスラーム過激派が勢力を拡大したため、二〇一四年八月にはイラク国内の「イスラーム国」の拠点に対して米軍が空爆を行った。その目的は、「イスラーム国」の勢力拡大を阻止し、それと戦っているクルド人勢力に武器を提供し、同時に彼らを防衛することであった。たしかにオバマ大統領は、二〇〇八年の金融危機以降とどまることのなかった景気後退からアメリカ経済を回復させ、また中東におけるアメリカ軍の兵力削減に成功した（二〇〇九年一月の一八万人から二〇一七年一月には一万五〇〇〇人に縮小）。さらに、米軍が新たな戦争に巻き込まれることを防いだのだが、それは、世界各地からアメリカが撤退したからこそ可能となったのである。

二〇一七年一月のドナルド・トランプのアメリカ大統領就任には、アメリカの歴史における連続性と断絶性の双方の側面が見受けられる。それまでの大統領との断絶性の側面については、とりわけその特異な政治スタイルと、意図的に扇動的な言動を用いるところに示されている。トランプは、ナショナリストたちに迎合する外交政策を好み（「アメリカ・ファースト」政策）、移民を制限し、「アメリカ製品を購入し、アメリカ人を雇用せよ」として、経済面においては保護主義的な姿勢を明確に示している。トランプは、グローバル化を減速させ、アメリカの産業復興のために断固たる措置をとる意思を示し、貿易面では中国を不公正な競争者と位置づけた。また、アメリカの多国籍企業に対し規制を設けるEUには、あまり好感を抱いていないという特質も見られる。さらには、NATOの同盟諸国に対して、防衛費によりいっそうの予算を割くように強く要請している。もっとも、これはトランプが大統領になってから表出した新しい要求というわけではない。COP21で合意したパリ協定を批判し、国際機関におけるアメリカの分担金を減らすと圧力をかけることで、アメリカの国力の障害になっていると感じている多国間主義を排除する意向を示したのである。とはいえ、選挙期間中の言動と大統領に就任してからの言動とを比べると、明らかに異なる姿勢を示しており、とりわけロシアについてはそれが顕著となっている。

2　プーチンとウクライナ危機

ウラジーミル・プーチンは、二〇一二年にクレムリンの大統領府に戻ってからというもの、ロシアの誇る豊富な石油や天然ガス、さらには改革された軍を利用して、自国を再び輝かせようとしてきた。たとえば、二〇一四年一月にソチで開催された冬季オリンピックもまた、そのようなものの一つである。さらにプーチンは、NATOをロシアの国境地帯から可能な限り遠ざけようと試みた。ロシア政府は、再び軍備増強を始動し、海外における軍事基地を増やし、アメリカが東欧にミサイル防衛システムを配備したことを批判して、核兵器を自らの国防政策の中核に位置づけた。ロシアは、世界におけるアメリカのリーダーシップに挑戦する意思を示し、戦争には至らないにせよ、自らの存在感を誇示するための軍事力行使をためらわない意図を表明した。ウクライナ危機を待たずして、すでにオバマ大統領が提唱した米ロ関係改善に向けた「リセット」政策は破綻しており、むしろ緊張の度合いを高めていたのである。

プーチンは、ほかにもいくつかの外交カードを手中に収めていた。中東では二〇一五年九月から一〇月以降に、とりわけ軍事面でシリアの後ろ盾としての役割を担ったほかにも、エジプトとイランにも接近していた。アジアでは北朝鮮との関係強化のほか、二〇一四年五月二〇－二一日の北京訪問に象徴されるような中ロの接近が目立っていた。北京を訪問した際にプーチンは、中ロ協調はロシアにとっての最優先課題であると述べ、外国勢力の干渉に対抗するうえで習近平国家主席との協力に言及したのは、まさにそれを裏づけるものであった。また、二〇一五年初頭に発足し、最終的にはEUとの競合が期待されていた経済および貿易に関する広域圏のユーラシア経済連合（ロシア、ベラルーシ、カザフスタン、アルメニア）もまた、プーチンの主導で創設された。プーチンは、このユーラシア経済連合を通して、ウクライナに対する圧倒的な影響力を回復することをめざしていた。

実際に、ヨーロッパで二番目に広大な国土と四六〇〇万の人口を擁するウクライナも、天然ガスと石油の供給についてはロシアに依存している。しかし、大いなる発展を遂げていたウクライナはロシア文化発祥の地であり、一九一七年から一九二〇年にかけては独立国家であって、ソ連が一九九一年に解体された際には独立を宣言した。そもそも二〇〇四年に起こった「オレンジ革命」は、親欧的なウクライナ西部と親ロ的な東部とに国家が二分されている現実を明白に示していた。

こうした状況のなか、EUの旧ソ連圏諸国との協力枠組みである連合・自由貿易協定、いわゆる「東方パートナーシップ協定」の締結にウクライナは関心を抱いたが、これがロシアから背信と受けとめられた。ロシア政府の政治的および軍事的な圧力を受けて、二〇一三年一一月二一日にウクライナは、リトアニアの首都ヴィリニュスで開催された第三回東方パートナーシップ首脳会議（二〇一三年一一月二八－二九日）で合意に至った連合協定には調印しないと決定したのである。その一方で、ジョージアとモルドヴァはそれに仮調印していた。そのため、調印しなかったことに反発した親EU的なウクライナ国民は、キエフの独立広場（ユーロマイダン）に集まった。この反政府デモを、ウクライナ政府は軍事力を用いた弾圧によって沈静化しようとした。この弾圧は、「ワイマール・トライアングル」と呼ばれるドイツ、フランス、ポーランドの三国外相会合による仲裁の失敗の直後、ウクライナ政府が転覆する二〇一四年二月二二日まで続いた。ロシアにとってヴィクトル・ヤヌコーヴィチ大統領の失脚は外交的な敗北であり、それによってウクライナとEUが接近することが想定されていた。こうした事態を受けてプーチンは、ウクライナのなかの親ロシア派で構成される地域の擁護者を自任するようになった。なかでも、一九五四

図9−1　ウクライナとクリミア

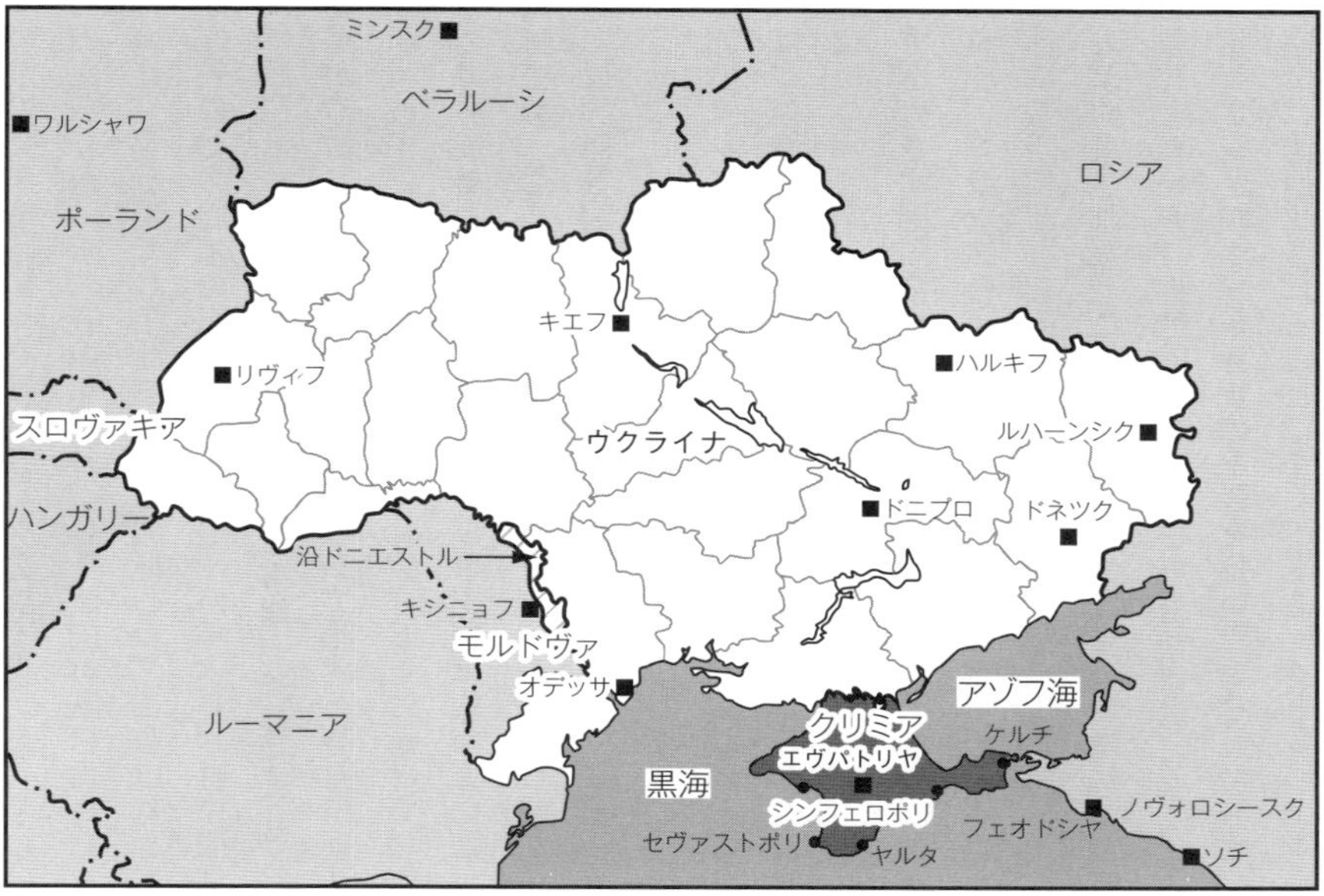

年にウクライナに移管したクリミア半島の住民は大半がロシア系であり、さらにはセヴァストポリの海軍基地をウクライナから借り上げていたこともあり、ロシアはこの土地を自らの支配下に置くことに執着したのである。

国境の不可侵を定めた一九七五年のヘルシンキ宣言、および ソ連崩壊後のウクライナが自国領内にある核兵器を手放す代わりに国境の保全を定めた一九九四年のブダペスト覚書が存在するにもかかわらず、ロシアは二〇一四年二月二七日にクリミアに侵攻し、このことが冷戦の終焉以降でもっとも深刻な危機を引き起こした。二〇一四年三月一一日、クリミア自治共和国の独立が宣言され、三月一六日に急遽実施された住民投票によって、この自治共和国はロシアへの編入を自ら願い出た。大多数の国連加盟国は、ロシアによって偽装された国際法に違反する併合であり、ヨーロッパの安定を脅かす行為であるとして反発した。これは主権国家に対する侵略であるとして、EUとアメリカはロシアに経済制裁を科すことを決断し、さらにはウクライナ上空で民間航空機が撃墜されたことを受けて七月にはその制裁を強化した。

旧ソ連諸国、とりわけジョージアとモルドヴァは深刻な危機感を抱くようになり、ウクライナ東部の国境地帯も脅威にさらされるようになった。プーチンは膨張主義的な意図を持っていたのであろうか。それとも、ウクライナがNATOに加盟することを断固として阻止し、ロシアに依存するようにしむけたのだろうか。二〇一四年三月、G7諸国首脳は六月にソチで開催予定のG8サミットへの参加をキャンセルし、その代わりにブリュッセルでG7サミットを開催した。これはロシアにとっては、外交的な屈辱であった。とはいえ、ノルマンディー上陸作戦の七〇周年の記念式典が二〇一四年六月六日に開催されると、プーチンとペトロ・ポロシェンコ（五月二五日に選挙で選ばれたウクライナの新大統領）は、事態を鎮静化させることで合意した。さらには六月に、EUとウクライナとの間で連合協定が締結された。停戦および親ロシア派武装勢力のウクライナからの撤退を規定したミンスク合意（九月五日）の締結にもかかわらず、二〇一四年の秋から二〇一五年にかけての冬の間にこの混乱が収まる気配は一向になく、ウクライナ東部における分離主義勢力に対するロシアの軍事支援は続いていた。それによってロシアへの経済制裁は強化され、G8サミットからは排除され、さらに二〇一四年一一月一五－一六日にオーストラリアのブリスベンで開催されたG20のサミットでは孤立し、ロシアは国際社会においても孤立を深めていった。二〇一五年初頭にロシアは、支配地域を拡大していた分離主義勢力を支援し、そのことによって緊張は続いていた。再びG7は二〇一五年六月と二〇一六年五月のサミットの機会を利用して、そこに不参加のロシアに対抗すべく結束した。日本が議長国となり伊勢志摩で開催された二〇一六年五月二六－二七日のG7サミットでは、経済成長を再び軌道に乗せること、テロリズムに対抗すること、そして移民の動きを管理することなどが、主要な議題となった。

和平をめざす国際会議の挫折が続き、成果の出ない協議がたび重なった後に、新たにミンスク会議によって、ドイツのメルケル首相、フランスのオランド大統領、ウクライナのポロシェンコ大統領、ロシアのプーチン大統領によって二〇一五年二月一二日に二回目となる停戦合意（ミンスクⅡ）が成立して、外国の武装勢力の撤退や緩衝地帯の設置、ウクライナの地方自治の拡大が約束された。このときアメリカはロシアに対して断固たる姿勢を示しており、ロシアの近隣諸国での軍事的プレゼンスを強化していた。西側が実行していた経済制裁（加えて石油・天然ガスの価格の下落）によってロシア経済はダメージを受け、インフレとルーブル通貨の下落を招いた。それでも、ロシアの行動を変えることはできなかった。ウクライナでの武力行使が完全に沈静化されることはなく、ドネツクとルハーンシクでは分離主義勢力とウクライナ政府との間で、繰り返し緊張が生じていた。

はたしてこれらの出来事は、冷戦の再来を意味しているのであろうか。ワルシャワで開催されたNATO首脳会議（二〇一六年七月八－九日）では、ヨーロッパにおける東方からの脅威の方が、テロの脅威よりも深刻であるという認識が示された。NATOは、即応能力を強化することで合意した。また二〇一六年夏にポーランドとバルト三国は、多国籍からなるNATO軍の兵力を展開させると決定した。ロシアは経済的に多くの問題を抱えており、プーチン大統領は自国を孤立状態から脱却させ（シリア危機に乗じたことと二〇一六年一二月の同地での停戦合意によって、実際に孤立から脱却することができた）、さらには大国の地位を回復させることをめざした。プーチンとオバマとの関係は断絶に近い状態となった。アメリカ一国で大西洋同盟の軍事費全体の七五％を負担している状況のなかで、ヨーロッパ加盟国はGDPの二％まで軍事費を増額させるよう要求されるようになった。これについては、トランプ大統領の就任後によりいっそう圧力が増していった。トランプ大統領とプーチン大統領との間では、ウクライナとシリアの問題をめぐって立場の違いが顕在化しつつあり、牽制が続く状況となっている。

Ⅱ「アラブの春」から宗教をめぐる戦争へ

中東地域では民主主義への移行が進んでいる様相があったが、実際には動乱の時代に突入していた。エジプト、イラク、シリアのような強靭と思われていた国家でさえも動揺し、またオスマン帝国崩壊後にヨーロッパ列強によって引かれた国境線が書き換えられようとしており、さらには宗教的な紛争が急増した。国益に結びつかないこうした混乱からアメリカが距離を置いている間に、過激で戦闘的なイスラーム主義勢力が拡大し、スンニ派とシーア派の間の対立も鮮明となっていった。そして、サウジアラビアとイランという、宗教権力が支配する二つの国家が台頭した。両国は、国内の反体制運動に対して容赦のない弾圧を行い、ともに中東地域での主導的地位を手に入れようと試みて、同じ目標に向かっている。さらには、サウジアラビアとイランはともに、ある特定の勢力に一定の保護を与えている。すなわちサウジアラビアにとっては、それはイスラーム主義勢力であり、またイランにとってはレバノンのシーア派イスラーム主義の政治組織であるヒズボラと、シリアのアラウィー派政権（アサド政権）である。こうした地域大国による支援の下、アラブ世界では暴力が蔓延しており、西側世界でもカナダからオーストラリアに至るまでの広い範囲にわたって、そのような勢力は拡散したのである。ヨルダンの国王であるアブドゥッラー二世までが、ジハード主義勢力との戦いに参加していた。

（スンニ派とシーア派とは：シーア派とスンニ派との間の分断の起源は預言者ムハンマドの後継者に関する見解の違いにある。七世紀以降、両派がそれぞれ発展したことでその考えの違いも鮮明となり、今日の激しい対立に至ったのである。もっともつねに対立していたわけではない。現在ではシーア派の国家（イラン、イラク、そして少数のスンニ派を抱えるイエメン）とシーア派が少数になっているスンニ派の国家（エジプト、シリア、サウジアラビア、サウジアラビア以外の湾岸諸国、トルコ、ヨルダン）との間で分断している。）

アメリカのイランへの接近に見られるように、立場の違いからサウジアラビアは自らの同盟相手であるアメリカと距離を置いており、パキスタンにおける原子力政策のように、自立的な外交を展開している。サウジアラビアは国連の安全保障理事会の非常任理事国に選出されたにもかかわらず、二〇一三年一〇月にはこれを辞退し、またシーア派の地域大国であるイランに対抗するために、二〇一五年三月にはアラブ連盟の合同軍の創設を主導した。とはいえ二〇一五年四月にサウジアラビア軍が主導したイエメンに対する空爆は、成果をあげることができなかった。二〇一五年一月のサウジアラビアのアブドゥッラー国王の死後に開催されたアメリカと湾岸諸国との首脳会議（二〇一五年五月）、あるいはオバマ大統領によるサウジアラビアのジッダ訪問（二〇一六年四月）は、アメリカが世界第三位の産油国であるサウジアラビアとの関係の改善を図ったものである。

イランに関しては、二〇〇二年に国内の核施設の存在が明らかになり、また二〇〇六年にはイランの核開発とウラン濃縮活動の凍結解除を求められて、ハッサン・ローハニ大統領は、国連安保理の常任理事国にドイツを加えた六カ国間で外交交渉を始動させることになった。二〇一三年一〇月にはその交渉が始まり、合意に向けた枠組みが形成された。すなわち、イランの核開発計画に制限を設ける代わりに、制裁は解除され、それに対する厳格な監視プログラムが開始されることになった。しかし、交渉の期限に設定された二〇一四年一一月までには交渉はまとまらず、二〇一五年春まで交渉期限が延期され、最終的にスイスのローザンヌで非核化へ向けた長期的な枠組みが決定した。その間、イランは国際社会に対しより開放的になり、この会議の議長国であるイラン政府代表は、交渉相手国のなかではフランスよりも協調的なアメリカの代表との距離を縮めていった。そして、ついに二〇一五年七月一四日にはその最終合意である「包括的共同行動計画」の調印にこぎつけた。

その結果、国際原子力機関（ＩＡＥＡ）の監視の下で、イランは一五年にわたり原子力の平和利用計画を続ける権利を手に入れると同時に、軍事利用を目的としたプルトニウムの生産はできなくなった（遠心分離器の数を制限し、強力なものは使用せず、濃縮ウランについても保有量を減らす）。その代わり、経済および金融の制裁は徐々に解除されることになった。ただし、イランが合意を守らないと判断された場合、再び制裁がかけられる可能性は残された。この合意はスンニ派の諸国とイスラエルに懸念を呼び覚ましたが、同時にそれはまたイランが中東において巨大なプレゼンスを示し、優越的な新たな地位を手に入れたことを象徴していた。これは、集団安全保障の分野における多国間外交としては、前例のない成功であった。この成功は、二〇〇六年以降イランに科されていた経済制裁、および国連安保理の常任理事国五カ国の合意によって実現したものであった。さらにこれはまた、中東のほぼ全域に関与するイランの台頭を表していた。イラクのみならずシリアに対しても、アサド政権を支える目的でイランは介入を行っている。

他方でアフガニスタンでは、ＮＡＴＯ部隊との戦闘が二〇一四年一二月に終結したものの、国土のおよそ三分の一を支配し攻勢を続けるタリバン勢力の蜂起によって、国内の治安は極度に不安定化していた。結果的に一万人規模の西側の軍事的プレゼンスが、引き続き必要であった。アフガニスタンは、持続的な国際支援に依存してかろうじて国家としての要件を満たしており、それはまたアメリカの戦略の失敗を象徴していたのである。

1　シリアにおける紛争

シリアでは、二〇一一年三月に始まった内戦が依然として続いていた。一方には、少数派の部族のアラウィー派と同じく少数派の宗派であるキリスト教徒とイスラーム教のドゥルーズ派に支えられ、シーア派のイランとヒズボラの支援を受けるバッシャール・アル・アサドの独裁政権が存在しており、他方には石油を基盤とする諸々の王家やジハード主義組織（アルカーイダから派生したファタ・アル・シャームなど）の支援を受け、とりわけスンニ派で構成されたシリア国民の一部から成る反政府勢力が存在し、この両勢力が争っていた。結果的にいくつもの勢力が入り交じって戦闘を繰り広げることでシリアでは国家が崩壊し、さらには外国勢力による介入がよりいっそう状況を悪化させている。国際的には、アサド政権はイランとロシアによって支えられており、またそのアサド政権と戦う自由シリア軍はアメリカとヨーロッパのいくつかの諸国による支援を受けている。他方、サウジアラビアとカタールもまた、シリア国内の特定の組織に支援を与えている。地理的な近接性からシリア情勢の影響を直接こうむっているトルコは、隣国における危機的状況をクルド人の「失地回復」をめぐる動きとして眺めている。敵対し合う勢力で構成されたシリアは、中東情勢をよりいっそう複雑なものにしている。西側諸国は、武器輸出の禁止を解除するタイミングの難しさなどをはじめさまざまな問題を抱えており、反政府勢力に対する支援をどのように行うかをめぐって混乱している。

シリアでは、すでに何十万もの死者が出ている内戦が容赦なく続いており、また何百万もの人々が故郷を離れ、難民として国外に避難した。二〇一三年八月二一日にダマスカスの近郊で行われた化学兵器の使用は、この内戦の暴力性を象徴していた。シリア政府による化学兵器の使用を停止させるための国連決議は、ロシアの拒否権行使によって採択が不可能となっていたため、西側諸国は空爆の準備を行いながらも実行に移せず、またこのときにはイギリスもまた戦列に加わることはできなかった。オバマ大統領は議会に承認を要請し、シリアにおける化学兵器製造施設を解体するためのロシアの提案に同調し、シリア政府はこれを受け入れて、化学兵器禁止条約にも調印した。ジュネーヴ、さらにはウィーンで開催された体制移行期の政権を組織するための交渉では、解決策を見出すことができず、新政権構想も失敗に終わった。また、シリアからの難民は、隣国であるレバノンやトルコの安全や安定を脅かすことになった。シリア国内のタルトゥースという港湾都市に軍事基地を持っているロシアは、当初は目立たない姿勢を維持していたが、二〇一五年九月三〇日以降には空軍と陸上部隊を用いて反政府武装勢力に攻撃を加え、結果的にアサドの権力基盤を強化する手助けをした。アサド政権の運命が、和平に向けた取り組みを成功させる鍵となっていた。二〇一五年一二月一八日に採択された国連安保理決議第二二五四号では、停戦のほかに政権移行をめぐる合意の行方が注目されていた。この決議を採択する際に西側が直面した問題は、アサド大統領を交渉相手にすべきか否かというこ とであった。アサド大統領は、自らの統治に抵抗する勢力に対しては容赦のない武力による弾圧を行い、とりわけアレッポ東部における反政府勢力に対する爆撃はやむこともなく凄惨であった。確かな成果を生まないまま繰り返される停戦合意はすぐさま破棄され、シリア第二の都市アレッポを拠点としていた反政府勢力がそこから撤退し、二〇一六年一二月一三日にアレッポが解放されるまで、戦闘は続いた。結果としてアサド政権はロシアによって救われ、停戦合意はロシアとトルコ両政府の仲介によって成立し、一二月三一日には国連安保理もまたこの停戦合意を支持する決議を採択した。二〇一七年二月に国連の支援に基づくシリア和平協議が再開されるまでの間、ロシア、トルコ、そしてイランの後ろ盾の下、カザフスタンの首都アスタナで、シリア政府と反政府勢力（「イスラーム国」とヌスラ戦線を除く）との間で、和平協議が開催されることになった。

2　移ろいゆく国境と国家

アルカーイダやヌスラ戦線のようなイスラーム主義勢力と争い、強力に武装していた「イラク・レバントのイスラーム国（ISIL）」、いわゆる「イスラーム国」は、アラビア語のイニシャルをとって「ダーイシュ」とも呼ばれており、短期間でイラクとシリアで勢力を拡大し、自らの支配下に置いた地域では「カリフ制」（つまり預言者ムハンマドの後継者による統治）の樹立を宣言した。また国家樹立の野望を抱き、世界中で人々の関心を引き寄せる力を持っていた。二〇一四年六月一〇日、「イスラーム国」はイラクのモスルを占領し、その後はシリア国土の三分の一とイラクの一部を奪取して、隣国のヨルダンに脅威を与えていた。そしてパリでの一一月一三日のテロをはじめ、世界の各地でテロを連続して計画し実行した。国連安保理は、二〇一五年一一月二〇日にフランスが提案した、「地球規模での、平和と国際安全保障に対する前例のない脅威」である「イスラーム国」を、「あらゆる手段を用いて」打倒するという内容の決議を全会一致で採択した。「イスラーム国」はシリアのパルミラを占拠したものの、その後二〇一六年三月にはシリア軍が「イスラーム国」の武装勢力を打倒して駆逐した。しかし、一二月には「イスラーム国」が再びこれを奪取したが、最終的に二〇一七年三月にシリア政府が奪還に成功した。この頃、中東の混乱は極限に達しており、アメリカは何らかの行動を起こさざるをえなくなり、スンニ派のジハード主義との戦いにおける潜在的な同盟国と考えられたイランに接近し始めた。アメリカは、シリアでアサド政権の政治基盤を強化することにつながることを認識しながらも、二〇一四年八月から九月にかけて有志連合の結成を主導した（複数のアラブ諸国も参加した）。ただし、地上作戦を行うことは計画から除外されており、あくまでもジハード主義勢力の軍事拠点を空爆するにとどまっていた。この有志連合は、こうした軍事作戦を展開して、シリアのラッカ、さらにはイラクのモスルなど「イスラーム国」の拠点を陥落させることをめざしたのである。中東で起きた政治変動は同盟関係を動揺させ、政治体制をより権威主義へと向かわせた。そうした事例がトルコである。トルコはシリア内戦、そしてイスラム原理主義とクルド人によるテロの影響を受けた。そしてイランの覇権的な態度を批判した。レジェップ・タイップ・エルドアンが率いる公正発展党（AKP）が二〇一五年一一月の総選挙で国会の過半数の議席を獲得し、勝利したことでトルコは権威主義へと舵を切った。そして二〇一六年七月一五日のクーデタ未遂事件によってエルドアンの体制はさらに強化された。トルコはNATOの加盟国だが、西側の自国に対する態度に失望しており、二〇一六年八月に開催されたエルドアンとプーチンとの間の首脳会談を契機に、ロシアに接近した。そして両国が協力してシリアのアレッポでの停戦合意に漕ぎつけた。その結果、クルド人勢力による自治領創設の夢が実現することはなかったのだ。

エジプトでは、民主的に選ばれた初めての文民大統領であるムハンマド・ムルシの政権が、二〇一二年六月に誕生した。だが、一部の国民はムルシ政権が統治能力に欠け、スンニ派のイスラーム主義組織であるムスリム同胞団にあまりにも従順であると批判し、政権を拒絶するようになっていった。その結果、ムルシ大統領は二〇一三年七月三日には、軍のクーデタによって大統領の座から引きずり下ろされた。軍の実力者であったアブドルファッターハ・エルシーシ元帥は、二〇一四年三月二八日に大統領選挙に出馬することを決め、その後勝利を収めて大統領に就任した。大統領となったエルシーシは、自分に異議を唱える人々を容赦なく弾圧し、シナイ半島東部と西部のリビア国境地帯においてジハード主義勢力との戦いに乗り出したのである。

豊富な埋蔵量の石油資源に支えられたイラクでは、アメリカが撤退した二〇一一年以降に国内の治安は悪化しながらも、イランと密接な関係にあるシーア派の政府による統治が続いていた。イラクの国土は分断され、北部では行動の自由を手にしたクルド人勢力が優勢となっており、南部ではイランの影響を受けるシーア派勢力が存在し、また西部ではスンニ派のアラブ人勢力が影響力を行使しており、国土はそれらの勢力に基づいて再編されつつあった。「イスラーム国」の激しい攻撃による被害がもたらした混乱に加えて、イギリスによって一九二一年につくられた国家としての統一性が失われ、またそれを束ねていたバース党による独裁的な支配も跡形もなく消えてしまっていた。

リビアという国家は、たとえ国の形がいまだに残されているとしても、そこでの混乱はイラク以上に深刻であった。リビアは、トブルクとトリポリにそれぞれ拠点を置いていた対抗勢力同士が戦っていたことで不安定化していた。戦闘は国内のあらゆる場所で起きていたが、ジハード主義勢力によって占拠されている南部はとりわけ悲惨な状況にあった。このジハード主義勢力は、リビア南部の全域で強い影響力を維持しており、それに対抗して複数の国家が、それぞれの利害を念頭に置きながら、鎮圧に向けた作戦を実行するためにリビアに介入していた。というのもこの南部地域では、リビアのさまざまな勢力を束ねて統一政府を樹立するためにモロッコのスコイラで妥結された政治的な合意（二〇一五年一二月一七日）が遵守されていなかったからである。

アメリカのジョン・ケリー国務長官の努力にもかかわらず、パレスチナとイスラエルとの間の交渉は決裂状態にあった。イスラエルは、対立する二つのパレスチナ組織であるファタハとハマスが暫定統一政府樹立の宣言を出したことを理由に和平交渉を中断し、パレスチナ自治区への入植活動を続行した。そのようなことから、地中海、エジプト、イスラエルに挟まれ、一八〇万人の住民を抱えるガザ地区では、戦闘が再び始まったのである。二〇〇五年九月にイスラエルがガザ地区から陸軍部隊を撤退させた以降も、イスラエルの軍事作戦は続行されている。というのも、イスラエルがガザ地区を管理下に置き続ける一方で、ハマスは停戦合意を破っており、さらに軍備増強をやめようとしないからである。パレスチナ側からはロケット砲による攻撃が行われており、二〇一四年七月一二日から八月五日にかけてイスラエルはそれに反撃し、ハマスの軍事拠点を破壊するためにガザ地区を爆撃した。結局、勝者も敗者もないままに、死傷者だけが増える結果となった。和平プロセスはこのようにして破綻した。というのもイスラエルは、イランに対して強烈な脅威意識を持っており、さらにはヨルダン川西岸地区に継続的に入植活動を行っているからである。結果的に、イスラエルでは再びテロによる悪質な事件が頻発した。ヨーロッパでは焦燥感が漂い、多くの国がパレスチナ人に対する支援を行う一方で、スウェーデン、イギリス、フランスといった各国の議会では、「パレスチナ国家」承認に向けた決議が可決され、イスラエルはよりいっそう孤立を深めていった。これは、パレスチナとイスラエルとの間の和平が、もっとも遠のいた瞬間であった。なぜなら、二〇一五年三月のイスラエル総選挙では、ベンヤミン・ネタニヤフ首相が率いる与党で右派政党のリクードが勝利し、そのことに勇気づけられたネタニヤフが、ケリー米国務長官が努力を続けていたのにもかかわらず、和平プロセスを前進させることができなかったオバマ大統領に反発したからである。オバマ大統領は、その後まもなくホワイトハウスを去った。二〇一六年一二月二三日、国連安保理では、イスラエルに対し、パレスチナ占領地区で行っている入植活動の即時停止を求める国連安保理決議第二三三四号の決議が行われた。ところがアメリカはそれに対して、イスラエル政府を擁護せず、拒否権を行使することなく棄権したことで、ネタニヤフのオバマに対する不信は頂点に達した。他方で、二〇一六年六月および二〇一七年一月には、和平プロセスを再開し「二つの国家」による解決をめざすフランス外務省の試みも、失敗に終わっている。ドナルド・トランプ新大統領の方針は、入植活動をやめさせるための介入はせず、「二つの国家」原則を示唆しながらも、イスラエルとパレスチナをむしろ対立させたままにするという現状維持であった。

石油による収入によって経済感覚が鈍っていたアルジェリアでは、二〇一四年四月にアブデルアズィーズ・ブーテフリカが四度目の大統領当選を果たした。天然エネルギー資源、潜在的な巨大市場など、石油以外にも有利な条件をいくつも持ちながらも、むしろ現状維持で満足している状況が続いている。とはいえアルジェリアもまた、政情不安定な近隣諸国からの影響をこうむっている。

リベラルな憲法を持ち、二〇一四年一〇月と一二月に行われたいくつかの選挙において非イスラーム主義政党に票が集まったチュニジアは、再びテロの標的となった。たとえば、二〇一五年三月のバルドー国立博物館や六月のスース県のリゾートホテルでのテロがその例である。西サハラをめぐる紛争では、「サハラ・アラブ民主共和国」の自主独立を支持しているアルジェリアと、同地域を自国領と主張しているモロッコとの間の対立が、依然として続いている。そのモロッコは、「サハラ・アラブ民主共和国」がOAU首脳会議に出席したため、一九八四年にそこから脱退した。好調な経済成長に支えられ、二〇一七年一月にはアフリカ連合に再加盟したものの、そこから「サハラ・アラブ民主共和国」を排除することには失敗した。

Ⅲ　アフリカ――動乱にあふれ収奪される大陸

二〇一七年一月の段階で、国連ＰＫＯがもっとも活発に展開している地域はアフリカであった。世界に展開する一一万人のＰＫＯ軍のうち九万人ほどがアフリカに駐留しており、なかでもコンゴ民主共和国、コートジボワール、リベリア、南スーダン、そしてスーダン西部のダルフールでその多くが活動している。このような平和維持活動は、今後も続けられるであろう。二〇一三年七月、一万二〇〇〇人で構成される国連マリ多元統合安定化ミッション（ＭＩＮＵＳＭＡ）が、西アフリカのマリでアフリカ主導国際マリ支援ミッション（ＡＦＩＳＭＡ）から任務を引き継いだ。現実には、二〇一二年一月にマリ北部で独立を求めるトゥアレグ族の武装反乱勢力が攻勢に出て、その結果として三月二一日から二二日にかけてクーデタが勃発し、アマドゥ・トゥマニ・トゥーレ大統領が権力を失い辞任した。こうした騒乱に続き、二〇一二年三月二五日から六月にかけて、反乱武装勢力ならびにアルカーイダと結びついたイスラーム原理主義勢力が、マリ北部を支配下に置いた。そのため、二〇一三年一月一〇日から一一日にかけて、フランスはイスラーム原理主義の武装勢力の進撃を食い止め、北部の都市を奪還するために軍事介入を決意せざるをえなくなった。このフランスの軍事作戦が、セルヴァル（山猫）作戦である。フランスの軍事介入にもかかわらずマリは不安定なままであり、フランス軍は活動範囲をモーリタニアからチャドまで広げなければならなくなった。セルヴァル作戦は、二〇一四年八月にバルカンヌ作戦と名称を変更したが、二〇一七年一月になるとイスラーム原理主義勢力はマリの中央部にまで勢力圏を広げたのである。

一九九三年の独立以来、マルクス主義の原理に基づいた政権によって統治されている東アフリカのエリトリアは、不安定な状況が絶えず続いており、隣国とも一触即発の状態にあった。また、南スーダンは激しい戦闘と飢餓に見舞われている。二〇一四年一月に南スーダンで対立していた大統領派と副大統領派が停戦協定を締結し、二〇一五年七月から八月にかけて両者の間で和平協定が結ばれたものの、二つの勢力の間の衝突はまったく収まる気配がなかった。他方で、ソマリアのイスラーム過激派組織「アルシャバブ」は、この地域における地域大国とみなされているケニアを攻撃した。コンゴ民主共和国では、国連コンゴ民主共和国安定化ミッション（ＭＯＮＵＳＣＯ）としてＰＫＯ部隊の二万三〇〇〇人が駐留しているにもかかわらず、ルワンダとウガンダという二つの隣国の傀儡武装勢力や、南スーダンから逃亡してきた勢力が富を略奪し、依然として紛争が続いている。

アフリカの大国であるナイジェリアは、二〇一五年の時点では人口が一億七〇〇〇万人、すなわちアフリカの全人口の六分の一相当を擁しており、土着の宗教であるアニミズムおよびキリスト教が普及している豊かな南部と、イスラーム教が普及している貧しい北部に分断され、スンニ派の過激派組織であるボコ・ハラムの活動によって治安は乱れている。二〇一五年三月に実施された国民議会選挙と大統領選挙が示すように、民主的な制度が整っているにもかかわらず、国際社会からの財政支援に依存しなければならない状況に陥っている。

中央アフリカ共和国は、さまざまな組織が連合して形成された反乱武装勢力や海外から流入する傭兵、さらには略奪を生業とする人々がうごめいているせいで、不安定な状況にある。また二〇一三年三月のクーデタ勃発以来、キリスト教とイスラーム教の両宗教の民兵の間で激しい衝突が起きており、ジェノサイドの起こりかねない危機的な状況にもある。アフリカ連合によるＰＫＯ活動であるアフリカ主導中央アフリカ国際支援ミッション（ＭＩＳＣＡ）がこれに対応しながらも、その後機能不全に陥り、二〇一三年一二月には国連安保理が中央アフリカ共和国への軍事介入を要請する決議を採択した。これが、フランスが主導するサンガリス作戦に帰結する。とはいえ部族間の衝突を止めることには結局失敗してサンガリス作戦は終了し、フランス軍は二〇一六年五月に撤退した。他方で、西アフリカのブルキナファソでは、一九八七年以来権力の座にあるブレーズ・コンパオレが反政府派の批判にさらされて、二〇一四年一〇月三〇日には辞任を余儀なくされた。コンゴ共和国では、三一年にわたり権力の座にあったドゥニ・サス・ンゲソ大統領が、再選を果たすために必要な憲法改正を実施すべく国民投票を実施した。またアフリカ中部に位置するガボン共和国では、アリ・ボンゴ・オンディンバ大統領が自らの政権を維持することに成功した。ガボンと同様にアフリカ中部に位置しているブルンジ共和国では部族間の闘争が再燃した一方で、隣国のルワンダでは、一九九四年以来、権力の座にあるポール・カガメ大統領が、憲法改正によって二〇三四年までその職に居座り続けることができるようになった。

以上のように動乱が頻発しているアフリカだが、単に混乱に陥っているだけではなく、それは成長への強い意欲に満ちている大陸でもある。二〇〇〇年以降、アフリカは五％以上の経済成長率を保ち、その豊かさと潜在的な成長率が魅力をもたらしている。その富に目を向けているのがアメリカであり、二〇一四年八月にはオバマ大統領のイニシアティブで過去最大規模となるアメリカ・アフリカ首脳会議が開催され、アメリカ企業による対アフリカ投資の拡大などの面で経済関係の強化が合意された。ドイツも同じようにアフリカに関心を示しているが、とりわけ新興国の動きが活発である。なかでも中国はいまやアフリカにとって最大の貿易相手国となった。またＢＲＩＣＳ諸国は二〇一四年四月の首脳会議の機会に、アフリカに対する強い関心を明らかにしている。サウジアラビア、カタール、そしてイランもアフリカに関心を寄せている。安倍晋三首相の日本も同様であり、二〇一六年八月の第六回アフリカ開発会議（ＴＩＣＡＤⅥ）の開催がそのことを示している。このようにして、アフリカは着実に経済成長の軌道に乗っている。その一方で、汚職が拡大し、農村部の人々は経済成長から取り残され、置き去りにされているという懸念すべき状況にも直面している。

Ⅳ　アジアに吹く変化の風

アジアでは、国家間の対立関係がよりいっそう熾烈になっており、地政学的な観点から見ると勢力図が大きく再編されていることがわかる。とりわけ二〇一三年には、いくつかの諸国において、新たな政治指導者が登場した。それらの政治指導者たちは、自国の国力を増大させることを強く求めたが、アジアにおける三つの大国がそれに該当している。

まず、安倍晋三首相の日本である。安倍首相は就任前には第二次世界大戦に関して修正主義的な歴史認識を示しており、韓国との間に摩擦を生じさせた。というのも日本国憲法第九条の平和主義の伝統を改めて、同盟国を支援するための自衛隊の海外派遣がより積極的に行われる可能性が生じたからである。安倍首相は二〇一五年一月に中東諸国を訪問し、この地域への関心を明確に示した。また、政治問題や領土問題をめぐって、中国との間で困難な関係が続いていた。二〇一五年四月に安倍首相は訪米し、日米同盟を強化して自国の安全保障面での役割を拡大する意思を明らかにした。また、二〇一六年五月二六日から二七日にかけて伊勢志摩で開催されたＧ７サミットでは、南シナ海の航行の自由など、海洋安全保障問題や中国の過剰生産能力の問題が議題にのぼった。それに対し中国政府は、中ロ両国が参加していない会合で世界規模の問題を協議するのには限界があると批判した。均衡を重視する外交を実践していたベトナムは、自国が中国の圧倒的な影響力の下に置かれることを懸念し、ＴＰＰに参加する意思を示していた。さらに、二〇一六年五月にはオバマ大統領がベトナムを訪問し、両国の関係を改善させた。

アジアで伸張著しい大国は中国であり、習近平体制の下で「大国としての国際社会復帰」を進めている。二〇一三年六月七―八日に習近平は訪米し、オバマ大統領と対等な関係にあることを印象づけた。人民元や産業スパイの問題で摩擦が本格化することを回避して、あくまでも対話を重視する姿勢を示した。また習近平は、中国を海洋大国にすることをめざしているため、中国は周辺海域で絶えず隣国と緊張状態にある。さらに中国で初めてとなる海外の軍事拠点を、ジブチに設けた。核戦力を筆頭に軍の近代化も進めている中国は、二〇一六年には世界第二位の国防予算を計上するようになった。二〇一六年三月の時点では、ベトナムやフィリピンも中国とともに軍拡競争に邁進している。さらに中国は、経済や金融の分野で圧倒的な優位にあるアメリカを脅かすようになった。まず、世界の外貨準備における人民元建ての比率を高めようとしている。また二〇一五年四月には、アジアにおいて大規模なインフラ投資を行うために中国が主導して設立したアジアインフラ投資銀行（ＡＩＩＢ）への加盟五七カ国が確定した。アジアとヨーロッパの約四〇カ国に加えて、ＢＲＩＣＳ諸国も参加することになり、ブレトンウッズ体制を基礎とする諸制度の代替となるような開発銀行の確立をめざしている。二〇一六年一二月に中国は、過剰生産した鉄鋼を市場に流通させたことによって、ヨーロッパの製鉄業界を不安に陥れた。中国の地政学的な野望は、世界のあらゆる地域に中国の投資が浸透していることによって明らかとなっている。オバマ大統領は、「アジアへの回帰」の政策を主唱したが、領土問題で緊張が高まる状況にあって、深く関与することに躊躇する態度を見せたため、アジアにおけるアメリカの同盟国は疑念を抱くようになっていた。そのようなことからも、二〇一四年四月のオバマ大統領のアジア歴訪は、アジア太平洋地域におけるアメリカの軍事的プレゼンスが揺るぎないものであることを示し、同盟国に安心を与えることを目的にしていたのである。二〇一四年一一月に北京で開催されたＡＰＥＣ首脳会議の際に行われた、習近平国家主席と安倍晋三首相との日中首脳会談は、両国の関係修復に向けて端緒を開くきっかけとなった。他方で、同じくこの機会を用いた習近平主席のオバマ大統領への歓待は、「中国式の大国外交」の特徴が出ており、米中二極体制を意味するいわゆる「G2」を実現する試みであった。二〇一六年九月に開催されたG20杭州サミットは、中国にとって大国としての自国のイメージを演出する外交の舞台となった。さらに「一つの中国」をめぐる情勢は、台湾の蔡英文総統が中国政府に対し「現状維持」の立場を示し、「一つの中国」を拒否していることで、再び国際問題化する状況となっていた。

アジアの三大国のうち第三の国インドは、二〇一四年五月に首相に就任したナレンドラ・モディの指導によって、中央アジアにおいて戦略的に行動するとともに、二〇一五年五月には訪中を通じて中印関係の強化を成功させた。その一方で、インド洋での中国海軍の積極的な海洋活動に対して、インド政府は米印関係を強化することで中国を牽制しようと試みている。南アジアにおけるアメリカの伝統的な同盟国であるパキスタンは、ロシアにも接近していた。インドはパキスタンとの関係改善を望んでいたのにもかかわらず、二〇一六年九月に両国の間でその帰属をめぐって長年対立していたカシミール問題が原因で武力衝突が起き、再び緊張が高まる結果となった。

朝鮮半島では、アメリカが開発した弾道弾迎撃ミサイル・システムの終末高高度防衛ミサイル、いわゆるTHAADミサイルの配備をめぐって、韓国の国内政治に混乱が起こっていた。他方で、二〇一六年一月と九月に北朝鮮は原爆と水爆の実験、さらには二〇一七年二月には長距離弾道ミサイルの発射実験を実施し、国連安保理決議によって科されていた経済制裁に対する反発を示していたが何の効果もないようであった。

V　危機のヨーロッパ

ドイツなどいくつかの国を除いて、EUは経済の低成長と高い失業率に苦しんでいた。ユーロ圏のいくつかの諸国は、マーストリヒト条約で規定されている財政赤字を対GDP比三％以内に収める条件を守れず、恒常的に財政赤字が続いていた。そのようななかで欧州懐疑主義が広がり、いくつかの加盟国は危機的な状況にあった。

その典型的なケースが、一九八一年以来のEECの加盟国であり、ユーロ圏参加国のギリシャであった。何年にもわたる放漫な財政政策と五年間に及ぶ景気後退の後に、二〇一二年には財政破綻の瀬戸際まで追い詰められた。二〇一五年一月の総選挙で勝利した急進左派は、二〇一〇年と二〇一二年に国際債権団である「トロイカ」（欧州委員会、欧州中央銀行、ＩＭＦ）が行った金融支援の返済には応じないという意思を表明した。二〇一五年の夏の時点でギリシャは三二六〇億ユーロにも及ぶ巨大な政府債務を抱えていたが、その返済に関して再交渉を行うことを要求した。これを受けて、債権国は懸念を抱き、あくまでも厳格な財政政策の実行、とりわけ脱税と汚職に関して厳しい対抗措置をとるように求めた。この問題をめぐって緊張が高まり、ギリシャのＥＵ離脱、あるいは少なくともユーロ圏からの離脱がささやかれるようになった。

二〇一五年七月、ギリシャのアレクシス・チプラス首相は国民投票を実施し、その結果、ギリシャ国民は国際債権団の歳出削減策を反対多数で拒絶した。しかし最終的には七月一三日に、ユーロ圏からの離脱を恐れたギリシャはＥＵの管理下に置かれる財政再建案を受け入れたのである。チプラス首相はこの再建案について、九月に総選挙を実施することで国民に賛否を問うことにした。その再建案の内容には、民営化の促進や消費税の増税、年金の減額、国防費の抑制が含まれていた。ギリシャがそれを受け入れることと引き換えに、ユーログループは二〇一六年一二月にギリシャの債務を緩和することに応じた。

このような困難を抱えつつも、二〇一三年一月一日のクロアチアの加盟によって二八カ国となったＥＵは、依然として前進し続けている。二〇一三年一二月一八日、ＥＵ経済・財政相理事会（ＥＣＯＦＩＮ）は、欧州銀行同盟の柱の一つである銀行の単一監督メカニズム（ＳＳＭ）に参加している諸国を対象に、破綻処理の一元化に向けた単一破綻処理メカニズム（ＳＲＭ）の設置について合意した。これは、銀行の倒産などの危機に際し、迅速な手続きと破綻処理を行い、他の加盟国にそれが波及することを防ぐためのメカニズムであり、ユーロ圏を補強する効果を持つものであった。これによって欧州中央銀行には、銀行に対する「単一の監督権」が付与されることになった。欧州銀行同盟では、危機に陥った銀行に公的資金を注入せず、株主や債権者の負担で救済に向けた対応を行うため、市場には資金が回り、経済の活力がダメージを受けることは少ないと考えられている。なお、二〇一四年一月一日にはラトヴィアが、二〇一五年にはリトアニアが、それぞれユーロを導入した。二〇一三年六月、欧州理事会で二〇一四年から二〇二〇年を実施期間とする共通農業政策に関する改革が合意に至り、加盟国に再び農業分野での権限の一部が移譲されることとなった。さらに、これまでの農家に対する直接支払い制度が刷新され、二〇一五年四月一日に生乳に対するクオータ制などの規制が撤廃された。生乳の生産割当が廃止されたことで、過剰生産と価格の低下を招いた。共通農業政策は依然として、EU予算の三八%をも占めている。これは農家の収入が打撃を受けることを意味するものであり、厳しい結果となっていた。

このような動向を受けて、市民の間でEUに対する失望感が広がり、二〇一四年五月二五日に開催された欧州議会選挙では欧州懐疑派が躍進した。欧州懐疑主義は、ハンガリーやポーランドなどをはじめとしてEU域内に広く浸透しており、デンマークにおいても見ることができた。ヨーロッパ諸国は紛争、独裁、そして混乱した状況から逃れた移民と難民を適切に管理することに失敗し、なかでもバルカン半島やスペイン、イタリアは危機的な状況に陥っていた。EU加盟国の多くは移民と難民の受け入れに消極的であり、さらに国境を越えた人の自由移動について再検討を求める声も出てきた。

(シェンゲン協定について:一九八五年六月一四日、ルクセンブルクのシェンゲンで、欧州圏における人の自由移動を明記した協定が調印された(同協定第二条第二項は国境管理の一時的な復活を認めている)。このシェンゲン圏は、イギリスを除くEU二二カ国を含むヨーロッパの二六カ国で構成され、スイス、ノルウェー、アイスランドも加入している。)

二〇一五年五月に欧州委員会は、「欧州移民・難民アジェンダ」を発表し、それまでの移民政策を軌道修正した。すでに受け入れた移民・難民の人数を踏まえ、各加盟国の人口とGDPに応じて移民と難民を受け入れるクオータ制の導入を提案したのである。寛容な政策を推進したメルケル首相のドイツを除いて、主権を盾に大部分の加盟国はこの提案を拒否した。ハンガリーに至っては、セルビアとの国境を封鎖し、ルーマニアとの国境沿いにフェンスを設置した。二〇一六年三月、移民・難民の受け入れに関し合意に至ることができなかったEUは、トルコに対し、国境で難民を食い止めるよう要請し、それと引き換えに重要な譲歩を行った。「トルコのための難民ファシリティ」で当初拠出が予定されていた三〇億ユーロの支払いに加え、それを使い切ったら、追加資金三〇億ユーロを拠出するとし、予算を倍増させたのである。そしてEU加盟国とトルコの間のビザ自由化とトルコ国民のビザ要件撤廃をめざすことに加え、引き続きトルコのEU加盟に向けて交渉を継続することにした。これは、トルコの実権を握っているエルドアン大統領が押しつけた取引の条件であることが当初から明らかであった。ヨーロッパで相互不信が広まるなか、トルコに難民流入をせき止める役割を託したのである。とはいえヨーロッパ諸国は、移民問題や難民問題のほかにも、緊張をはらんだ数々の問題を抱えていた。

世界を揺るがす情勢に直面して、ヨーロッパ諸国はその対応をめぐって立場が分かれた。それはたとえば、ロシアへの制裁であり、シリアの反政府勢力に対する武器供与の問題であり、二〇一六年二月に顕著となったダンピングの疑いのある中国製鉄鋼の流入への対応の問題だったが、さらには大西洋横断貿易投資パートナーシップ協定（TTIP）への対応をめぐっても立場の亀裂が生じたのである。二〇一三年七月以降は欧州委員会が交渉を担当していたこのTTIPは、ヨーロッパとアメリカとの間でモノとサービスに関する単一市場を構築することを目的としており、貿易特恵を設け、関税障壁と非関税障壁を引き下げ、さらには仲裁機関の役割を果たす特別法廷を創設することをめざしている。フランスは、文化と映像関連の分野を交渉からはずすことには成功したが、そのほかにも遺伝子組み換え食品への対応や、植物衛生に関する基準、情報保護に関する案件など、いくつかの問題を抱えていた。ヨーロッパの複数の都市でTTIPに反対するデモが開催されたことからも、オバマ大統領は二〇一六年四月のヨーロッパ歴訪に際してその必要性を訴えていたが、二〇一六年九月には交渉は中断されることになった。その結果、ヨーロッパとカナダとの間での関税の撤廃を目的とした包括的経済貿易協定（CETA）が調印された。二〇一六年六月二九日のEU二七カ国の首脳を集めた非公式会議の場で、EUとしてのアイデンティティは危機に瀕していた。というのも独仏両国のリーダーシップは機能せず、ユーロ圏は経済成長を優先したい加盟国と財政規律を重んじる加盟国との間で分裂し、さらに債務を抱えている加盟国と豊かな加盟国との間で対立が生じたからである。そのうえバルト三国は、EUの将来に不安を抱えており、ハンガリー、ポーランド、スロヴァキア、チェコというヴィシェグラード・グループの四カ国に至っては、EUに対する憎悪の感情さえ見られるようになっていた。

新しい地政学的な情勢のなかで、またEUの域内外でさまざまな脅威が浮上しているなかで、単一の「欧州防衛軍」を設立することには熱狂的な支持はほとんど見られないが、それでも加盟国では軍事費を増額させる傾向が見られた。

EU加盟国のなかでは、二〇一四年のサッカーFIFAワールドカップの優勝国でもあるドイツこそが、明らかに中核的な役割を果たすべき大国であることがわかる。経済的に富裕であるのみならず、アメリカの国家安全保障局（NSA）の盗聴問題の際に見られたように、アメリカ政府に対して躊躇せずに抗議し、また対決を恐れない大国であることを示していた。ウクライナ問題に際しては、ロシアの介入を毅然たる姿勢で批判したことからも、ドイツ外交こそがヨーロッパの立場を代弁していることが明らかとなった。難民流入に際しては、メルケル首相が直接トルコ政府と合意に向けて交渉したことからもわかるように、その役割は決定的に重要であった。

ＥＵ域内の地域格差の是正のための構造基金の恩恵を受けたポーランドは、もはや無視できない地域大国となっていた。二〇一四年一一月にＥＵ諸機関の人事が一新されるなかで、ルクセンブルク出身のジャン・クロード・ユンカーが欧州委員会の委員長になり、欧州理事会常任議長に選出されたのはポーランド出身のドナルド・トゥスクであった。

イギリスに関しては、二〇一五年五月の総選挙で保守党が勝利したことで、キャメロン首相は選挙公約に掲げていたイギリスのＥＵ残留の是非を問う国民投票を行うことを決めた。それに先駆けて、二〇一六年二月のＥＵ首脳会議の場において、イギリスはＥＵ内の特権的な地位といえる、単一通貨ユーロの適用除外の再確認や、規制緩和と競争力の強化など重要な譲歩を他の加盟国から引き出し、国民投票を自らのシナリオ通りに運ぼうとしていた。すなわち、国民投票の結果をＥＵ残留に導く予定だったのだ。ところが二〇一六年六月二三日、実際に国民投票が行われると、「ＥＵ離脱」に投票した票のほうが残留を上回ったのである。統合の理想を追求するＥＵにとって、これはきわめて厳しい結果となった。それは、ＥＵ離脱をめぐって意見が分かれていたイギリスの諸政党にとっても、また三二の投票区のすべてで「ＥＵ残留」が上回ったスコットランドにとっても厳しい結果であった。もちろん、キャメロンにも大きな打撃となり、二〇一六年七月には首相の座をテリーザ・メイに明け渡したのである。リスボン条約の第五〇条に基づき、「自発的、一方的」に離脱協定の締結に向けて条項を発動させる前に、メイ首相は二〇一七年一月の演説のなかで、ヨーロッパからの移民の流入に歯止めをかけ、さらにはイギリスでの欧州司法裁判所の裁判権を終了させること、つまり単一市場からの離脱に言及したのである。

二〇一五年三月にはアイスランドがＥＵ加盟交渉を断念し、また二〇一六年四月にはオランダが実施していたウクライナとの連合協定への賛否を問う国民投票の結果、反対が賛成を上回り、さらにはそこに「ブレグジット（イギリスのＥＵ離脱）」による影響が加わって、ヨーロッパはもはや魅力的な存在ではなくなった。ユーロ圏にもシェンゲン圏にも属さないイギリスは、これまでも完全なＥＵの加盟国とはいえないような立場にあった。とはいえイギリスの離脱は、とりわけ金融面において巨大な損失であり、欧州統合に対する手痛い打撃となる。そこで浮上したEUの改革案も、二〇一七年のフランスの大統領選挙とドイツの連邦議会選挙の直前であったことからも進展は見られなかった。旧ユーゴスラヴィア諸国のEU加盟については、これから長期間にわたって交渉が行われる見通しである。

一方で、ヨーロッパを衰弱させているのは、市民による下からの圧力でもある。この当時ヨーロッパのあらゆる場所で、アイデンティティをめぐるさまざまな問題が噴出していた。二〇一四年九月一八日に、スコットランド市民は住民投票で、独立を拒否する選択を行った。また、二〇一四年一〇月にはカタルーニャ州が独立を問う投票の実施をやめ、翌月の住民投票は拘束力を伴わない非公式なものとなった。ハンガリー、ポーランド、チェコ、スロヴァキアでは、政治体制としての民主主義に対して疑義の念が広がっていた。さらには、ヨーロッパ全体がイスラーム過激派によるテロの恐怖に覆われていた。二〇一五年一月七日と九日、さらには一一月一三日と二〇一六年七月一四日にフランスがテロに見舞われており、また二〇一五年一一月一四日にはデンマークが、二〇一六年三月にはベルギーが、二〇一六年七月と一二月にはドイツが、テロの犠牲となった。こうしたテロに対して、国際社会は怒りの感情を噴出させた。テロの目的は、ヨーロッパ諸国の内部でイスラーム過激派の影響力を強化することであり、またシリアの戦闘員を調達するために、ヨーロッパの若者をシリアへ向けて渡航させるように促すことであった。

Ⅵ　ラテンアメリカ――経済と政治における困難

天然資源の価格が下がることによって、ラテンアメリカ諸国の一部の国々の社会が混乱し、その経済は悲惨な状況に陥った。原油価格の下落に苦しんだヴェネズエラは、まさにそうした国家に含まれる。だが、原油価格の下落だけが悲惨な状況の原因というわけではなかった。チャベス大統領の後任であるニコラス・マドゥロは、国家指導者にふさわしくないことが明らかとなり、そのため野党と対立し、政治的成果を出せない状況にあり、日常的に危機の度合いが深刻化している。

数多くの批判が噴出した二〇一六年のオリンピックの開催国であるブラジルは、失業を生みだした経済の鈍化によって混乱期に突入した。ブラジルはそれ以外にも、汚職の蔓延や石油会社であるペトロブラスをめぐる政財界のスキャンダルにも見舞われていた。このスキャンダルがジルマ・ルセフ大統領にも及び、二〇一六年五月には上院での弾劾裁判によって罷免が議決され、後にそのまま失職する結果となった。債務に苦しんでいたアルゼンチンは、二〇一六年三月に債権国との間で二五％の返済免除案で合意している。

コロンビアでは、二〇一六年八月、長年にわたり多くの死傷者を出した内戦を終わらせるために、政府と革命軍（ＦＡＲＣ）との間で和平合意が成立した。ところが、これが国民投票によって否決されてしまった。二〇一六年にノーベル平和賞に輝いたマヌエル・サントス大統領が、同年一一月に再交渉の末、新たな和平合意の締結に成功した。キューバは二〇一四年一二月になると、アメリカと外交関係を樹立した。二〇一六年三月にはオバマ大統領がキューバを公式訪問したことによって、隣国である大国アメリカとの五〇年以上にわたる緊張した関係に終止符を打ったのである。

以上のような二〇一七年の状況から浮かび上がるのは、先行きが不透明であるということである。ドナルド・トランプ大統領が率いるアメリカは、「アメリカ・ファースト」政策をとっている。中国は世界レベルのアクターを自認するようになった。ロシアは孤立した状態から脱却することに成功した。ＥＵは、ブレグジットによって弱体化し、独仏などで行われる決定的に重要な選挙を前に分裂している。以上のような変化を踏まえたうえで、次のような問いが浮かんでくる。国際秩序に対する挑戦はこれからも続くのであろうか。そしてこうした挑戦は深刻な危機の到来を引き起こすのであろうか。

訳者解説――フランス国際関係史の系譜

このたび刊行となる『戦後国際関係史』は一九九〇年に本国フランスで出版されて以来、版を重ね、二〇一八年現在、改訂第一五版にまで達している。フランスでは、各分野の第一人者が執筆する教科書（manuel）に分類される書籍であり、一九四五年以降の時期を扱ったものとしては、もっとも信頼され、普及している一冊であり、大学などではもちろんのこと、高校の段階から読むべき重要な文献の一つとして挙げられている。著者のモーリス・ヴァイス（Maurice Vaïsse）は、一九四二年五月、第二次世界大戦の真っただ中、アルジェリアのアルジェで生まれた。連合軍が北アフリカに上陸するのは同年の一一月であり、戦局が激しく変動した時期に誕生したことになる。

一九六七年に大学教授資格を取得し、同年から一九七五年にかけて、セネガルの首都ダカール、そしてフランス北部の都市ランスで高校教師を務めた。一九八〇年に博士号を取得すると、翌年には早くも博士論文を約六五〇頁の大著として出版する。テーマは一九三〇年代初頭の、フランスの軍縮をめぐる政治である。[1] この本のなかに歴史家ヴァイスが一貫して守り続ける「フランス国際関係史学派」の学問的方法論が凝縮されている。ヴァイスはこの学派を代表する研究者の一人である。

長い間、国際関係史学派は、フランスの国際関係論の潮流のなかでも群を抜いて目立ってきたといえよう。日本でも学術論文で多々紹介されてきた学派だが、それでもイギリスの「英国学派」と比べると認知度は若干低い。[2] だからこそ、本書を翻訳する意義があるのだが、国際関係史学派を理解するためには、ヴァイスを指導したジャン・バティスト・デュロゼル（Jean-Baptiste Duroselle）と、そのデュロゼルがパリのソルボンヌ大学で担当した講座の前任者であるピエール・ルヌーヴァン（Pierre Renouvin）という二人の歴史家に言及する必要がある。[3]

国際関係史学派は、すぐれてフランス的な知的空間のなかで、三つの挑戦を経て誕生した。時系列的に、まずはルヌーヴァンの挑戦から見ていく。第一次世界大戦のなかでも有数の激戦を経験し、生涯消えることのない傷を負いながらも生還した彼は、終戦後、政府から開戦の原因について調べるよう依頼され、それを契機に歴史家として台頭していく。ルヌーヴァンは、開戦の原因を調査していくなかで、従来の外交史の方法論では第一次世界大戦を理解できないと考えたのである。

こうして第一に、国際関係史は一九世紀以降の外交史に対する挑戦から生まれた。アルベール・ソレル（Albert Sorel）のような従来の実証主義史学の歴史家が先導してきた外交史は、文字通り外務省の本省と大使館の文書に依拠して研究するスタイルであった。ルヌーヴァンは外交史の系譜に敬意を払いながらも、外交の担い手のみによって外交政策が立案され、決定されるという視点に疑問を抱いたのである。ルヌーヴァンは外交史の発展的変化を追求し、外交を取り巻く社会的要因、あるいは国家の地理的要因にも注目する必要を感じていた。そこには社会史の影響を筆頭に、地政学や経済学など、関係すると思われる分野をできる限り分析の対象に含めようとする「包括的な歴史」ともいえるものを追求していた姿勢がうかがえる。

なかでも社会史との対峙は避けて通れないものであった。これが第二の挑戦である。というのも、歴史学界を主導していくことになるアナール学派が外交史に対する強烈な批判を行い、こうした批判を彼らはアイデンティティの一部にすらしていた側面があるからだ。そして経済的要因に決定的な重要性を据えて歴史を論じるマルクス主義史学もまた、あくまでも外交史の刷新をめざすルヌーヴァンにとっては異質なものであった。このうち、急速に台頭したアナール学派は、外交史を「表層の出来事」を扱う学問として批判するのみならず、その存在意義そのものを問いただした[4]。

ルヌーヴァンはアナール学派に真正面から挑戦した。しかしアナール学派を否定するのではなく、その社会史の手法の一部から学び、それを外交史の刷新に適用しようとした。つまり、ルヌーヴァンは、外交史の方法論に沿って政治エリートを分析の主体としつつ、そうしたエリートの思想や政策決定に影響を及ぼす、外交文書からは見えてこない要因を歴史に加味したのである。地理的要因、経済的要因、政治エリート以外の市民のナショナリズム等々を「深層の諸力」として挙げ、人間そのものよりも、その人間の生きる空間を長期的な視点で分析しようとするアナール学派の手法に触発されたのであった。ただ、アナール学派と決定的に異なるのは、ルヌーヴァンが政治エリートを分析の対象としたことであり、それ以外の要因はあくまでも付随的なものととらえたことだ。つまり、政治エリートの行動に影響を与えたと思われる要素を後に「深層の諸力」と呼称したわけである。ルヌーヴァンは、アナール学派に挑戦するとともに、同学派の方法論から外交史を国際関係史へと昇華させるための要素を抽出したのだ。

最後の挑戦は国際関係論のフランスへの流入に伴って行われた。ウェールズ大学で講座が設置されたイギリスと異なり、第二次世界大戦前のフランスの高等教育機関では国際関係論と銘打った講座が据えられることはなかった。ところが終戦直後、アメリカの国際関係論が流入し、ここで、ルヌーヴァンとともに、「黒船」と対峙したのがデュロゼルである。フランスに入ってきたのは現実主義、あるいは理想主義を軸に世界観を構築しようとする国際関係の理論的研究であった。デュロゼルは、ルヌーヴァン以上に人間を中心に据えた出来事の歴史に重点を置き、アナール学派に対して批判的であった。ここには一九世紀から二〇世紀初頭の外交史の方法論を継承する先に国際関係史があるという姿勢が強く見られる。そのようなわけで、人間の権力への意志に依拠したアメリカの国際関係論の現実主義の視点に魅力を感じたのである。具体的には一九四八年に出版されたハンス・J・モーゲンソーの『国際政治（原題：*Politics Among Nations*）』の現実主義に触発されたのである。[5]

ただ、触発されたといっても、ルヌーヴァンに関しては、そこから体系的な理論を編み出していこうとしたわけではない。ルヌーヴァンよりも若い一九一七年生まれのデュロゼルは、「師匠」と比べた場合、理論に対し格段に注意を払い、そこから歴史学を充実させるべく、何らかの要素を抽出しようと努力を重ねたが、問題は理論のいかなる点に関心を抱いたのかということである。現実主義の文脈で主に扱われる人間は政治エリートである。そのためデュロゼルは、現実主義の世界観に歴史学のためのヒントを求めたのである。この点に関しては、同じくモーゲンソーに強い影響を受け、『諸国間の平和と戦争』[6]というフランスにおける国際関係論の金字塔を打ち立てた哲学者にして社会学者のレイモン・アロンとは一線を画していた。デュロゼルはモーゲンソーの現実主義を検証はしたものの、同じ土俵に立ち、そこから体系的な国際政治理論を編み出すまでには至らなかったのである。[7]

では、アメリカの現実主義に対し、いかに挑戦したのか。歴史学も政治学も国際関係の事象を対象にした研究である以上、過去の出来事を分析するという点では親和性があった。その一方で、政治学的な国際関係論は、出来事から理論を抽出し、一般化をめざす傾向があった。それゆえ、歴史に普遍性を見出すことに慎重な歴史家は警戒もしていたといえよう。実際、歴史家デュロゼルは、国際関係論の「科学化」に対しては根強い不信感を抱き続け、批判を繰り返した。そして理想主義的な理論に対しても出来事の分析に道義的判断を持ち込んでいるとして一蹴した。

こうしたことを背景に、ルヌーヴァンとデュロゼルが共著として一九六四年に出版したのが『国際関係史入門』である。[8] ルヌーヴァンが「深層の諸力」を扱う一方で、デュロゼルは「政治エリート（l'homme d'État）」という題目で、政策決定に携わる人間の特徴や国益の概念について分析している。国際関係史学派の原典、さらにフランス国際関係論を代表する研究の一つとなる同書であるが、あくまでも分析の単位は人間であり、歴史学の観点からの方法論を提示するものであり、国際政治のシステム・レベルの話に取り組んだものではない。

ヴァイスが研究に取り組み始めたのは、こうした『国際関係史入門』という指標が示され、さらにはその二年前の一九六二年にはアロンの『諸国間の平和と戦争』という現実主義を象徴する一冊が出た時期であった。今回、日本で刊行する運びとなった『戦後国際関係史』を通読すれば一目瞭然のように、政治エリートを軸に描きながらも、経済事象に関する深い知見に裏づけられ、時代状況をとらえながら論じる姿勢には国際関係史学派の特徴がいかんなく発揮されている。その一方で理論に関する言及はほとんどない。この点にヴァイスの歴史家としての矜持が垣間見える。デュロゼルがアロンと共同でセミナーを行うなど、理論に関心を抱き続け、接近を試みた一方で、ヴァイスはそうした傾向とは一線を画す。史料に基づく徹底的な実証主義をデュロゼルから引き継ぐ一方で、理論との対話に関しては慎重である。そういった意味では、国際関係史学派といっても、それは決して「金太郎飴」のような同質的な集団ではない。より多様な歴史家の集まりであることを強調するため、国際関係史「学派」と括弧をつけた方が実態を反映しているかもしれない。

国際関係を歴史学の方法論で研究する人間にとって、理論との関係は常に緊張を伴うものだ。国際関係論という言葉をここでは使っているが、それは多くの場合、「国際政治論」であり、「国際政治学」である。日本であろうと、フランスであろうと、政治学を無視して国際関係史の研究に従事することは困難である。国際関係史が歴史学と政治学をまたぐ分野である以上、理論の潮流に目配りすることは必要である。問題は、理論的な研究とどのように向き合うかであり、どのようにしてそれを自らの研究に反映させるかであるが、これが難しい。デュロゼルは、もっとも影響を受けた研究者としてルヌーヴァンのほか、アロンとアーノルド・ウォルファーズ（Arnold Wolfers）を挙げた。実に三人のうち、二人が理論の研究者である。(9) だが、「歴史とはまず科学（science）であるが、それと同時に技芸（art）でもある。すべての科学と同じく、事実（evidence）を追求しなければならない。そしてすべての技芸と同じく、人間の生（vie）を描かなければならない」(10) と断言していることからもわかるように、人文的な知の世界のなかに自らを置いていたのであり、「人間の生」を描くことに重点を置いていたのである。「事実の追求」の実態は「経験に基づく事実（évidence empirique）」であり、文書という一次史料に基づく事実である。ただ、国際関係にまつわる個別の出来事を研究する歴史家だからこそ、一般化を志向する理論研究は非常に魅力的に映るのであり、そこから学ぼうとすると同時に、学術的批判の対象にもなる。デュロゼルが、現実主義の理論家のなかでもモーゲンソーではなく、アロンとウォルファーズの研究に親近感を抱いたのは理解できよう。アロンは国際関係を全般的に理解できるような理論の構築には否定的であり、理論の限界を意識したうえで研究を行っていた。そしてアロンもウォルファーズも、国家の目標を権力の追求のみに還元するような視点には否定的であり、歴史とも親和性が高い。(11) その一方で、前述のように、こうした点はデュロゼルの行動科学に対する手厳しい批判につながり、とりわけトマス・シェリング（Thomas Schelling）を例にとり、ゲーム理論に基づき国際関係について考察する視点を否定し、アロンのような「歴史に基盤を置く理論」に親近感を抱いていた。(12)

以上のように、デュロゼルは理論を評価し、間違いなくそこから知的刺激を受けてはいたが、史料を実証の手段として用いる自身の国際関係史の研究に、アメリカで行われていた論争をどう反映させたのかといえば、その跡を探すことは難しいかもしれない。国際関係における歴史と理論との対話と格闘は、知的な営為であるものの、そこから歴史家が理論を編み出すという作業、あるいは理論の研究者を唸らせるような「歴史に基盤を置く理論」というようなものを編み出すのは至難の業であろう。現実主義のなかでも「古典的リアリズム」は国際関係史と調和しやすいが、歴史家はそこから自身の研究に適用可能な箇所のみを抽出し、いわば「料理におけるスパイス」、あるいはわずかに香る「隠し味」として用いているといえよう。要するに、歴史家が理論の世界に深入りすると、理論研究者から見ると、理論のごく一部を抽出して批判しているに過ぎないように見えてしまう可能性があるのだ。その点、ヴァイスの理論への対し方はあっさりとしており、今回翻訳した『戦後国際関係史』でも、（日本の読者向けという観点から割愛せざるを得なかったが）原著の参考文献のなかでアロンの『諸国間の平和と戦争』

など、数冊を「省察のための文献（Ouvrages de réflexion）」として挙げるにとどめている。国際関係論を歴史的な手法で研究する以上、理論との対話は必須の作業であるが、この点についてもこの『戦後国際関係史』から得られる示唆は大きい。一口に国際関係史といっても、理論とどう距離をとるかは研究者によって異なるということだ。

ヴァイスは、一九八一年からランス大学、続いて二〇〇〇年からパリ政治学院で教育と研究に従事するかたわら、一九九二年以降、フランス外務省の外交文書編纂委員として、担当する一九六〇年代の文書の公刊に力を入れた。これもルヌーヴァン、デュロゼルから連綿と続く作業であり、国際関係史学派が主体となって行っている。外務省以外にも、一九九五年から二〇〇一年にかけて国防省の歴史研究所の所長を務め、一九九五年から二〇〇〇年にかけて、シャルル・ド・ゴール財団の学術委員会の委員長を務めるなど、多様な活動を通して国際関係史の普及に努めている。

そうした多様性は研究にもいかんなく発揮されている。国際関係史のなかでも、外交と軍事を軸に議論を展開する伝統的な視点で問題設定を行い、議論を展開する一方で、平和の概念や実践の歩みを歴史的に追っていく研究も行っており、取り組んでいる範囲は広い[13]。あらためてフランスの国際関係論の歩みを踏まえながら現状を見てみると、「戦争と平和」の問題について理論の枠組みで研究に取り組んだのがアロンだとしたら、歴史の観点から同じように取り組んでいるのがヴァイスであるといえよう。大きなテーマに取り組みつつも、徹底して史料に基づき、事象の単純化を避け、堅実な議論を展開していく姿勢は、国際関係論がすぐれて歴史的な学問であることをあらためて思い起こさせてくれる。

そのようなフランス国際関係史の伝統を継承したヴァイスの主著の一つである本書が、このようなかたちで日本の読者に幅広く読んでいただけることを、心から喜びたい。

宮下雄一郎

（1）Maurice Vaïsse, *Sécurité d'abord, La politique française en matière de désarmement, 9 décembre 1930 – 17 avril 1934*（Paris：Pedone, 1981）

（2）日本語では、差し当たり、宮下雄一郎「フランス国際関係史『学派』と理論をめぐる問題」『法学研究』（慶應義塾大学法学会）第八四巻、第一号（二〇一一年一月）を挙げておく。

（3）なお、デュロゼルは、自身の著書のなかで「学派」という排他性を伴う言葉を使うことを嫌い、「多様な歴史家の共同体」であると記している。とはいえ、多様であるにせよ、ルヌーヴァンとデュロゼルの打ち立てた方法論に基づき、研究している歴史家の集団は明らかに存在している。Jean-Baptiste Duroselle, *Tout Empire périra, Théorie des relations internationales*（Paris：Armand Colin, 1992 [Première publication en 1981 par les Publications de la Sorbonne]）, p. 14.

フランスにおける国際関係史学派を旗揚げしたルヌーヴァンとデュロゼルであるが、各々学問的な出発点は異なる。ルヌーヴァンはまず法律への関心から始まり、その後、フランス革命史に関する研究を行った。デュロゼルはルヌーヴァンを博士課程の指導教授として選べなかったことから、宗教史のテーマに取り組み、博士論文を書いたのである。

（4）国際関係史と経済史の接点については、次の研究を参照。René Girault, "Le difficile mariage de deux histoires. Économie et relations internationales dans le monde contemporain," *Relations internationales*, n°41（printemps [avril] 1985）.

（5）モーゲンソー（原彬久監訳）『国際政治――権力と平和（上・中・下）』（岩波文庫、二〇一三年）。

（6）Raymond Aron, *Paix et guerre entre les nations*（Paris：Calmann-Lévy, 2004 [1962 pour la première édition]）.

（7）もっともデュロゼルは『すべての帝国は崩壊する』という国際関係史と理論との接点を見出そうとした研究を世に出したが、本格的な国際政治理論の研究とは言い難い。なお、この書籍については、注（3）ですでに紹介している。Duroselle, *Tout Empire périra*.

（8）Pierre Renouvin, Jean-Baptiste Duroselle, *Introduction à l'histoire des relations internationales*, 4e édition（Paris：Armand Colin, 1991 [première édition en 1964]）, coll《Agora》.

（9）Jean-Baptiste Duroselle, "Préface," in id., *Itinéraires, Idées, hommes et nations d'Occident,*（*XIXe – XXe siècles*）（Paris：Publications de la Sorbonne, 1991）, p. 8.

（10）Duroselle, "L'histoire: flot et creation," in *ibid.*, p. 36.

（11）Duroselle, "Paix et Guerre entre les Nations, La théorie des relations internationales selon Raymond Aron," in *ibid.*, p. 72；id., "Théorie des Relations Internationales, Un livre d'Arnold Wolfers," in *ibid.*, p. 60.

（12）Duroselle, "Paix et Guerre entre les Nations," in *ibid.*, pp. 71-72.

（13）より正確には、外交の文脈のなかで、どのように軍事的要因が関わってくるかを論じたといった方がよい。ヴァイスのそうした研究手法がもっともよく出ている研究として次の共著がある。ヴァイスは一八七一年から現代までの時系列的な研究のなかで、ヴェルサイユ講和条約以降を担当している。Jean Doise, Maurice Vaïsse, *Politique étrangère de la France, Diplomatie et outil militaire, 1871–1991*（Paris：Seuil, 1992, première édition publiée par l'Imprimerie nationale en 1987）。そして、二〇世紀を平和という概念を通して論じた研究として、次の教科書がある。Maurice Vaïsse, *La Paix au XXe siècle*（Paris：Belin, 2004）.

訳者あとがき

本書は、Maurice Vaïsse, *Les relations internationales depuis 1945, 15ᵉ édition*（Armand Colin, 2017）の全訳である。

著者のモーリス・ヴァイス教授はフランスにおける国際関係史研究の最高の権威であり、その研究は世界的にも広く知られている。国際関係史の研究における本書の位置づけについて、詳しくは、ヴァイス教授の指導を受けてパリ政治学院で博士号を取得した、共訳者の宮下雄一郎法政大学教授による解説をお読みいただきたい。

フランスでは、イギリスやアメリカとは異なる独自の国際関係史（*histoire des relations internationales*）の伝統が発展しており、外交や軍事のみならず、経済史や社会史、文化史にも力点を置いて、より総合的な歴史を描く傾向が強い。ヴァイス教授はそのなかでも、外交史、軍事史、経済史をバランスよく総合し、広い視野で国際関係史を叙述する卓越した歴史家である。と同時に自身がアルジェリアで生まれたことも関係し、アフリカや中東、東南アジアなどの歴史にも精通している。そのような、日本でこれまで紹介されてこなかったフランスにおける国際関係史のもっとも優れた通史を、このような形で翻訳して日本の読者にお届けできることは、何よりも大きな喜びである。

私自身、二〇〇九年から二〇一〇年にかけての一年間、パリ政治学院に客員教授として所属して、そこでいくつかの授業を担当した。その際、当時パリ政治学院大学院博士課程に在籍していた宮下雄一郎氏を通じてヴァイス教授を紹介され、教授の大学院生向けのセミナーにも参加させていただいた。フランスでは大変に高名な権威のある歴史家であるが、日本から来た研究者に対してもとても親切に接してくださり、またさまざまなご配慮もいただいた。そのことを通じて優れた教育者であることを実感した。

数多くの優れた研究者を育ててきたヴァイス教授であるが、小学校時代をパリで過ごし、ネイティブ同様のフランス語を話す宮下氏にとりわけ親しく接し、その研究を高く評価していたことが印象的であった。

本書の邦訳の企画は、宮下氏に加えて、共訳者として河越真帆神田外語大学准教授と、合六強二松學舍大学専任講師とともに訳出を進めてきた。私を含めて四人ともヨーロッパの国際関係を研究しており、それぞれの専門を生かすと同時に、親密な雰囲気で共同作業を進めることができた。

三人の共訳者の方々には早々に下訳を用意していただきながらも、監訳者である私の怠惰と不手際により刊行が大幅に遅れてしまった。その間、著者のヴァイス教授、共訳者の宮下氏、河越氏、合六氏、そして編集を担当いただいた慶應義塾大学出版会出版部の乗みどり氏には、大変なご心配とご迷惑をおかけしてしまった。忍耐強く共訳者および編集者としてご尽力とご協力をいただいた方々にはお詫び申し上げるとともに、深く感謝したい。

あらためて監訳者として時間をかけて本書を読むなかで、フランス語で通読したとき以上に、本書が広い視野と深い学識、そして優れた良識をもって書かれた歴史書であることを実感し、本書を邦訳する価値をよりいっそう強く確信した。日本から見る世界地図と、フランスから見る世界地図は異なる。フランスは近代以降つねに外交の世界で中心に位置し、世界で最初に外務省を設置したのはフランスであるし、またフランス語は二〇世紀に至るまで長らく外交言語であった。いわば、近代史において国際社会の中心を歩んできたフランスから国際関係史を眺めることは、きわめて大きな意義を持つものであると考えている。

そして、それ以上に重要であるのが、ヴァイス教授は戦後史を米ソ中心の基本的な構図で描きながらも、それにとどまることなく、脱植民地の歴史、欧州統合史、国際金融史、国連史、戦争史なども含めて、広い視野から色鮮やかにその歴史を詳述していることである。日本語でも英語でも、これだけの短い紙幅で、これだけの広い視野と深い専門知識をもって描かれた戦後国際関係史の通史を、私は知らない。フランスにおける国際関係史研究の最高峰に位置するヴァイス教授ならではの、きわめて良質な国際関係史の通史に仕上がっている。そのことは、ヴァイス教授のこの通史がフランス語圏で広く読まれてすでに一五刷となり、さらには多くの外国語に翻訳されていることにも示されている。その価値と意義については、日本におけるフランス外交史の優れた専門家である宮下氏による解説をぜひともお読みいただきたい。

今、世界はもっとも不透明で、もっとも予測不可能な時代に入ろうとしている。見通しが悪く、複雑さが増し、同時に急速にグローバル化が進む現代の世界を理解するために、その基礎となる戦後史を学ぶことは今まで以上に重要となっている。本書が、そのような混迷した時代を生きる多くの読者にとって不可欠な方位磁針となって、進むべき道を教えてくれることを願っている。

二〇一八年六月

訳者を代表して　細谷　雄一

マ行

ヤ行

ラ行

ワ行

英数字

サ行

タ行

カ行

【事項】

ア行

ヤ行

ラ行

ワ，ン行

ハ行

マ行

サ行

タ行

ナ行

索　引

〔著者〕
モーリス・ヴァイス（Maurice Vaïsse）：パリ政治学院名誉教授
1942年生まれ。国防省国防史研究所所長、フランス外務省外交文書編纂委員などを歴任、レジオン・ドヌール・シュヴァリエ勲章ほか受賞。国際政治への広い視野による本書は高い評価を得てロングセラーとなっている。著書：*La Grandeur : La politique étrangère du général de Gaulle*（*1958–1969*）（Paris : Fayard, 1998）、*La Puissance ou l'influence ? : La France dans le monde depuis 1958*（Paris : Fayard, 2009）、ほか多数。

〔監訳者〕
細谷雄一（ほそや　ゆういち）：慶應義塾大学法学部教授
1971年生まれ。専門：イギリス外交史、国際政治学。
主要著作：『戦後国際秩序とイギリス外交—戦後ヨーロッパの形成 1945～1951年』（創文社、2001年、サントリー学芸賞）、『倫理的な戦争—トニー・ブレアの栄光と挫折』（慶應義塾大学出版会、2009年、読売・吉野作造賞）、『国際秩序—18世紀ヨーロッパから21世紀アジアへ』（中公新書、2012年）、ほか。

宮下雄一郎（みやした　ゆういちろう）：法政大学法学部教授
1977年生まれ。専門：国際関係史、フランス外交史。
主要著作：『フランス再興と国際秩序の構想—第二次世界大戦期の政治と外交』（勁草書房、2016年、サントリー学芸賞、渋沢・クローデル賞奨励賞）、『複数のヨーロッパ—欧州統合史のフロンティア』（共著、北海道大学出版会、2011年）、ほか。

〔訳者〕
河越真帆（かわごえ　まほ）：神田外語大学国際コミュニケーション学科准教授
1966年生まれ。専門：国際政治経済学、欧州統合論。
主要著作：『EUの規制力』（共著、日本経済評論社、2012年）、『EUとグローバル・ガバナンス—国際秩序形成におけるヨーロッパ的価値』（共著、法律文化社、2013年）、ほか。

合六　強（ごうろく　つよし）：二松學舍大学国際政治経済学部専任講師
1984年生まれ。専門：国際政治学、米欧関係史。
主要著作：「冷戦変容期における大西洋同盟、1972–74年—NATO宣言を巡る米仏の動きを中心に」『国際政治』164号、2011年2月、「西ドイツの核不拡散条約（NPT）署名問題と米国の対応、1968–1969年」『GRIPS Discussion Papers』18–3、2018年6月、ほか。

戦後国際関係史
――二極化世界から混迷の時代へ

2018年8月30日　初版第1刷発行

著　者――――モーリス・ヴァイス
監訳者――――細谷雄一・宮下雄一郎
発行者――――古屋正博
発行所――――慶應義塾大学出版会株式会社
〒108-8346　東京都港区三田2-19-30
TEL〔編集部〕03-3451-0931
〔営業部〕03-3451-3584〈ご注文〉
〔　〃　〕03-3451-6926
FAX〔営業部〕03-3451-3122
振替　00190-8-155497
http://www.keio-up.co.jp/
装　丁――――耳塚有里（写真提供：AFP＝時事）
印刷・製本――株式会社加藤文明社
カバー印刷――株式会社太平印刷社

Printed in Japan　ISBN 978-4-7664-2534-5